Ricarda Kampmann und Johann Walter
Angewandte Wirtschaftspolitik

Ricarda Kampmann
und Johann Walter

Angewandte Wirtschaftspolitik

Ausgewählte Handlungsfelder

DE GRUYTER
OLDENBOURG

ISBN 978-3-11-056950-6
e-ISBN (PDF) 978-3-11-056956-8
e-ISBN (EPUB) 978-3-11-056990-2

Library of Congress Control Number: 2019931194

Bibliografische Information der Deutschen Nationalbibliothek
Die Deutsche Nationalbibliothek verzeichnet diese Publikation in der Deutschen
Nationalbibliografie; detaillierte bibliografische Daten sind im Internet
über http://dnb.dnb.de abrufbar.

© 2019 Walter de Gruyter GmbH, Berlin/Boston
Einbandabbildung: Tomertu / iStock / Getty Images Plus
Satz: Meta Systems Publishing & Printservices GmbH, Wustermark
Druck und Bindung: CPI books GmbH, Leck

www.degruyter.com

Vorwort

Die Wirtschaftspolitik ist in Bezug auf Zielsetzungen und institutionelle Rahmenbedingungen einem ständigen Wandel unterworfen. Demzufolge haben sich auch seit der Veröffentlichung unseres Lehrbuches „Makroökonomie – Wachstum, Beschäftigung, Außenwirtschaft" im Jahr 2010 viele wirtschaftspolitische Fragestellungen verändert. Wir haben daher die wirtschaftspolitischen Teile dieses Buches aktualisiert und zu einem selbständigen Band der Lehrbuchreihe erweitert. Die wirtschaftspolitischen Überlegungen basieren aber weiterhin auf den mikro- und makroökonomischen Grundlagen, die in unseren bereits veröffentlichten Lehrbüchern zur Volkswirtschaftslehre erläutert werden. Diese Darstellung möchten wir jetzt um einen facettenreichen und aktuellen Überblick zur Wirtschaftspolitik erweitern. Angesichts der komplexen Wechselwirkungen zwischen einer Vielzahl von Akteuren in unterschiedlichen Handlungsfeldern – visuell veranschaulicht durch die Grafik auf dem Deckblatt des Buches – kann ein solcher Überblick nie vollständig sein und nicht alle derzeit und in der Zukunft relevanten Themenfelder erfassen. Künftig wird sich die Gewichtung der Handlungsfelder weiter verschieben – möglicherweise in Richtung von Fragestellungen, die sich aus langfristigen Trends wie Globalisierung, demografischer Wandel, Digitalisierung und Nachhaltigkeit ergeben werden.

In die Formulierung des jetzt vorliegenden Textes gingen viele Ideen aus Gesprächen mit Studierenden und Kolleg(inn)en ein. Zudem haben uns die wissenschaftlichen Mitarbeiter(innen) des Fachbereichs Wirtschaft der Westfälischen Hochschule am Standort Gelsenkirchen – vor allem Frau Koslowski bei der Überarbeitung der Grafiken – sowie die Mitarbeiter des Verlags tatkräftig unterstützt. Dafür möchten wir uns bei allen herzlich bedanken.

Gelsenkirchen, Januar 2019   Ricarda Kampmann, Johann Walter

https://doi.org/10.1515/9783110569568-202

Inhalt

Abkürzungsverzeichnis

AEUV	Vertrag über die Arbeitsweise der EU
ALV	Arbeitslosenversicherung
BA	Bundesagentur für Arbeit
BDI	Bundesverband der Deutschen Industrie
BIP	Bruttoinlandsprodukt
BMF	Bundesministerium der Finanzen
BNE	Bruttonationaleinkommen
BverfG	Bundesverfassungsgericht
CO_2	Kohlenstoffdioxid
ECU	European Currency Unit (Europäische Währungseinheit)
EEG	Erneuerbare-Energien-Gesetz
EstG	Einkommensteuergesetz
ESZB	Europäisches System der Zentralbanken
EU	Europäische Union
EuGH	Europäischer Gerichtshof
EUV	Vertrag über die EU
EWS	Europäisches Währungssystem
EWWU	Europäische Wirtschafts- und Währungsunion
EZB	Europäische Zentralbank
GATS	General Agreement on Trade in Services
GATT	General Agreement on Tariffs and Trade
GG	Grundgesetz
GKV	Gesetzliche Krankenversicherung
GRV	Gesetzliche Rentenversicherung
ILO	International Labour Organization
IWF (IMF)	Internationaler Währungsfonds (International Monetary Fund)
JG	Jahresgutachten
KstG	Körperschaftsteuergesetz
MwSt	Mehrwertsteuer
OECD	Organisation for Economic Co-operation and Development
SGB	Sozialgesetzbuch
SOEP	Sozialökonomisches Panel
StabG	Stabilitäts- und Wachstumsgesetz
STBA	Statistisches Bundesamt
SVR	Sachverständigenrat
TRIPS	Agreement on Trade-Related Aspects of Intellectual Property Rights
UN	United Nations (Vereinte Nationen)
WTO	World Trade Organization
ZB	Zentralbank

https://doi.org/10.1515/9783110569568-204

Abbildungsverzeichnis

https://doi.org/10.1515/9783110569568-205

Tabellenverzeichnis

https://doi.org/10.1515/9783110569568-206

1 Einführung: Grundlagen einer rationalen Wirtschaftspolitik

In diesem Kapitel erfahren Sie,
- dass unter Wirtschaftspolitik alle Maßnahmen zu verstehen sind, mit denen staatliche oder nicht-staatliche Akteure Einfluss auf den Ablauf des Wirtschaftsgeschehens nehmen,
- dass die Theorie der Wirtschaftspolitik reflektiert, welche Ziele wirtschaftspolitische Akteure verfolgen und welche Instrumente eingesetzt werden können, um diese Ziele zu erreichen,
- dass die ökonomische Theorie der Politik auch erklärt, wie wirtschaftspolitische Entscheidungen zustande kommen, also auch die Motive der Akteure untersucht,
- welche Handlungsfelder der Wirtschaftspolitik und Wechselwirkungen zwischen diesen Bereichen es gibt. Sie unterscheiden zwischen ordnungs- und prozesspolitischen Instrumenten der Wirtschaftspolitik,
- dass wirtschaftspolitische Eingriffe in der Marktwirtschaft gerechtfertigt sind, wenn Marktversagen vorliegt und staatliches Handeln dazu beitragen kann, wirtschaftspolitische Ziele zu erreichen,
- dass rationale Wirtschaftspolitik ein umfassendes Zielsystem verwirklichen will und lernen die Phasen rationaler wirtschaftspolitischer Entscheidungsprozesse kennen,
- dass häufig Gruppeninteressen geltend gemacht werden, die in Widerspruch zu gesellschaftlichen Interessen stehen können. Soweit sich Gruppeninteressen im politischen Entscheidungsprozess durchsetzen können, stößt rationale Wirtschaftspolitik an Grenzen.

1.1 Gegenstand, Akteure und Ziele der Wirtschaftspolitik

Wirtschaftliche Rahmenbedingungen und Abläufe können in vielfältiger Weise politisch beeinflusst werden. Im weitesten Sinne umfasst **Wirtschaftspolitik** alle Maßnahmen, mit denen staatliche oder nicht-staatliche Akteure das Wirtschaftsgeschehen in der Volkswirtschaft oder einzelnen Regionen, Sektoren oder Gruppen (z. B. Handwerk, Mittelstand, Existenzgründer) beeinflussen.

Im Bereich der **Ordnungspolitik** geht es dabei um die Gestaltung der „Spielregeln" bzw. Rahmenbedingungen des Wirtschaftens. Dazu gehören unter anderem die rechtliche und institutionelle Ordnung der Eigentumsverhältnisse, des Wettbewerbs, des Geldwesens, der Währung und der Besteuerung, aber auch Regeln für die außenwirtschaftlichen Beziehungen, den Arbeitsmarkt und den Sozial- und Umweltbereich. Die Gestaltung der Rahmenbedingungen umfasst auch die Gestaltung der Informations-, Entscheidungs-, Kontroll- und Sanktionsbefugnisse (**Kompetenzverteilung**), und die Abgrenzung der staatlichen Kompetenzen gegenüber privaten Akteuren.

Wesentliche ordnungspolitische Grundentscheidungen sind in Deutschland z. B. das Sozialstaatsgebot und der föderale Staatsaufbau (Art. 20,1 und Art. 28,1 GG), der Schutz der natürlichen Lebensgrundlagen (Art. 20a GG), die Einbindung in die Europäische Union (Art. 23 GG), die Übertragung der geldpolitischen Kompetenzen

https://doi.org/10.1515/9783110569568-001

an die unabhängige europäische Zentralbank (EZB) sowie die Tarifautonomie (Art. 9 GG), seit dem Jahr 2015 lediglich eingeschränkt durch den allgemeinen gesetzlichen Mindestlohn.

Eine weitere wesentliche ordnungspolitische Grundentscheidung ist die dezentrale Entscheidungskompetenz der Unternehmen und Verbraucher, deren Entscheidungen über Märkte und Preise unter Wettbewerbsbedingungen koordiniert werden. Insofern kommt der **Wettbewerbspolitik** eine grundlegende Bedeutung zu, da Marktsteuerung im Wesentlichen nur unter Wettbewerbsbedingungen gute Marktergebnisse herbeiführt. Wettbewerbspolitik ist zum einen **Marktöffnungspolitik**, d. h. sie umfasst Maßnahmen zum Abbau staatlicher Regulierung in Bereichen, die bisher vom Wettbewerb ausgenommen sind. Zum anderen richtet sich **Wettbewerbsschutzpolitik** gegen Wettbewerbsbeschränkungen durch Unternehmen in Form von Kartellen und Fusionen sowie gegen den Missbrauch marktbeherrschender Stellungen (vgl. Band Mikroökonomie, Kap. 3).

Prozesspolitische Maßnahmen beinhalten Eingriffe in den Wirtschaftsablauf und werden innerhalb des Ordnungsrahmens vorgenommen. Sie verändern den Planungsrahmen für private Wirtschaftssubjekte; in manchen Fällen tritt der Staat auch selbst als Anbieter oder Nachfrager auf verschiedenen Märkten auf. Prozesspolitik liegt z. B. vor, wenn die Zentralbank im Rahmen ihrer Kompetenzen die Leitzinsen ändert (**Geldpolitik**) oder der Staat die laufenden Einnahmen und Ausgaben gestaltet (**Fiskalpolitik**), etwa mit dem Ziel, die Entwicklung von Wachstum, Beschäftigung und Preisniveau zu verstetigen (**Stabilisierungspolitik**). Oft können sowohl ordnungs- als auch prozesspolitische Instrumente zur Zielerreichung eingesetzt werden. Ziele der Wirtschaftspolitik werden nach kurz- und langfristigen Zielen unterschieden und es bestehen Wechselwirkungen zwischen verschiedenen Zielen und unterschiedlichen Handlungsfeldern der Wirtschaftspolitik. Beispielsweise kann die **Finanzpolitik** kurzfristig zur Stabilisierung der Wirtschaftsentwicklung eingesetzt werden, sie trägt aber langfristig auch zum Wachstum bei. Gleiches kann für die **Geldpolitik** gelten. Zwischen den verschiedenen Handlungsfeldern bestehen gleichzeitig Wechselwirkungen. Zum Beispiel können sowohl Stabilität als auch Wachstum finanz- und geldpolitisch beeinflusst werden. Dabei können aber auch Konflikte zwischen Zielen und Handlungsfeldern auftreten, die im Folgenden z. T. erörtert werden.

Wichtige Bereiche der Wirtschaftspolitik sind in der folgenden Übersicht genannt – die Aufzählung lehnt sich an den Aufbau dieser Einführung in die Wirtschaftspolitik an (vgl. Tab. 1.1).

Wirtschaftspolitik wird von vielen Akteuren mit unterschiedlichen, nicht immer widerspruchfreien Zielen beeinflusst. Im „politischen Kräftefeld" wollen verschiedene Akteure die wirtschaftspolitischen Entscheidungen jeweils in spezielle Richtungen beeinflussen.

Im Prinzip betreiben alle Akteure, die Einfluss auf das Wirtschaftsgeschehen nehmen, Wirtschaftspolitik. Von zentraler Bedeutung ist das Agieren der hoheitli-

Tab. 1.1: Bereiche und Ebenen der Wirtschaftspolitik.

Bereich der Wirtschaftspolitik	Ordnungspolitische Vorgabe (Beispiel)	Prozesspolitischer Eingriff (Beispiel)
Finanzpolitik	Finanzverfassung (z. B. föderalistisch)	Staatsausgaben, Besteuerung
Geldpolitik	Geldordnung (z. B. Befugnisse der Zentralbank)	Geldschöpfung, Leitzinsvariation
Stabilisierungspolitik	Vorgaben des StabG, Tarifautonomie	Konjunkturprogramm
Umweltpolitik	Internationale Klimaschutzabkommen	Ökosteuer, Emissionsrechtehandel
Wachstumspolitik	Leistungsfördernde Eigentumsordnung	Technologieförderung
Strukturpolitik	Wettbewerbspolitik, Öffnung regulierter Märkte	Spezifische Subventionen
Verteilungspolitik	Eigentumsordnung	Sozialtransfers
Außenwirtschaftspolitik	WTO-Regeln (z. B. GATT)	Spezifische Importzölle
Europäische Union	EU-Binnenmarkt, Europäische Währungsunion	Technische Detailharmonisierung

Quelle: eigene Darstellung.

chen **Entscheidungsträger der (nationalen) staatlichen Wirtschaftspolitik.** Dazu gehören vor allem

- die Parlamente der Gebietskörperschaften (in Deutschland: Bund, Länder und Gemeinden), welche Gesetze und Verordnungen beschließen können (Legislative),
- als Exekutive die Bundes- und Landesregierung(en) sowie die kommunalen Verwaltungen (Umsetzung der Gesetze und Verordnungen) sowie
- als Jurisdiktion die Gerichte (z. B. Bundesverfassungsgericht, Bundesgerichtshof, Arbeitsgerichte).

Weitere öffentliche Entscheidungsträger sind (im Regelfall weisungsgebundene) Behörden – in Deutschland z. B. das Bundeskartellamt und die Bundesanstalt für Arbeit. Diese Behörden üben ihre Aufgaben innerhalb ihres gesetzlichen Auftrags im Rahmen ihrer Kompetenzen aus und unterliegen einer Kontrolle durch die zuständigen Minister. In Deutschland sind auch die Industrie- und Handelskammern und die Handwerkskammern mit hoheitlichen Aufgaben betraut, z. B. im Rahmen der Berufsausbildung. Die Erfüllung dieser Aufgaben wird durch Zwangsmitgliedschaft und Zwangsbeiträge der jeweils zugehörigen Gewerbetreibenden bzw. Handwerker gesichert.

Wichtig sind ferner die im Rahmen der **Tarifautonomie** autonom agierenden Tarifparteien – Gewerkschaften und Unternehmensverbände. Auch andere **Wirtschaftsverbände** haben Einfluss. Bei vielen Gesetzgebungsvorhaben werden inhaltlich betroffene Verbände „gehört" oder in anderer Weise an der Entscheidung beteiligt. Dabei sind auch Spitzenverbände von Bedeutung, z. B. der Bundesverband der deutschen Industrie (BDI).

Einfluss auf wirtschaftspolitische Entscheidungen haben auch **wissenschaftliche Beratungsinstitutionen**. Diese beraten die staatlichen wirtschaftspolitischen Entscheidungsträger aus „neutraler" Perspektive. Sie interpretieren bzw. operationalisieren wirtschaftspolitische Ziele, zeigen Zielkonflikte auf und beschreiben Handlungsspielräume und Mittel, mit denen bestimmte Ziele erreicht werden können. Zu diesen Institutionen gehört in Deutschland z. B. der auf gesetzlicher Grundlage agierende Sachverständigenrat zur Begutachtung der gesamtwirtschaftlichen Entwicklung (SVR). Dem gesetzlichen Auftrag zufolge soll er Fehlentwicklungen und Möglichkeiten zu deren Vermeidung oder deren Beseitigung aufzeigen. Er sollte dabei auch versuchen abzuschätzen, welche an sich wünschenswerten Maßnahmen „machbar", d. h. im politischen Prozess durchsetzbar sind, und welche am Widerstand von Interessengruppen scheitern könnten. Dies führt zu einer – auf Erfahrungswissen und auf wissenschaftlichen Erkenntnissen basierenden – **Kunstlehre der Wirtschaftspolitik**.

Nationale Wirtschaftspolitik ist eingebettet in grenzüberschreitende Regelungen und Entscheidungsprozesse. Wichtige **Träger supranationaler Wirtschaftspolitik** sind die Organe der Europäischen Union (EU), z. B. Ministerrat, Kommission, Parlament, Zentralbank und Europäischer Gerichtshof. Wichtige Institutionen der globalen Wirtschaftspolitik sind die Welthandelsorganisation (WTO), welche die weltweiten Handelsregeln überwacht und fortentwickelt, und der Internationale Währungsfonds (IWF), der Ländern mit Zahlungsbilanzproblemen wirtschaftspolitische Beratung und gegebenenfalls finanzielle Hilfe gewährt.

1.2 Begründung der Wirtschaftspolitik in der Marktwirtschaft

In die Theorie der Wirtschaftspolitik und in die wissenschaftliche Politikberatung fließen **Wertungen** ein. Die meisten Ökonomen gehen von einer **Überlegenheit marktlicher Koordination** aus. Die Abstimmung dezentraler Planungen der Wirtschaftssubjekte über Märkte und Preise innerhalb eines staatlich abgesicherten rechtlich-institutionellen Rahmens führt dieser Auffassung nach im Regelfall zu besseren Ergebnissen als staatliche Eingriffe. Ein rechtlich-institutioneller Rahmen ist „geeignet", wenn er die Freiheit der Wirtschaftssubjekte, flexibel auf Marktsignale reagieren zu können, sicherstellt bzw. nicht beeinträchtigt, wenn z. B. die Gewerbe- und Vertragsfreiheit garantiert und ein funktionierendes Geld- und Finanzsystem gesichert sind.

In der Marktwirtschaft bedürfen – diesem normativen Grundverständnis zufolge – wirtschaftspolitische Maßnahmen, die über grundlegende Rahmensetzungen hinausgehen, einer gesonderten Rechtfertigung; Diese kann vorliegen, wenn die Ergebnisse der Marktsteuerung in bestimmten Bereichen unbefriedigend sind, insofern also **Marktversagen** auftritt. Koordinationsmängel beruhen allerdings nicht zwangsläufig auf Schwächen des Marktes, sondern können auch auf den gewählten Regulierungsrahmen zurückgehen. Ein „Anfangsverdacht" in Richtung Marktversagen liegt jedoch vor

- bei Wettbewerbsbeschränkungen: Im Vergleich zu einem Zustand mit funktionierendem Wettbewerb werden dann vermutlich weniger Güter zu höheren Preisen bzw. geringerer Qualität angeboten,
- bei Existenz externer Effekte: Auf Märkten werden z. B. zu viele Güter angeboten, von denen negative externe Effekte (z. B. Umweltbelastungen) ausgehen und zu wenige Güter, von denen positive externe Effekte ausgehen.

Reine Marktsteuerung führt vermutlich auch zu einer Unterversorgung mit verschiedenen Arten von öffentlichen Gütern (vgl. Band Mikroökonomie, S. 162 ff). Beispielsweise wird in vielen Ländern ein öffentliches Bildungsangebot als **meritorisches** Gut bereitgestellt, weil das über Märkte privatwirtschaftlich bereitgestellte Angebot für zu gering gehalten wird.

In einer marktwirtschaftlichen Ordnung ist also regelmäßig zu fragen, inwieweit staatliche Aktivitäten erforderlich sind. Erst wenn das bejaht wird, ist gegebenenfalls die Art der staatlichen Maßnahmen zu diskutieren. Dabei ist zu bedenken, dass nicht nur Marktversagen bestehen kann. Auch staatliche Fehlleistungen sind denkbar (**Politikversagen**). Die Nachteile von Markt- und Politikversagen sind daher gegeneinander abzuwägen.

1.3 Phasen rationaler wirtschaftspolitischer Entscheidungsfindung

Die Theorie der Wirtschaftspolitik zielt darauf, auf Basis theoretisch abgeleiteter Ursache-Wirkungs-Zusammenhänge Handlungsmöglichkeiten zur Erreichung gewünschter Ziele aufzuzeigen. Die **wissenschaftliche Politikberatung** soll – auf Basis theoretischer Erkenntnisse – wirtschaftspolitische Entscheidungsträger in Bezug auf eine rationale Wirtschaftspolitik beratend unterstützen.

Eine **rationale Wirtschaftspolitik** ist planmäßig auf die Verwirklichung eines umfassenden, wohldurchdachten, ausgewogenen und widerspruchsfreien Zielsystems gerichtet (vgl. Giersch 1961), in dem neben kurzfristigen auch langfristige Ziele eine Rolle spielen. Es handelt sich also nicht um eine Politik „auf Kosten künftiger Generationen". Eine rationale Wirtschaftspolitik will optimale Ziel-Mittelkombinationen bestimmen und durchsetzen, strebt also in Bezug auf die gegebenen Ziele den höchsten Erfolgsgrad an, der unter gegebenen Umständen möglich ist. Rationale Wirtschaftspolitik weicht systematisch von einer Politik ab, welche primär einzelnen (Gruppen-)Interessen verpflichtet ist.

Ein rationaler, d. h. ziel- bzw. erfolgsorientierter Entscheidungsprozess lässt sich dabei als Abfolge der folgenden Stufen beschreiben:

```
┌────────────────────────────────────────────────┐
│ I. Wirtschaftspolitische Konzeption = Zielsystem │
│ – Zielfestlegung im Einigungsprozess (normativ)  │
└────────────────────────────────────────────────┘

┌───────────────────────────────┐   ┌──────────────────────────────────┐
│ V. Wirkungskontrolle          │   │ II. Diagnose und Prognose        │
│ – Erfolgsmessung:             │   │ – Ist-Zustand (Informationsbe-   │
│   Zielrealisierung?           │   │   schaffung und Ursachenanalyse) │
│ – Ursache-Wirkungsbeziehung?  │   │ – Status-Quo-Prognose            │
│ – Nebenwirkungen?             │   │ – Wirkungsprognosen              │
│ – Programmkorrektur?          │   │ – Feststellung: Handlungsbedarf? │
└───────────────────────────────┘   └──────────────────────────────────┘

┌───────────────────────────────┐   ┌──────────────────────────────────┐
│ IV. Durchführung von Maßnahmen│   │ III. Handlungsprogramm           │
│ – Realisierungsmöglichkeiten  │   │ – Programmplanung                │
│ – Koordination der            │   │ – Entscheidung über Mitteleinsatz│
│   verschiedenen Träger        │   │   (Dosierung & Timing)           │
└───────────────────────────────┘   └──────────────────────────────────┘
```

Abb. 1.1: Prozess der Gestaltung einer rationalen Wirtschaftspolitik (Quelle: eigene Darstellung).

– Entwicklung eines Zielsystems,
– Diagnose und Prognose der wirtschaftlichen Entwicklung, gegebenenfalls Feststellen eines wirtschaftspolitischen Handlungsbedarfs,
– Formulierung, Beurteilung, Durchführung und Kontrolle wirtschaftspolitischer Maßnahmenprogramme,
– Gegebenenfalls Korrektur der zuvor getroffenen Festlegungen.

Diese in Abbildung 1.1 nach Art eines Controlling-Kreislaufes verknüpften Stufen bzw. Phasen werden im Folgenden dargestellt.

Rationale Wirtschaftspolitik erfordert in einem ersten Schritt die Einigung auf ein **Zielsystem**. Zielsysteme werden häufig aus allgemein akzeptierten Oberzielen wie Freiheit, Gerechtigkeit, Sicherheit, Fortschritt, Wohlstand hergeleitet, wobei die konkrete Interpretation dieser Ziele im Rahmen eines gesellschaftlichen Prozesses erfolgt.

In Deutschland ist eine Reihe von Zielen grundgesetzlich fixiert (z. B. das Sozialstaatsprinzip und der Schutz der natürlichen Lebensgrundlagen); weitere Ziele werden in einfachen Gesetzen verankert, z. B. im Stabilitäts- und Wachstumsgesetz (StabG) das so genannte „magische Viereck". Danach haben Bund und Länder bei ihren wirtschafts- und finanzpolitischen Maßnahmen die Erfordernisse des gesamtwirtschaftlichen Gleichgewichts zu beachten und die Maßnahmen so zu treffen, dass sie im Rahmen der marktwirtschaftlichen Ordnung gleichzeitig zur Stabilität des Preisniveaus, zu einem hohen Beschäftigungsstand, zu stetigem und angemessenem Wirtschaftswachstum sowie zu außenwirtschaftlichem Gleichgewicht beitragen. Ein Zielsystem kann auch mit Blick auf Nachhaltigkeitsaspekte formuliert werden (vgl. Tab. 1.2). Dabei werden die **ökonomische**, die **ökologische** und die **soziale** Dimension der **Nachhaltigkeit** unterschieden.

Tab. 1.2: Oberziele und ausgewählte Ziele einer nachhaltigkeitsorientierten Wirtschaftspolitik.

Wohlstand	Sicherheit	Gerechtigkeit	Freiheit
Nachhaltigkeit: dauerhaft tragfähig in			
ökonomischer Hinsicht	**sozialer Hinsicht**	**ökologischer Hinsicht**	

– Angemessenes Wachstum
  – Quantitativ
  – Qualitativ (Kollektivgüter)
– Stetiges Wachstum
– Preisniveaustabilität
– Hoher Beschäftigungsstand
– Außenwirtschaftliches
  Gleichgewicht
– Dauerhaft tragfähige
  Staatsfinanzen
– Investitionen und technischer
  Fortschritt
– Strukturziel: Förderung
  der Anpassungsflexibilität der
  Unternehmen und Beschäftigten
	– Soziale Sicherung
	– Gerechte Einkommens-
	  verteilung
	  – National
	  – International
	  – Intragenerativ
	  – Intergenerativ
	– Gleichwertige Lebens
	  bedingungen (regionaler
	  Ausgleich)
		– Schutz der natürlichen
		  Lebensgrundlagen
		  – Artenvielfalt
		  – Luft-/Boden-/
		    Wasserqualität
		  – Schonung
		    natürlicher
		    Ressourcen	

Quelle: eigene Darstellung.

Es versteht sich von selbst,
- dass es eine Vielzahl von Zielen gibt, die nicht immer widerspruchsfrei sind, also im Konflikt zueinander stehen können,
- dass verschiedene Wirtschaftssubjekte verschiedene Ziele verfolgen und Ziele unterschiedlich gewichten,
- dass die Bedeutung der Ziele sich im Zeitablauf ändern kann. Vor allem stark verletzte Ziele gewinnen meist an Interesse und werden von den Medien breit diskutiert, sodass wirtschaftspolitische Maßnahmen verlangt werden.

Im Einzelnen ist dabei allerdings zu fragen, wer nach welchen Verfahren konkrete Zielformulierungen festlegt, welche Konflikte zu anderen Zielen (z. B. Wachstum, Beschäftigung) auftreten und – generell – welche Ziele bei **Zielkonflikten** vorrangig verfolgt werden sollen.

In einem zweiten Schritt ist zu beurteilen, inwieweit die festgelegten Ziele realisiert sind (**Diagnose**). In einer **Status-Quo-Prognose** kann untersucht werden, welche künftige Entwicklung *ohne* wirtschaftspolitische Eingriffe zu erwarten ist. Wenn erwartet wird, dass wirtschaftspolitische Probleme sich schnell genug von selbst erledigen, sind keine wirtschaftspolitischen Maßnahmen erforderlich. Saisonbedingte Arbeitslosigkeit geht z. B. mit Beendigung der ungünstigen Saison „automatisch" zurück. Um den Handlungsbedarf richtig abschätzen zu können, ist somit die Lageanalyse durch eine – auf theoretischen Erkenntnissen basierende – **Ursachen-**

analyse zu ergänzen, die klärt, warum es zur Zielverfehlung gekommen ist und inwieweit wirtschaftspolitische Eingriffe nötig bzw. Erfolg versprechend sind. In Deutschland analysiert unter anderem der erwähnte Sachverständigenrat die Wirtschaftsentwicklung. Solche Analysen werden allerdings durch Probleme der Datenbeschaffung und -interpretation erschwert. Fehlende, veraltete oder schwer interpretierbare Daten sowie Theoriedefizite bei der Ursachenanalyse können zu Fehleinschätzungen führen.

Bei Zielkonflikten stellt sich die Frage, welche Ziele vorrangig realisiert werden sollen. Oft wird Handlungsbedarf primär bei dem am stärksten verfehlten Ziel gesehen. Dazu muss die Wirtschaftspolitik allerdings das Ausmaß der Zielverfehlung eindeutig feststellen können. So muss z. B. klar sein, welche Preissteigerung noch mit Preisniveaustabilität vereinbar ist und welche Arbeitslosigkeit mit einem hohem Beschäftigungsstand. Ein Nachteil dieses Vorgehens ist auch, dass die Wirtschaftspolitik bei wechselnden Zielverfehlungen unstetig wird.

Lässt sich ein wirtschaftspolitischer Handlungsbedarf erkennen, ist drittens zu klären, welche **Instrumente** zur Zielerreichung eingesetzt werden sollten. Instrumente sind daraufhin zu prüfen, ob sie **zielkonform** sind, d. h. zur Zielerreichung beitragen können. Instrumente mit unsicheren Erfolgsaussichten sollten nicht zum Einsatz kommen. In Bezug auf die Inflationsbekämpfung erscheint z. B. ein verordneter Preis- und Lohnstopp, der die Inflation „zurückstaut" aber Inflationsursachen nicht beseitigt, nicht als zielführend. Wichtig ist auch die Frage, in welcher **Zeitspanne** mit einer Wirkung zu rechnen ist. Schafft z. B. der Staat neue Stellen in der Verwaltung, so stellt sich ein Arbeitsmarkteffekt schneller ein als etwa bei der finanziellen Förderung von Ausbildung und Umschulung. Darüber hinaus sollten wirtschaftspolitische Instrumente **ursachengerecht** sein, d. h. geeignet, die Ursachen der Fehlentwicklung zu beseitigen. Dies setzt allerdings theoretisches Wissen über die Ursachen wirtschaftspolitischer Probleme wie z. B. Arbeitslosigkeit und Inflation voraus.

In einer marktwirtschaftlichen Ordnung sind primär Instrumente einzusetzen, welche die marktliche Steuerung möglichst wenig beeinträchtigen (**Ordnungs- bzw. Marktkonformität**). Maßnahmen, die „nur" neue Rahmendaten für marktbestimmte Prozesse setzen, sind Instrumenten vorzuziehen, welche die marktliche Steuerung beeinträchtigen. Im Rahmen der Bekämpfung der Arbeitslosigkeit verbessert z. B. die Förderung von Ausbildung und Umschulung die marktliche Steuerung auf dem Arbeitsmarkt.

In jedem Fall sind auch mögliche **Nebenwirkungen** zu prüfen und gewünschte gegen unerwünschte Folgen abzuwägen. Steuersenkungen für Unternehmen reduzieren z. B. die Staatseinnahmen, sodass öffentliche Leistungen, etwa im Bereich der Infrastruktur schwerer finanziert werden können. Staatliche Genehmigungs- und Überwachungsprozeduren erfüllen häufig Schutzfunktionen, beispielsweise für die Umwelt, belasten aber auch Unternehmen durch komplizierte Verwaltungsverfahren. Maßnahmen zur sozialen Sicherung tragen zur Existenzsicherung und zum sozialen Frieden bei, haben aber möglicherweise negative Wirkungen, wenn die Leistungsanreize sinken.

Bei gleichzeitigem Einsatz mehrerer Instrumente ist auch deren **Zusammenwirken** zu prüfen. So entfallen z. B. emissionsmindernde Wirkungen einer Umwelt-Steuer, wenn gleichzeitig eingeführte Grenzwerte die Senkung von Emissionen ohnehin vorschreiben.

Die Analyse aller Wirkungen, Neben- und Folgewirkungen (**Wirkungsanalyse**) ist meist schwierig. Häufig werden in der wirtschaftspolitischen Beratung nur kurzfristige und leicht quantifizierbare Wirkungen der erwogenen Maßnahmen abgeschätzt, nicht aber „weiche" (z. B. psychologische) Effekte. Steuersenkungen haben z. B. neben gut abschätzbaren Einnahmeausfällen für die öffentlichen Haushalte auch positive – aber schwer quantifizierbare – Effekte auf das Investitions- und Konsumverhalten. Wirkungsanalysen basieren zudem auf Vergangenheitserfahrungen, die sich nicht immer auf die Zukunft übertragen lassen.

Häufig ist auch unklar, in welcher **Dosierung** Instrumente einzusetzen sind. Überdosierung kann zu unerwünschten Reaktionen führen. Wird z. B. die Mehrwertsteuer erhöht, kann die Schattenwirtschaft zunehmen. Bei Unterdosierung wird dagegen der erwünschte Effekt nicht erreicht. Eine geringe Tabaksteuer führt z. B. nicht sicher zu einer gesundheitspolitisch gewünschten Reduktion des Tabakkonsums. Fehldosierungen drohen auch bei Daten- oder Informationsänderungen. Bei neuen Erkenntnissen zu Umweltproblemen kann sich z. B. ein Umwelt-Steuertarif nachträglich als falsch erweisen.

Erst wenn hinreichende Informationen und Wirkungsanalysen vorliegen, können wirtschaftspolitische Instrumente und Maßnahmen sinnvoll zusammengestellt werden. Erst dann sollte der **Einsatz der Instrumente** – quantitativ, zeitlich und in Bezug auf die Zusammenarbeit verschiedener Träger der Wirtschaftspolitik – geplant werden. Die Programmformulierung erfordert allerdings Zeit. In dieser Phase treffen häufig unterschiedliche Interessen der verschiedenen Akteure der Wirtschaftspolitik aufeinander und erschweren zielführende wirtschaftspolitische Strategien bzw. eine problemgerechte Maßnahmenplanung.

Bei der Durchführung wirtschaftspolitischer Maßnahmen (vierter Schritt) können **Umsetzungs- bzw. Vollzugsprobleme** auftreten. Zum einen erschweren praktisch-technische **Verwaltungs- und Bürokratieprobleme** die Realisierung wirtschaftspolitischer Programme. Häufig fehlen Verwaltungskapazitäten. Änderungen des Steuerrechts werden z. B. nur langsam umgesetzt, wenn das Personal in den Finanzämtern knapp bzw. noch nicht entsprechend geschult ist. Bei manchen Gesetzen verzögert sich die Formulierung erforderlicher Durchführungsverordnungen. Solche Probleme sind gravierender, je komplexer die betreffenden Verfahrensabläufe sind. Generell gilt: wenn wirtschaftspolitische Entscheidungsprozesse viel Zeit erfordern, kann sich der Vollzug wirtschaftspolitischer Maßnahmen, d. h. die Umsetzung von Entscheidungen verzögern. Aufgrund dieser Verzögerungen (**time lags**) kann der günstigste Zeitpunkt für die Umsetzung wirtschaftspolitischer Maßnahmen verpasst werden.

Dazu ein Beispiel: Ein exogener Schock (z. B. ein deutlicher Anstieg des Rohölpreises) schlägt sich erst mit gewisser Verzögerung in den Preis-, Handels- und Beschäftigungsstatistiken nieder (**Erkennungsverzögerung**). Danach dauert es eine Weile, bis gegebenenfalls ein politischer Handlungsbedarf diagnostiziert wird (**Diagnoselag**). Auch die Planung konjunkturstützender Maßnahmen und entsprechende politische Entscheidungen (z. B. im Bundestag bzw. Bundesrat) erfordern Zeit (**Planungs- und Entscheidungslag**). Ist ein Konjunkturprogramm beschlossen, muss es – zumeist durch nachgeordnete Behörden – umgesetzt werden. Hier entsteht ein **Umsetzungslag**, z. B. bei der Ausschreibung zusätzlicher öffentlicher Aufträge. Schließlich dauert es, bis die Wirkung des Konjunkturprogramms einsetzt, bis z. B. die öffentlichen Aufträge beschäftigungswirksam werden.

Bei wirtschaftspolitischen Fördermaßnahmen wird die Umsetzung ferner oft durch unerwünschte **Ankündigungseffekte** bzw. **Mitnahmeeffekte** erschwert. Werden z. B. Maßnahmen zur Investitionsförderung angekündigt, so werden unter Umständen Investitionen zunächst solange zurückgestellt, bis die Fördergelder tatsächlich fließen. Denkbar ist auch, dass förderungswürdige Aktivitäten auch ohne Förderung durchgeführt worden wären. Dann wird die Förderung „mitgenommen", ohne zusätzliche Forschungen zu initiieren.

Eine rationale Wirtschaftspolitik muss daher in einem fünften Schritt den Erfolg wirtschaftspolitischer Maßnahmen überprüfen, auch wenn es schwerfällt, eingetretene Wirkungen eindeutig dem Instrumenteneinsatz zuzuordnen. Ein Effekt muss nicht durch eine bestimmte Maßnahme ausgelöst worden sein, nur weil er anschließend eingetreten ist. Oft ist unklar, inwieweit ein Ergebnis wegen, trotz oder unabhängig von den durchgeführten Maßnahmen zustande kam.

Insofern ist die **Erfolgsmessung** schwierig: Zum einen lassen sich entsprechende Indikatoren nicht immer richtig deuten; beispielsweise ist fraglich ob man die Arbeitsmarktsituation besser an der Erwerbslosenquote der ILO, an der Arbeitslosenquote der BA oder an der Beschäftigung messen sollte. Zum anderen ist die **Erfolgsdefinition** gestaltbar. Ob etwa ein Rückgang der Arbeitslosigkeit um 0,5 Mio. als Erfolg zu werten ist, hängt von der Ausgangslage, vom wirtschaftlichen Umfeld (z. B. „Weltkonjunktur") und auch von der gewählten Zielformulierung ab. Das Ziel kann sich z. B. auf unterschiedliche Zeiträume, auf Veränderungen oder auf zu unterschreitende Niveaus der Arbeitslosigkeit beziehen. Nur bei hinreichend klarer Zielformulierung kann eine sinnvolle **Abweichungsanalyse** durchgeführt, d. h. die Abweichung zwischen Ist- und Soll-Zustand überprüft werden.

Wichtig ist auch, wer für die **Kontrolle der Wirtschaftspolitik zuständig** ist. Häufig verfügen nur die Entscheidungsträger über die relevanten Informationen. Externe Kontrollen durch Wähler, Opposition, Rechnungshof und unabhängige Experten (Forschungsinstitute, Sachverständigenrat usw.) sind zwar neutraler, erfolgen dann aber auf einer schmaleren Informationsbasis. Eine gründliche Eigenkontrolle durch die Träger der Wirtschaftspolitik ist daher unverzichtbar.

Die Kontrolle ist einerseits der Abschluss wirtschaftspolitischer Entscheidungsprozesse, andererseits aber auch Ausgangspunkt neuer Entscheidungen. Wurden

z. B. die angestrebten Ziele nicht erreicht, ist eine erneute Lage- und Ursachenanalyse vorzunehmen. Gegebenenfalls sind neue bzw. andere Handlungsprogramme zu entwickeln und umzusetzen. Es ist auch zu prüfen, ob die angestrebten Ziele zu ehrgeizig formuliert waren und revidiert werden sollten. Systematische Erfolgskontrollen erweitern den Fundus der wirtschaftspolitischen Erfahrung. Mit der Zeit wächst die Erkenntnis, welche Maßnahmen der Wirtschaftspolitik eher zu einem Erfolg führen und welche weniger.

Die Darstellung wirtschaftspolitischer Entscheidungsprozesse vermittelt zusammenfassend den Eindruck, dass staatliche Wirtschaftspolitik auf der Basis ausreichender Informationen über die Ausgangssituation und über die Ursachen von Zielverletzungen zwar möglich ist, in der Praxis aber an **Grenzen** stoßen kann. Probleme treten z. B. auf

- bei der Diagnose des Ist-Zustandes und Prognose der künftigen Wirtschaftsentwicklung,
- bei der Ursachenanalyse,
- bei der Analyse von Haupt-, Neben- und Folgewirkungen des Einsatzes wirtschaftspolitischer Instrumente,
- bei der konkreten Gestaltung und Dosierung des Instrumenteneinsatzes,
- bei Widerständen im politischen Prozess, welche erforderliche Maßnahmen verhindern oder zu nicht sachgerechten Kompromissen führen können.

Ein zentrales Problem der Wirtschaftspolitik besteht darin, dass beteiligte Akteure im Regelfall nicht nur das allgemeine Interesse, sondern (primär) das eigene (Gruppen-)Interesse im Blick haben. Diesbezüglich können systematische Unterschiede bestehen. Gut organisierte Interessen setzen oft Maßnahmen im eigenen Interesse zu Lasten der Allgemeinheit durch.

Somit besteht die Gefahr, dass auch eine rationale Wirtschaftspolitik, die eigentlich Defizite der Marktsteuerung mindern soll, ihrerseits zur Ursache neuer Probleme wird. Dem beobachteten **Marktversagen** steht dann ein **Politikversagen** gegenüber. Bei der Entscheidung, ob bzw. inwieweit wirtschaftspolitische Eingriffe erfolgen sollten, ist also zwischen dem akzeptablen Niveau von Marktversagen und Politikversagen abzuwägen.

Die nachfolgenden Kapitel zu einzelnen Handlungsfeldern der Wirtschaftspolitik folgen vor diesem Hintergrund häufig dem folgenden strukturellen Aufbau:

- Problemstellung, Rechtfertigung, Ziele
- Träger und Instrumente
- Probleme und Grenzen bzw. Alternativen

1.4 Ökonomische Theorie der Politik

Die **ökonomische Theorie der (Wirtschafts-)Politik** will erklären, wie wirtschaftspolitische Entscheidungen tatsächlich zustande kommen und mit welchen Motiven und Zielen die beteiligten Akteure handeln. Bei der Analyse wird unterstellt, dass in Gruppen wie z. B. Parteien, Arbeitgeberverbänden, Gewerkschaften oder Verbraucherverbänden einzelne Individuen handeln und dabei durchaus auch eigene Interessen verfolgen (**methodologischer Individualismus**). Somit ist zu untersuchen, wie Ziele formuliert, Entscheidungen getroffen und Kontrollen ausgeübt werden, wenn nicht das Wohl der Gruppe sondern individuelle Interessen im Vordergrund stehen. Diese Analyse lässt sich auf unterschiedliche Bereiche und **Interessengruppen** anwenden. Dazu nun einige Beispiele.

- **Bürokraten** bevorzugen – der polit-ökonomischen Analyse zufolge – Maßnahmen, die ihre eigene Bedeutung (Einkommen, Einfluss, Budget) erhöhen. Sie präferieren eine intensive Regulierung und eine Ausdehnung des öffentlichen Sektors, welche über das sachlich Gebotene hinausgeht. Vorgegebene Verwaltungsaufgaben werden daher nicht immer mit minimalem Mitteleinsatz realisiert. Stattdessen wird ein großes Budget angestrebt und ggfs. ausgeschöpft, selbst wenn die Aufgabe mit geringerem Mitteleinsatz erfüllt werden könnte.
- Auch **Politiker** verfolgen primär den eigenen Vorteil, z. B. die Wiederwahl. Wahlentscheidend sind oft Maßnahmen, die wichtigen Wählergruppen zu Gute kommen, kurzfristig eintreten und gut wahrnehmbar sind. Daher bestehen Anreize zu einer „spektakulären Politik des Einzelfalls", deren langfristige Nebenwirkungen erst später erkannt und daher unberücksichtigt bleiben. Dadurch erhöht sich die Zahl von Ausnahmeregelungen zugunsten gut organisierter Sonderinteressen, deren Korrektur schwer durchzusetzen ist. Zudem hat die Regierung einen Anreiz, kurz vor Wahlen eine expansive (die Beschäftigung steigernde) Politik zu betreiben, deren Inflations- und Verschuldungseffekte erst nach der (Wieder-)wahl bemerkt werden. Erst dann erfolgt eine Wirtschaftspolitik, die auch längerfristige Aspekte berücksichtigt (z. B. Haushaltskonsolidierung). Die Theorie prognostiziert somit einen **politischen Konjunkturzyklus,** der den Rhythmus politischer Wahlen widerspiegelt.
- **Wähler** verzichten häufig darauf, sich vor Wahlen über die Wahlprogramme und deren Wirkungen zu informieren, weil die Kosten der Informationssammlung höher sind als die Chance, durch die eigene Wahlentscheidung das Wahlergebnis zu beeinflussen. Es ist insofern also individuell gesehen rational, mit begrenzter Information oder sogar gar nicht zur Wahl zu gehen. Wähler entscheiden also häufig auf der Basis rational begrenzter Information.

Auch **Interessengruppen** sind von großer Bedeutung für politische Entscheidungen. Nach der von Olson (1965 und 1982) entwickelten **Logik des kollektiven Handelns** bilden sich viele gesellschaftliche Gruppen, deren Mitglieder ein gemeinsames Interesse haben. Für Anbieter besteht ein gemeinsames Interesse regelmäßig darin, den Zutritt weiterer Anbieter zu erschweren. In diesem Sinne profitieren z. B. Handwerker vom Schutz durch die Handwerksordnung. Andere Gruppen streben Vorteile für ihre Mitglieder z. B. durch – oft wettbewerbsverzerrende – Subventionen an. Ein derartiges Streben nach Sondervorteilen („**Rent-seeking**") ist aus Sicht der Gruppenmitglieder rational, obwohl die volkswirtschaftlichen Folgen oft bedenklich sind.

Die **Bildung von Interessengruppen** erfolgt – Olson zufolge – nach bestimmten, zum Teil vorhersehbaren Mustern. Sie erfolgt z. B. langsam, denn „Kümmern" um das Gruppeninteresse ist ein „öffentliches" Gut. Jedes Gruppenmitglied neigt dazu zu warten, bis sich jemand für die gemeinsame Sache einsetzt. Die anderen können dann als „Trittbrettfahrer" (d. h. ohne Eigenbeitrag) von dieser Aktivität profitieren. Kleine Gruppen mit weitgehend homogenen Interessen organisieren sich jedoch schneller als andere. In kleinen Gruppen funktioniert die gruppeninterne Kontrolle besser, die Gefahr des Trittbrettfahrerverhaltens ist geringer. Der Anteil am gemeinsam erreichten Vorteil ist in kleinen Gruppen für das einzelne Mitglied relativ groß. In Gruppen mit homogenen Interessen sind gruppeninterne Abstimmungsprozesse einfacher als in Gruppen mit heterogenen Interessen. Beispielsweise sind meist die Interessen der Produzenten leichter organisierbar als die der Konsumenten. Diese „asymmetrische" Bildung von Interessengruppen beeinflusst die Ergebnisse der Wirtschaftspolitik. Gut organisierbare Sonderinteressen setzen sich eher durch. Einmal gegründete Organisationen hören umgekehrt oft nicht auf zu existieren, wenn ihr ursprünglicher Zweck entfällt. So übernahmen Kutschervertretungen später die Vertretung von LKW-Fahrern. Eine **Gruppenstabilisierung** ist besonders zu erwarten, wenn die Interessenvertretung „hauptamtlich" von Personen erfolgt, deren Stellung unmittelbar von der Existenz der Gruppe abhängt. Insgesamt nimmt somit die Zahl der Interessengruppen in stabilen Gesellschaften stetig zu.

Gemäß Olsons Logik beeinträchtigt die Zunahme von Interessengruppen die wirtschaftliche und gesellschaftliche Entwicklung und erschwert wirtschaftspolitische Entscheidungsprozesse, da Gruppen- und Gesamtinteresse voneinander abweichen.

– Interessengruppen erschweren politische Entscheidungen durch Umverteilungsbemühungen. Diese Aktivitäten binden Ressourcen, die anderswo fehlen. Die Produktionsstruktur wird zudem systematisch verzerrt. Es werden zu viele Produkte erzeugt, deren Produktion im Interesse erfolgreicher Interessengruppen ist (z. B. Kohle), und zu wenig andere Produkte. Im Ergebnis sinken Effizienz und Gesamteinkommen der Gesellschaft.

– Wegen der Konzentration auf die Verteidigung errungener selektiver Vorteile verringern Interessengruppen die Fähigkeit der Gesellschaft zur Anpassung an den Strukturwandel oder zur Adoption neuer Technologien (dynamische Ineffizienz). Gewerkschaften tendieren z. B. dazu, die Übernahme arbeitssparender Technologien zu bremsen.

– Die Zunahme von Interessengruppen erhöht die Komplexität der Regulierungen und die Bedeutung des regulierenden Staates. Die Bedeutung von Ausnahmen und „Schlupflöchern" nimmt zu. Die Richtung der „sozialen Evolution" ändert sich. Juristen oder Steuerberater profitieren z. B. von komplexen Steuergesetzen

und wehren sich gegen eine – insgesamt eigentlich gebotene – Vereinfachung von Regulierungen.
- Vorherrschend werden Ziele verfolgt, für die sich Interessenvertreter finden. Langfristige Ziele und Ziele, die nicht einer klar definierten Gruppe nützen (z. B. das Ziel einer umweltverträglichen, nachhaltigen Wirtschaftsweise), werden eher nicht verfolgt.

Insgesamt weist die ökonomische Theorie der Politik darauf hin, dass bei wirtschaftspolitischen Entscheidungen die Gefahr besteht, dass nicht die langfristigen Interessen des Allgemeinwohls sondern kurzfristige Partialinteressen im Vordergrund stehen. Gerade langfristig drängende Probleme wie z. B. die Verbesserung der Umweltqualität werden dann vernachlässigt. Insofern ist es wichtig, dass die Einflussnahme von Interessenverbänden auf die wirtschaftspolitischen Entscheidungsträger öffentlich kontrolliert wird. Zudem sollten die Gestaltungsmöglichkeiten der Wirtschaftspolitik nicht überschätzt und wirtschaftspolitische Maßnahmen vorsichtig dosiert werden. Generell ist abzuwägen, inwieweit wirtschaftspolitische Maßnahmen unbefriedigende Marktergebnisse korrigieren können. Im Einzelnen werden häufig folgende Empfehlungen gegeben:
- Die Wirtschaftspolitik sollte – über die Sicherung der Funktionsfähigkeit der Marktwirtschaft hinaus – nicht zu vieles im Detail regeln und nicht permanent agieren wollen. Ordnungspolitik ist weniger anfällig für time-lags und Dosierungsprobleme als Prozesspolitik und trägt (insofern) eher zu einer „Stetigkeit der Wirtschaftspolitik" bei.
- Angesichts von Funktionsmängeln der Marktwirtschaft kann dennoch oft auf prozesspolitische Eingriffe nicht verzichtet werden. Dann sollte aber das Risiko von Fehlentscheidungen durch eine „Politik der kleinen Schritte" (Karl Popper) gemindert werden. Dieser Überlegung folgend kann man bei kleinen Schritten auch nur kleine Fehler machen und die Entscheidung eventuell leichter revidieren.
- Regelungen sind – auch unter Inkaufnahme von Ungerechtigkeit im Einzelfall – so einfach und allgemein wie möglich auszugestalten. Dann gibt es nur wenige Ansatzpunkte, spezifische, der Allgemeinheit zuwiderlaufende Interessen durchzusetzen.
- Maßnahmen, durch die der Einfluss von Interessengruppen reduziert wird, erhöhen mittelfristig die wirtschaftspolitische Handlungsfähigkeit. So bewirkte z. B. die europäische Integration, dass nationale Interessengruppen vorübergehend ihre traditionellen Einflussmöglichkeiten verloren. Manchmal drängt auch die Förderung bzw. Realisierung von technischem Fortschritt den Einfluss von Interessengruppen zurück. So schafft das Internet in vielen Bereichen globalen Wettbewerb.
- Stets sind die von wirtschaftspolitischen Maßnahmen ausgehenden wirtschaftlichen Anreize zu bedenken. Bei einer Mehrwertsteuererhöhung ist beispielswei-

se unklar, inwieweit die Belastung von den Unternehmen auf die Nachfrager überwälzt, die preisliche Wettbewerbsfähigkeit gegenüber ausländischen Konkurrenten geschwächt und der Anreiz zur Schattenwirtschaft erhöht wird. Sowohl die fiskalischen als auch die wachstumspolitischen Folgen sind unklar.

1.5 Aufgaben

1. Auf welchen Ebenen beschäftigt sich die Wirtschaftswissenschaft mit dem Thema Wirtschaftspolitik?
2. Inwiefern sind wirtschaftspolitische Eingriffe in einer Marktwirtschaft zu rechtfertigen?
3. Nennen und erläutern Sie (mit Hilfe eines jeweils geeigneten Beispiels) drei Argumente, die einen wirtschaftspolitischen Eingriff rechtfertigen können.
4. Was verstehen Sie unter „rationaler Wirtschaftspolitik"? Erläutern Sie, welche Phasen der Entscheidungsfindung im Rahmen einer rationalen Wirtschaftspolitik zu durchlaufen sind und deuten Sie Probleme an, die jeweils auftreten können.
5. Erläutern Sie Untersuchungsansatz und wichtige Ergebnisse der ökonomischen Theorie der Politik und der Logik des kollektiven Handelns.
6. Warum weicht die tatsächliche Wirtschaftspolitik systematisch von einer „rationalen", auf das Wohl der Allgemeinheit bezogenen Politik ab?
7. Welche Empfehlungen bzw. Schlussfolgerungen lassen sich in Bezug auf die Wirtschaftspolitik formulieren?

2 Finanzpolitik

In diesem Kapitel erörtern Sie,
- wie die Bedeutung der Staatstätigkeit anhand von Kennziffern wie Staatsquote, Steuerquote und Finanzierungsquote veranschaulicht wird,
- wie Aufgaben, Ausgaben und Einnahmen des Staates zusammenhängen,
- dass der Umfang der Staatstätigkeit auf politische Entscheidungen zurückgeht,
- welches die wichtigsten Ziele und Instrumente der Finanzpolitik sind
- wie verschiedene Steuerarten auf den Wirtschaftsprozess und die Einkommensverteilung wirken und welche Grundsätze bei der Gestaltung des Steuersystems beachtet werden sollten,
- die Grundzüge des Finanzausgleichs in der Bundesrepublik Deutschland,
- die Wirkungen sowie die rechtlichen und ökonomischen Grenzen der Staatsverschuldung und wesentliche Probleme der Finanzpolitik.

2.1 Einführung

In einer gemischten Wirtschaftsordnung mit prinzipiell marktwirtschaftlicher Steuerung übernimmt der Staat viele Aufgaben, die mit Ausgaben und Einnahmen des Staates verbunden sind. Die Wirkungen dieser staatlichen Einnahmen und Ausgaben und die Möglichkeiten, im Zuge der Ausgaben und Einnahmen bestimmte Wirkungen zu erzielen bzw. Ziele zu erreichen, werden in der Finanzwissenschaft untersucht. Die **Finanzpolitik** umfasst alle Maßnahmen zur Gestaltung der öffentlichen Haushalte in Hinblick auf bestimmte Ziele. Im Einzelnen werden die Ausgaben und Einnahmen sowie die öffentliche Verschuldung betrachtet. Im weiteren Sinne umfassen die öffentlichen Haushalte auch die Sozialversicherungen (gesetzliche Renten-, Kranken-, Unfall-, Pflege- und Arbeitslosenversicherung). Im Folgenden stehen jedoch zunächst die öffentlichen Haushalte im engeren Sinn – also die Haushalte von Bund, Ländern und Gemeinden – im Blickpunkt.

Der Umfang der staatlichen Finanzwirtschaft lässt sich zum einen anhand der absoluten Höhe der Ausgaben und Einnahmen beschreiben. Oft wird auch die Relation der Ausgaben und Einnahmen zur gesamten Produktionstätigkeit in einer Volkswirtschaft ausgewiesen. Die Relation der Gesamtausgaben des Staates zum nominalen Bruttoinlandsprodukt zu Marktpreisen wird als **Staatsquote** bezeichnet. Spezielle Staatsquoten beziehen nur bestimmte Ausgabearten ein. So verdeutlicht z. B. der Anteil der Realausgaben (Staatsverbrauch und Bruttoinvestitionen) am Bruttoinlandsprodukt, in welchem Ausmaß der Staat auf die Güterproduktion zugreift. Der Anteil der Steuereinnahmen des Staates am Bruttoinlandsprodukt ist die **Steuerquote**. Die Steuerquote umfasst aber nicht die gesamte Abgabenbelastung der Bürger, da neben den Steuern auch Sozialabgaben zu zahlen sind. Die Relation der Steuern einschließlich Sozialabgaben zum Bruttoinlandsprodukt wird als **Abgabenquote** bezeichnet. Die **Finanzierungsquote** ist als Relation des Finanzierungssaldos des Staates zum Bruttoinlandsprodukt definiert.

https://doi.org/10.1515/9783110569568-002

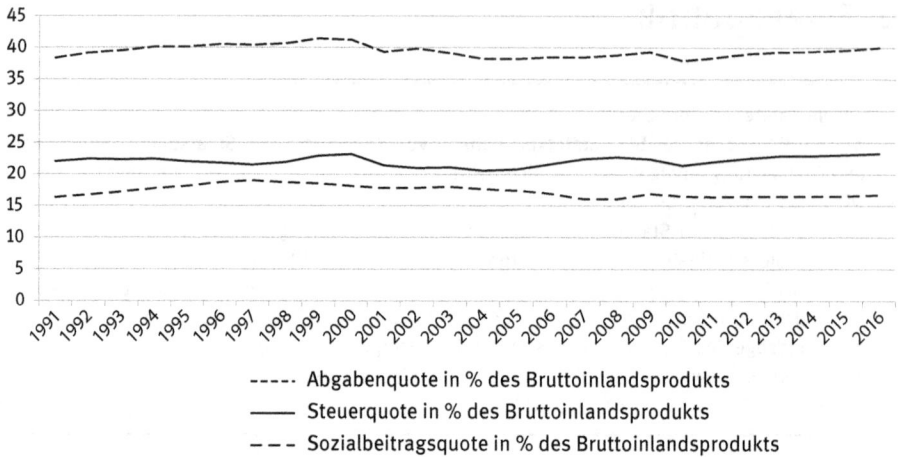

Abb. 2.1: Staats-, Abgaben- und Finanzierungsquote in der Bundesrepublik Deutschland, jeweils in % des Bruttoinlandsprodukts (Quelle: Bundesministerium der Finanzen, online verfügbar unter: https://www.bundesfinanzministerium.de/Monatsberichte/2017/05/Inhalte/Kapitel-6-Statistiken/ 6-1-11-entwicklung-der-steuer-und-abgabequoten.html, Abfrage 14. 9. 2017).

Die längerfristige Entwicklung dieser Quoten in der Bundesrepublik ist in Abbildung 2.1 dargestellt. Nachdem die Ausgaben- und Abgabenquote in den sechziger und siebziger Jahren deutlich angestiegen war, wurde in den achtziger Jahren versucht, den Staatsanteil am Bruttoinlandsprodukt zurückzuführen. Dieser Prozess konnte nach der Wiedervereinigung Deutschlands zunächst nicht fortgesetzt werden, wurde aber wegen der Forderung nach einer Haushaltskonsolidierung im Zusammenhang mit der Einführung der gemeinsamen Währung in Europa wieder vorangetrieben. Am Ende der neunziger Jahre entsprach die Größenordnung der Quoten in etwa dem zu Beginn der neunziger Jahre erreichten Niveau.

Es gibt keine Begründung für eine „richtige" Höhe staatlicher Quoten. Letztlich ist die Entscheidung darüber, in welchem Umfang der Staat in den Wirtschaftsprozess eingreift, eine politische Entscheidung. Anhaltspunkte für diese Entscheidung ergeben sich aber aus den kurz- und langfristigen Wirkungen staatlicher Ausgaben, Einnahmen und der Verschuldung auf den Wirtschaftsprozess. Normalerweise steigt die Staatsquote in Rezessionsphasen, weil sich dann selbst bei konstanten Staatsausgaben die Produktion und die Ausgaben des Staates gegenläufig entwickeln; in Aufschwungphasen kann die Staatsquote wegen der zunehmenden Produktion zurückgehen.

Anhaltspunkte für die Beurteilung der Höhe der staatlichen Ausgaben und Einnahmen ergeben sich aus internationalen Vergleichen. Öffentliche Güter werden von der Bevölkerung und von Unternehmen genutzt und verbessern die Attraktivität eines Landes; die Steuerbelastung kann aber zum Standortnachteil werden. Es ist allerdings schwierig, die tatsächliche Steuerbelastung international zu vergleichen, da die tatsächlichen Belastungen neben den Steuersätzen einzelner Steuerarten – wie z. B. der Einkommen- und Körperschaftssteuer – auch von den Definitionen der Bemessungsgrundlagen abhängen. Dieses Problem wird später noch einmal angesprochen.

Im Folgenden werden zunächst die Ziele und die langfristige Entwicklung der staatlichen Ausgaben und Einnahmen erläutert. Danach werden ausgewählte Instrumente der Finanzpolitik dargestellt. Dabei stehen die langfristigen Wirkungen des Umfangs und der Struktur der Ausgaben und Einnahmen, der Finanzausgleich und die Staatsverschuldung im Mittelpunkt der Darstellung. Kurz- und mittelfristige Wirkungen der staatlichen Haushalte auf den Konjunkturverlauf werden ausführlicher im Abschnitt Stabilisierungspolitik (vgl. Abschn. 4) behandelt.

2.2 Ziele der Finanzpolitik

Mit staatlichen Einnahmen und Ausgaben sollen wirtschaftspolitische Ziele erreicht werden, die in fiskalische und nicht-fiskalische Ziele unterteilt werden können. Das **fiskalische Ziel** besteht darin, ausreichend hohe Einnahmen zu erzielen, um die staatlichen Aufgaben erfüllen zu können. Staatliche Aufgaben sind zwar nicht immer, aber häufig mit Ausgaben verbunden, die in ausreichender Höhe und entsprechend dem Ausgabenbedarf flexibel gestaltbar verfügbar sein sollten. Musgrave unterscheidet darüber hinaus die drei **nicht-fiskalischen Ziele Allokation, Distribution und Stabilisierung.** Heute wird zusätzlich erwartet, dass der Staat seine Haushalte **nachhaltig** gestaltet, d. h. dass die öffentlichen Haushalte ökonomisch dauerhaft tragfähig sind, dass ökologische Belange beachtet werden und dass die intra- und intergenerativen Wirkungen sozial ausgewogen sind.

Im Rahmen des Allokationsziels beeinflusst der Staat die Zusammensetzung des Güterangebots und der Nachfrage in den Fällen, in denen der Marktmechanismus versagt oder zu unerwünschten Ergebnissen führt. Im Einzelnen werden vier Fälle unterschieden:

- Angebot von spezifisch öffentlichen Gütern aufgrund von (echtem) Marktversagen
- Angebot von meritorischen Gütern aus außerökonomischen, häufig sozialpolitischen Überlegungen
- Beeinflussung des Güterangebots zur Korrektur externer Effekte
- Angebot von Gütern im Fall von Leitungsmonopolen.

Der Staat erstellt öffentliche Güter, deren Angebot im allgemeinen Interesse liegt, aber über den Markt nicht oder nicht in ausreichendem Umfang zustande kommt. Private Anbieter sind nicht bereit diese Güter anzubieten, weil von ihrer Inanspruchnahme kein Konsument ausgeschlossen werden kann – auch dann nicht, wenn er nicht bereit ist, einen Preis zu zahlen (Ausschlussprinzip nicht anwendbar). Zudem können diese Güter von vielen Personen gleichzeitig genutzt werden, ohne dass der individuelle Nutzen sinkt (Nicht-Rivalität im Konsum). Diese beiden Kriterien führen zu (echtem) Marktversagen, sind aber selten erfüllt. Es ist also nicht möglich, diese Güter gewinnbringend am Markt anzubieten. Im Gegensatz dazu liegt bei meritorischen Gütern kein derartiges Marktversagen vor. Ein Ausschluss ist prinzipiell möglich, bei privater Bereitstellung wäre aber das Angebot – gemessen an den gesellschaftlichen Bedürfnissen – zu gering (Unterversorgung). Im Zusammenhang mit dem Konsum dieser Güter entsteht ein gesellschaftlicher Zusatznutzen (z. B. im Bildungswesen), für den private Wirtschaftssubjekte individuell keinen Preis zahlen würden. Insofern spiegelt sich in der Zahlungsbereitschaft der privaten Nachfrager dieser Zusatznutzen nicht wider.

Ein weiterer Grund für Eingriffe des Staates in das privat erstellte Güterangebot können externe Effekte sein. In diesem Fall beeinflusst der Konsum oder die Produktion eines Gutes andere Konsumenten oder Produzenten positiv oder negativ, ohne dass diese Wirkungen auf unbeteiligte Dritte sich im Marktpreis widerspiegeln. Z. B. bilden sich am Markt Güterpreise, die den Ressourcenverbrauch nicht vollständig erfassen. In diesen Fällen strebt der Staat eine Korrektur des marktbestimmten Güterangebots bzw. der Angebots- und Nachfragestruktur an.

Als weiteres Argument für ein öffentliches Angebot werden so genannte Leitungsmonopole angeführt. Die private Erstellung wichtiger Leitungsnetze gilt als unwahrscheinlich, weil ein privater Anbieter nicht die Nachfragemenge erreichen würde, die zur Auslastung der Leitungskapazitäten erforderlich wäre. Zudem wäre die gleichzeitige Bereitstellung paralleler Leitungsnetze durch verschiedene Anbieter volkswirtschaftlich gesehen eine Verschwendung. Daher wird in vielen Fällen ein staatlich geschütztes Monopol befürwortet. Um trotzdem Wettbewerb zu ermöglichen, unterliegen wichtige leitungsgebundene Angebote (Energie-, Telekommunikations-, Post- und Eisenbahnmärkte) der Regulierung durch die Bundesnetzagentur, die einen ungehinderten Zugang zu den Leitungsnetzen und ausreichende Investitionen in die Netze ermöglichen soll. Auch Maßnahmen der regionalen und sektoralen Strukturpolitik verändern die Zusammensetzung des Güterangebots am Markt (vgl. Abschn. 6.2). Die daraus resultierenden Wirkungen werden in Abschnitt 3.3 erörtert.

Darüber hinaus versucht der Staat Produktions- und Konsumstrukturen zu beeinflussen, wenn er z. B. bestimmte Güter steuerlich be- oder entlastet. Dies geschieht z. B. durch Lenkungssteuern wie Tabak, Alkohol- oder Energiesteuern. Die langfristige Entwicklung des Güterangebots steht im Blickpunkt, wenn versucht wird, staatliche Einnahmen und Ausgaben wachstumsfreundlich zu gestalten.

Distributive Maßnahmen des Staates verändern die Einkommensverteilung, die sich am Markt ergibt. Wird die am Markt entstandene Primärverteilung nicht als gerecht angesehen, versucht der Staat in vielen Fällen, die marktbestimmte Einkommensverteilung aus sozialen Gründen zu verändern (Sekundärverteilung). Es lassen sich vier Bereiche staatlicher Umverteilungstätigkeit unterscheiden (vgl. auch Kap. 7):

- Umverteilung im engeren Sinn: Korrektur der Markteinkommen aus sozialen Motiven, z. B. durch eine progressive Einkommensteuer oder Erbschaftssteuer sowie durch Transferzahlungen an einzelne private Haushalte, wie z. B. Kindergeld
- Maßnahmen zur Sicherung der Chancengleichheit: Angleichung der individuellen Bedingungen für die individuelle Entfaltung, Korrektur der Chancen, am Markt ein Einkommen zu erzielen (z. B. durch Bildungssysteme, Bafög)
- soziale Vorsorge: staatliche Eingriffe in Sozialversicherungssysteme mit dem Ziel der sozialen Daseinsvorsorge für Extremsituationen, die jeden unverschuldet treffen können, ohne dass eine individuelle Vorsorge möglich ist
- soziale Fürsorge: z. B. Grundsicherung im Alter und bei Erwerbsunfähigkeit für die, die aus eigener Kraft ihr Existenzminimum nicht sicherstellen können, d. h. nicht erwerbsfähig sind (Sozialgesetzbuch SGB II)

Dabei wird in der politischen Diskussion immer wieder eine „gerechte" Gestaltung der staatlichen Maßnahmen, vor allem aber der Steuereinnahmen gefordert, wobei die Gerechtigkeitsvorstellungen verschiedener Personen bzw. Gruppen, die am Entscheidungsprozess beteiligt sind, voneinander abweichen können.

Grundsätzlich sind die staatlichen Einnahmen und Ausgaben wegen ihrer Höhe bedeutsam für die wirtschaftliche Entwicklung. Hierbei sind u. a. die kurz- und mittelfristigen Wirkungen auf Beschäftigung und Preisniveau zu beachten. Vor der Grundgesetzänderung im Jahr 2009 mussten Bund und Länder bei ihrer Haushaltswirtschaft den Erfordernissen des gesamtwirtschaftlichen Gleichgewichts Rechnung tragen (alter Art. 109 GG). Dieser Artikel ist heute zwar durch Regelungen zur Staatsverschuldung geändert worden (vgl. Abschn. 2.3), trotzdem wird der Staat weiterhin versuchen, die Produktionsentwicklung zu verstetigen, um Arbeitslosigkeit und Inflation zu vermeiden. Dazu dienen die kurz- und langfristige Gestaltung der Höhe und der Struktur der Einnahmen und Ausgaben des Staates, wobei nun die neuen Regeln zur zulässigen Staatsverschuldung zu beachten sind.

Das **Stabilitätsziel** ist in Deutschland im Stabilitäts- und Wachstumsgesetz (StabG) aus dem Jahr 1967 verankert. Der Staat soll durch seine Maßnahmen Arbeitslosigkeit und Inflation reduzieren, das Wirtschaftswachstum fördern und zum außenwirtschaftlichen Gleichgewicht beitragen. Gleichzeitig strebt eine langfristig angelegte Finanzpolitik eine Haushaltskonsolidierung und Steuerreformen an, die Wachstumsspielräume für die Unternehmen eröffnen und leistungsmindernde Wirkungen vermeiden.

Das Ziel der **nachhaltigen Finanzpolitik** wird häufig so verstanden, dass der Staat seine Schulden abbauen muss, um nicht künftige Generationen mit dem Schuldendienst für heutige Ausgaben zu belasten. Dies entspricht der Forderung nach intergenerativer Gerechtigkeit. Allerdings können künftige Generationen auch Nutzen aus langfristig nutzbaren Investitionen ziehen; zudem umfasst das Ziel der nachhaltigen Finanzpolitik auch Maßnahmen, die zu umweltfreundlicherer Produktion und weniger umweltschädlichem Konsum anregen. Beispielsweise wird gefordert, dass Subventionen für umweltschädliches Verhalten gestrichen werden sollten. Zudem stellt sich auch die die Frage nach der Verteilungsgerechtigkeit öffentlicher Ausgaben und Einnahmen.

Grundsätzlich gilt: Aus den angesprochenen öffentlichen Aufgaben resultieren Ausgaben, deren Finanzierung durch die Einnahmen der öffentlichen Hand gesichert werden muss. Dies gilt für Bund, Länder und Gemeinden. Die Ebene, die eine Aufgabe zugewiesen bekommt, muss auch ausreichende Mittel erhalten, damit sie diese Aufgaben erfüllen kann. Daher sollten sich die jeweiligen Einnahmearten parallel zum Ausgabenvolumen entwickeln. Schwanken z. B. bestimmte Ausgaben im Konjunkturverlauf, müsste die Finanzierungsquelle entsprechend elastisch sein. Dies ist allerdings nicht immer gesichert, wie sich anhand der Entwicklung der Ausgaben für Grundsicherung (im Alter und bei Erwerbsunfähigkeit) verdeutlichen lässt: Diese von den Gemeinden zu tragenden Ausgaben steigen typischerweise in der Rezession, die Einnahmen der Gemeinden gehen dann allerdings tendenziell zurück, sodass sich Finanzierungsengpässe ergeben.

2.3 Instrumente der Finanzpolitik

Im Rahmen der Finanzpolitik wird über die Ausgaben des Staates – also über die Frage, welche Aufgaben vom Staat übernommen werden sollen und wie diese Aufgaben (effizient) erfüllt werden können – und über die Einnahmen des Staates – also vor allem über die Höhe der Steuereinnahmen und die Ausgestaltung des Steuersystems – entschieden. Im Folgenden werden zunächst Fragen erörtert, die bei der Gestaltung der Staatsausgaben auftreten. Im Anschluss werden das Einnahmesystem und Fragen im Zusammenhang mit der Staatsverschuldung erörtert. Dabei steht zunächst die langfristige Perspektive im Vordergrund. Stabilitätspolitische Aspekte, also kurz- und mittelfristige Wirkungen staatlicher Einnahmen und Ausgaben sind Gegenstand des Kapitels 4. Eine Zusammenfassung wesentlicher Probleme schließt das Kapitel ab.

2.3.1 Staatsausgaben

Öffentliche Ausgaben dienen dazu, öffentliche Aufgaben wahrzunehmen. Über den Umfang der öffentlichen Aufgaben und die verfolgten Ziele wird in einem politischen Entscheidungsprozess entschieden, damit sind die öffentlichen Ausgaben weitgehend festgelegt, wenn man davon absieht, dass in manchen Fällen Ziele auch mit geringerem Mitteleinsatz erreicht werden könnten. Insofern müssen öffentliche Ausgaben immer daraufhin überprüft werden, welche Ziele verfolgt werden und ob die Mittel effizient eingesetzt werden.

Öffentliche Ausgaben sind Zahlungen öffentlicher Kassen an private Empfänger oder andere öffentliche Einrichtungen (Bruttoausgaben). Werden die Zahlungen an andere Gebietskörperschaften nicht berücksichtigt, spricht man von den öffentlichen **Nettoausgaben.**

Es lassen sich verschiedene Arten öffentlicher Ausgaben unterscheiden.

- **Realausgaben** resultieren aus der staatlichen Inanspruchnahme von Gütern und Diensten. Dazu gehören Sach- und Personalausgaben bzw. öffentliche Konsumausgaben und öffentliche Investitionen.
- **Transferausgaben** sind Zahlungen an Private Wirtschaftssubjekte, die keinen Anspruch auf eine direkte Gegenleistung begründen. Dazu gehören Transferzahlungen an Private Haushalte – die Transfers im engeren Sinne – wie z. B. Wohn- und Kindergeld sowie Transferzahlungen an Unternehmen, die als Subventionen bezeichnet werden.
- Ausgaben werden auch im Zusammenhang mit dem öffentlichen Geld- und Kapitalverkehr getätigt. Hierzu gehört der **Schuldendienst**, also die Tilgung und die Verzinsung von Schulden.

Die wichtigste Ausgabengruppe sind die Realausgaben. Diese sind nur gestaltbar, wenn keine langfristigen Zahlungsverpflichtungen bestehen. Beispielsweise können die Höhe der Personalausgaben und die Zinsbelastung der öffentlichen Haushalte kurz- und mittelfristig kaum variiert werden. Variabel – und damit Gegenstand der so genannten „freien Spitze" – sind in erster Linie öffentliche Investitionen, die daher häufig gekürzt werden, wenn Finanzierungsengpässe auftreten. Dauerhaft tragfähige öffentliche Haushalte sind daher wichtig für die Bereitstellung öffentlicher Güter. Derzeit wird in Deutschland ein Investitionsstau im öffentlichen Bereich beklagt, der nur aufgehoben werden kann, wenn es gelingt, die Gestaltungsmöglichkeiten der öffentlichen Haushalte zu verbessern. Dazu ist es erforderlich, alle Ausgaben kritisch zu hinterfragen und gegebenenfalls alternative Finanzierungsmöglichkeiten zu prüfen. Im Zusammenhang mit öffentlichen Investitionen muss auch bedacht werden, dass sie häufig Folgekosten (z. B. für den Erhalt der früher erstellten Infrastruktur) verursachen, die dann wiederum die Handlungsspielräume einengen. Insofern wäre eine langfristig angelegte Finanzplanung sinnvoll. Diese Probleme stellen sich vor allem für die Haushalte der Länder und Gemeinden, die hohe Personalkostenanteile aufweisen.

In der Bundesrepublik ist ein mehr oder weniger kontinuierlicher Anstieg der Realausgaben zu verzeichnen. Diese Beobachtung wurde schon sehr viel früher mit mehr oder weniger zwingenden Entwicklungstendenzen erklärt, die auf wachsende Ansprüche an den Staat zurückgeführt werden. Adolph Wagner formulierte in Jahr 1863 das „Gesetz" der wachsenden Staatsausgaben, in dem er behauptete, dass die Nachfrage nach Leistungen des Staates mit steigendem Entwicklungsstand eines Landes ansteigt. Beispielsweise nimmt die Notwendigkeit für Ausgaben für die Rechtspflege und das Polizeiwesen zu. Nach dem Brechtschen „Gesetz" nehmen die

Staatsausgaben pro Einwohner mit steigender Bevölkerungsdichte zu. Begründet wird diese These mit höheren Regelungserfordernissen in Verdichtungsgebieten mit vielen überörtlichen Institutionen bzw. Einrichtungen. Nach dem Popitzschen „Gesetz" wachsen in föderalen Staaten die Haushalte der übergeordneten Budgets, um einheitliche Regelungen und die Erfüllung überörtlicher Notwendigkeiten sicherstellen zu können, ohne dass die untergeordneten Budgets entsprechend gekürzt werden.

Die angesprochenen „Gesetze" zum langfristigen Anstieg der Staatsausgaben lassen sich auch aus der Sicht der ökonomischen Theorie der Bürokratie herleiten. Solange das Prestige und die Bedeutung einer Verwaltung sich aus der Größe ihres Etats ergibt und keine Anreize dazu bestehen, die Aufgaben der Verwaltung gemäß dem Rationalprinzip mit dem geringstmöglichen Mitteleinsatz zu erfüllen, besteht die Gefahr, dass Budgets unabhängig von der Bedeutung der Aufgaben ausgeweitet werden.

Auch der Ausgabenanstieg in der Bundesrepublik Deutschland lässt sich zum Teil mit wachsenden Ansprüchen an die Staatstätigkeit erklären, z. B. weil mit steigendem Wohlstand die Anforderungen an den Staat – vor allem im Bereich der sozialen Leistungen – wachsen. Darüber hinaus erhöht der technische Fortschritt die Anforderungen an eine moderne Infrastruktur (leistungsfähige und umweltverträgliche Verkehrsinfrastruktur, digitale Infrastruktur). Seit den 70er Jahren wurden die Staatsausgaben auch aus stabilisierungspolitischen Gründen ausgeweitet: In der Rezession wurden die Staatsausgaben erhöht, um so die gesamtwirtschaftliche Nachfrage zu beleben. In den Aufschwung- bzw. Boomphasen wurden die Staatsausgaben jedoch nicht wieder eingeschränkt, weil dies unpopulär und politisch schwer durchsetzbar gewesen wäre.

Staatliche Ausgaben stellen zwar eine wichtige Nachfragekomponente dar und tragen kurz- und mittelfristig zur Auslastung der Kapazitäten bei. Dabei können aber Probleme auftreten, die im Kap. 4 näher dargestellt werden. Häufig wird gefordert die Staatsquote zu senken, weil mit steigendem Staatsanteil der Einfluss des Staates auf den Wirtschaftsprozess zunimmt. Darin wird eine Einengung privater Handlungsmöglichkeiten gesehen – auch wenn z. B. die öffentliche Bereitstellung der Infrastruktur private Investitionen rentabler werden lässt. Allerdings ist nicht auszuschließen, dass im Zuge künftiger Entwicklungen wie Digitalisierung, Klimawandel und demografischer Wandel zusätzliche Ausgaben des Staates notwendig werden. Neben der Höhe der Staatsausgaben ist auch deren Struktur bedeutsam. Eine qualitative Verbesserung der Staatsausgaben ließe sich erreichen, wenn der Anteil langfristig festgelegter Ausgaben – also z. B. der Anteil der Personalausgaben oder der der Zinszahlungen – reduziert würde. Zudem wäre es u. U. sinnvoll, konsumtive Staatsausgaben wie etwa die Finanzierung von Verwaltungsleistungen oder Transfers zu senken. Bedenklich ist, dass der Anteil der Sachinvestitionen langfristig gesehen eher rückläufig ist. (vgl. Tab. 2.1). Insofern wird die Diskussion um die „richtige" Höhe und die richtige Struktur der Staatsausgaben immer wieder neu geführt.

Tab. 2.1: Struktur der Staatsausgaben (Bund, Länder und Gemeinden einschl. Extrahaushalte der Gebietskörperschaften).

Jahr	Ausgaben	Laufende Rechnung				Kapitalrechnung	
		Personal-ausgaben	Sach-aufwand	Zins-ausgaben	Zuschüsse	Sach-investi-tionen	Vermögens-übertragun-gen, Darlehen und Beteili-gungen
	in Mrd. Euro	Anteile in %					
1991	497,1	30,0	15,0	7,9	30,2	9,1	7,6
2000	615,1	28,1	10,5	11,3	36,2	6,7	6,9
2005	627,7	27,4	11,4	10,2	39,8	5,3	5,7
2010	723,0	26,3	12,2	8,0	42,9	5,5	5,1
2015	805,3	30,3	15,8	6,3	37,4	5,7	4,5
2016	842,4	29,8	16,4	5,5	38,1	5,8	4,5
2017	867,0	30,0	16,4	4,7	38,2	6,1	4,9

Quelle: Institut der Deutschen Wirtschaft, online unter: https://www.deutschlandinzahlen.de/ tab/deutschland/oeffentliche-haushalte/einnahmen-und-ausgaben-des-staates/struktur-der-staatsausgaben, Abfrage vom 19.7.2018.

2.3.2 Finanzierung der öffentlichen Haushalte

Einnahmearten

Die Einnahmen der öffentlichen Haushalte dienen dazu, die notwendigen Mittel zur Finanzierung der öffentlichen Aufgaben bereitzustellen. Grundsätzlich könnte mit den hoheitlich erzielten Einnahmen ein jährlicher Haushaltsausgleich angestrebt werden. Da jedoch die Einnahmen und die Ausgaben schwer kalkulierbar sind, besteht die Gefahr von unausgeglichenen öffentlichen Haushalten. Zudem ist zu beachten, dass öffentliche Einnahmen und Ausgaben wegen ihres erheblichen Umfangs die Kapazitätsauslastung und die Entwicklungen im Wirtschaftsprozess verändern. Daher liegt es nahe, bei der Ausgestaltung der öffentlichen Haushalte weitere wirtschaftspolitische Ziele zu verfolgen.

Folgende Formen staatlicher Einnahmen lassen sich unterscheiden:

- **Zwangsabgaben** wie **Steuern, Gebühren und Beiträge** (Hauptquelle staatlicher Einnahmen). Steuern werden ohne direkte Gegenleistung hoheitlich erhoben. Gebühren werden für die Inanspruchnahme von Leistungen erhoben, von denen der Bürger ausgeschlossen werden kann, wenn er die Gebühr nicht zahlt (z. B. Passgebühr). Im Gegensatz dazu werden **Beiträge** unabhängig von der Inanspruchnahme fällig, wenn vermutet wird, dass der Bürger einen Vorteil aus einer öffentlichen Einrichtung zieht (z. B. Anliegerbeiträge, Erschließungsbeiträge).

- **Erwerbseinkünfte** entstehen u. a. bei dem Verkauf von Gütern, durch öffentliche Unternehmen und Unternehmensbeteiligungen sowie aus Miet- und Zinseinnahmen. Zudem versuchen die Gebietskörperschaften Einnahmen aus Vermögensveräußerungen zu erzielen.
- Zu den **sonstigen Einkünften des Staates** gehören z. B. Buß- und Strafgelder, der Münzgewinn und – in Ländern der Eurozone – Gewinne der Europäischen Zentralbank, die über die nationalen Zentralbanken an die Mitgliedstaaten abgeführt werden; ferner Erlöse aus dem Verkauf bzw. aus der Versteigerung neu definierter Rechte (z. B. das Recht, eine bestimmte Menge an Schadstoffen zu emittieren, vgl. dazu Kap. 5).
- Staatliche Kreditaufnahmen kann als vorläufige Einnahme des Staates oder als außerordentliche Einnahme verstanden werden.

Eine Besonderheit der öffentlichen Einnahmen besteht darin, dass sie nicht zweckgebunden erhoben werden. Vielmehr gilt das Prinzip der Gesamtdeckung (**Non-Affektationsprinzip**): alle staatlichen Ausgaben werden aus der Gesamtheit aller Einnahmen finanziert.

Hoheitliche Einnahmen des Staates lassen sich nur mit Blick auf Aufgaben des Staates rechtfertigen. Bei der Gestaltung der staatlichen Einnahmen – also im Wesentlichen des Steuersystems – müssen im Einzelnen Wege gefunden werden,
- die angemessene Gesamthöhe der öffentlichen Einnahmen zu bestimmen,
- eine allgemein akzeptierte Verteilung der Abgabenbelastung auf die verschiedenen Aktivitäten, Haushalte und Unternehmen zu finden – auch durch die Wahl einer geeigneten Steuerstruktur – und
- die öffentlichen Einnahmen den einzelnen Gebietskörperschaften entsprechend ihrer Aufgabenbelastung zuzuordnen.

Zum Steuersystem in Deutschland

Im Steuersystem wird geregelt, welchen Beitrag der einzelne Bürger zur Finanzierung öffentlicher Ausgaben leisten soll. Anzustreben ist eine „gerechte Steuerverteilung" zwischen den einzelnen Wirtschaftssubjekten. Dies beinhaltet zunächst, dass die Steuern allgemein – niemand, der den Steuertatbestand erfüllt, bleibt steuerfrei – und gleich sein sollen – alle Bürger, die sich in steuerlich gleicher Situation befinden, werden gleich behandelt.

Zur Konkretisierung des Begriffs der Steuergerechtigkeit gibt es zwei Ansätze. Nach dem **Äquivalenzprinzip** gilt die Steuerverteilung als gerecht, wenn jeder einzelne Bürger Steuern in einer Höhe zahlt, die dem auf ihn entfallenden Anteil an den Staatsleistungen entspricht. Dieses Prinzip erfordert aber letztlich eine Zweckbindung der Einnahmen. Darüber hinaus setzt es Klarheit darüber voraus, wem die öffentlichen Leistungen zugutekommen. Da bei öffentlichen Leistungen in vielen Fällen aber nicht feststeht, wer den Nutzen aus den Leistungen erzielt bzw. wer die Kosten verursacht, scheint das Prinzip gerade im öffentlichen Bereich häufig nicht anwendbar. Öffentliche Leistungen haben meist keinen Preis oder sollen – bei meritorischen Gütern – gerade nicht zu einem marktgemäßen Preis abgegeben werden. Genau das würde dem Äquivalenzprinzip aber entsprechen.

Das **Leistungsfähigkeitsprinzip** besagt, dass die dem Einzelnen zugemutete Steuerlast seiner individuellen Leistungsfähigkeit entsprechen soll. Mögliche Indikatoren für die Leistungsfähigkeit können Einkommen, Vermögen oder Konsum der Wirtschaftssubjekte sein. Steuern können also bei der Einkommensentstehung ansetzen (direkte Steuern) oder an der Einkommensverwendung (indirekte Steuern). Die Lohn- und Einkommensteuer ist eine direkte Steuer. Steuerschuldner ist der Arbeitnehmer. Er muss die Steuerlast tragen, weil er die Belastung nicht an andere weitergeben kann. Dies gilt, obwohl die Steuer vom Arbeitgeber abgeführt werden muss. Daneben gibt es indirekte Steuern wie z. B. die Mehrwertsteuer oder spezielle Verbrauchssteuern, die im Zusammenhang mit der Einkommensverwendung fällig werden.

Bei der Mehrwertsteuer müssen zwar die Unternehmen die Steuer an den Staat abführen; sie können aber versuchen, die Steuerbelastung ganz oder teilweise über den Preis an die Haushalte weiterzugeben. Ob dies gelingt ist von einer Reihe von Einflussgrößen abhängig, beispielsweise von der Preiselastizität der Nachfrage und von der Marktsituation.

Aber selbst wenn das Einkommen ein guter Indikator der Leistungsfähigkeit ist, bleibt das Problem bestehen, zu entscheiden, wie sich unterschiedliche Leistungsfähigkeit in der Belastung niederschlagen soll. Zunächst sind Einkommensteile, die keine „Leistungsfähigkeit" darstellen, steuerfrei zu lassen. Mit dieser Überlegung lassen sich ein Grundfreibetrag (= Existenzminimum als Einkommensanteil, der kein Indikator für Leistungsfähigkeit darstellen soll) und die Abzugsmöglichkeit von außergewöhnlichen Belastungen bei der Ermittlung des zu versteuernden Einkommens rechtfertigen. Daneben muss die vertikale Differenzierung der Steuerlast festgelegt werden, d. h. es ist zu bestimmen, in welchem Ausmaß die wirtschaftliche Lage der Besteuerten sich in der Steuerpflicht niederschlagen soll. Nach den so genannten „Opfertheorien" sollen die von den einzelnen Wirtschaftssubjekten zu zahlenden Steuern von allen das gleiche Opfer verlangen: Einkommen stiftet Nutzen, der – nach dem ersten „Gossenschen Gesetz" – mit zunehmendem Einkommen sinkt. Ein gleiches Opfer für Bezieher hoher Einkommen würde demnach eine höhere Steuerlast rechtfertigen. Dies ist jedoch umstritten. Letztlich muss über die vertikale Differenzierung des Steuertarifs politisch bzw. normativ entschieden werden.

Steuerarten lassen sich anhand des Steuerobjekts, des Steuersubjekts, der Steuerschuldner und der Steuerbemessungsgrundlage unterscheiden. Als Steuerobjekt wird der Tatbestand bezeichnet, an den die Steuerpflicht anknüpft, z. B. Halten eines Kfz im Fall der Kfz-Steuer. Das **Steuersubjekt** ist der Steuerpflichtige, der die Steuer entrichten muss (z. B. der Halter des Fahrzeugs). Normalerweise stimmt der **Steuerschuldner** mit dem Steuerzahler überein, also mit demjenigen, der die Steuerzahlung durchführen muss. Bei der Lohnsteuer ist allerdings der Arbeitgeber der Steuerzahler, der Arbeitnehmer der Steuerschuldner.

Die **Steuerbemessungsgrundlage** ist die in Geld- oder Mengeneinheiten ausgedrückte Größe, nach der die Steuerschuld berechnet wird (z. B. Hubraum des Kfz in Verbindung mit umweltbezogenen Merkmalen des Fahrzeugs oder das zu versteuernde Einkommen bei der Einkommensteuer). Mit Hilfe des **Steuertarif**s lässt sich bei bekannter Ausprägung der Steuerbemessungsgrundlage die Steuerschuld ermitteln. Der Steuertarif gibt den funktionalen Zusammenhang zwischen Bemessungsgrundlage und der Steuerschuld an. Die Relation zwischen Steuerschuld und Bemessungsgrundlage lässt sich mit dem durchschnittlichen Steuersatz beschreiben. Darüber hinaus spielt – vor allem in der Diskussion um die Einkommensteuer – der Grenzsteuersatz eine große Rolle: Er gibt an, wie viel Steuern man zusätzlich entrichten muss, wenn die Bemessungsgrundlage um eine Einheit steigt.

Es lassen sich verschiedene Arten von Steuertarifen unterscheiden: Bei einem degressiven Tarif nimmt mit wachsender Bemessungsgrundlage das Ausmaß der steuerlichen Belastung ab; der Durchschnittssteuersatz sinkt mit steigender Bemessungsgrundlage. Beim **proportionalen Steuertarif** wird die Steuer – unabhängig von der Größenordnung der Bemessungsgrundlage – mit einem konstanten Steuersatz berechnet (z. B. 19 % Mehrwertsteuer). Die Steuerschuld steigt proportional zur Bemessungsgrundlage. Durchschnitts- und Grenzsteuersatz sind dann konstant und stimmen überein. Bei den meisten indirekten Steuern werden in Deutschland proportionale Tarife eingesetzt. Bei einem **progressiven Tarif** steigt mit steigender Bemessungsgrundlage die steuerliche Belastung (Steuerpflicht) stärker an, als die Bemessungsgrundlage, der Grenzsteuersatz steigt mit steigender Bemessungsgrundlage.

Bei einer Einkommensteuer mit progressivem Tarif erhöht sich der Relation zwischen der Steuerlast und dem zu versteuernden Einkommen mit steigendem Einkommen, d. h. Grenz- und daher auch Durchschnittssteuersatz nehmen mit wachsender Bemessungsgrundlage zu.

Bei direkter Progression wird bei steigendem Einkommen ein steigender Grenzsteuersatz angewendet. Bei indirekter Progression ergibt sich der steigende Durchschnittssteuersatz daraus, dass ein konstanter Steuersatz mit einem Freibetrag für niedrige Einkommen kombiniert wird (Grundfreibetrag).

Ein progressiver Einkommensteuertarif kann unterschiedlich begründet werden:
- da „Reiche" eine niedrigere Konsumquote haben, sind sie relativ geringer durch indirekte Steuern belastet. Als Kompensation sollen sie bei den direkten Steuern überproportional belastet werden.
- wer ein hohes Einkommen hat, ist „leistungsfähiger" als andere. Nach der Theorie des gleichen Grenzopfers lässt sich der steigende Grenzsteuersatz damit begründen, dass mit steigendem Einkommen der Grenznutzen des Einkommens abnimmt, sodass ein gleiches Grenzopfer einen absolut höheren Steuerbetrag erfordert.

Bei vielen Steuerarten ist der Tarif nicht durchgängig, d. h. es werden verschiedene Tarifarten miteinander kombiniert. Dies ist z. B. bei der Einkommensteuer in Deutschland der Fall.

Tab. 2.2: Entwicklung des Einkommensteuertarifs in Deutschland.

Jahr	Grundfreibetrag	Eingangssteuersatz	Spitzensteuersatz (und Einkommensgrenzen)
1975	1549 €	22 %	56 % 66.479 €
1990	2871 €	19 %	53 % 61.377 €
2000	6902 €	22,9 %	51 % 58.644 €
2010	8004 €	14 %	42 % bzw. 45 % 52.882 € bzw. 25.0731 €
2017	8820 €	14 %	42 % bzw. 45 % 54.058 € bzw. 256.304 €
2018	9000 €	14 %	42 % bzw. 45 % 54.950 € bzw. 260.533 €

Quelle: BMF (Hrsg.) (2017), Datensammlung zur Steuerpolitik, Ausgabe 2016/17, S. 33.

Der Tarif der Einkommensteuer ist in Deutschland im Einkommensteuergesetz geregelt. Der Tarif ist durch einen Grundfreibetrag und zwei Progressionsbereiche gekennzeichnet, in denen der Grenzsteuersatz ausgehend vom Eingangssteuersatz in zwei Zonen erst schnell, d. h. über eine kleinere Einkommenspanne (von derzeit 14 auf 24 %) und dann langsamer, über eine größere Einkommenspanne (von 24 auf 42 %) zunimmt, wodurch die Belastung der mittleren Einkommen relativ hoch ist („Mittelstandsbauch") bis der Spitzensteuersatz erreicht wird (vgl. Tab. 2.2). Es wird also ein Grundfreibetrag mit steigendem Grenzsteuersatz kombiniert. Nach dem BVerfG-Urteil vom 25. 9. 1992 muss der Grundfreibetrag so hoch sein, dass gewährleistet ist, dass dem Steuerpflichtigen nach Erfüllung seiner Steuerpflicht mindestens ein Einkommen in Höhe des Existenzminimums bleibt. Dieses Urteil bringt zum Ausdruck, dass der Staat nur dann steuerlich auf das Einkommen seiner Bürger zugreifen kann, wenn es höher ist als dasjenige Einkommen, das benötigt wird, um eine menschenwürdige Existenz in dieser Gesellschaft zu sichern. Deshalb wird der Grundfreibetrag immer wieder erhöht und liegt im Jahr 2018 bei 9000 € für ledige Steuerzahler. Zugleich wurde der Spitzensteuersatz, der bis zum Jahr 1999 noch bei 53 % lag, kontinuierlich auf heute 45 % (einschl. sogenannte „Reichensteuer") gesenkt, aber auch die Einkommensgrenzen, auf die dieser Spitzensteuersatz angewendet wurde. Dies hat dazu geführt, dass ein größerer Anteil der Steuerzahler den Spitzensteuersatz zahlen muss.

Bei der Beurteilung des Einkommensteuertarifs kommt es auch auf die Definition der **Bemessungsgrundlage** an, denn der Steuersatz wird auf das zu versteuernde Einkommen angewendet. Dieses Einkommen ist nicht mit dem Bruttoeinkommen identisch. Beispielsweise werden Werbungskosten oder Aufwendungen für die Fahrten zwischen Wohn- und Arbeitsort (Pendlerausgaben) abgezogen. Abzugsfähige Einkommensteile werden meist mit Rücksicht auf besondere Lebenssituationen festgelegt, die die Leistungsfähigkeit mindern. Beispielsweise sind berufsbedingte Ausgaben (Pendlerausgaben, Fachliteratur, Arbeitskleidung oder ein häusliches Arbeitszimmer) häufig erforderlich, um den Arbeitsplatz zu behalten. Insofern mindern Sie die Konsummöglichkeiten und können nicht als Indikator für Leistungsfähigkeit angesehen werden. Die Freistellung solcher Ausgabenkomponenten von der Steuerpflicht kann daher als „gerecht" angesehen werden, muss aber im Einzelnen begründet werden. Zudem macht sie die Besteuerung intransparent und kompliziert; meist folgt auf die Freistellung einzelner Ausgabearten von der Steuerpflicht die Forderung nach weiteren Steuerfreibeträgen. In vielen Fällen machen sich Interessen- und Wählergruppen für solche Ausnahmen stark, und Politiker setzen diese Wünsche mit Blick auf die Wählerstimmen um.

Um solchen „Begehrlichkeiten" konsequent entgegenzutreten hat der SVR (JG 2003/04, Ziffer 533 ff.) den Vorschlag einer **synthetischen Einkommenssteuer** erörtert, bei der alle Einkommen nach einem einheitlichen Steuertarif besteuert werden, egal aus welcher Einkommensquelle sie stammen und wie sie verwendet werden. Beispielsweise wären demnach

- Lohneinkommen, gewerbliche Einkommen und Zinseinkünfte gleich zu behandeln, und
- die Steuerfreiheit der Zuschläge für Nacht-, Sonntags- und Feiertagsarbeit abzuschaffen.

Der Vorteil einer konsequenten Entscheidung für eine solche Konzeption wäre darin zu sehen, dass Ausnahmeregelungen, die häufig von Interessengruppen durchgesetzt werden, nach einem einheitlichen Kriterium überprüft würden und damit eine größere Verlässlichkeit der Steuerpolitik erreicht werden könnte. Allerdings können sich die Bezieher von Zinseinkünften der Steuer leichter durch Kapitalverlagerung ins Ausland entziehen (s. u.). Eine andere Idee besteht vor diesem Hintergrund darin, Kapitaleinkünfte niedriger zu besteuern als Arbeitseinkünfte (**„duale Einkommensteuer"**). Mit der Einführung der Abgeltungsteuer auf Kapitaleinkünfte in Höhe von 25 % im Jahr 2009 wird dies ansatzweise erreicht. Ähnlich wie in vielen Nachbarländern werden Kapitaleinkünfte nicht mehr im Rahmen der Einkommensteuererhebung entsprechend dem persönlichen Einkommensteuersatz versteuert. Stattdessen wird diese Steuer pauschal an der Quelle einbehalten. Zinseinnahmen von Beziehern höherer Einkommen werden damit geringer besteuert als zuvor. Vor diesem Hintergrund wäre umgekehrt auch eine stärkere Besteuerung der Grundrente (z. B. Einkommen aus Vermietung und Verpachtung) plausibel, zumal dies tendenziell auch der Leistungsfähigkeit entspräche.

In Tab. 2.3 sind die Einnahmen aus verschiedenen Steuerarten in Deutschland dargestellt. Die wichtigsten Einnahmequellen waren im Jahr 2010 die Lohn- und

Tab. 2.3: Entwicklung der Steuereinnahmen nach Steuerarten 1991–2016.

	1991		2000		2010		2016**	
	in Mio. Euro	in %	in Mio. Euro	in %	in Mio. Euro	in %	in Mio. Euro	in %
Insgesamt	**338.434**	**100**	**467.177**	**100**	**530.587**	**100**	**705.791**	**100**
Lohnsteuer*	109.506	32,4	135.733	29,1	127.904	24,1	184.826	26
veranl. Einkommensteuer*	21.235	6,3	12.225	2,6	31.179	5,9	53.833	7,6
nicht veranl. Steuern vom	5.819	1,7	20.849	4,5	21.691	4,1	25.391	3,6
Ertrag* u. Abgeltungsteuer								
Körperschaftsteuer*	16.216	4,8	23.575	5	12.041	2,3	27.442	3,9
Steuern vom Umsatz	91.865	27,1	140.871	30,2	136.459	25,7	217.090	30,8
Tabaksteuer	10.017	3	11.443	2,4	13.492	2,5	14.186	2
Energiesteuer	24.167	7,1	37.826	8,1	39.838	7,5	40.091	5,7
Kraftfahrzeugsteuer***	5.630	1,7	7.015	1,5	8.488	1,6	8.952	1,3
Stromsteuer	0	0	3.356	0,7	6.171	1,2	6.569	0,9
Vermögensteuer	3.441	1	433	0,1	1	0,0	0	0
Gemeindesteuern	26.791	7,9	36.658	7,8	47.780	9,0	65.313	9,3
darunter: Gewerbesteuer	21.115	6,2	27.025	5,8	35.711	6,7	50.097	7,1
darunter: Grundsteuer B			8.516	1,8	10.954	2,1	13.275	1,9

[1] Nach Abzug der Erstattungen des Bundeszentralamtes für Steuern.

[2] Ergebnis des Arbeitskreises „Steuerschätzungen" vom November 2016.

[3] Seit Juli 2009 ist die Kfz-Steuer eine Bundessteuer.

Quelle: Bundesfinanzministerium (Hrsg.) (2017), Datensammlung zur Steuerpolitik, Ausgabe 2016/17, Berlin 2017, S. 12 ff.

veranlagte Einkommensteuer sowie die Mehrwertsteuer mit jeweils mehr als 30 % der Steuereinnahmen. Dabei ist der Anteil indirekten Steuern bis zum Jahr 2010 gestiegen, der Anteil der Lohn/Einkommensteuer deutlich zurückgegangen. Dies entspricht der Tendenz in anderen europäischen Ländern, in denen indirekte Steuern bedeutsamer sind als direkte. Die Entwicklung wurde nicht zuletzt auch in Deutschland durch Bestrebungen vorangetrieben, in Europa schrittweise die Steuersätze zu harmonisieren, auch wenn diese Bestrebungen bisher bei vielen Steuerarten lediglich zur Einigung auf Mindeststeuersätze geführt hat. Seit 2011 ist diese Entwicklung allerdings eher rückläufig. Im Jahr 2015 lag der Anteil der direkten Steuern wieder bei knapp 53 %. Indirekte Steuern wie die MwSt sind verteilungspolitisch umstritten. Geht man davon aus, dass diese Steuern an die Verbraucher weitergegeben werden, belasten sie Bezieher niedriger Einkommen stärker, weil diese eine höhere Konsumquote haben als Einkommensstärkere. Grundsätzlich besteht neben der Besteuerung von Einkommen und Konsum auch die – teilweise allerdings kontrovers diskutierte – Möglichkeit der Besteuerung von Vermögen und Vermögensübertragungen. Die Vermögensteuer wird in Deutschland seit dem Jahr 1997 nicht mehr erhoben und auch andere Steuern auf Vermögenswerte (z. B. Grundsteuer, Erbschaftsteuer) spielen in Deutschland quantitativ keine große Rolle.

Wirkungen, Grundsätze und Grenzen der Besteuerung

Neben der fiskalischen Zielsetzung sollen Steuern häufig auch dazu beitragen, die Allokation und die Verteilung zu verändern, zudem können stabilitätspolitische Wirkungen angestrebt werden. Durch die Besteuerung von Mineralöl, Tabakwaren oder alkoholhaltigen Getränken wird angestrebt, den Verbrauch der besteuerten Güter zu reduzieren (**Lenkungssteuern**). Wenn es nämlich den Unternehmen gelingt, diese Verbrauchssteuern zu überwälzen, erhöhen sie die Verkaufspreise. Dies kann – preiselastische Nachfrage vorausgesetzt – die Nachfrage nach den entsprechenden Gütern einschränken. In vielen Fällen besteht allerdings ein Widerspruch zwischen dem Lenkungsziel und dem fiskalischen Ziel: Wenn das Steuerziel erreicht wird – also der Verbrauch alkoholischer Getränke wegen der steuerlich bedingten Preiserhöhung zurückgeht, kann der Mengeneffekt das fiskalische Ziel der Einnahmeerhöhung beeinträchtigen. Insofern muss entschieden werden, welches Ziel Vorrang haben soll. Darüber hinaus sollten die Lenkungswirkungen der Steuer bei unterschiedlicher Ausgestaltung in etwa bekannt und vorhersehbar sein.

Im Zusammenhang mit den Zielen der Besteuerung formulierte Neumark (1970) die so genannten **Grundsätze der Besteuerung**, die Kriterien für ein akzeptables Steuersystem beinhalten.

Zunächst sollten Steuern widerspruchsfrei, transparent (verständlich und eindeutig) und stetig erhoben werden. Dies würde dazu beitragen, dass sowohl für den Staat als auch für die Steuerzahler die Besteuerung praktikabel ist, also wirtschaftlich erhoben wird, damit den Steuerpflichtigen keine allzu hohen (Informations-) Kosten auferlegt werden (**steuertechnische Grundsätze**).

Nach den **fiskalisch-budgetären Grundsätzen** soll das Steueraufkommen ausreichend sein. Darüber hinaus ist es erforderlich, dass – bei Aufgaben- oder Bedarfsänderungen – die Steuereinnahmen entsprechend gesteigert werden können, damit die Aufgaben der Gebietskörperschaften erfüllt werden können.

Den **wirtschaftspolitischen Grundsätzen** zufolge soll die Besteuerung automatisch oder durch entsprechende Entscheidungen im Einzelfall an stabilitätspolitische Erfordernisse angepasst werden können. Sie soll außerdem langfristig nicht wachstumshemmend wirken und den Wettbewerb der Besteuerten untereinander nicht verzerren (Steuerneutralität). Beispielsweise wird der Wettbewerb zwischen konkurrierenden Unternehmen verzerrt, wenn die Besteuerung von der Rechtsform der Unternehmen abhängt. Insofern wäre es wünschenswert, wenn die Einkommens- und Unternehmensbesteuerung weitgehend angeglichen werden könnte.

Nach den **ethisch-sozialpolitischen Grundsätzen** sollen Steuern allgemein, gleichmäßig und verhältnismäßig erhoben werden, d. h. Personen mit gleicher Leistungsfähigkeit sollen gleich und entsprechend ihrer „Leistungsfähigkeit" besteuert werden. Ein Steuersystem löst umso weniger Widerstand der Betroffenen aus, je transparenter es ist. Außerdem sollte es widerspruchsfrei und systemkonform sein.

Zudem wird heute verstärkt gefordert, dass die Besteuerung **nachhaltig** sein soll. Neben der ökonomischen Effizienz, die auch in den genannten Grundsätzen angesprochen wird, müssen dann die verteilungspolitischen und die ökologischen Wirkungen in den Blick genommen werden. Beispielsweise wird in diesem Zusammenhang diskutiert, inwiefern z. B. die Energiebesteuerung Anreize auslösen kann, den Energieverbrauch zu senken (vgl. Abschn. 2.4).

Grenzen der Besteuerung ergeben sich aus den Reaktionen der besteuerten Wirtschaftssubjekte. Grundsätzlich ist davon auszugehen, dass Haushalte und Unternehmen Steuerzahlungen senken wollen, indem sie versuchen, den Tatbestand, an den die Steuerpflicht anknüpft, zu vermeiden (**Steuervermeidung**). Unterschieden werden (illegale) Steuerhinterziehung, legale Formen der Steuervermeidung sowie Steuerüberwälzung. Neben dem (illegalen) Ausweichen in die Schattenwirtschaft (falsche Steuererklärung, Schwarzarbeit) gibt es weitere Möglichkeiten Steuerzahlungen zu umgehen. Beispielsweise können Unternehmen ihre Steuerbelastung senken, indem sie ihre Rechtsform ändern oder ihr Unternehmen ins Ausland verlagern, wenn dort unternehmensfreundlichere steuerliche Regelungen gelten. Zudem können Steuerpflichtige Geld im Ausland anlegen, um der Besteuerung von Zinseinnahmen zu entgehen (Steuerflucht).

Eine andere Form, der Besteuerung auszuweichen, besteht in dem Versuch, die Steuern zu überwälzen. Bei der **Steuerüberwälzung** versucht der Steuerpflichtige, die Steuerlast an andere Wirtschaftssubjekte weiterzugeben. Bei den indirekten Steuern kann dies gelingen, wenn der Verkäufer die Belastung durch indirekte Steuern an den Käufer verlagern kann. Ob dies durchsetzbar ist, hängt unter anderem von der Marktform und von der Preiselastizität der Nachfrage nach dem besteuerten Gut ab. Bei direkten Steuern ist eine Überwälzung ebenfalls denkbar, wenn z. B.

Steueraufkommen in GE

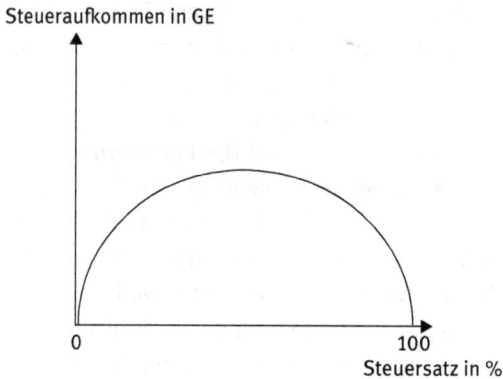

Steuersatz in %

Abb. 2.2: Laffer-Kurve (Quelle: eigene Darstellung).

Arbeitnehmer bei steigender Einkommensteuerlast in Tarifverhandlungen Nettolohnerhöhungen durchsetzen können oder Unternehmen die Gewinnbesteuerung in die Preise einkalkulieren.

Der Zusammenhang zwischen Steuersatz und Steueraufkommen wird – vor allem am Beispiel der Einkommensteuer – häufig anhand der Laffer-Kurve dargestellt (vgl. Abbildung 2.2).

Unterstellt wird hierbei, dass mit steigendem Steuersatz die Steuervermeidung zunimmt: Wird der Steuersatz erhöht, steigen demnach die Steuereinnahmen möglicherweise zunächst, erreichen dann aber ein Maximum. Erhöht man den Steuersatz weiter, kommt es zu leistungsmindernden Reaktionen, woraufhin die Steuereinnahmen trotz des höheren Steuersatzes absolut gesehen zurückgehen können. Im Extremfall vermeiden die Wirtschaftssubjekte vollständig, das Merkmal zu erfüllen, an dem die Steuerpflicht anknüpft. Überschreitet z. B. die Abgabenhöhe wegen eines hohen Spitzensteuersatzes einen bestimmten Einkommensanteil, wird der Arbeitseinsatz reduziert oder kein offizielles Beschäftigungsverhältnis eingegangen. Allerdings könnte in Deutschland diese „Vermeidungsstrategie" nicht nur durch die Einkommensbesteuerung sondern auch durch hohe Sozialabgaben ausgelöst werden.

Der behauptete Zusammenhang konnte bisher empirisch nicht klar belegt werden. Daher ist der Steuersatz, der ein maximales Steueraufkommen ermöglicht, nicht bekannt; insbesondere kann normalerweise nicht festgestellt werden, ob der Steuersatz, bei dem eine weitere Erhöhung zu einer Senkung des Steueraufkommens führen würde, bereits erreicht oder überschritten ist. Letztlich ergibt sich aus dieser Diskussion die Forderung, dass die Besteuerung so ausgestaltet sein sollte, dass sie – schlagwortartig formuliert – die Investitions- und Leistungsbereitschaft nicht wesentlich beeinträchtigt.

Ob die Besteuerung – insbesondere der Unternehmen – die internationale Wettbewerbsfähigkeit beeinträchtigt, hängt natürlich auch davon ab, wie die Steuerbelastung im internationalen Vergleich zu bewerten ist.

2.3.3 Finanzausgleich zwischen Bund, Ländern und Gemeinden

Die (Steuer-)Einnahmen sollten sich im Prinzip so auf die Gebietskörperschaften (Bund, Länder und Gemeinden) verteilen, dass diese ihre jeweiligen Aufgaben erfüllen können, es muss also eine Balance zwischen den Aufgaben, dem Ausgabenbedarf und den Einnahmen hergestellt werden. Grundsätzlich werden nach dem Grundgesetz die staatlichen Aufgaben von den Bundesländern wahrgenommen (Art. 30 GG), soweit das Grundgesetz keine andere Regelung trifft. Es gibt allerdings zunehmende Zentralisierungstendenzen, die durch die Verlagerung von Kompetenzen an die EU verstärkt werden. Die im GG festgelegte Finanzverfassung regelt auch den **Finanzausgleich**, also die Verteilung der Steuereinnahmen auf Bund, Länder und Gemeinden.

- Zunächst wird das Steueraufkommen auf den Bund und die Gesamtheit der Länder aufgeteilt (Vertikale Verteilung),
- dann erfolgt eine horizontale Verteilung des Steueraufkommens der Länder zwischen den Bundesländern und
- im Rahmen des Länderfinanzausgleichs eine Korrektur der Verteilung zwischen finanzstarken und finanzschwachen Ländern.
- Zusätzlich können finanzschwache Länder ergänzend Bundesergänzungszuweisungen erhalten.

Nach Art. 106 ff. GG wird in der Bundesrepublik die Ertragshoheit einiger Steuerarten einer Ebene der Gebietskörperschaften zugeordnet (Bundes-, Landes- und Gemeindesteuern); dies entspricht einem **Trennsystem**. Andererseits gibt es **Gemeinschaftssteuern**, die nach bestimmten Verteilungsschlüsseln unter den Gebietskörperschaften verteilt werden – dies entspricht einem **Mischsystem** (vgl. Tab. 2.4). Bei den Gemeinschaftssteuern, handelt es sich um die aufkommensstärksten Steuerarten, nämlich die Einkommensteuern, Körperschaftsteuern und Umsatzsteuern.

Tab. 2.4: Verteilung ausgewählter Steuerarten auf die Gebietskörperschaften.

Gemeinschaftssteuern (Bund und Länder)	Lohnsteuer, veranlagte Einkommensteuer, Abgeltungssteuer, Körperschaftsteuer, Steuern vom Umsatz (MwSt, Einfuhrumsatzsteuer)
Bundessteuern	Verbrauchsteuern (Mineralöl-, Tabaksteuer, Branntwein-/Alkopopsteuer, Schaumweinsteuer, Kaffeesteuer), Versicherungsteuer, Stromsteuer, Kraftfahrzeugsteuer (seit dem Jahr 2009), Solidaritätszuschlag
Landessteuern	Vermögensteuer (derzeit nicht erhoben), Erbschaftsteuer, Verkehrssteuern (z. B. Grunderwerbssteuer)
Gemeindesteuern	Gewerbesteuer, Grundsteuer A und B, Grunderwerbsteuer, örtl. Verbrauchs-/Aufwandsteuern

Quelle: eigene Darstellung.

Um die unterschiedliche Ergiebigkeit der Steuereinnahmen und Aufkommensschwankungen der verschiedenen Steuerarten im Konjunktur- und Wachstumsprozess auszugleichen, gibt es darüber hinaus Regelungen, die Umverteilungen der Steuereinnahmen vorsehen. Das Ziel dieser Regelungen besteht darin, alle Gebietskörperschaften finanziell ausreichend auszustatten, ohne dabei die Unterschiede in der Finanzkraft völlig auszugleichen. Grundsätzlich sind die Bundesländer in ihrer Aufgabenerfüllung und daher auch in ihrem Ausgabeverhalten autonom – dieses Prinzip der Eigenverantwortlichkeit drückt sich darin aus, dass die Länder bei Finanzierungsproblemen zunächst alle eigenen Finanzquellen ausschöpfen und Kürzungen der Ausgaben prüfen müssen, ehe eine Umverteilung der Steuereinnahmen untereinander erfolgt. Trotzdem soll nach Art. 107 Abs. 2 GG die Finanzkraft der Bundesländer teilweise ausgeglichen werden, ohne dass sich die Rangfolge in der Finanzkraft der Bundesländer verändert.

Entsprechende Vorschriften umfassen den vertikalen Finanzausgleich zwischen Bund, Ländern und Gemeinden sowie den horizontalen Finanzausgleich zwischen Gebietskörperschaften derselben Ebene. Beispielsweise erhalten die Gemeinden Umlagen aus den Einkommensteuer- und Mehrwertsteuereinnahmen, während Bund und Länder über Umlagen an den Gewerbesteuereinnahmen beteiligt werden. Die nachträgliche Korrektur der Einnahmen ist erforderlich, wenn zwischen den Gebietskörperschaften einer Ebene – also zwischen den Ländern oder den Gemeinden – unerwünschte Finanzkraftunterschiede auftreten, die es ihnen unmöglich machen, ihre Aufgaben zu erfüllen. Finanzkraftunterschiede bergen die Gefahr in sich, automatisch verstärkt zu werden, weil unterschiedliche Aufgabenerfüllung den „Wettbewerb der Regionen untereinander" – z. B. bei der Konkurrenz um die Ansiedlung von Unternehmen – verzerren kann. Nach Klagen der finanzstarken Bundesländer Bayern und Hessen, die im Zuge des Länderfinanzausgleichs Nettozahler waren, wurde der Länderfinanzausgleich abgeschafft. Stattdessen sollen ab dem Jahr 2020 Finanzkraftunterschiede zwischen den Bundesländern bei der Verteilung der Umsatzsteuer abgeschwächt werden; zusätzlich wird der Bund Ausgleichszahlungen an finanzschwache Bundesländer zahlen. Diese durchaus kritisch zu sehenden Regelungen zum Finanzausgleich sollen hier nicht weiter erläutert werden.

2.3.4 Staatsverschuldung

Staatsverschuldung entsteht, wenn Staatsausgaben durch Kredite finanziert werden. Zu unterscheiden sind die Gesamtverschuldung des Staates, die sich über Jahre hinweg „aufbauen" kann und das Defizit im aktuellen Haushaltsjahr. Kurzfristige Haushaltsdefizite können sich z. B. ergeben, wenn die Zeitpunkte von Einnahmen und Ausgaben auseinander fallen, also eine Überbrückung erforderlich ist. In diesem Fall werden **Kassenverstärkungskredite** aufgenommen, die nicht zu einem dauerhaften Anstieg der Verschuldung des Staates führen sondern nur kurzfristig die Zahlungsfähigkeit der Gebietskörperschaften sichern sollen.

Im Rahmen der stabilitätspolitischen Konzeption der antizyklischen Globalsteuerung (vgl. dazu Abschn. 3.4) wird z. B. die gesamtwirtschaftliche Nachfrage durch höhere öffentliche Ausgaben belebt, die während der Rezessionsphasen über Kredite finanziert werden. Diese Form der Staatsverschuldung – das so genannte deficit-spending – soll zeitlich befristet sein. In Rezessionsphasen dient die staatliche Verschuldung der konjunkturellen Belebung. In Boomphasen, wenn eine Erhöhung der gesamtwirtschaftlichen Nachfrage durch den Staat zur Auslastung der vorhandenen Produktionskapazitäten nicht erforderlich oder sogar eine Reduzierung der Nachfrage sinnvoll ist, soll dieser Strategie zufolge das in der Rezession entstandenen Haushaltsdefizit wieder abgebaut werden. Diese Form der konjunkturbedingten Verschuldung führt zwar zu einer Abweichung vom Prinzip des jährlichen Haushaltsausgleichs, nicht aber zu einem dauerhaften Anstieg der Staatsverschuldung, sofern die Regel des Haushaltsausgleichs über den Konjunkturzyklus hinweg beachtet wird.

Eine langfristig und unabhängig von der konjunkturellen Situation bestehende Verschuldung wird als **strukturell** bezeichnet. Sie entsteht, wenn die Staatsausgaben die Einnahmen dauerhaft übersteigen, wenn z. B. der Staat zusätzliche Aufgaben übernimmt, die zusätzliche Ausgaben verursachen ohne dass andere Ausgaben gekürzt werden bzw. ohne dass die Einnahmen erhöht werden. Strukturelle Verschuldung ist vor allem dann schwer zu beseitigen, wenn ein großer Teil der Ausgaben aus langfristig eingegangenen Zahlungsverpflichtungen (z. B. Zinszahlungen, Personalausgaben) resultiert. Aber auch bei anderen Ausgabearten lösen Senkungen – ebenso wie Einnahmeerhöhungen – meist in erheblichem Maße politische Widerstände aus und sind daher schwer durchzusetzen.

In der Entwicklung der öffentlichen Verschuldung in Deutschland lassen sich im Wesentlichen fünf **Phasen** unterscheiden. Während in der Wiederaufbauphase in den fünfziger und Anfang der sechziger Jahre nur eine geringe Verschuldung bestand, setzte in den Jahren 1973/74 ein deutlicher Anstieg der Verschuldung ein. In der dritten Phase (etwa in den Jahren 1982–1989) dominierte der Versuch, den Anstieg der Verschuldung zu begrenzen bzw. die Verschuldung sogar allmählich zu verringern. In den neunziger Jahren war allerdings erneut ein abrupter Anstieg der Verschuldung zu beobachten, der zu einem erheblichen Teil auf die mit der Wiedervereinigung verbundenen ökonomischen Probleme zurückzuführen ist. Seit dem Jahr 2010 ist die Staatsverschuldung weitgehend stabil. Die Schuldenstandsquote, die während der Finanzkrise auf über 80 % des BIP anstieg, ist seitdem rückläufig. Im Jahr 2017 betrug der Schuldenstand der öffentlichen Haushalte ca. 2 Bio. Euro bzw. ca. 64 % des nominalen Bruttoinlandsprodukts. Dies entspricht rund 23.500 €/ Einwohner.

In den dargestellten Phasen kommen unterschiedliche **Ursachen** einer steigenden Staatsverschuldung zum Ausdruck:
- Generell ist es schwierig, Steuererhöhungen bzw. Ausgabenkürzungen durchzusetzen. Dies gilt vor allem in föderalen Staaten, in denen in kurzen zeitlichen

Abständen Wahlen in den verschiedenen Gebietskörperschaften stattfinden. Unpopuläre Maßnahmen reduzieren die Wiederwahlchancen der Politiker, die daher immer wieder die erforderlichen Entscheidungen zur Begrenzung der Staatsverschuldung hinauszögern.

– Außerdem ist der Handlungsspielraum für Ausgabenkürzungen gering, weil viele Ausgaben auf gesetzlichen Grundlagen beruhen und kurzfristig kaum gestaltbar sind. Neben den Personalausgaben und dem Schuldendienst (Zins und Tilgung) gilt das auch für eine Reihe von Ausgaben im Sozialbereich, die weitgehend gesetzlich geregelt sind. Diese langfristige Festlegung ist vor allem dann problematisch, wenn es sich nicht um investive Ausgaben handelt.

– Zum Anstieg der staatlichen Verschuldung trägt auch bei, wenn die Ansprüche an den Staat immer mehr wachsen. Dazu gehört unter anderem auch die Vorstellung, der Staat müsse langfristig durch eine Vielzahl von Fördermaßnahmen Wachstumsimpulse (Innovations- und Forschungsförderung, Existenzgründungshilfen, Investitionsförderung etc.) geben und durch Subventionen den Strukturwandel beeinflussen (vgl. dazu auch Kap. 6).

Im Folgenden werden rechtliche und ökonomische Grenzen der Verschuldung erläutert:

Im Jahr 2009 wurde auf Veranlassung des Bundesverfassungsgerichts (Urteil aus dem Jahr 2007) im Art. 115 GG die sogenannte **Schuldenbremse** eingeführt. Diese Regelung besagt, dass die Ausgaben des Bundes und der Länder grundsätzlich ohne Kreditaufnahme durch Einnahmen zu decken sind, bzw. dass das Haushaltsdefizit des Bundes 0,35 % des BIP nicht überschreiten darf. Als Ausnahmen gelten aber weiterhin Notlagen wie Naturkatastrophen und konjunkturelle Krisen, in denen eine höhere Verschuldung zulässig ist, wenn ein verbindlicher Tilgungsplan aufgestellt wird. Zudem sieht das StabG weiterhin vor, dass Bund und Länder in Rezessionen kreditfinanzierte Ausgaben tätigen können (vgl. Abschn. 2.4).

Diese Neuregelung ist allerdings umstritten. Die Schuldenbremse engt die Möglichkeiten von Bund und Ländern ein, durch ihre Ausgabengestaltung zur makroökonomischen Stabilisierung beizutragen. Zudem ist zu befürchten, dass vor allem öffentliche Investitionen gekürzt werden müssen. Dies könnte negative (Wachstums-)Effekte mit sich bringen.

Der Umfang der zulässigen Staatsverschuldung war im GG ursprünglich anders geregelt: Eine Kreditaufnahme des Bundes war in der Höhe zulässig, wie im Haushaltsplan Investitionen veranschlagt waren. Diese alte grundgesetzliche Regelung spiegelt wider, dass sich bei investiven Ausgaben eine Kreditfinanzierung begründen lässt: Zum einen kann bei einer kreditfinanzierten Investition die Finanzierungslast über einen längeren Zeitraum verteilt werden, der möglicherweise dem Nutzungszeitraum weitgehend entspricht. Gerade staatliche Investitionen (Straßen, Verwaltungsgebäude, Bildungseinrichtungen) werden teilweise über sehr lange Zeiträume genutzt, sodass auch in der Zukunft viele Bürger diese Einrichtungen nutzen können. Insofern könnte eine Finanzierung der Investitionen über Kredite die Generationengerechtigkeit zugunsten der jetzigen Steuerzahler verbessern, weil – in Anlehnung an das Äquivalenzprinzip – die Finanzierungslast auf die potentiellen Nutznießer der staatlichen Leistungen verteilt wird. Konsumtive Ausgaben des Staates sollten dagegen nicht kreditfinanziert werden, weil diese Leistungen des Staates den künftigen Zahlern nicht mehr zur Verfügung stehen.

Zum anderen wäre eine Kreditfinanzierung öffentlicher Investitionen gerechtfertigt, wenn Zins- und Rückzahlung der Kredite aus investitionsbedingten Rückflüssen erfolgen könnten. Dieses Kriterium ist aber bei vielen öffentlichen Investitionen gerade nicht erfüllt, weil öffentliche Investitionen in vielen Fällen nicht zu Rückflüssen an öffentliche Haushalte führen. Sie gelten als Vorleistung für private Investitionen, die zwar indirekt einen Beitrag zum gesamtwirtschaftlichen Wachstum leisten und deshalb die Einnahmen des Staates erhöhen – diese zusätzlichen Einnahmen können aber den einzelnen Investitionen nicht zugerechnet werden.

Diese Überlegungen könnten auch in die Definition des strukturellen Defizits eingehen: Als **strukturelles Defizit** würde dann der Teil der öffentlichen Verschuldung verstanden, der sich ergibt, wenn man von der Gesamtverschuldung die konjunkturell und die investitionsbedingte Verschuldung abzöge. Demnach wäre auch in einer konjunkturellen Normalsituation, in der staatliche Verschuldung nicht mit der Notwendigkeit eines deficit-spending begründet werden kann, eine investitionsbedingte Verschuldung akzeptabel.

Diese ursprüngliche Regelung im GG war problematisch, weil sie nur die aktuelle Verschuldung begrenzte. Werden Jahr für Jahr hohe Investitionen getätigt, ist ein jährliches Finanzierungsdefizit zulässig und der Schuldenstand steigt jedes Jahr weiter an. Zudem bereitete die Unterscheidung zwischen investiven und konsumtiven Ausgaben des Staates Schwierigkeiten. Die frühere Regelung konnte daher nicht verhindern, dass der Schuldenstand von Bund und Ländern erheblich gestiegen ist. Diese Entwicklung führte letztlich zur oben erwähnten Änderung des GG.

Es gibt allerdings auch **ökonomische Grenzen der Verschuldung**. Eine steigende Verschuldung bedeutet, dass ein wachsender Teil der staatlichen Einnahmen für den Schuldendienst (Zins und Tilgung der Kredite) verwendet werden muss. Dies führt dazu, dass die öffentlichen Haushalte in immer stärkerem Umfang festgelegt sind und keine Finanzierungsspielräume für neue staatliche Aufgabenbereiche mehr lassen. Die Möglichkeit investive Ausgaben zu tätigen oder staatliche Ausgaben konjunkturgerecht zu gestalten nimmt mit wachsender Verschuldung ab, sodass die Handlungsfähigkeit des Staates eingeschränkt wird. Zudem schlägt sich die Zinsentwicklung im Staatshaushalt nieder: Mit dem sinkenden Zinsniveau nach der Finanzkrise sank auch der Anteil der Zinsen an den Staatsausgaben von ca. 11 % im Jahr 2005 auf ca. 5 % im Jahr 2017 (vgl. Tab. 2.1). Diese Entwicklung trug zum Abbau der Schuldenstandsquote bei.

Die Zins-Steuer-Quote – der Anteil der Steuereinnahmen des Bundes, der für Zinsausgaben ausgegeben werden muss – lag allerdings 2017 bei ca. 6 %. Darüber hinaus können mit wachsender Staatsverschuldung Crowding-Out-Effekte zunehmen. Es besteht die Gefahr, dass die staatliche Kreditnachfrage die Zinsen am Kapitalmarkt erhöht, sodass private Kreditnachfrager verdrängt werden. In dem Maße, in dem kreditfinanzierte private Investitionen unterbleiben, treten Wachstumseinbußen auf, die durch die kreditfinanzierten staatlichen Ausgaben nur ausgeglichen werden könnten, wenn der Staat investive Ausgaben finanziert, die ähnliche hohe Wachstumsbeiträge leisten wie private Investitionen. Es ist allerdings umstritten, in welchen Ausgangssituationen und in welchem Umfang ein Crowding-Out-Effekt bei international freiem Kapitalverkehr auftritt.

Wegen der Zinsbelastung gilt es, die Staatsausgaben so umzustrukturieren, dass die Neuverschuldung begrenzt und der **Schuldenabbau** forciert wird. Dazu könnten Ausgaben gekürzt und/oder höhere Einnahmen (Steuererhöhungen) erzielt werden. Ausgabenkürzungen sind im Einzelnen allerdings umstritten und schwer durchsetzbar. Diskutiert wird, ob z. B. in einigen Bereichen staatliche Leistungsangebote durch effizientere private Angebote ersetzt werden können (Privatisierungen) bzw. ob öffentliche Leistungen durch private Vorleistungen verbilligt werden können. Zudem werden immer wieder Möglichkeiten des Subventionsabbaus angesprochen (vgl. Kap. 6). Darüber hinaus könnte eine qualitative Konsolidierung der öffentlichen Haushalte, d. h. eine Senkung der konsumtiven Staatsausgaben zugunsten öffentlicher Investitionen hilfreich sein. Gefordert wird auch ein Abbau von Transferzahlungen, die im Rahmen der Sozialpolitik geleistet werden. Allerdings senken diese Maßnahmen die gesamtwirtschaftliche Nachfrage und die Steuereinnahmen. Staatliches Sparen scheint vor diesem Hintergrund nicht ohne weiteres zum Schuldenabbau geeignet („Sparparadox").

Einnahmeerhöhungen können entstehen, wenn die Rahmenbedingungen für Wachstum und Beschäftigung verbessert werden, weil höheres Wachstum quasi automatisch höhere Steuereinnahmen ermöglicht, da die Erträge aus den meisten Steuerarten stark wachstumsabhängig sind. Eine solche Wachstumsbelebung wird auch von einer Vereinfachung des Steuersystems (wie z. B. einer Abschaffung von Ausnahmetatbeständen wie Pendlerpauschale und anderen Werbungskosten) erwartet. Damit würde die Steuerbemessungsgrundlage erweitert, sodass z. B. bei der Einkommensteuer eine – möglicherweise leistungsstimulierende – Reduzierung der Steuersätze für mittlere Einkommen (Reduzierung des so genannten Mittelstandsbauchs) erreicht werden könnte. Gleichzeitig wäre die Berechnung der individuellen Steuerlast einfacher und die Besteuerung möglicherweise auch gleichmäßiger. Allerdings könnte dies im Einzelfall das Prinzip der Leistungsfähigkeit verletzen, wenn nämlich zu Recht Einkommensteile von der Besteuerung ausgenommen wurden. Bei allen Überlegungen zu weiteren Steuerreformen ist jedoch zu beachten, dass im Zuge des Europäischen Einigungsprozesses bei einer Reihe von Steuern eine europäische Harmonisierung angestrebt wird.

2.4 Probleme der Finanzpolitik

Die Überlegungen haben verdeutlicht, dass aus den Aufgaben der Gebietskörperschaften notwendige Ausgaben und damit auch erforderliche Einnahmen resultieren. Trotzdem bleibt die Frage offen, wie die „richtige" Angebotsmenge der öffentlichen Güter – und damit der Ausgabenbedarf – bestimmt werden soll. Über die Höhe und Zusammensetzung der staatlich angebotenen Güter wird im politischen Prozess entschieden – objektive Kriterien für die richte Angebotsmenge und -struktur gibt es nicht. Im internationalen Standortvergleich muss sich die nationale Ausgestaltung des öffentlichen Güterangebots und der Abgabenbelastungen bewähren (vgl. Kap. 6). Im Finanzausgleich zwischen den Gebietskörperschaften soll sichergestellt werden, dass Länder und Kommunen ausreichende Steuereinnahmen erhalten um die ihnen zugewiesenen Aufgaben zu erfüllen, gleichzeitig aber ein Interesse an der Pflege ihrer Steuerquellen haben – das Ausmaß des notwendigen und sinnvollen Finanzausgleichs ist allerdings ebenfalls umstritten.

Neben dem fiskalischen Ziel dienen Staatseinnahmen in vielen Fällen auch Lenkungs- und Umverteilungszielen, die häufig in Konflikt zueinander stehen. Insofern kann eine „rationale Finanzpolitik" nicht immer auf einem in sich konsistenten Zielsystem aufbauen. Dies soll am Beispiel des Ziels der Nachhaltigkeit verdeutlicht werden:

Die ökologische Dimension der Nachhaltigkeit legt es nahe, z. B. den Verbrauch nicht erneuerbarer Ressourcen, die Produktion von Abfällen oder den Verbrauch von Energie zu besteuern, um einen Anreiz zu umweltfreundlicherem Verhalten zu geben. Geschieht dies im nationalen Alleingang kann damit aber die Wettbewerbsfähigkeit der besteuerten Unternehmen reduziert und die ökonomische Effizienz der Finanzpolitik reduziert werden. Die soziale Dimension der Nachhaltigkeit legt wegen der intergenerativen Gerechtigkeit eine Senkung der Staatsverschuldung nahe, damit künftige Generationen entlastet werden. Gleichzeitig ist es aber wünschenswert, ausreichend zu investieren, um die Infrastruktur zu erhalten und auszubauen und Forschung und Entwicklung zu fördern – auch diese Maßnahmen kommen langfristig künftigen Generationen zugute. Insofern wäre es wünschenswert, die intergenerativen Verteilungswirkungen der staatlichen Maßnahmen zu kennen – die Wirkungen von Staatsausgaben und Staatseinnahmen lassen sich aber nicht immer zuverlässig abschätzen.

Ein großes Problem stellen – gerade vor dem Hintergrund der Schuldenbremse – mangelnde Gestaltungsspielräume der öffentlichen Ausgaben dar. Je höher der Anteil der gesetzlich vorgeschriebenen Zahlungsverpflichtungen (z. B. Schuldendienst, Personalausgaben, Rechtsanspruch auf Sozialleistungen) ist, umso mehr nimmt die sogenannte „freie Spitze", also der Teil der für aktuelle Maßnahmen verfügbaren Mittel ab. Es besteht die Gefahr, dass notwendige (z. B. Erhaltungsinvestitionen in Brückenbau) oder wünschenswerte Investitionen in Infrastruktur (z. B. Ausbau der digitalen Netze) nur schwer zu finanzieren sind – damit können Wachstumsverluste einhergehen, die auch künftige Generationen belasten. Der Klimawandel und die damit einhergehende Gefahr von Naturkatastrophen (z. B. Dürreperioden, Überschwemmungen) sowie weitere Umweltprobleme und der demografische Wandel können in der Zukunft höhere Staatsausgaben erzwingen, die im Rahmen des jetzigen Einnahmesystems nicht verfügbar sind. Zudem bleibt wenig Spielraum für stabilitätspolitische Maßnahmen.

Auch die Ziele und Wirkungen der Besteuerung sind nicht immer eindeutig. Im Konjunktur- und Wachstumsprozess treten Schwankungen auf, die ausreichende Einnahmenerzielung gefährden können. Insbesondere der Einkommensteuertarif muss immer wieder angepasst werden – zum einen, weil nach dem Verfassungsgerichtsurteil aus dem Jahr 1996 das Existenzminimum steuerfrei bleiben muss, die Höhe des Existenzminimums aber von Jahr zu Jahr neu berechnet werden muss. Darüber hinaus kann die progressive Einkommensteuer zur so genannten **kalten Progression** führen. Steigt im Zuge inflationärer Entwicklungen das Nominaleinkommen vieler Arbeitnehmer bei konstantem Realeinkommen, steigen die am nominalen Bruttoeinkommen anknüpfende Steuerbemessungsgrundlage und die Steuerlast überproportional, weil mit steigendem Nominaleinkommen – in der Progressionszone des Einkommensteuertarifs – die Grenzsteuersätze und der durchschnittliche Steuersatz steigen; die Steuerbelastung der Steuerzahler wächst demnach überproportional und die Realeinkommen können zurückgehen. Eine solche inflationsbedingte nominale Einkommenserhöhung stellt aber keine zusätzliche Leistungsfähigkeit dar; insofern wäre eine höhere Besteuerung nicht gerecht. Der Gesetzgeber ist immer wieder aufgerufen, die kalte Progression durch Änderungen des Steuertarifs abzumildern – geschieht dies verzögert, treten zwischenzeitlich „heimliche" Steuererhöhungen bei konstantem Steuertarif auf.

Zudem werden Steuerbelastungen häufig im internationalen Vergleich gesehen: Es besteht die Gefahr, dass insbesondere hohe Steuerbelastungen der Unternehmen, denen kein ausreichendes Angebot an Standortvorteilen gegenübersteht, ein Investitionshemmnis darstellen. Insofern wird Kapitalflucht befürchtet und es besteht die Tendenz, eher wenig mobile Produktionsfaktoren – also etwa die Arbeitseinkünfte und den Konsum – zu besteuern. Gesamtwirtschaftliche Indikatoren für die Abgabenbelastung sind der Anteil der Steuereinnahmen bzw. der Abgaben am Bruttoinlandsprodukt. Mit einer Steuerquote von 22,9 % des Bruttoinlandsprodukts (Stand 2015) liegt die Steuerbelastung in Deutschland eher im unteren Mittelfeld; allerdings ist die Abgabenbelastung, die auch die Sozialversicherungsbeiträge enthält, mit 36,9 %, höher – aber immer noch niedriger als in einigen anderen EU-Staaten (vgl. Abb. 2.3). Anstelle dieser gesamtwirtschaftlichen Einschätzung der Abgabenbelastung wird häufig mit dem Vergleich ausgewählter (Spitzen-)Steuersätze bei einzelnen Steuerarten argumentiert. Beispielsweise sind der Steuersatz der Mehrwertsteuer (19 %, Stand 2018) und der Körperschaftsteuer (15 %) im internationalen Vergleich niedrig, die Gesamtbelastung der der Unternehmen mit 29,8 % (Körperschaftsteuer einschl. Solidaritätszuschlag und Gewerbeertragsteuer) aber eher

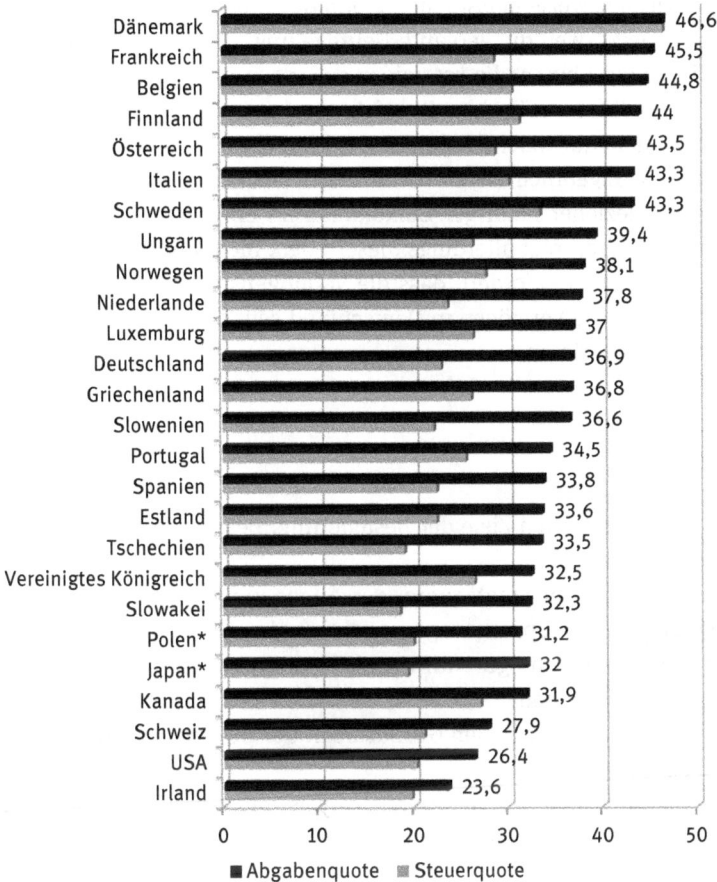

Abb. 2.3: Steuer- und Abgabenquoten 2015 in % des Bruttoinlandsprodukts (Angaben für Polen und Japan 2014) (Quelle: BMF (Hrsg.), Die wichtigsten Steuern im internationalen Vergleich 2015, Berlin 2017, S. 10).

im oberen Mittelfeld. Ähnliches gilt für die Abgeltungsteuer (25 %) und den Spitzensteuersatz bei der Einkommensteuer. Diese Vergleiche sind allerdings problematisch, da die Gesamtbelastung auch von den Bemessungsgrundlagen abhängt, die teilweise unterschiedlich definiert werden. Eine Gesamtbewertung des Steuersystems im internationalen Vergleich ist daher schwierig, zumal eine gute Standortqualität (z. B. Infrastrukturausstattung, Zuverlässigkeit des Rechtssystems und der öffentlichen Verwaltung, Qualifikationen der Arbeitskräfte und Streikhäufigkeit) auch aus Sicht der Unternehmen möglicherweise eine etwas höhere Steuerbelastung rechtfertigen könnte.

Reformen der Besteuerung stoßen im politischen Prozess allerdings immer wieder auf parteipolitische Auseinandersetzungen, die auch der Einflussnahme von Lobbyisten unterliegen. Dies gilt außerdem mit Blick auf die Verteilungswirkungen des Steuersystems. Beispielsweise musste die Reform der Erbschaftsteuer mehrfach verändert werden – zuletzt, weil die geplante Neuregelung zur Schonung des Vermögens von Familienunternehmen, die vermeiden soll, dass die Erbschaftsteuer als Substanzsteuer Arbeitsplätze gefährdet, als nicht verfassungsgemäß angesehen wurde. Umstritten ist auch, auf welche Produkte der ermäßigte Steuersatz der MwSt angewandt werden soll. Eigentlich sollen damit Güter des Grundbedarfs geringer besteuert werden, um Bezieher niedriger Einkommen zu entlasten. Die Liste der steuerlich begünstigten Güter folgt allerdings dieser Logik nicht durchgängig.

Zudem wird immer wieder gefordert, dass die Vermögensteuer wieder erhoben werden sollte, weil gerade die Vermögen in Deutschland sehr ungleich verteilt sind und Chancengleichheit reduzieren.

2.5 Aufgaben

1. Diskutieren Sie die wichtigsten Ziele der Besteuerung. Besteht zwischen diesen Zielen eine Zielharmonie?
2. Was verstehen Sie unter der Staatsquote, der Abgabenquote und der Steuerquote? Welche Argumente sprechen gegen eine hohe Abgabenquote, selbst wenn mit den Einnahmen eine gute Infrastruktur und eine gute soziale Sicherung finanziert werden können?
3. Welche Merkmale sollte ein nach den Grundsätzen der Besteuerung gestaltetes Steuersystem haben?
4. Was verstehen Sie unter einem proportionalen, was unter einem progressiven Steuertarif? Diskutieren Sie die Argumente für und gegen einen progressiven Einkommensteuertarif.
5. Diskutieren Sie die Probleme einer hohen Staatsverschuldung. Warum ließ früher das Grundgesetz eine Finanzierung von staatlichen Investitionen durch Verschuldung zu?
6. Welche Merkmale müsste eine nachhaltige Finanzpolitik haben?
7. Erläutern Sie das Problem der kalten Progression.

3 Geldpolitik

In diesem Kapitel wird erläutert
- welche Ziele die Geldpolitik verfolgt und wie die geldpolitischen Kompetenzen im Euroraum geregelt sind,
- welche Wege der Geldschöpfung in unserer Geldordnung vorgesehen sind,
- welche Risiken mit der Geldschöpfung im Bankensystem einhergehen können,
- welches geldpolitische Instrumentarium der EZB zur Verfügung steht und wie Mindestreservepolitik und Refinanzierungspolitik (Offenmarktpolitik und Ständige Fazilitäten) wirken (können),
- welche Probleme und Grenzen für die Wirksamkeit der Geldpolitik zu beachten sind.

3.1 Einführung: Ziele, Träger, institutionelle Rahmenbedingungen

Die Geldversorgung kann in einer Wirtschaft „institutionell" oder privat geregelt sein. Ein Beispiel für private Bereitstellung von Zahlungsmitteln sind Kryptowährungen wie z. B. Bitcoins. In einer „Bitcoin-Ökonomie" gibt es allerdings keine Geldpolitik; hier ist keine Instanz befugt, die Geldversorgung zu steuern. Im Folgenden wird Geldpolitik enger, d. h. in einem System diskutiert, in dem das Bankensystem die Geldversorgung für private Wirtschaftssubjekte übernimmt und eine zuständige Zentralbank über ein geldpolitisches Instrumentarium verfügt.

Generell zielt Geldpolitik darauf ab, eine angemessene Geldversorgung der Wirtschaft sicherzustellen und dabei einen stabilen Geldwert zu gewährleisten (vgl. Band Makroökonomie, Abschn. 1.3). Das Wachstum der Geldmenge soll den Liquiditätsbedarf der Wirtschaft decken; gleichzeitig ist das Geldmengenwachstum so anzupassen, dass keine inflationären Tendenzen auftreten können. Hinter dieser Überlegung steht die monetäre Inflationserklärung, wonach eine Inflation entsteht, wenn die Wachstumsrate der Geldmenge die Zuwachsrate der realen Produktion übersteigt. Diese Theorie geht allerdings von einer konstanten Umlaufgeschwindigkeit des Geldes und von der Unabhängigkeit der Produktionsentwicklung von der Geldmengenentwicklung aus. Wenn diese Bedingungen nicht erfüllt sind bzw. wenn die Inflationsentwicklung auch „nichtmonetär" verursacht ist, wird die Steuerung der Geldmengenentwicklung erschwert. Geldmengensteuerung erfordert ein differenziertes Instrumentarium, das im Folgenden vor dem Hintergrund der geldpolitisch relevanten institutionellen Regelungen erläutert wird.

Seit der Einführung der Europäischen Währungsunion liegt die geldpolitische Kompetenz in der Eurozone bei der **Europäischen Zentralbank** (EZB). Sie verfolgt das langfristige Ziel, eine angemessene Geldversorgung in der Eurozone sicherzustellen. Die EZB ist funktional, personell, institutionell und finanziell unabhängig. Das bedeutet, dass weder EU-Institutionen noch nationale Regierungen die europäische Geldpolitik beeinflussen sollen (vgl. dazu Band Makroökonomie Abschn. 1.3). Im Einzelnen bedeutet diese Autonomie

https://doi.org/10.1515/9783110569568-003

- **funktional:** die EZB gestaltet ihre Geldpolitik eigenständig entsprechend ihren Zielen. Sie ist nicht verpflichtet, die Politik einzelner Mitgliedstaaten oder der EU zu unterstützen,
- **personell:** Der EZB-Rat – bestehend aus dem Direktorium (d. h. Präsident, Vizepräsident und vier weitere Mitglieder) und den Präsidenten der nationalen Zentralbanken – ist personell unabhängig. Die Mitglieder des Direktoriums werden zwar von den Regierungschefs der Mitgliedstaaten (nach Anhörung des Europäischen Parlaments und des EZB-Rates) einvernehmlich ausgewählt und ernannt, was ihre Unabhängigkeit einschränkt. Ihre Amtszeit beträgt jedoch acht Jahre und eine Wiederwahl ist unmöglich. Das erhöht die Unabhängigkeit nach Amtseinführung.
- **institutionell:** Die EZB ist im Rahmen ihrer Politik frei von Weisungen nationaler oder europäischer Institutionen. Sie ist z. B. nicht verpflichtet, extern vorgegebene Wechselkursziele durch Interventionen auf den Devisenmärkten zu verfolgen. Sie darf überdies keine Kredite an Staaten vergeben.
- **finanziell:** Die EZB verfügt über einen eigenen Haushalt, der von unabhängiger Seite und nicht vom Parlament überprüft wird. Die Verteilung des Zentralbankgewinns ist kein Verhandlungsgegenstand, sondern erfolgt „automatisch" gemäß den Länderanteilen am Kapital der EZB.

Über den Einsatz geldpolitischer Maßnahmen entscheidet der Rat der EZB; die nationalen Zentralbanken sind lediglich dafür verantwortlich, die Maßnahmen durchzuführen. An den Entscheidungen des Rates, der sich aus dem Direktorium der Zentralbank und den Präsidenten der nationalen Zentralbanken der derzeit 19 Mitgliedsländer der Eurozone (Stand 2018) zusammensetzt, sind die Präsidenten der nationalen Zentralbanken nach einem Rotationsverfahren beteiligt, d. h. dass den 19 Mitgliedstaaten insgesamt 15 Stimmen zuordnet werden; vier Stimmen entfallen auf die fünf größten Mitgliedstaaten, die demnach bei jeder fünften Abstimmung nicht stimmberechtigt sind, 11 weitere Stimmen entfallen auf die übrigen 14 Mitglieder, von denen also jeweils drei rotierend nicht stimmberechtigt sind.

Die EZB gestaltet ihre geldpolitischen Maßnahmen mit Blick auf die Wirtschaftsentwicklung in der gesamten Eurozone ohne die Besonderheiten nationaler Entwicklungen zu berücksichtigen.

Das primäre Ziel der europäischen Geldpolitik ist die Preisniveaustabilisierung. Die EZB geht von Preisniveaustabilität aus, wenn die Inflationsrate bei den Verbraucherpreisen „unter, aber nahe 2%" liegt. Diese Konkretisierung kann mit Hinweis auf Gefahren einer Deflation, der Möglichkeit einer importierten Inflation sowie mit Schwächen bei der Inflationsmessung gerechtfertigt werden. Nur wenn es ohne Gefährdung des Ziels der Preisniveaustabilisierung möglich ist, kann die EZB die allgemeine Wirtschaftspolitik – also insbesondere Maßnahmen mit Blick auf das Ziel einer hohen Beschäftigung unterstützen. Die Beeinflussung der Geldmengentwicklung ist daher primär eine langfristige Aufgabe. Trotzdem können geldpolitische

Instrumente die allgemeine Wirtschaftspolitik bzw. die Stabilisierungspolitik unterstützen (vgl. dazu Kap. 4).

3.2 Möglichkeiten der Geldschöpfung

Die Geldversorgung erfolgt in der Eurozone im Rahmen eines **zweistufigen Mischgeldsystems** (vgl. Band Makroökonomie, S. 47 ff). Zum einen gibt es verschiedene Geldarten: Zentralbankgeld, d. h. Bargeld und Sichteinlagen der Geschäftsbanken bei der Zentralbank, sowie Sichteinlagen privater Wirtschaftssubjekte bei Geschäftsbanken (= Giralgeld). Der Begriff zweistufig meint zum anderen, dass neben der EZB ein Netz von privaten Geschäftsbanken existiert, die sich grundsätzlich bei der EZB „refinanzieren" müssen, um Dienstleistungen wie z. B. Abwicklung des privaten Zahlungsverkehrs oder Kreditvergabe für private oder staatliche Wirtschaftssubjekte („Nichtbanken") erbringen zu können. Banken können – über die primäre Geldschöpfung der Zentralbank hinaus – durch Kreditvergabe zusätzlich Geldschöpfung betreiben.

Um die Geldmengenentwicklung zu beeinflussen, müssen die verschiedenen Möglichkeiten der Geldschöpfung beachtet werden:
- Primäre Geldschöpfung durch die Zentralbank, begrenzt durch Verpflichtung der EZB auf das Ziel der Geldwertstabilität.
- Sekundäre oder Giralgeldschöpfung: Banken können – über die primäre Geldschöpfung der Zentralbank hinaus – zusätzlich Geldschöpfung betreiben, begrenzt durch eine Mindestreservepflicht und die Bargeldhaltungsquote.

Primäre Geldschöpfung erfolgt in der Eurozone durch die EZB, d. h. durch die **Ausgabe von Zentralbankgeld** an Geschäftsbanken. Die Zentralbankgeldmenge, oft auch Geldbasis genannt, besteht – wie erwähnt – aus dem Bargeldumlauf und aus Sichtguthaben von Geschäftsbanken bei der EZB. Diese Sichtguthaben entstehen, wenn die EZB den Geschäftsbanken Zentralbankgeld gegen Zinsen ausleiht (man spricht hier von „Leitzinsen", vgl. dazu Abschn. 3.3). Alternativ kann sie den Banken Vermögensteile bzw. Aktiva (z. B. Wertpapiere) abkaufen und ihnen den entsprechenden Wert auf ihrem Konto gutschreiben. Dieses Zentralbankgeld erreicht die Nichtbanken nur, wenn es in Bargeld gewechselt wird.

Begleichen Geschäftsbanken bei der EZB ihre Schulden oder verkauft die EZB Aktiva an Banken, so fließt Zentralbankgeld zurück zur EZB, wird also „aus dem Umlauf genommen" (**Geldvernichtung**). Da bei meist befristeter Herausgabe von Zentralbankgeld ständig Kredite an die EZB zurückgezahlt werden, wird fortlaufend Zentralbankgeld vernichtet. Will die EZB die Zentralbankgeldmenge konstant halten, muss sie insofern immer wieder neu Zentralbankgeld in Umlauf bringen.

Früher begrenzten Vorschriften über eine bestimmte „Geld-Deckung" (z. B. durch Goldvorräte der Zentralbank) den Spielraum dieser Geldschöpfung, z. B. wenn die Zentralbank den zu einer gewünschten Zentralbankgeldmenge erforderlichen Goldvorrat nicht beschaffen konnte. Heute kann die Zentralbank theoretisch unbegrenzt Zentralbankgeld schöpfen, indem sie den Banken Sichtguthaben einräumt. Anstelle starrer Deckungsvorschriften bestimmen heute Vorschriften, welche die Zentralbank auf Sicherung der Geldwertstabilität verpflichten, den Handlungsrahmen der Zentralbank bei der Geldschöpfung. Die Zentralbank kann allerdings die Geschäftsbanken nicht verpflichten, angebotenes Zentralbankgeld nachzufragen.

Zusätzlich können Banken untereinander auf dem so genannten **Interbanken-Geldmarkt** mit Zentralbankgeld handeln. Banken, die kurzfristig Bedarf an Zentralbankgeld haben, können sich hier von anderen Banken, die entsprechende Überschüsse haben, die nötige Liquidität beschaffen. Dies gibt den Geschäftsbanken u. a. Spielräume für die Erfüllung der noch zu erläuternden Mindestreservepflicht.

Der Geldumlauf im Nichtbankensektor besteht überwiegend aus dem so genannten **Giralgeld.** Dieses entsteht, wenn Geschäftsbanken privaten Kunden Kredite gewähren oder von Nichtbanken Aktiva (z. B. Wertpapiere) kaufen. In beiden Fällen räumen sie im Gegenzug Sichtguthaben ein, mit denen Nichtbanken wie mit Bargeld bezahlen können. Per Kredit geschöpftes Giralgeld (**Kreditgeld**) ist indirekt durch die verursachte Wirtschaftsleistung – also z. B. durch die Erträge kreditfinanzierter Investitionen – gedeckt. Dieses von Banken quasi „aus dem Nichts" erzeugte Kreditgeld verschwindet bei Kredittilgung. Es wird nur temporär geschaffen, quasi solange es gebraucht wird.

Eine **einzelne Bank** kann nur in engen Grenzen (z. B. per Kredit) Giralgeld schaffen. Zum einen muss sie proportional zu den Kundeneinlagen Zentralbankgeld als Mindestreserve bei der Zentralbank hinterlegen (**Mindestreservepflicht**). Zum anderen brauchen Geschäftsbanken Zentralbankgeld, um Auszahlungswünsche der Kunden bewältigen zu können: Sie benötigen Bargeld, wenn Kunden von ihren Sichtguthaben Geld bar abheben wollen, und Zentralbankgeld, wenn Kunden aus ihren Sichtguthaben Zahlungen per Überweisung vornehmen wollen und der Empfänger der Zahlung ein Konto bei einer anderen Bank hat. Die „empfangende" Bank hat dann höhere Einlagen und somit einen erhöhten Mindestreservebedarf. Zugleich könnten ihre Kunden die neuen Einlagen in bar abheben wollen. Die empfangende Bank fordert daher eine entsprechende Übertragung von Zentralbankgeld von der überweisenden Bank, was dort zu einem **Abfluss von Zentralbankgeld** führt. Hier setzt die Geldpolitik an: sofern sich die Bank benötigtes Zentralbankgeld nicht bei anderen Banken bzw. auf dem Interbanken-Geldmarkt beschaffen kann, muss sie auf noch zu erläuternde „Refinanzierungs"-Geschäfte mit der Zentralbank zurückgreifen.

Die Geschäftsbanken zusammen haben, weil sich die Abflüsse von Zentralbankgeld zwischen Banken teilweise kompensieren, deutlich größere Geldschöpfungsspielräume als einzelne Banken „in Summe". Die Bankengeldschöpfung kann trotzdem im gesamten System nicht beliebig groß werden, da Banken Zentralbankgeld nicht selbst schaffen können. Der Spielraum hängt vom Mindestreservesatz und von der Bargeldquote ab:

– Die schon erwähnte **Mindestreservepflicht** bewirkt, dass das Bankensystem insgesamt (wie auch jede einzelne Bank) zumindest in Höhe der Mindestreserveverpflichtung Zentralbankgeld braucht.
– Da stets ein Teil des Giralgeldes von Nichtbanken bar abgerufen wird (**Bargeldquote**), müssen die Banken ständig in ausreichender Menge Zentralbankgeld vorhalten.

Insgesamt braucht die EZB, wenn sie nicht nur die Geldbasis, sondern die gesamte Geldversorgung mengenmäßig steuern will, eine gute Vorstellung vom Umfang der Bankengeldschöpfung, durch welche ja die Geldbasis vergrößert wird. Anders formuliert: Die Möglichkeit der Bankengeldschöpfung bewirkt, dass die EZB die gesamte Geldmenge nur unvollständig steuern kann.

Die Kreditgewährung bzw. die Bankengeldschöpfung wird überdies auch von – im Folgenden nicht näher betrachteten – Vorschriften zur Absicherung von Bankkunden begrenzt, deren Einhaltung durch die **Bankenaufsicht** überwacht wird.

> Die krisenhaften Entwicklungen, die weltweit ab dem Jahr 2008 unter anderem von einer risikoreichen Kreditvergabe durch private Geschäftsbanken ausgingen, verdeutlichen die Notwendigkeit einer strengeren Bankenaufsicht, die riskante Kreditvergabe an Akteure ohne hinreichendes Eigenkapital wirksam unterbindet. Demnach war die Kontrolle der Banken unzureichend, sei es wegen mangelnder Transparenz der Kreditmärkte, welche eine Abschätzung des Ertragspotenzials von Investitionsprojekten erschwerte, oder wegen politischer Einflussnahme bei der Kreditvergabe, weil z. B. der im Wettbewerb mögliche Konkurs von Banken aus Gründen des Gläubiger- bzw. Sparerschutzes verhindert wurde. Zwar werden primär Banken mit einer schlechten Geschäftspolitik Verluste erleiden. Dies geht aber häufig mit erheblichen negativen Wirkungen von Bankenverlusten bzw. -pleiten auf Nicht-Banken einher. Eine wirksame Bankenaufsicht bzw. -kontrolle sollte daher „präventiv" sein. Institutionell kann die Bankenaufsicht durch ein unabhängiges Aufsichtsamt oder die Zentralbank erfolgen. Inhaltlich können Obergrenzen für die Kreditgewährung der Banken in Relation zu deren Eigenkapital definiert werden. Da Banken aber weltweit – d. h. auf den internationalen Kapitalmärkten agieren – muss nationale Bankenaufsicht durch internationale Vereinbarungen ergänzt werden. In diesem Sinne hat sich der Basler Ausschuss für Bankenaufsicht unter anderem auf bestimmte Eigenkapitalanforderungen geeinigt („Basel Regeln"). Je risikoreicher ein Kredit, desto mehr Eigenkapital muss demnach die Bank hinterlegen. Manche sehen allerdings in den erwähnten Krisen Anlass für eine grundsätzlichere Reform der Geldordnung und des Bankensystems (s. u.).

3.3 Strategie und Instrumente der Geldpolitik in der Eurozone

Unter einer geldpolitischen Strategie wird der Ansatz verstanden, den eine Zentralbank verfolgt, um ihr **primäres Ziel** zu erreichen, welches für die EZB darin besteht, den Wirtschaftsprozess bei **stabilem Preisniveau** angemessen mit Geld zu versorgen. Dabei handelt es sich zwar um eine langfristige Aufgabe; gleichwohl soll die Geldpolitik in der Eurozone die allgemeine Wirtschaftspolitik bei der **konjunkturellen Stabilisierung** unterstützen, wenn dies mit Preisniveaustabilität vereinbar ist. Dies gilt auch seit der Krise ab dem Jahr 2008.

3.3.1 Geldpolitische Strategie der EZB

Um die Risiken für Preisniveaustabilität zu analysieren und eine entsprechende Geldpolitik zu gestalten, verfolgt die EZB eine sogenannte **Zwei-Säulen-Strategie**. Sie kombiniert dabei eine monetäre Analyse zur Entwicklung der Geldmenge und der Kredite („Säule 1") mit einer Analyse der realwirtschaftlichen Entwicklung (Kostenfaktoren, Kapazitätsauslastung usw., „Säule 2").

Konkrete Zielgröße der Geldpolitik der EZB kann somit die **gesamtwirtschaftliche Geldmenge** sein. Gemäß monetärer Inflationstheorie lässt sich bei konstanter Umlaufgeschwindigkeit des Geldes Inflation vermeiden, wenn die im Umlauf befindliche Geldmenge nicht stärker als die Wirtschaftsleistung wächst. Inflation kann allerdings neben monetären auch realwirtschaftliche Ursachen haben, wie z. B. Kosten- oder Gewinndruck, denen ursachengerecht begegnet werden muss.

Auf der **operativen Ebene** besteht das primäre Ziel der EZB darin, den kurzfristigen **Zinssatz** für Zentralbankgeld auf dem Interbanken-Geldmarkt (**Geldmarktzins**, bei Geschäften mit einer Laufzeit bis zu 24 Stunden spricht man vom **Tagesgeldsatz**) zu beeinflussen. Dieser Zins gilt als Hebel mit dem Preisniveaustabilität erreicht werden soll. Bei der Zinssteuerung teilt die Zentralbank – unter Verzicht auf direkte Geldmengensteuerung – das von den Banken gewünschte Zentralbankgeld den Geschäftsbanken jeweils elastisch zu und versucht zugleich, starke (und den Finanzsektor verunsichernde) Zinsschwankungen zu vermeiden. Wird die Geldschöpfung von den Geschäftsbanken dominiert und gemäß der Geldnachfrage von Nichtbanken bestimmt, so ist die Inflationsgefahr gering, denn Wirtschaftsaktivität und Geldmenge hängen dann eng zusammen. Zur Absicherung kann sich die Zentralbank bei zinssteuernder Geldpolitik an der **Taylor-Regel** orientieren. Nach dieser Regel soll sich der von der EZB gesetzte Zinssatz an der Abweichung der Inflationsrate von der erwähnten 2%-Marke und an Schwankungen der realen Produktion orientieren. Der geldpolitisch angestrebte Zins soll demnach steigen (sinken), wenn die Inflationsrate über (unter) dem langfristigen Zielwert von knapp 2% und die tatsächliche Produktion über (unter) der Normalauslastung liegt. Daraufhin wird tendenziell bei Überauslastung der Produktionskapazitäten und daher nachfrageseitig verursachter Inflationsgefahr weniger, in der Unterauslastung der Kapazitäten bzw. bei Deflationstendenzen mehr Geld in Umlauf gebracht. Dabei soll sich die EZB – wie bereits erwähnt – an der eurozonenweiten Wirtschaftsentwicklung, und nicht an den besonderen konjunkturellen Bedingungen einzelner Mitgliedstaaten orientieren.

3.3.2 Geldpolitische Instrumente der EZB

Mit verschiedenen Instrumenten der Geldpolitik stellt die EZB den Geschäftsbanken zu unterschiedlich ausgestalteten Konditionen **Zentralbankgeld bzw. Liquidität** zur Verfügung. Daher beeinflussen die geldpolitischen Instrumente der EZB – wie bereits erläutert – indirekt auch die Bankengeldschöpfung bzw. das Kreditangebot der Banken und die Kreditnachfrage der Nichtbanken – über den Umfang des bereitgestellten Zentralbankgeldes und über die (Zins-)Konditionen, zu denen das Zentralbankgeld bereitgestellt wird.

Je mehr bzw. je zinsgünstiger die EZB den Geschäftsbanken Liquidität zur Verfügung stellt, desto leichter und zinsgünstiger können diese den Nichtbanken Kredite vergeben. Letztlich beeinflusst die EZB mit ihren Instrumenten somit nicht nur die Inflation sondern auch die reale Wirtschaftsentwicklung, denn das Zinsniveau hat Einfluss auf Investitionen und kreditfinanzierte Konsumausgaben – also auf die Kapazitätsauslastung und die Entwicklung der Produktionskapazität. Die Übertragung (Transmission) dieser Impulse auf Preisniveau, Produktion und Beschäftigung ist aber komplex, wie später erläutert wird.

Wichtige geldpolitische Instrumente der EZB sind die Refinanzierungspolitik („geldpolitische Operationen") und die Mindestreservepolitik.

Refinanzierungspolitik

Im Rahmen der **Refinanzierungspolitik** legt die EZB fest, in welchem Umfang und zu welchen Bedingungen sie den Geschäftsbanken die Möglichkeit gibt, sich zusätzliche Liquidität (Zentralbankgeld) zu beschaffen, d. h. sich zu refinanzieren. Dies geschieht, indem Aktiva an die Zentralbank verkauft oder beliehen werden. Die EZB kann dabei zum einen die **Menge an Zentralbankgeld** festlegen, die sie den Geschäftsbanken zu einem bestimmten Zeitpunkt anbietet („**Refinanzierungsspielraum**"). Zum anderen bestimmt sie die **Zinssätze**, die sie von den Geschäftsbanken dafür fordert („**Leitzinsen**") und zum dritten kann die EZB die **qualitativen Anforderungen** an die als Sicherheiten akzeptierten oder zu kaufenden Aktiva (z. B. Restlaufzeit, Rating) verändern. Erhöht sie die Anforderungen, wirkt dies wie eine Leitzinserhöhung. Variationen der **Leitzinsen** verändern die Refinanzierungskosten der Geschäftsbanken; sie wirken auf die Geld- und Kapitalmarktzinsen und damit auf das von den Geschäftsbanken bereitgestellte und von Kreditnehmern beanspruchte Kreditvolumen. Indirekt kann auch der Tagesgeldsatz am Interbankenmarkt gesteuert werden. Banken, die Zentralbankgeld brauchen, können sich bei der EZB zu deren Bedingungen refinanzieren oder auf dem Interbanken-Geldmarkt. Sie vergleichen daher den Tagesgeldsatz mit den Leitzinsen und wählen im Normalfall die günstigere Option.

Die Wirkungen der Refinanzierungspolitik sind davon abhängig, wie und mit welcher Verzögerung Geschäftsbanken und private Kreditnachfrager auf die Maßnahmen der EZB reagieren. Dabei bleibt es den Geschäftsbanken überlassen, in welchem Umfang sie die Refinanzierungsmöglichkeiten der EZB in Anspruch nehmen. Unterschiedliche Formen der Refinanzierungsinstrumente werden in Tab. 3.1 dargestellt und im Folgenden näher erläutert.

Tab. 3.1: Refinanzierungspolitische Instrumente („Geldpolitische Operationen") der EZB.

Instrumente der Refinanzierungspolitik	Transaktionsart	Laufzeit	Rhythmus (Turnus)	Verfahren
Offenmarktgeschäfte (Initiative geht vom Eurosystem aus)	**Hauptrefinanzierungsgeschäfte** (befristete Liquiditätsbereitstellung)	1 Woche	Wöchentlich	Standard-tender
	längerfristige Refinanzierungsgeschäfte: (befristete Liquiditätsbereitstellung)	$\geq$[a)] 3Monate	Monatlich, unregelmäßig	Standardtender
	Feinsteuerungsoperationen: (Liquiditätsbereitstellung und -abschöpfung)	Nicht standardisiert	Unregelmäßig	Schnelltender, bilaterale Geschäfte
	strukturelle Operationen: (befristete und endgültige bzw. definitive Transaktionen zur Liquiditätsbereitstellung und -abschöpfung)	Standardisiert, nicht standardisiert	Regelmäßig und unregelmäßig	Standardtender, bilaterale Geschäfte
Ständige Fazilitäten (Initiative geht von Geschäftsbanken aus)	Spitzenrefinanzierungsfazilität (befristete Liquiditätsbereitstellung)	Über Nacht (24 Std.)	Auf Initiative der Banken	
	Einlagenfazilität (befristete Einlagenannahme)	Über Nacht		

a) In der Krise ab dem Jahr 2008 bis zu 36 Monaten verlängert.

Quelle: Deutsche Bundesbank (url https://www.bundesbank.de/Redaktion/DE/Downloads/Veroeffentlichungen/Schule_und_Bildung/geld_und_geldpolitik.pdf?__blob=publicationFile, S. 200) sowie Görgens, Ruckriegel, Seitz, 2014, S. 220.

Offenmarktpolitik

Das Hauptinstrument der Refinanzierungspolitik ist die Offenmarktpolitik. Offenmarktgeschäfte sind konkrete Transaktionen, bei denen die Geschäftsbanken von der EZB zu bestimmten Zinsbedingungen für einen befristeten Zeitraum Zentralbankgeld erhalten. Dazu kauft die EZB in bestimmtem Umfang refinanzierungsfähige Aktiva (z. B. Wertpapiere) und vereinbart gleichzeitig den Rückkauf innerhalb einer bestimmten **Laufzeit** (**Wertpapierpensionsgeschäfte**). Statt des Kaufs von Wertpapieren kann die EZB den Banken für eine bestimmte Frist Kredit gewähren und die Wertpapiere als Sicherheit akzeptieren (**Pfandgeschäfte**). In beiden Fällen stellt die EZB den Banken Zentralbankgeld zur Verfügung (**expansive Geldpolitik**). Verkauft sie dagegen Wertpapiere oder erneuert auslaufende befristete Geschäfte nicht in mindestens gleichem Umfang, sinkt die umlaufende Zentralbankgeldmenge (**kontraktive Geldpolitik**). Von den festgesetzten Leitzinsen hängt die Attraktivität der Offenmarktgeschäfte ab, sie beeinflussen zugleich die Zinssätze am Geldmarkt und setzen Signale in Hinblick auf den künftig geplanten geldpolitischen Kurs.

Die Instrumente der Offenmarktpolitik der EZB unterscheiden sich nach Laufzeit, Häufigkeit und Turnus des Einsatzes und nach Ausgabeverfahren.

Im Rahmen von **Hauptrefinanzierungsgeschäften** wird die Liquidität der Geschäftsbanken befristet für eine Woche erhöht. Die EZB bietet diese Geschäfte wöchentlich an und bestimmt wöchentlich den Umfang, in dem diese Form der Refinanzierung für Geschäftsbanken möglich ist (**Zuteilungsvolumen**). Die kurze Laufzeit dieser Geschäfte erlaubt es der EZB, die Konditionen der Refinanzierung jeweils der aktuellen Marktlage anzupassen. Zugleich entscheidet nämlich die EZB über den **Zinssatz** für diese Geschäfte (**Refi-Satz**), den Banken zahlen müssen, wenn sie in einem Hauptrefinanzierungsgeschäft Zentralbankgeld erhalten möchten. Der Refi-Satz ist der **zentrale Leitzins** im Eurosystem. Wird er gesenkt, wird die Refinanzierung für Banken billiger, die Kreditvergabe für Banken daher erleichtert. Umgekehrt erschwert eine Erhöhung des Leitzinses das Kreditgeschäft der Banken. Zwar können die Banken restriktive Bedingungen der Refinanzierung umgehen, indem sie sich – wie beschrieben – auf dem Interbankenmarkt Liquidität beschaffen. Der Leitzins beeinflusst aber auch die dort geltenden Geldmarktzinsen.

Die EZB bietet den Geschäftsbanken die Liquidität im Wege von Ausschreibungen im Umfang des Zuteilungsvolumens an. Die Hauptrefinanzierung wird im Rahmen eines **Standardtenders** ermöglicht, d. h. die Abwicklung des Verfahrens erfolgt innerhalb von zwei Tagen. Ein Standardtender kann als Mengen- oder als Zinstender ausgeschrieben werden. Beim **Mengentender** bestimmt die EZB neben dem Umfang der Zuteilung auch den (Refi-) Zinssatz. Die Banken geben Gebote über die von ihnen gewünschte Menge an Zentralbankgeld ab. Übersteigt die Liquiditätsnachfrage der Geschäftsbanken das Zuteilungsvolumen, erhalten die Geschäftsbanken einen Anteil des bereitgestellten Volumens, der ihrem Anteil an der insgesamt nachgefragten Liquidität entspricht. In der Krise ab dem Jahr 2008 ging die EZB aber auf Vollzuteilung über, d. h. sie stellte den Geschäftsbanken bei Refinanzierungsgeschäften jeden gewünschten Betrag an Zentralbankgeld zur Verfügung. Beim **Zinstender** geben die Geschäftsbanken Mengen- und Zinsgebote ab, das bereitgestellte Volumen wird den Geschäftsbanken nach absteigender Reihenfolge der Zinsgebote zugeteilt, bis das Zuteilungsvolumen erreicht ist. Dabei gibt die EZB einen **Mindestbietungssatz** vor, der dann die Funktion des Leitzinses übernimmt. Der Zinstender gibt dem Wettbewerb unter Banken mehr Raum und entspricht mehr einer Marktorientierung, ist aus Sicht der EZB aber mit einer zinsbezogenen Erwartungsunsicherheit verbunden. In unsicheren Zeiten (z. B. in der Finanzkrise ab dem Jahr 2008) wird deshalb eher der Mengentender eingesetzt.

Bei **längerfristigen Refinanzierungsgeschäften** wird den Geschäftsbanken ebenfalls Liquidität (Zentralbankgeld) bereitgestellt. Die Laufzeit beträgt drei Monate, das Refinanzierungsvolumen wird regelmäßig und monatlich als Standardtender verfügbar gemacht. Im Verlauf der Finanzkrise wurden aber auch 6-, 12- und sogar 36-monatige Geschäfte getätigt.

Da die Hauptrefinanzierungsgeschäfte und die längerfristigen Refinanzierungsgeschäfte befristet sind, müssen die Banken auslaufende Geschäfte stets durch neue Geschäfte zu ersetzen. Die Banken haben somit stets Bedarf an Zentralbankgeld, den sie dann zu den aktuell festgelegten Bedingungen befriedigen müssen.

Zur Ergänzung kann die EZB **Feinsteuerungsoperationen** einsetzen, um kurzfristig Liquiditätsspielräume zu erhöhen oder um Liquidität abzuschöpfen. Feinsteuerungsoperationen werden unregelmäßig mit nicht standardisierten Laufzeiten durchgeführt; üblicherweise im Rahmen eines **Schnelltenders**, d. h. innerhalb von etwa einer Stunde, und – ohne Ausschreibung – mit begrenzter Zahl einer begrenzten Zahl von teilnehmenden Geschäftsbanken. Dieses Instrument gibt der EZB die Möglichkeit, unerwünschte Effekte von plötzlichen Liquiditätsschwankungen auf die Zinssätze zu vermeiden (z. B. am „Mindestreserve-Ultimo", s. u.).

> Als Feinsteuerungsoperationen sind auch Devisenswaps, definitive Käufe bzw. Verkäufe oder – zur Abschöpfung von Liquidität – auch die Hereinnahme von Termineinlagen möglich.
> - Bei **Devisenswapgeschäften** kauft oder verkauft die EZB Euro gegen eine Fremdwährung. Gleichzeitig wird ein Datum für den Rücktausch festgelegt. Der Swapsatz gibt die Differenz zwischen dem Terminkurs und dem Kassakurs an.
> - Bei **definitiven Käufen oder Verkäufen** von refinanzierungsfähigen Aktiva geht, da keine Rückübertragung vereinbart wird, das Eigentum am Vermögenswert endgültig vom Verkäufer an den Käufer über. Damit ist auch die Veränderung der Zentralbankgeldmenge endgültig.
> - Bei der **Hereinnahme von Termineinlagen** werden Einlagen mit festem Zinssatz und fester Laufzeit angenommen, um Liquidität abzuschöpfen.

Strukturelle Operationen werden expansiv oder kontraktiv eingesetzt, um die Liquiditätsposition des Bankensektors dauerhaft zu verändern. Sie sind als befristete Transaktionen oder als definitive (Ver-)Käufe möglich. Insbesondere **definitive Käufe von Wertpapieren** spielen hier eine Rolle. Seit dem Jahr 2015 hat z. B. die EZB monatlich in erheblichem Umfang Anleihen von Banken gekauft und damit dauerhaft Zentralbankgeld in Umlauf gebracht. Da die EZB den Banken dabei in großem Umfang auch Staatsanleihen abkaufte, wird diese – prinzipiell zulässige – Maßnahme kritisiert, weil sie indirekt die Staatsverschuldung erleichtert und somit dem Art. 123 AEUV (no-bail-out-Klausel) widersprechen könnte. Ferner wird der Spielraum kritisiert, den die EZB beim Kauf von Unternehmensanleihen hat, z. B. wenn sie Anleihen von Firmen mit umweltschädlichen Produkten oder Produktionsverfahren kauft. Im Rahmen struktureller Operationen kann die EZB auch eigene Schuldverschreibungen emittieren bzw. den Geschäftsbanken anbieten. Diese dienen der Liquiditätsabschöpfung. Laufzeit, Häufigkeit und Turnus struktureller Operationen sind unterschiedlich gestaltbar, z. B. mit einer begrenzten Zahl von Banken ohne Ausschreibung.

Ständige Fazilitäten

Im Rahmen der **ständigen Fazilitäten** bietet die EZB den Geschäftsbanken ständig die Möglichkeit, ihre Liquidität kurzfristig (über Nacht) beliebig zu erhöhen oder zu senken. Sie dienen dazu, kurzfristige Liquiditätsschwankungen der Banken abzudecken oder aufzufangen, wenn keine Feinsteuerungsmaßnahmen ergriffen werden. Die Initiative zur konkreten Beanspruchung dieser Möglichkeiten liegt bei den Banken.

Die **Spitzenrefinanzierungsfazilität** dient dazu, den Geschäftsbanken zeitlich befristet („über Nacht") gegen zentralbankfähige Sicherheiten (Wertpapiere) Liquidität bereitzustellen. Der von der EZB im Regelfall oberhalb des Refi-Satzes festgesetzte **Spitzenrefinanzierungszins** kann als Obergrenze für den Zinssatz für Tagesgeld auf dem Interbankenmarkt angesehen werden, denn keine Bank wird bereit sein, am Interbanken-Geldmarkt einen höheren Satz für die Mittelaufnahme zu zahlen.

Im Rahmen der **Einlagenfazilität** nimmt die EZB Einlagen der Geschäftsbanken zu einem von ihr meist unterhalb des Refi-Satzes vorgegebenen **Einlagezins** an. Geschäftsbanken können demnach überschüssige Liquidität zu diesem Zins bei der EZB anlegen. Dieser Zinssatz stellt die Untergrenze für den Tagesgeldzinssatz auf dem Geldmarkt dar, da keine Bank bei einer anderen Bank Zentralbankgeld zu einem geringeren Zins einlegen wird, als sie bei der EZB bekäme. Auch diese Fazilität kann unbegrenzt genutzt werden. Als Reaktion auf die o. g. Vollzuteilungspolitik haben Banken zugeteilte Reserven, welche – wenn die Mindestreservepflicht übersteigend – als Überschussreserven nicht verzinst werden, oft über Nacht zum Einlagezins bei der EZB deponiert. Dies war nicht im Sinne einer expansiven Anti-Krisen-Geldpolitik. Als Reaktion senkte die EZB den Einlagezinssatz, inzwischen in den negativen Bereich. Hierbei gibt es allerdings Grenzen, da Banken, um Negativzinsen auszuweichen, auf Bargeld ausweichen können.

Weil die EZB den Banken mit den ständigen Fazilitäten einen alternativen Weg zur Beschaffung von Zentralbankgeld anbietet, bewegen sich die Interbankenzinsen üblicherweise in der Zinsspanne zwischen Einlage- und Spitzenrefinanzierungszinssatz. Somit kann die Zentralbank den Zins gemäß Taylor-Regel steuern, indem sie Einlage- und Spitzenrefinanzierungszinssatz variiert.

Mindestreservepolitik

Die Geschäftsbanken müssen einen bestimmten Teil der Kundeneinlagen (z. B. der Sicht- und/oder Termineinlagen) als **Mindestreserven** auf ihren Konten bei der jeweiligen nationalen Zentralbank halten (vgl. Band Makroökonomie, Abschn. 1.3.3.2). Mindestreserven werden von der EZB zum Zinssatz für die Hauptrefinanzierungsgeschäfte (Refi-Satz) verzinst. Die EZB hat mit diesem Instrument die Möglichkeit, die Entwicklung der umlaufenden Geldmenge zu beeinflussen. Erhöht die EZB den **Mindestreservesatz**, so sinkt c. p. der Kreditvergabespielraum der Banken und somit die Geldversorgung der Wirtschaft, die Zinsen steigen tendenziell. Dies dürfte normalerweise kreditfinanzierte Investitionen dämpfen, sodass auch die gesamtwirtschaftliche Nachfrage und die Beschäftigung sinken. Umgekehrt kann eine Senkung des Mindestreservesatzes nachfragebelebend wirken, weil die Kreditvergabemöglichkeiten der Geschäftsbanken zunehmen, sodass sie mehr Kredite vergeben können.

Die EZB hat allerdings den Mindestreservesatz bisher nur einmal – von 2 % der Reservebasis auf nun 1 % – geändert. Die Möglichkeit, die Bankengeldschöpfung über den Mindestreservesatz zu beeinflussen, hat offenbar bisher eine eher geringe Rolle gespielt. Die EZB betreibt also im Kern keine Geldbasissteuerung (mehr) bzw. akzeptiert weitgehend die Entwicklung der Geldmenge, die sich aus dem Bedarf der Geschäftsbanken nach Zentralbankgeld ergibt und die sie selbst im Rahmen der Refinanzierungspolitik entsprechend befriedigt.

Dem System der Mindestreserve werden inzwischen vielmehr vor allem zwei geldpolitische Funktionen zugeschrieben. Die mindestreservebedingte Zwangsnachfrage der Banken nach Zentralbankgeld soll erstens sicherstellen, dass offenmarktpolitische Maßnahmen der EZB auch tatsächlich greifen, insofern Banken durch die Mindestreserve an die EZB „angebunden" sind (**Anbindungsfunktion**). Von der Mindestreservepflicht kann zweitens eine **Stabilisierung** der kurzfristigen Zinsen am Geldmarkt ausgehen, weil die Mindestreservepflicht nur im Monatsdurchschnitt gilt. Bei kurzfristigen Liquiditätsengpässen können Geschäftsbanken somit – statt sich Zentralbankgeld am Geldmarkt leihen zu müssen – Gelder aus der Mindestreserve einsetzen, und dies in den folgenden Tagen durch ein entsprechend höheres Reserveguthaben ausgleichen. Die Mindestreserven können also (außer am „Mindestreserve-Ultimo") als Liquiditätspuffer dienen. Die Möglichkeit der Zins-Arbitrage bewirkt daraufhin normalerweise, dass der Tagesgeldsatz am Interbanken-Geldmarkt sich tendenziell in der Nähe des Refi-Satzes stabilisiert, zu dem die Mindestreserven verzinst werden.

Transmission der Geldpolitik

Die EZB geht bei ihren geldpolitischen Maßnahmen davon aus, dass sie über das Zinsniveau die Bankengeldschöpfung, das Preisniveau und zugleich auch reale Größen wie Konsum, Investition, Beschäftigung, Produktion beeinflussen kann. Zinssignale und Geldmengenänderungen wirken auf Finanzierungskosten von Banken und Nichtbanken, auf Ausgabeentscheidungen von Nichtbanken und sowie auf die Preisentwicklung und/oder die Produktion. Dabei kann ein komplexes, teilweise durch Erwartungen überlagertes und teilweise zirkuläres „Wirkungsgeflecht" entstehen. Expansive Geldpolitik verliert z. B. an realer Wirkung, soweit sie Inflationserwartungen erzeugt. Expansive Geldpolitik wird zudem durch die Nullzinsgrenze begrenzt. Negative Leitzinsen sind nur begrenzt möglich, wenn Banken in das zinslose Bargeld ausweichen. Folgende Übertragungs- oder Wirkungsketten (**Transmissionskanäle**) sind z. B. für eine kontraktive Geldpolitik (etwa nach Leitzinsanhebung) denkbar; umgekehrt wäre für expansive Geldpolitik bzw. Leitzinssenkung zu argumentieren:

- **Zinskanal:** Ein Leitzinsanstieg drosselt über steigende Kreditzinsen tendenziell Investitionen, Wachstum und Beschäftigung – und mittelbar auch das Preisniveau. Dabei schwanken langfristige Zinsen weniger und sind oft höher als kurzfristige.
- **Einkommenskanal:** Ein Zinsanstieg kann die Nachfrage der Schuldner senken (und die der Gläubiger erhöhen).
- **Vermögenskanal:** Zinsanstieg kann sinkende Vermögenspreise bewirken, sodass Vermögende weniger nachfragen.
- **Wechselkurskanal:** Zinsanstieg kann c. p. über Kapitalzuflüsse zur Aufwertung der heimischen Währung führen, sodass Nettoexporte sinken. Dies kann jedoch durch gegenläufige Zins- bzw. Wechselkurserwartungen überlagert werden.
- **Bankenkanal:** als Reaktion auf einen Leitzinsanstieg drosseln Banken ihr Kreditvolumen nicht nur indirekt über steigende Kreditzinsen, sondern unter Umständen auch direkt. Aus Bankensicht steigt nämlich das Kreditausfallrisiko. Auch insofern kann die reale Aktivität gebremst werden.
- **Bilanzkanal:** Zinsanstieg senkt c. p. den Wert von Sachvermögen in den Bankbilanzen. Damit nimmt die Kreditsicherheit und unter Umständen die Kreditaktivität von Banken ab.

Ob die angestrebten Wirkungen eintreten ist unsicher, weil die Reaktionen der Geschäftsbanken und der privaten Wirtschaftssubjekte unterschiedlich sein können. In einem unsicheren Umfeld sind die Wirkungen expansiver Impulse über die genannten Kanäle möglicherweise schwächer, kontraktive Impulse können über internationale Kapitalmärkte umgangen werden. Wie Zinsimpulse der EZB dosiert werden müssen, ist schwer vorherzusagen – zudem benötigen die genannten Wirkungsketten Zeit. Hinzu kommt, dass die gemeinsame Geldpolitik der EZB wegen der unterschiedlichen Ausgangssituationen in den Mitgliedstaaten unterschiedlich wirken kann. Beispielsweise unterscheiden sich die Finanzmarktstrukturen wie z. B. Zinsbindungsfristen, Vermögensanlageformen und Verschuldungsstrukturen. Demgegenüber lassen sich allerdings auch Integrationseffekte der Währungsunion begründen, da der Wechselkurskanal entfällt.

Unkonventionelle Geld-/Kreditpolitik im Zuge der Krise ab dem Jahr 2008

Die Finanzkrise ab dem Jahr 2008 stellte eine besondere Herausforderung für die Geldpolitik dar. In der Krise hat der Interbankenmarkt nicht mehr gut funktioniert, weil die Banken sich gegenseitig misstrauten. Sie bevorzugten in Bezug auf Zentralbankgeld die EZB als Vertragspartner, sowohl bei der Einlage als auch bei der Refinanzierung. Damit war die beschriebene Stabilisierungsfunktion der Mindestreserve eingeschränkt. Zugleich verlor der Zinstender im Rahmen des Hauptrefinanzierungsgeschäfts an Wirkung: die Banken überboten den Mindestbietungssatz z. T. deutlich, um das benötigte Zentralbankgeld bei der EZB zu bekommen und nicht auf andere Banken zurückgreifen zu müssen. Im Zuge der Krise hat die EZB daraufhin zum einen mit einer ausgeprägten „Niedrigzinspolitik" reagiert und zum anderen „unkonventionelle" geldpolitische Instrumente zur Ausweitung der Geldbasis genutzt. Die EZB systematisiert die seit dem Jahr 2008 angewandten „Non-Standard-Monetary-Policy-Measures" wie folgt:

– **Mengentender mit Vollzuteilung.** Aufgrund der nunmehr reichlichen Liquiditätsversorgung sank der Tagesgeldsatz längerfristig unter den Refi-Satz und orientierte sich nachfolgend eher am niedrigen Zinssatz für die Einlagefazilität.
– **Laufzeitverlängerung** bei längerfristigen Refinanzierungsgeschäften (vgl. Anmerkung in Übersicht 3.1),
– **Ausweitung der Liste der zugelassenen Sicherheiten** und Berücksichtigung nationaler (oft günstigerer) Einschätzungen von Sicherheiten,
– **Senkung des Mindestreservesatzes** von 2 % auf 1 %,
– **Definitive Käufe von Wertpapieren** (die erwähnten und z. T. umstrittenen Anleiheankaufprogramme, insbesondere seit dem Jahr 2015),
– **Emergency Liquidity Assistance** (Liquiditätshilfe ELA): nationale Zentralbanken des Eurosystems können Geschäftsbanken zur Überbrückung von Liquiditätsengpässen für begrenzte Zeit Zentralbankgeld zur Verfügung stellen. Diese Notfallkredite bildeten in der Krise teilweise den größten Teil der Liquiditätsversorgung. Risiken und Kosten tragen die nationalen Zentralbanken; die Maßnahmen müssen durch die EZB genehmigt werden. Konkrete ELA-Bedingungen werden nicht veröffentlicht.

Durch diese unkonventionellen Maßnahmen seit dem Jahr 2008 und die gleichzeitig verfolgte Niedrigzinspolitik nahm die Zentralbankgeldmenge in der Eurozone stark zu.

3.4 Probleme und Grenzen der Geldpolitik in der Eurozone

Das zweistufige Geldschöpfungssystem in der Eurozone lässt sich vor dem Hintergrund der Ziele „Preisniveaustabilität" und „Stabilisierung" unterschiedlich bewerten.

Geldschöpfungsordnung

Banken vergeben Kredite nach Abwägung von Chancen und Risiken, also tendenziell an Investoren, die gute Rendite und sichere Rückzahlung erwarten lassen, bzw. überwiegend wenn und soweit es gebraucht wird. Eine derart „produktive" Geldschöpfung ist gemäß monetärer Inflationstheorie dann nicht inflationär, wenn (eventuell verzögert) auch die Gütermenge steigt. Da für die Geldnutzung ein Zins gezahlt werden muss, werden Kredite sparsam vergeben und effizient verwendet. Der Zins lenkt das Kreditgeld in rentable Verwendungen und macht es als Wertaufbewahrungsmittel attraktiv.

Diese Geldschöpfung ist aber einseitig: Banken finanzieren primär renditeträchtige (zuweilen auch umweltbelastende) Projekte, seltener z. B. Kindergärten, Umweltschutz- oder Infrastrukturprojekte. Hier muss der Staat meist steuerfinanzierte Ausgaben tätigen. Kreditgeld entsteht also doch nicht immer dort, wo es gebraucht wird. Außerdem profitieren eher regionale Hot-Spots als die Peripherie (also z. B. eher Frankfurt als das Saarland); das regionale Geldschöpfungsgefälle spiegelt und verstärkt möglicherweise das regionale Wirtschaftsgefälle. Auch haben Banken im Boom mehr Kredit- bzw. Geldschöpfungsanreiz als in der Krise. Reale Konjunkturzyklen können also tendenziell durch Geldschöpfungszyklen verstärkt werden. Im Boom werden Geschäftsbanken die Kreditvergabe eher ausweiten, in einer (Vertrauens-)Krise dagegen eher drosseln. Dann ist sogar die Stabilität der Banken gefährdet, wenn sie darauf angewiesen sind, selbst Kredite bei anderen Banken zu beanspruchen. Im Boom drohen zudem Probleme mit „Überschussliquidität", wenn z. B. übermäßig viele Finanzkredite zu Preisblasen auf den Märkten für Vermögensgüter führen. Sind Kredite mit Vermögenswerten gesichert, drohen später – bei wieder fallenden Preisen – monetäre und reale Krisen. Insofern ist keinesfalls sicher, dass in dieser Ordnung Renditestreben und Geldschöpfung immer eine harmonische Verbindung eingehen, bzw. Preisniveau- und reale Stabilität erreicht werden können.

Mit Kreditgeld entstehen überdies Schulden. Die Geldschöpfung der Banken beruht zudem auf Kreditvergabe gegen Zinsen, die vom Kreditnehmer „verdient" werden müssen. Dies führt zu einer Art Wachstumszwang in der Kreditgeldwirtschaft. Ferner wirkt Kreditgeld tendenziell polarisierend: Verschuldet sich z. B. der Staat, so muss er später Steuern erheben bzw. anheben, um den primär an Vermögende fließenden Schuldendienst leisten zu können. Für Kunden ist Bankengeld unsicher. Bei einer Bankinsolvenz können Kunden ihre Einlagen verlieren. Dieses Problem kann durch Einlagensicherungsfonds nur gemildert werden.

All dies gibt Anlass, über eine Reform der Geldordnung zur Begrenzung der Kreditvergabespielräume der Geschäftsbanken nachzudenken. Dies ist auch Gegenstand der Diskussion über eine Reform der Bankenaufsicht, die – wegen der zunehmenden internationalen Verflechtung der Banken – allerdings international ausgestaltet sein müsste.

Einige Überlegungen zur Reform der Geldordnung stellen darauf ab, dass Geldschöpfung nicht Bankengeldschöpfung sein muss. Geld könnte auch anders herausgegeben werden, z. B. von der Zentralbank zinsfrei bzw. ohne Kreditgeschäft und direkt an Nichtbanken.

Die Geldschöpfung könnte sich z. B. wie folgt vollziehen (vgl. J. Huber, 2018): Eine unabhängige Zentralbank schöpft regelmäßig den Betrag an neuem Geld, der nach ihrer Einschätzung zur Erreichung der geldpolitischen Ziele notwendig ist, z. B. im Rahmen einer potenzialorientierten Geldpolitik abhängig von der Entwicklung der Produktionsmöglichkeiten. Die Summe wird der Regierung zins- und kostenfrei als Transfer zur Verfügung gestellt und als Staatseinnahme überlassen. Dazu wird sie auf Konten gutgeschrieben, welche die Zentralbank für die Regierung führt. Die Regierung bringt dieses neue Geld dann durch öffentliche Ausgaben in Umlauf, z. B. indem sie Unternehmen für den Bau neuer Straßen bezahlt. Der Geldschöpfungs-gewinn fällt damit faktisch der öffentlichen Hand zu; steigende Ausgaben lösen keinen Anstieg der Staatsverschuldung aus, wenn sie nicht über den von der unabhängigen Zentralbank ge-planten Umfang hinausgehen. Der Umfang der staatlichen Ausgaben hängt natürlich im Wesent-lichen davon ab, inwieweit andere Möglichkeiten der Staatsfinanzierung bestehen, z. B. durch Besteuerung.

Zugleich wird den Geschäftsbanken die Möglichkeit entzogen, per Kreditvergabe neues Geld zu schöpfen. Ihre Rolle bei der Kreditvergabe wird dann auf die Vermittlung von Darlehen auf der Grundlage von bereits vorhandenem Geld beschränkt. Damit Geschäftsbanken kein neu-es Geld mehr schöpfen können, werden Sichtguthaben in offizieller Währung als gesetzliches Zahlungsmittel (als „Vollgeld") definiert und so dem Bargeld rechtlich gleichgestellt. Dann ent-spricht die Menge M an gesetzlichen Zahlungsmitteln dem Gesamtbetrag an unbarem Geld auf allen Girokonten von Banken und Nicht-Banken plus Bargeld (d. h. etwa dem heutigen M1). Die Girokonten sind aus den Bankbilanzen ausgegliedert. Die Banken müssen sie, anders als heute, getrennt verwalten. Es ist klar zu unterscheiden zwischen Geld als Zahlungsmittel (ausfallsiche-res Vollgeld) und Geld als Wertaufbewahrungsmittel, z. B. auf Sparkonten. Zahlungen auf Voll-geldkonten müssen immer entsprechende Abbuchungen von anderen Vollgeldkonten auslösen oder aber in Bargeld geleistet werden. Nur noch der Zentralbank ist es möglich, Geld zu schöp-fen, ohne es vorher eingenommen zu haben. Missachten andere diese Trennung und schreiben unbares Geld „freihändig" auf ein laufendes Konto gut, wird dies wie illegales Drucken von Banknoten oder illegales Prägen von Münzen als Geldfälschung oder Betrug geahndet.

Eine entsprechende Umstellung der Geldschöpfung (Vollgeldreform) hätte möglicherweise verschiedene Vorteile: Das komplexe Reservesystem würde vereinfacht. Realisiert zudem der Staat Geldschöpfungsgewinne, würden die öffentlichen Finanzen entlastet und Geldschöpfung erfolgte „für die Allgemeinheit". Auch die konjunkturelle Instabilität würde bei dieser Geld-schöpfung gemildert, da dann prozyklisches Bankenverhalten bei der Geldschöpfung keine Rolle mehr spielt. Die Zentralbank könnte Geld nach stabilen Regeln oder mit Blick auf die Stabi-lisierung herausgeben, ohne Schwankungen der Sekundärgeldschöpfung ausgleichen zu müs-sen. Sie hätte eine bessere Kontrolle der Geldmengenentwicklung. Die Gefahr von Finanzkrisen würde insofern geringer. Umgekehrt könnten im Umfang wegfallender Zinslasten auch der Wachstumszwang und damit auch wachstumsbedingte nachteilige ökologische Effekte gemil-dert werden. Von der Zentralbank geschaffenes (Voll-)Geld ist zudem (wie Bargeld) ausfallsi-cher. Dieser Vorschlag muss allerdings auch kritisch diskutiert werden: Er steht z. B. im Wider-spruch zu Art. 123 AEUV, er bedeutet einen Verzicht auf „atmende" Kreditgeldschöpfung, er ist in der Eurozone nicht im nationalen Alleingang realisierbar und er wirft Fragen auf zur Unabhän-gigkeit der Zentralbank von den Ansprüchen des Staates.

Wirkungsunsicherheiten bei der Geld-/Kreditpolitik

Geldpolitische Maßnahmen zielen im zweistufigen Geldsystem der Eurozone darauf ab, die Zinsen am Geldmarkt und indirekt die Kreditspielräume der Geschäftsban-ken zu beeinflussen. Damit ändern sich die Rahmenbedingungen für die private Kreditaufnahme, sodass die Höhe der kreditfinanzierten Ausgaben und die gesamt-wirtschaftliche Nachfrage sich ändern können. Geldpolitische Maßnahmen wirken aber nur indirekt. Die Reaktionen von Geschäftsbanken und privaten Nichtbanken hängen von der jeweiligen Wirtschaftslage ab. Daher gibt es eine Reihe von Wirkungsunsicherheiten beim diskretionären, d. h. einzelfallbezogenen Einsatz geldpolitischer Instrumente:

- Die Refinanzierungsmöglichkeiten, die die EZB den Geschäftsbanken einräumt, werden nicht immer genutzt. Bei expansiven Impulsen bleibt z. B. offen, inwieweit die Geschäftsbanken zusätzliche Kredite anbieten und ihre Kreditzinsen senken. Auch kann – bei ungünstigen Erwartungen privater Investoren – der Fall eintreten, dass trotz sinkender Zinsen nicht in stärkerem Maße investiert wird. Bei geringer Zinselastizität der privaten und/oder öffentlichen Investitionsnachfrage bleiben zusätzliche Investitionen aus, die gesamtwirtschaftliche Nachfrage wird nicht belebt. Dann bliebe eine expansive Geldpolitik real wirkungslos.
- Induzierte Kredite sind nicht zwingend produktions- und beschäftigungswirksam. Möglicherweise nehmen primär Immobilienkredite zu und es entsteht eine monetär „aufgepumpte" Immobilienblase, welche bei später steigenden Zinsen platzt. Für die Beurteilung der Geldpolitik ist somit auch relevant, wohin das Geld später fließt.
- Internationale Kapitalmärkte begrenzen die Wirksamkeit regional begrenzter Geldpolitik, soweit sie genutzt werden können, um geldpolitisch induzierten Zinssteigerungen auf dem nationalen Markt auszuweichen. Es ist fraglich, ob bei starken internationalen Kapitalverflechtungen regional begrenzte Geldpolitik überhaupt noch wirksam ist. Vor diesem Hintergrund scheint eine gemeinsame Geldpolitik in Europa sinnvoll, da sie einen größeren Integrationsraum umfasst.
- Leitzinssenkungen führen nicht immer zu sinkenden langfristigen Kapitalmarktzinsen. Längerfristig kann z. B. eine „Politik des leichten Geldes" Inflationsangst verursachen, die die (nominalen) langfristigen Zinsen per Saldo sogar erhöhen kann, sofern Anleger dann einen Ausgleich für die erwartete Inflationszunahme verlangen.
- Geldpolitische Maßnahmen wirken meist nur mit gewisser Verzögerung (Time-lag-Problem). Entscheidungen der EZB wirken über Anpassungsreaktionen der Geschäftsbanken und der privaten Kreditnachfrage. Dabei ist der Zeitraum bis zur gewünschten Reaktion der privaten Investoren nur schwer abschätzbar. Falsches Timing beinhaltet aber bei konjunkturpolitischen Maßnahmen die Gefahr prozyklischer Wirkungen.
- Wegen der unsicheren Reaktionen auf geldpolitische Impulse ist auch die Dosierung der Instrumente schwer zu bestimmen. Zu geringe Änderungen der Leitzinsen lösen möglicherweise kaum Reaktionen aus; zu starke Änderungen sind unter Umständen störend für langfristige Planungen.
- Während bei expansiver Geldpolitik Handlungsspielräume erweitert werden, die nicht immer genutzt werden, engt kontraktive Geldpolitik die Kreditspielräume der Banken zwar definitiv ein. Auch kontraktive Geldpolitik kann aber – z. B. über eine steigende Umlaufgeschwindigkeit des Geldes oder Refinanzierungsmöglichkeiten im Ausland konterkariert bzw. umgangen werden.

Daher bestehen sowohl langfristig als auch kurzfristig Unsicherheiten in Bezug auf die Wirkungen geldpolitischer Instrumente, sodass oft ein vorsichtiger Einsatz diskretionärer geldpolitischer Instrumente gefordert wird. Stattdessen könnte eine stetig ausgerichtete Geldpolitik darauf verzichten, kurzfristige geldpolitische Signale zu geben (vgl. Kap. 4).

Eine stetige Geldpolitik zielt in diesem Sinne darauf ab, die Erwartungen der privaten Wirtschaftssubjekte zu stabilisieren. Diese Ausrichtung lässt sich für die EZB begründen, da sie primär die Stabilisierung des Preisniveaus anstrebt. Voraussetzung für stabile Erwartungen der privaten Wirtschaftssubjekte ist allerdings, dass Vertrauen in den Erfolg bzw. in die Verlässlichkeit der EZB besteht. Manche erwarten Verstetigungseffekte, wenn z. B. die EZB glaubwürdig ankündigt, welche Geldmengenentwicklung sie anstrebt. Dazu ermittelte die EZB früher jährlich einen „Referenzwert" für das Wachstum der Geldmenge in der Abgrenzung M3. Bei der Festlegung dieses Zielwertes orientierte sich die EZB

-   an der Entwicklung der erwarteten Wachstumsrate der Produktion (sogenannte **potenzialorientierte Geldpolitik**),
-   an der erwarteten Entwicklung der Umlaufgeschwindigkeit des Geldes. Diese war bisher im Euroraum eher rückläufig, eventuell, weil monetäre Impulse einer expansiven Geldpolitik eher in die Immobilienwirtschaft als potenzialsteigernd in reale Investitionen flossen,
-   am Zielwert für die Inflationsrate der Verbraucherpreise von unter, aber nahe 2 %.

Allerdings sind Abweichungen zwischen der tatsächlichen Geldmengenentwicklung und dem vorgegebenen Ziel nicht auszuschließen, weil die EZB die Geldmenge nur indirekt beeinflussen kann. Die tatsächliche Geldmengenentwicklung hängt ja auch vom Verhalten von Geschäftsbanken und der Nicht-Banken ab. Außerdem können Notenbankinterventionen am Devisenmarkt die Geldmenge ungeplant verändern. Solche Abweichungen können das Vertrauen in die Fähigkeit der EZB zur Geldwertsicherung schwächen. Das Ziel, zu sicheren Erwartungen der Wirtschaftssubjekte beizutragen, wäre dann gefährdet.

Vor diesem Hintergrund ist nachvollziehbar, wenn Zentralbanken auf operativer Ebene primär eine Strategie der Zinssteuerung wählen und dass die EZB den angesprochenen Referenzwert nun nicht mehr regelmäßig veröffentlicht.

Probleme im Zusammenhang mit der Finanzkrise

Krisen folgen oft auf Boomphasen, die u. a. durch eine reichliche Geldversorgung möglich wurden und die in verschiedenen Wirtschaftsbereichen mit Überinvestitionen und Kurs- bzw. Wertsteigerungen einhergehen können. In den USA erleichterte ab dem Jahr 2001 eine expansive Geldpolitik durch niedrige Zinsen kreditfinanzierte Hauskäufe. Kreditvolumen und Immobilienpreise stiegen, Banken vergaben Immobilienkredite auch an wenig kreditwürdige Kunden, weil sie auf Wertsteigerungen bei den Immobilien spekulierten. Insgesamt stiegen Kreditvolumen und Immobilienpreise weit über das normale Maß, es entstand eine **„Blase"** ohne realwirtschaftlichen Gegenwert.

Mit später wieder steigenden Zinsen nahm die Nachfrage nach Immobilien ab, deren Preise gingen zurück. Damit fiel auch der Wert der Sicherheiten, die vielen Immobilienkrediten zugrunde lagen. Im Zuge der Immobilienkrise führten Zwangsversteigerungen zusätzlich zu sinkenden Immobilienpreisen und damit zum Kreditproblem. Banken, die Sicherheiten verloren, schränkten die Kreditvergabe bzw. Geldversorgung ein (Kreditklemme). Daraufhin erreichte die Krise die Realwirtschaft, d.h. Investitionen, Produktion und Beschäftigung sanken, und breitete sich – von den USA ausgehend – auch international aus.

Zur Überwindung der Krise wurde die Geldpolitik ab dem Jahr 2008 wieder sehr expansiv. Eine solche Geldpolitik läuft allerdings Gefahr, zur Ursache erneuter Blasen zu werden.

In der Krise wurde deutlich, dass der Finanzsektor – wegen der internationalen Verflechtungen – auch weltweit destabilisierend wirken kann. Der Finanzsektor soll theoretisch Ersparnisse der Volkswirtschaft per Kreditvergabe in produktive (Real-) Investitionen lenken. Er kann aber Wirtschaftsschwankungen verstärken, weil Banken Kredite tendenziell prozyklisch vergeben, d.h. im Boom reichlich, in der Krise zurückhaltend. Ferner konnten Banken im Verlauf der Krise Kreditrisiken (z.B. von Immobilienkrediten) verbriefen und in Form spezieller, durch bestimmte Ansprüche gesicherter Wertpapiere an andere Banken weiter verkaufen. Diese Verbriefungen erwiesen sich letztlich als destabilisierend, weil die zur Bewertung der Risiken eingeschalteten amerikanischen Rating-Agenturen die Papiere oft zu positiv bewerteten. Die emittierenden Banken konnten durch derartige Auslagerung von Risiken ein hohes Geschäftsvolumen mit wenig Eigenkapitaleinsatz realisieren. Als in der Krise die Kurse dieser Papiere stark fielen, und keine Bank von der anderen wusste, wie viele derartige Papiere sie in ihren Büchern hatte, misstrauten die Banken einander. Die Kreditvergabe zwischen Banken ging stark zurück, was die Krise verschärfte.

Vor dem Hintergrund dieser Krisenprozesse wurden hinsichtlich einer (internationalen) Finanzordnung unter anderem gefordert,

– die Eigenkapitalanforderungen für Bankgeschäfte zu verschärfen. Damit soll verhindert werden, dass Banken übermäßig hohe Risiken eingehen. Banken, die (z.B. im Immobiliengeschäft oder im Handel mit verbrieften Wertpapieren) Risiken eingehen, sollen einen größeren Teil eventueller Verluste selber tragen. Auch sollen Konstruktionen zur Auslagerung riskanter Geschäfte aus den Bankbilanzen beschränkt werden, sodass eingegangene Risiken in den Bankbilanzen transparent werden.

– Bankenaufsicht und Finanzmarktregeln international zu harmonisieren und zu überwachen (z.B. über den IWF, vgl. Kap. 8), damit nicht einzelne Staaten in dem Bestreben, im Regulierungswettbewerb den eigenen Banken Vorteile zu sichern, unterschiedliche und defizitäre Regulierungssysteme erzeugen, die Finanzblasen hervorbringen.

Ob es aber gelingt, derartige Regeln international zu vereinbaren, bleibt zweifelhaft.

3.5 Aufgaben

1. Erläutern Sie, welche Bedeutung die Geldordnung für den Wirtschaftsprozess hat.
2. Inwiefern gibt es im Euroraum ein zweistufiges Mischgeldsystem?
3. Erläutern Sie das primäre Ziel der EZB.
4. Wie kann die Zentralbank Zentralbankgeld schaffen?
5. Wie können Geschäftsbanken durch eigene Geldschöpfung die Geldmenge vergrößern?
6. Erläutern Sie, wie die Zentralbank den Prozess der Bankengeldschöpfung beeinflussen kann.
7. Erläutern Sie Inhalt und Annahmen der monetären Inflationserklärung und – in diesem Zusammenhang – das Konzept der potenzialorientierten Geldpolitik.
8. Was besagt in Bezug auf die Zinssteuerung der EZB die Taylor-Regel? Welche Rolle spielen in diesem Zusammenhang die ständigen Fazilitäten (Begriff bitte erläutern)?
9. Erläutern Sie den Begriff „Offenmarktpolitik" sowie zwei entsprechende Instrumente der EZB.
10. Erläutern Sie das Konzept der Mindestreserve.
11. Inwiefern wirken die geldpolitischen Instrumente der EZB nur indirekt, und inwiefern ist deren Wirkung im so genannten Transmissionsprozess (Begriff erläutern) unsicher?

4 Stabilisierungspolitik

In diesem Kapitel erfahren Sie,

- dass antizyklische Globalsteuerung darauf abzielt, das Niveau der gesamtwirtschaftlichen Nachfrage in der Rezession zu erhöhen und in der Boomphase zu reduzieren,
- welche Instrumente der antizyklischen Fiskalpolitik in Deutschland zur Verfügung stehen. Expansive Fiskalpolitik erhöht die Staatsausgaben bzw. senkt die Einnahmen in der Rezession. In vielen Fällen geht dies mit staatlichen Haushaltsdefiziten einher. Kontraktive Fiskalpolitik beinhaltet hingegen steigende Einnahmen und sinkende Staatsausgaben in der Boomphase. Dies soll zu einem Abbau der in der Rezession entstandenen Staatsverschuldung führen,
- welche Probleme entstehen können, wenn antizyklische Fiskalpolitik eingesetzt wird (z. B. Verzögerungen, Dosierungsprobleme, Koordinationsmängel zwischen den Gebietskörperschaften), aber auch grundsätzliche Probleme (Vernachlässigung langfristiger und struktureller Wirkungen der antizyklischen Globalsteuerung),
- dass sich die stabilitätsorientierte Lohnpolitik wegen der Tarifautonomie auf informatorische Maßnahmen und freiwillige Koordinierungsverfahren stützen muss, sodass der Erfolg solcher Maßnahmen von der Bereitschaft der Tarifpartner zum Konsens abhängt,
- dass die Wirkung fiskal- und einkommenspolitischer Maßnahmen auch von der begleitenden Geldpolitik beeinflusst wird,
- dass eine „zyklenübergreifende" Stabilitätskonzeption darauf abzielt, die Erwartungen der privaten Wirtschaftssubjekte zu verstetigen. Hierbei wirken eine konsolidierungsorientierte Finanzpolitik, eine potenzialorientierte Geldpolitik und eine produktivitätsorientierte Lohnpolitik zusammen,
- dass eine stetig angelegte Stabilisierungspolitik durch eine antizyklische Nachfragesteuerung ergänzt werden kann, die die Erwartungen der privaten Wirtschaftssubjekte nicht stört.

4.1 Problemstellung und Ziele

Stabilisierungspolitik verfolgt das Ziel, Schwankungen der Produktion und der Beschäftigung im Zeitablauf zu verstetigen. Dabei geht es nicht wie bei der Wachstumspolitik (vgl. dazu Kap. 6) darum, die langfristige Entwicklung des Produktionspotenzials zu beeinflussen, sondern darum, Schwankungen in der tatsächlichen Produktion, also in der Auslastung der vorhandenen Produktionskapazitäten zu verringern (vgl. Tab. 4.1). Solche Schwankungen schlagen sich in den Veränderungsraten des Bruttoinlandsprodukts nieder und gehen oft mit Beschäftigungs- und Preisniveauschwankungen einher, die hohe ökonomische und soziale Kosten verursachen können.

Die Begriffe Konjunktur-, Stabilitäts- und Stabilisierungspolitik werden zur Vereinfachung im Folgenden gleichbedeutend für alle wirtschaftspolitischen Maßnahmen verwendet, die darauf abzielen, die Wirtschaftsentwicklung zu verstetigen. Dabei stehen die im Stabilitäts- und Wachstumsgesetz (StabG) aus dem Jahr 1967 genannten Ziele, die ein gesamtwirtschaftliches Gleichgewicht umschreiben, im Blickfeld. Stabilitätspolitik zielt demnach darauf ab, „im Rahmen der marktwirt-

https://doi.org/10.1515/9783110569568-004

Tab. 4.1: Abgrenzung von Stabilisierungs- und Wachstumspolitik.

Wachstumspolitik	Stabilisierungspolitik
langfristig, Zielgröße: Trend, in dem sich das Produktionspotenzial vergrößert	kurz-/mittelfristig, Zielgröße: Kapazitätsauslastung
Ziel: Faktorvermehrung und/oder Effizienzsteigerungen im Einsatz der Produktionsfaktoren	Ziel: Milderung/Vermeidung von Arbeitslosigkeit und Inflation bzw. Deflation
eher angebotsorientierte Maßnahmen (da Produktionspotenzial von der Angebotsseite abhängt)	eher nachfrageorientierte Maßnahmen (es geht um die Auslastung des vorhandenen Produktionspotenzials)

Quelle: eigene Darstellung.

schaftlichen Ordnung gleichzeitig zur Stabilität des Preisniveaus, zu einem hohen Beschäftigungsstand und außenwirtschaftlichem Gleichgewicht bei stetigem und angemessenem Wirtschaftswachstum beizutragen" (§ 1 StabG). Ordnungskonformität bedeutet dabei, dass keine direkt lenkenden Maßnahmen ergriffen werden dürfen, die die dezentralen einzelwirtschaftlichen Entscheidungsmöglichkeiten beeinträchtigen.

Diese Zielformulierungen legen weder die Indikatoren zur Messung der Zielerreichung noch die anzustrebenden Zielwerte fest (vgl. dazu Band Makroökonomie, Kap. 1.1.2). Darüber hinaus ist unklar, ob diese Ziele überhaupt gleichzeitig realisierbar sind. In Abbildung 4.1 sind für Deutschland die Entwicklungen des preisbereinigten Bruttoinlandsprodukts, der Arbeitslosenquote und des Preisindex für die Lebenshaltung der privaten Haushalte sowie der (nominalen) Außenbeitragsquote seit dem Jahr 1991 dargestellt.

Die in Abbildung 4.1 dargestellte Entwicklung der Zeitreihen zur Messung stabilitätspolitischer Ziele zeigen, dass alle Ziele zeitweise verletzt wurden. Neben der durchgängig hohen Arbeitslosigkeit war stets eine positive Außenbeitragsquote zu verzeichnen, sodass auch das Ziel des außenwirtschaftlichen Gleichgewichts verletzt war. Die Wachstumsrate der Produktion verlief unstetig und wies in einigen Jahren sogar negative Werte auf. Die Veränderungsrate des Verbraucherpreisindex lag allerdings nur in wenigen Jahren über der 2%-Marke. Dies verdeutlicht die Bedeutung der Stabilisierungspolitik, nicht nur während der Finanzkrise.

Zielverletzungen im Hinblick auf die genannten Ziele lassen sich nicht nur für die Bundesrepublik Deutschland feststellen. Auch in anderen Ländern ist die Entwicklung durch zyklische Schwankungen im Wachstumstempo der Produktion und im Beschäftigungsgrad der Produktionsfaktoren gekennzeichnet, sodass immer wieder staatliche Stabilisierungsmaßnahmen gefordert und realisiert werden.

Stabilisierungspolitik kann von unterschiedlichen Vorstellungen darüber ausgehen, wie Störungen im Wirtschaftsprozess verursacht werden. Schwankungen der gesamtwirtschaftlichen Entwicklung sind letztlich das Ergebnis individueller Ent-

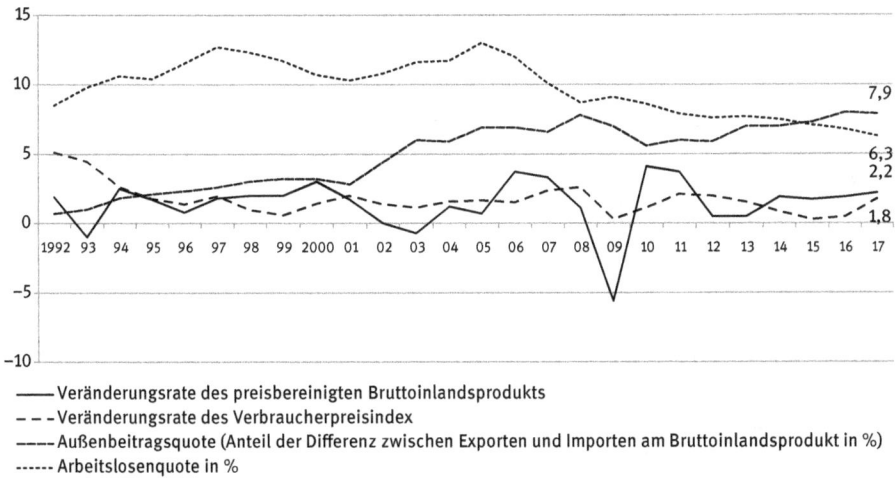

Legende:
- ─── Veränderungsrate des preisbereinigten Bruttoinlandsprodukts
- ─ ─ ─ Veränderungsrate des Verbraucherpreisindex
- ──── Außenbeitragsquote (Anteil der Differenz zwischen Exporten und Importen am Bruttoinlandsprodukt in %)
- ⋯⋯⋯ Arbeitslosenquote in %

Abb. 4.1: Entwicklung ausgewählter Stabilitätsindikatoren in Deutschland 1991–2015 (Quelle: Eigene Darstellung anhand von Daten des Statistischen Bundesamtes).

scheidungen bzw. Erwartungen der privaten Wirtschaftssubjekte in Hinblick auf Konsum- und Investitionsniveau, sowie das Ergebnis der Höhe der Staatsausgaben und des Außenbeitrags. Dies wird im Rahmen verschiedener wirtschaftspolitischer Konzeptionen unterschiedlich konkretisiert. Grundsätzlich stehen sich die eher nachfrageseitig orientierte keynesianische und die eher angebotsseitig orientierte neoklassische Stabilitätskonzeption gegenüber.

Die keynesianische Stabilitätskonzeption basiert auf der Annahme, dass der private Sektor in der Marktwirtschaft instabil sei und immer wieder Ungleichgewichte zwischen dem gesamtwirtschaftlichen Angebot und der gesamtwirtschaftlichen Nachfrage auftreten, die sich nicht über funktionierende Preisanpassungsprozesse wieder ausgleichen. Aus einer zu geringen gesamtwirtschaftlichen Nachfrage in Verbindung mit nach unten starren Löhnen und mangelnder Bereitschaft zur Geldanlage auf dem Kapitalmarkt kann eine anhaltende Unterbeschäftigung resultieren, die nicht durch die Marktsteuerung behoben wird. Diese Überlegungen entwickelte Keynes nach der Weltwirtschaftskrise ab dem Jahr 1929, als anhaltende Massenarbeitslosigkeit zu beobachten war. Dem Staat kommt in der keynesianischen Konzeption die Aufgabe zu, im Konjunkturverlauf die gesamtwirtschaftliche Nachfrage zu glätten. Dies erfordert fallweise staatliche Interventionen in den Wirtschaftsprozess, die allerdings so ausgestaltet werden sollen, dass sie mit der marktwirtschaftlichen Steuerung auf den einzelnen Güter-, Faktor- und Kapitalmärkten vereinbar sind. Die staatlichen Interventionen sollen daher lediglich gesamtwirtschaftliche Größen, insbesondere das Niveau der gesamtwirtschaftlichen Nachfrage verändern (**Globalsteuerung**).

Im Gegensatz dazu basiert die neoklassische Stabilitätskonzeption auf der Annahme, dass die marktwirtschaftliche Steuerung grundsätzlich stabile Gleichge-

wichte bei „Vollbeschäftigung" – verstanden als Vermeidung unfreiwilliger Arbeitslosigkeit – herbeiführt, sofern nach exogenen Störungen und Datenänderungen
Anpassungsprozesse ungestört ablaufen können. Der Selbststeuerungsprozess vollzieht sich dabei über Mengen- und Preisanpassungen, die die Konsum- und Investitionsentscheidungen der privaten Wirtschaftssubjekte automatisch so korrigieren,
dass sich ein gesamtwirtschaftliches Gleichgewicht ergibt. Dem Staat kommt nach
dieser Konzeption die Aufgabe zu, stabile Rahmenbedingungen zu garantieren, damit die privaten Wirtschaftssubjekte stabile Erwartungen bilden können und sichere
Planungsgrundlagen für ihre Entscheidungen vorfinden. Die Rahmenbedingungen
müssen zugleich so ausgestaltet sein, dass sie das Funktionieren der marktwirtschaftlichen Steuerung sicherstellen. Ordnungs- und Wettbewerbspolitik sowie die
Garantie einer stabilen Geldordnung sind demnach zentrale staatliche Aufgaben.
Punktuelle staatliche Interventionen in den Wirtschaftsprozess können – aus dieser
Sicht – hingegen privatwirtschaftliche Anpassungsprozesse stören, im Extremfall
sogar konjunkturelle Schwankungen erst auslösen oder zumindest verstärken.

Im Folgenden wird zunächst die keynesianisch begründete antizyklische Globalsteuerung erläutert, die im Wesentlichen nachfragebelebende Maßnahmen wie
z. B. Konjunkturprogramme und weitere im Stabilitäts- und Wachstumsgesetz vor-
gesehene Instrumente begründet. Die Instrumente lassen sich der Finanz- und der
Lohn- bzw. Einkommenspolitik zuordnen. Grundsätzlich kann auch der Geldpolitik
eine stabilitätspolitische Funktion zugewiesen werden. Dies soll allerdings bei der
Geldpolitik der EZB in der Eurozone nur eine nachgeordnete Rolle spielen. Nach der
Kritik an dem „keynesianischen" Instrumentarium zur Beeinflussung der Höhe der
gesamtwirtschaftlichen Nachfrage wird eine stärker angebotsorientierte Konzeption
der Stabilisierungspolitik erläutert. Dabei bleibt der Einfluss außenwirtschaftlicher
Transaktionen zunächst unberücksichtigt.

4.2 Instrumente der Stabilisierungspolitik im Konzept
der antizyklischen Globalsteuerung

Stabilisierungspolitik kann im Rahmen des Konzepts der Globalsteuerung gestaltet werden. **Globalsteuerung** bedeutet, dass die makroökonomischen Nachfrage-
aggregate (privater Konsum und private Investitionen, Ausgaben des Staates und
Außenbeitrag) so beeinflusst werden, dass gesamtwirtschaftliche Nachfrage und
gesamtwirtschaftliches Angebot besser zueinander passen, ohne direkt in die Entscheidungen der Haushalte und der Unternehmen einzugreifen. Private Wirtschaftssubjekte treffen nach diesem Konzept weiterhin eigenverantwortliche und dezentrale
Produktions- und Konsumentscheidungen. Der Staat versucht lediglich indirekt private Entscheidungen konjunkturstabilisierend zu beeinflussen, indem er Rahmendaten verändert, die die privaten Wirtschaftssubjekte bei ihren Konsum- und Investitionsentscheidungen berücksichtigen. Außerdem gestaltet der Staat seine eigenen
Ausgaben.

Tab. 4.2: Instrumente der Globalsteuerung nach der Eingriffsintensität.

Instrumentengruppe	Maßnahmen
Informationsinstrumente	Beeinflussung der Meinungsbildung der Träger wirtschaftlicher Entscheidungen (z. B. Jahreswirtschaftsbericht mit Zielvorgaben für das laufende Jahr, geplanten Maßnahmen und Stellungnahme zum SVR-Gutachten als Grundlage für die Planungen der Tarifparteien (§ 2 StabG), Subventionsberichte) Orientierungsdaten für „ein gleichzeitiges aufeinander abgestimmtes Verhalten (konzertierte Aktion) der Gebietskörperschaften, Gewerkschaften und Unternehmensverbände" (§ 3 StabG)
Planungsinstrumente	mittelfristige Finanzplanung (§ 9 StabG), mehrjährige Investitionsprogramme (§ 10 StabG), ausgabenorientierte Finanzplanung für 5 Jahre
Koordinationsinstrumente	Konjunkturrat (§ 18 StabG)
Eingriffsinstrumente	Gestaltung von Steuereinnahmen und Staatsausgaben

Quelle: eigene Darstellung.

Kommt es z. B. nach exogenen Störungen gesamtwirtschaftlich zu einem Ungleichgewicht zwischen Angebot und Nachfrage, also zu Schwankungen in der Kapazitätsauslastung in Verbindung mit Arbeitslosigkeit und Inflation, können Ansatzpunkte für eine Stabilisierung in der Verstetigung der verschiedenen Nachfragekomponenten liegen. Neben staatlichen Maßnahmen, die indirekt auf die Höhe der Nachfragekomponenten einwirken können, können auch direkt wirkende fiskalpolitische Maßnahmen ergriffen werden. Darüber hinaus kommt es darauf an, neben der Geldpolitik auch die Lohn- und Einkommenspolitik sowie die außenwirtschaftliche Entwicklung zu verstetigen. Im Folgenden werden zunächst direkt und indirekt wirkende staatliche Maßnahmen sowie die damit möglicherweise verbundenen Probleme erörtert. Anschließend werden einkommenspolitische Maßnahmen dargestellt.

4.2.1 Staatliche Maßnahmen

Zur marktkonformen Beeinflussung der gesamtwirtschaftlichen Nachfrage können unterschiedliche Maßnahmen ergriffen werden, die sich unter anderem nach der Eingriffsintensität unterscheiden. Diese Instrumente werden in Tab. 4.2 dargestellt und anhand von Beispielen aus dem deutschen StabG veranschaulicht.

Mit **Informationsinstrumenten** wie z. B. dem Jahreswirtschaftsbericht stellt die Bundesregierung regelmäßig die geplanten wirtschaftspolitischen Maßnahmen dar. Dies soll die Konsumenten und Investoren, aber auch die Tarifpartner über öffentliche Maßnahmen informieren und dazu beitragen, dass sichere Planungsgrundlagen z. B. über Wachstumsprognosen bereitgestellt werden. Werden z. B. hohe

Zuwachsraten der Produktion bzw. der einzelnen Nachfragekomponenten erwartet, kann das die Investitionsentscheidungen der privaten Unternehmen positiv beeinflussen. Nimmt dann durch optimistische Zukunfterwartungen die Investitionstätigkeit zu, kann ein konjunktureller Aufschwung einsetzen. Prognosen können allerdings auch Erwartungen ungünstig beeinflussen. Werden geringe Wachstumsraten prognostiziert, können Investitionen zurückgehen, wodurch ein beginnender Abschwung sich verstärken könnte (Gefahr der self-fulfilling prophecy). Darüber hinaus kann die Erfahrung, dass Prognosen falsch sein können, dieses Instrument wirkungslos machen.

Planungsinstrumente sollen die staatlichen Ausgaben- und Einnahmeentscheidungen verlässlicher machen und ggf. die Umsetzung dieser Entscheidungen beschleunigen. Nach § 9 StabG muss die Bundesregierung einen mittelfristigen Finanzplan aufstellen und jährlich fortschreiben, in dem Umfang und Struktur der öffentlichen Einnahmen und Ausgaben in Relation zur erwarteten gesamtwirtschaftlichen Entwicklung dargestellt werden. Darüber hinaus sieht das Stabilitäts- und Wachstumsgesetz **mehrjährige Investitionsprogramme** (§ 10 StabG) vor. Hier sollen alternative Investitionsprojekte vorbereitet und nach Dringlichkeit geordnet dargestellt werden. Diese vorstrukturierten Investitionsprojekte sollen dann zügig realisiert werden können, wenn eine konjunkturelle Belebung durch den Staat sinnvoll erscheint. Sie erfüllen die Funktion von Schubladenprojekten für den (konjunkturellen) Bedarfsfall um zu verhindern, dass langwierige Vorbereitungen und Entscheidungsprozesse die Investitionen so verzögern, dass ihre expansive Wirkung nicht konjunkturgerecht eintreten kann (Vermeidung von time-lags).

Zur **Koordination** der Maßnahmen der verschiedenen Träger der Wirtschaftspolitik (Bund, Länder und Gemeinden sowie Tarifpartner) sieht das StabG den Konjunkturrat (§ 18 StabG) sowie die Bereitstellung von Orientierungsdaten für die Tarifpartner (§ 3 StabG) vor. Dies ist sinnvoll, damit die verschiedenen Maßnahmen der Fiskal-, und Einkommenspolitik sich in ihrer Wirkung nicht gegenseitig beeinträchtigen oder sogar kompensieren. Der **Konjunkturrat** (§ 18 StabG) ist ein Beratungsgremium, in dem Vertreter von Bund, Ländern und Gemeinden ihre Haushaltspolitik koordinieren sollen. Allerdings kann der Erfolg solcher Beratungen nicht erzwungen werden.

Eingriffsinstrumente verändern die Höhe der gesamtwirtschaftlichen Nachfrage direkt. Über Änderungen der Höhe der Einnahmen und Ausgaben des Staates wird im Einzelfall entschieden (**diskretionäre Maßnahmen**). Angesichts eines wirtschaftspolitischen Problems wird darüber beraten, ob und wenn ja welche wirtschaftspolitischen Maßnahmen in welchem Umfang eingesetzt werden sollen. Diskretionäre Maßnahmen werden also jeweils bezogen auf die konkrete Problemlage beschlossen und ausgestaltet. Dabei muss über die Wahl der Instrumente, den Einsatzzeitpunkt und die Dosierung der Instrumente entschieden werden. Eine unmittelbare Wirkung auf die Höhe der gesamtwirtschaftlichen Nachfrage geht von der Fiskalpolitik aus. Als **antizyklische Fiskalpolitik** (fiscal policy) bezeichnet man die

Tab. 4.3: Ansatzpunkte der antizyklischen Fiskalpolitik.

Ausgabenpolitik	Einnahmepolitik

– Höhe der Staatsausgaben
– Struktur der Staatsausgaben:
  Sach-/Personalausgaben, Transfers,
  Subventionen
	Höhe der Steuereinnahmen
	Struktur der Steuereinnahmen
	
	Beispiel:
	Zu-/Abschläge zur Einkommen-/Körperschaft-
	steuer

Beispiel: mehrjährige Investitionsplanung (§ 10 StabG Schubladenprojekte)	Höhe und Struktur der Staatsverschuldung Beispiel: Konjunkturausgleichsrücklage (§ 5StabG)

Quelle: eigene Darstellung.

Variation des Niveaus der staatlichen Einnahmen und Ausgaben mit dem Ziel, die gesamtwirtschaftliche Entwicklung kurz- und mittelfristig zu stabilisieren, also den Konjunkturverlauf zu glätten. (vgl. Tab. 4.3).

Wird die Höhe und die Struktur der Staatsausgaben variiert, soll in der Rezession die gesamtwirtschaftliche Nachfrage erhöht werden; in der Boomphase wird sie durch höhere Einnahmen und reduzierte Ausgaben gedämpft. Das Ausmaß der Wirkungen hängt davon ab, für welchen Zweck die Ausgaben getätigt werden. Im Allgemeinen haben Ausgaben für Güter und Dienste höhere Nachfrageeffekte als Ausgaben für Transferzahlungen.

Das ursprüngliche Ziel der staatlichen Haushaltspolitik besteht darin, jederzeit die Einnahmen zu erzielen, die erforderlich sind, um die staatlichen Aufgaben zu erfüllen. Demnach wird ein jährlicher Budgetausgleich angestrebt, der die Regelungen zur Schuldenbremse einhält. Da jedoch die meisten Steuereinnahmen im Konjunkturverlauf prozyklisch schwanken, führt diese Politik unter konjunkturellen Aspekten zu einer so genannten **Parallelpolitik**. Darunter versteht man, dass in Boomphasen, in denen die private Nachfrage hoch ist, auch hohe Staatsausgaben getätigt werden, weil wegen der günstigen Einkommens- und Konsumentwicklung die Steuereinnahmen aus den aufkommensstarken Einkommen- und Mehrwertsteuern hoch sind. Während der Rezessionsphasen – also bei stagnierender oder rückläufiger privater Nachfrage – können hingegen nur geringere Ausgaben getätigt werden, weil auch die staatlichen Einnahmen dann stagnieren. Ohne Verschuldung der öffentlichen Haushalte variieren die Staatsausgaben dann parallel zum Konjunkturverlauf und verstärken private Nachfrageschwankungen. Dieses Problem soll durch die Fiskalpolitik gemildert werden.

Im Rahmen des keynesianisch orientierten Stabilisierungskonzepts wird daher gefordert, dass die Einnahmen und Ausgaben des Staates so gestaltet werden, dass sie zur Beseitigung von Arbeitslosigkeit und Inflation beitragen. In Rezessionsphasen sollen demnach die staatlichen Ausgaben erhöht und/oder die Einnahmen

Tab. 4.4: Wirkungen einer antizyklischen Fiskalpolitik auf den Staatshaushalt.

Rezession: expansive Haushaltspolitik	Staatsausgaben größer als Staatseinnahmen Folge: konjunkturbedingtes **Haushaltsdefizit**
Normalauslastung	gesamtwirtschaftliches Angebot = gesamtwirtschaftlich Nachfrage Folge: **neutrale Haushaltspolitik**
Boom: kontraktive Haushaltspolitik	Staatsausgaben kleiner als Staatseinnahmen Folge: **Haushaltsüberschuss**, Bildung von Rücklagen

Quelle: eigene Darstellung.

reduziert werden. Umgekehrt sollen in Boomphasen die staatlichen Ausgaben reduziert und/oder die Einnahmen des Staates erhöht werden. Besteht in einer konkreten Situation hohe Arbeitslosigkeit und eine Unterauslastung der Produktionskapazitäten, soll demnach eine expansive Haushaltspolitik betrieben werden. Durch diese Maßnahmen kann ein Budgetdefizit entstehen, das z. B. durch Kredite finanziert werden kann. Eine andere Möglichkeit zur Finanzierung konjunkturbedingter Budgetdefizite wäre die Auflösung vorhandener Überschüsse, die in Phasen hoher Kapazitätsauslastung und entsprechend hoher Steuereinnahmen gebildet wurden. Eine solche Haushaltspolitik wirkt in der Rezession expansiv, d. h. nachfrageerhöhend, weil der Staat mehr Geld ausgibt, als er dem privaten Sektor über seine (Steuer-)Einnahmen entzieht (vgl. Tab. 4.4).

Werden öffentliche Ausgaben und Einnahmen in dieser Form **antizyklisch** gestaltet, kann das staatliche Budget nicht in jedem Jahr ausgeglichen sein. Vielmehr müssen – bei stagnierenden oder sogar rückläufigen Einnahmen in der Rezession – steigende Ausgaben durch Defizite der öffentlichen Haushalte finanziert werden; diese Form der Verschuldung wird als **deficit spending** bezeichnet. In Boomphasen hingegen können die Einnahmen des Staates seine Ausgaben übersteigen. Die überschüssigen Einnahmen können zum Schuldenabbau genutzt werden, oder als Rücklage für künftige Rezessionen dienen. Insofern bedeutet die antizyklische Fiskalpolitik eine Abkehr vom Prinzip des jährlichen Haushaltsausgleichs hin zum Prinzip des Budgetausgleichs über den Konjunkturzyklus.

Wenn ein hoher Beschäftigungsstand und Preisniveaustabilität vorliegen, gibt es konjunkturell gesehen keinen Grund für ein deficit spending. Bei anhaltender Inflation und hoher Kapazitätsauslastung, d. h. im Boom, sollen die staatlichen Ausgaben gesenkt bzw. die staatlichen Einnahmen erhöht werden, um das Niveau der gesamtwirtschaftlichen Nachfrage zu dämpfen; es kann eine **kontraktive Haushaltspolitik** betrieben werden. Überschüssige Mittel sollen in dieser Phase stillgelegt oder zur Tilgung zuvor entstandener Kredite eingesetzt werden. Bei konsequenter antizyklischer Haushaltspolitik besteht die Chance, dass die in Rezessionsphasen entstandenen Haushaltsdefizite in Boomphasen wieder getilgt werden. Die langfristige Höhe der Staatsverschuldung würde durch ein solches kurzfristiges deficit spending nicht beeinflusst. Allerdings zeigt die Erfahrung, dass deficit spending häufig mit steigender Staatsverschuldung einhergeht, weil zwar Haushaltsdefizite in Rezessionsphasen in Kauf genommen werden, die Tilgung der Kredite in Boomphasen aber unterbleibt – eventuell weil eine dafür nötige Ausgabenkürzung die Wiederwahl der Regierung gefährden könnte. Eine solche Politik entspricht allerdings nicht der Konzeption der antizyklischen Globalsteuerung und kann langfristig Probleme verursachen (vgl. auch Kap. 2.3.4).

Träger der Fiskalpolitik sind in Deutschland in erster Linie der Bund und die Länder (§ 1 StabG), aber auch die Gemeinden und Gemeindeverbände (§ 16 StabG). Will man die öffentlichen Haushalte konjunkturgerecht gestalten, setzt das daher auch eine Koordination zwischen den Gebietskörperschaften voraus. Dies ist in der Praxis allerdings sehr schwierig. Vor allem die Gemeinden – und auch die Bundesländer – verhalten sich oft prozyklisch, weil ihre Einnahmen prozyklisch schwanken und ihre Verschuldungsmöglichkeiten begrenzt sind.

Da die Variation der Höhe der Staatsausgaben und – einnahmen im normalen politischen Prozess unter Beteiligung des Bundestages und ggf. des Bundesrates beschlossen und umgesetzt werden müssen, kann es zu erheblichen Verzögerungen in Form von Entscheidungs-, Durchführungs- und Wirkungsverzögerungen kommen. Das wesentliche Ziel des Stabilitäts- und Wachstumsgesetzes besteht darin, den Entscheidungslag zu vermeiden, indem die gesetzliche Grundlage für solche konjunkturell begründeten Variationen außerhalb des normalen Gesetzgebungsprozesses geschaffen wird. Allerdings wurde dieses Instrumentarium in der Vergangenheit seit den 1980iger Jahren selten genutzt, obwohl immer wieder Konjunkturprogramme aufgelegt wurden. Auch in der Finanzkrise im Jahr 2008 wurden Konjunkturpakete verabschiedet und mit dem Wachstumsbeschleunigungsgesetz und dem Bürgerentlastungsgesetz weitere Maßnahmen ergriffen, allerdings nicht auf der Basis des StabG. Trotzdem plädiert der SVR dafür, die Ziele und Instrumente des StabG beizubehalten, um in konjunkturellen Ausnahmezeiten zeitnah eingreifen zu können, zumal die Geldpolitik nicht mehr auf der nationalen Ebene gestaltet werden kann. Allerdings sollte seiner Meinung nach auf den symmetrischen Einsatz der Instrumente sowohl in Rezessionen als auch in Boomphasen geachtet werden (vgl. SVR, 2015, S. 14).

Das Stabilitäts- und Wachstumsgesetz sieht zur konjunkturgerechten Gestaltung der Staatsausgaben unter anderem die Streckung öffentlicher Baumaßnahmen oder den Beschluss zusätzlicher Ausgaben (§ 6 StabG) sowie die Beschleunigung der Planung und Vergabe geeigneter Investitionsvorhaben (§ 11 StabG) vor. Auf der Einnahmenseite der öffentlichen Haushalte können ebenfalls konjunkturelle Impulse gegeben werden. Durch die Variation des Steueraufkommens können die privaten Nachfrager indirekt zur Veränderung ihrer Ausgaben veranlasst werden. Damit soll erreicht werden, dass Konsumausgaben und Investitionen sich in der Rezession erhöhen bzw. im Boom reduzieren. Die Variation der Steuereinnahmen wirkt zunächst auf das verfügbare Einkommen der privaten Haushalte bzw. auf die

Tab. 4.5: Instrumente des StabG.

Instrumente des StabG	Anmerkungen	Gesetzliche Grundlage
Ausgabenminderungen im Boom	Ohne Zustimmung des Bundestags, ohne Zustimmung Bundesrat	§ 6,1 StabG
Mehrausgaben	Verweigerung durch den Bundestag innerhalb von 4 Wochen möglich, ohne Zustimmung Bundesrat	§ 6,2 und 3 StabG
Temporäre Änderungen von Steuersätzen	Rechtsverordnung mit Zustimmung Bundestag und Bundesrat im verkürzten Prozess	§ 51,3 EstG und § 23,2 KstG (früher §§ 26,27 StabG)
Maßnahmen der Kreditbegrenzung gegenüber Bund, Ländern und Kommunen	Rechtsverordnung der Bundesregierung mit Zustimmung Bundestag und Bundesrat	§§ 19, 20,5 StabG
Konjunkturausgleichsrücklage: Bund und Länder können Mittel entnehmen oder müssen diese zuführen	Rechtsverordnung der Bunderegierung mit Zustimmung Bundesrat	§ 15 StabG
Konjunkturrat	Koordination konjunkturpolitischer Maßnahmen zwischen Bund, Ländern und Gemeinden	§ 18,1 StabG

Quelle: SVR, 2015, S. 5 f.

Liquidität der Unternehmen. Damit werden die privaten Haushalte indirekt veranlasst, ihre Konsumausgaben konjunkturgerecht zu verändern. Wird auch die Unternehmensbesteuerung variiert, ändert sich die Gewinn- und Liquiditätssituation der privaten Unternehmen. Die ursprünglich im StabG vorgesehenen Instrumente zur Heraufsetzung bzw. Herabsetzung der Einkommens- und Körperschaftsteuer wurden ins Einkommensteuer- bzw. Körperschaftsteuergesetz übernommen. Demnach können bei Störungen des gesamtwirtschaftlichen Gleichgewichts Sonderabschreibungen ausgesetzt werden.

Da die expansive Fiskalpolitik in der Rezession auch finanziert werden muss, sieht das StabG zusätzliche Finanzierungsmöglichkeiten vor. Beispielsweise kann kurzfristig eine konjunkturgerechte Erhöhung der Staatsausgaben durch Mittel aus der Konjunkturausgleichsrücklage finanziert werden. Dabei handelt es sich um Gelder, die der Bund und die Länder in vorherigen Boomphasen zinslos bei der Deutschen Bundesbank hinterlegt hatten (vgl. Tab. 4.5).

Bei diskretionären Maßnahmen müssen die Entscheidungsträger im Einzelfall über den Einsatz und die Ausgestaltung des Instrumentariums entscheiden. Dies kann zu Problemen führen. Während der Diskussion um die Auswahl der möglichen Maßnahmen können private Wirtschaftssubjekte ihr geplantes Verhalten ändern, weil sie auf eine Entscheidung warten (Ankündigungseffekte).

Planen z. B. Unternehmer Investitionen, so kann es im konjunkturellen Abschwung für sie sinnvoll sein, die Investitionsentscheidung zu verschieben, bis eine erwartete Investitionsprämie eingeführt wird (Attentismus). Eine gesamtwirtschaftliche Nachfrageschwäche würde weiter verstärkt, weil Investoren abwarten, welche konjunkturpolitische Maßnahme ergriffen wird. Zudem ist fraglich, ob in einem solchen Fall die Investitionsprämie wirklich zusätzliche Investitionen induziert. Insbesondere, wenn in Rezessionsphasen die Absatzerwartungen der Investoren eher pessimistisch sind, besteht die Gefahr, dass nur ohnehin geplante Investitionen durch die Investitionsprämie gefördert werden (**Mitnahmeeffekte**).

Bei diskretionären Maßnahmen erfordert der Abstimmungs- und Entscheidungsprozess Zeit, darüber hinaus muss über die Dosierung der Mittel im Einzelfall entschieden werden. Zu große Entscheidungsverzögerungen und eine falsche Dosierung der Mittel können die Wirkung der Maßnahmen gefährden. Denkbar ist auch, dass die Verzögerungen so groß sind, dass antizyklisch geplante Maßnahmen zu spät wirken, sodass etwa in der Rezession geplante zusätzliche Staatsausgaben erst in der wieder beginnenden Boomphase zum Tragen kommen. In diesem Fall können wirtschaftspolitische Maßnahmen sogar zur Destabilisierung beitragen.

Diese Probleme werden vermieden, wenn konjunkturpolitische Maßnahmen nicht auf einer diskretionären Entscheidung beruhen. Bei den **automatischen Stabilisatoren** passen sich die Staatseinnahmen oder die Ausgaben an die konjunkturellen Erfordernisse an, ohne dass eine staatliche Maßnahme erforderlich wird. Konjunkturgerechte Veränderungen der Höhe der Einnahmen bzw. Ausgaben ergeben sich automatisch. Wichtige Beispiele sind die progressive Einkommenssteuer und die Arbeitslosenunterstützung.

Bei einer progressiv ausgestalteten Einkommenssteuer (vgl. Kap. 2) steigen im Boom – bei allgemeinen Einkommenssteigerungen – die Steuereinnahmen automatisch überproportional an. Damit wächst in Aufschwungsphasen das verfügbare Einkommen automatisch langsamer als das Bruttoeinkommen, sodass die Entwicklung der privaten Konsumnachfrage gedämpft wird, ohne dass eine Einzelentscheidung getroffen werden muss. Eine ähnliche Stabilisierungswirkung ergibt sich bei der Arbeitslosenunterstützung. Die Zahlungen der Bundesanstalt für Arbeit steigen bei einer Erhöhung der Arbeitslosigkeit in der Rezession an. In diesem Fall sinken die verfügbaren Einkommen langsamer als die Bruttoeinkommen, sodass die private Nachfrage stabilisiert wird. Zugleich sinken in der Rezession die Beitragszahlungen der sozialversicherungspflichtig Beschäftigten, was einen ähnlichen Stabilisierungseffekt hat.

Der automatische Stabilisierungseffekt besteht im Übrigen nicht nur aus einer „Konjunkturglättung". Zugleich werden auch regionale Unterschiede vermindert, was zur Stabilisierung einer Wirtschaft beitragen kann. Denn in ökonomisch schwachen Regionen zahlen Einkommensteuerzahler automatisch weniger bzw. bekommen Arbeitslose mehr, wohingegen in ökonomisch starken Regionen automatisch mehr gezahlt bzw. weniger Arbeitslosenunterstützung gezahlt wird, und zwar im Prinzip ohne dass darüber diskutiert oder gestritten würde.

Der Vorteil der automatischen Stabilisatoren liegt somit darin, dass die Wirkungen automatisch eintreten und in ihrer Höhe eindeutig fixiert sind. Damit entfallen die zeitlichen Verzögerungen, die bei den Beratungen der Maßnahmen auftreten können. Darüber hinaus muss nicht über die Dosierung der Maßnahmen entschieden werden. Eine nachfragedämpfende Wirkung tritt allerdings nur ein, wenn der Staat Mehreinnahmen (z. B. aus der Einkommenssteuer) im Aufschwung stillgelegt, dass der Staat die Mittel also nicht seinerseits nachfragewirksam verausgabt. Im Abschwung treten nachfragestabilisierende Wirkungen nur dann ein, wenn Defizite akzeptiert werden.

Eine weitere Möglichkeit zur Stabilisierung der Beschäftigungslage ist **konjunkturelle Kurzarbeit** (§§ 95 bis 109 SGB III). Mit diesem Instrument sollen Entlassungen in der Rezession vermieden werden, wenn die Aussicht besteht, dass die Arbeitskräfte nach der Krise wieder beschäftigt werden können. Bei vorübergehendem und erheblichem Arbeitsausfall wird dem Arbeitgeber zeitlich befristet Kurzarbeitergeld in Höhe des Arbeitslosengeldes gezahlt, sodass seine Arbeitskosten sinken. Die Arbeitnehmer erhalten ggf. darüber hinaus Löhne bzw. Gehälter für die tatsächlich geleistete Arbeit vom Arbeitgeber; trotzdem müssen sie Lohneinbußen hinnehmen. Auf detaillierte Regelungen z. B. zu den Lohnnebenkosten soll hier nicht weiter eingegangen werden. Generell können Arbeitgeber dadurch qualifizierte Beschäftigte im Unternehmen halten und vermeiden bei verbesserter Auftragslage die Kosten der Suche nach neuen Mitarbeitern; die Arbeitnehmer vermeiden Arbeitslosigkeit, den Verlust von Qualifikationen und ebenfalls Suchkosten. Gleichzeitig wird der konjunkturbedingte Anstieg der Arbeitslosenquote verringert. Dieses Instrument wurde in der Finanzkrise eingesetzt und über die normale Bezugsdauer hinaus verlängert. Im Jahr 2009 stieg die Zahl der Kurzarbeiter auf über 1 Mio., ging aber seitdem auf deutlich unter 200.000 zurück. Diese Maßnahme hat vermutlich dazu beigetragen, dass im anschließenden Aufschwung die (Wieder-)Aufnahme der Produktion sehr schnell möglich war. Das Instrument ist allerdings keine Lösung für dauerhafte Absatzeinbußen.

4.2.2 Mängel der diskretionären Fiskalpolitik

In Bezug auf die antizyklische Fiskalpolitik gibt es eine Reihe von Kritikpunkten, die es insgesamt fraglich erscheinen lassen, ob diskretionäre Instrumente geeignet sind, Konjunkturschwankungen zu glätten.

– Häufig ist es schwierig, die Höhe der öffentlichen Ausgaben kurzfristig zu variieren, weil ein großer Teil dieser Ausgaben gesetzlich fixiert ist. Dies gilt vor allem für die Personal- und Sozialausgaben sowie für den Schuldendienst (Zinsen und fristgerechte Tilgung) und betrifft in erster Linie die Gemeindehaushalte, aus denen ein großer Teil der öffentlichen Investitionen (freie Spitze) finanziert wird. Zusätzlich gibt es in der Eurozone Grenzen für eine kreditfinanzierte antizyklische Haushaltspolitik (vgl. Kap. 9).

- Die Instrumente, die darauf abzielen, die Höhe der Investitionen konjunkturgerecht zu beeinflussen, wirken auf alle Arten von Investitionen. Da die Maßnahmen der antizyklischen Fiskalpolitik nur global eingesetzt werden können, ist es z. B. nicht möglich, (Rationalisierungs-)Investitionen, durch die keine neuen Arbeitsplätze entstehen – möglicherweise sogar Arbeitsplätze abgebaut werden – von der Förderung auszuschließen. Fördermittel erreichen also nicht immer die gewünschte Wirkung. Zum anderen kann man nicht ausschließen, dass auch ohnehin geplante Investitionen gefördert werden (Mitnahmeeffekte).
- Die Wirkungen genereller Investitionsanreize sind zweifelhaft, wenn insgesamt ungünstige Ertragserwartungen die Investitionstätigkeit dämpfen. Dieses Argument führt zu einem grundsätzlichen Einwand gegen Maßnahmen der antizyklischen Nachfragesteuerung. Solche Maßnahmen werden nur dann wirksam, wenn es keine strukturellen, also langfristig wirkenden Investitionshemmnisse gibt. Solange z. B. ungünstige Standortbedingungen die Investitionstätigkeit hemmen, können nachfrageseitige Investitionsimpulse keine dauerhaften Wirkungen entfalten.
- Die häufig mit antizyklischer Fiskalpolitik einhergehende Verschuldung der öffentlichen Haushalte kann am Kapitalmarkt zu steigenden Zinsen und damit zur Verdrängung privater Investitionen führen (vgl. dazu Kap. 2 und Band Makroökonomie, Kap. 2.2.3.3).
- Der sachgerechte Einsatz des Instrumentenbündels wird durch die bereits dargestellten Zeitverzögerungen (lags) erschwert. Diese lags können sich bei diskretionären konjunkturpolitischen Maßnahmen so addieren, dass diese eher zyklenverstärkend als glättend wirken.
- Darüber hinaus erfordert die gezielte konjunkturgerechte Variation der Staatsausgaben einen Abstimmungsprozess zwischen verschiedenen Gebietskörperschaften, der oft nur schwer herbeigeführt werden kann.
- Ein weiteres Problem besteht oft in Boomphasen: Nach dem Konzept der antizyklischen Steuerung wären hier Ausgabenkürzungen und Einnahmeerhöhungen erforderlich, beide Maßnahmen sind aber – vor allem kurz vor Wahlterminen – unpopulär, sodass Politiker zögern werden, solche Maßnahmen zu ergreifen. Dies führt dazu, dass die Staatsausgaben nach unten nicht variabel sind. Es besteht die Gefahr, dass die antizyklische Steuerung asymmetrisch praktiziert wird. Expansive Maßnahmen in der Rezession sind durchsetzbar, nicht hingegen kontraktive Maßnahmen in der Boomphase. Dies kann in einen Aufschaukelungsprozess der Staatsverschuldung einmünden, weil die in der Rezession angestiegene Staatsverschuldung im folgenden Aufschwung oder Boom nicht zurückgeführt wird. Damit ist eine langfristig steigende Staatsverschuldung zu befürchten, die die Handlungsfähigkeit der öffentlichen Haushalte immer mehr einengt. (vgl. Kap. 2).
- Ein generelles Problem besteht darin, dass die langfristigen Wirkungen des diskretionären Instrumenteneinsatzes vernachlässigt werden. Beispielsweise lösen

staatliche Ausgaben normalerweise Folgekosten aus, die ebenfalls die Gestaltungsmöglichkeiten der öffentlichen Haushalte einengen. Unterhaltskosten für öffentliche Einrichtungen, Zinsbelastungen bei steigender Staatsverschuldung und die steigenden Erwartungen an Leistungen des Staates belasten die öffentlichen Haushalte dauerhaft. Langfristig besteht zudem die Gefahr, dass eine falsch praktizierte diskretionäre Fiskalpolitik die Staatsquote kontinuierlich ansteigen lässt.

Die Dosierungs- und lag-Probleme lassen sich durch den Einsatz **automatischer Stabilisatoren** anstelle von diskretionären Maßnahmen teilweise beheben. Auch bei diesem Instrumentarium bleibt allerdings offen, ob die Wirtschaftssubjekte auf Änderungen der verfügbaren Einkommen durch eine konjunkturgerechte Änderung ihrer Ausgaben reagieren. Wegen der Vielzahl von Problemen bei der Durchführung einer antizyklischen Fiskalpolitik dominierte lange der Wunsch, die öffentlichen Haushalte längerfristig anzulegen. Die Wirtschaftskrise in den Jahren 2008/2009 zeigte jedoch, dass sich angesichts rückläufiger Nachfrage in wichtigen Wirtschaftsbereichen mit der Gefahr eines Abwärtssogs – zumal vor Wahlterminen – doch der Wunsch durchsetzen kann, expansive Impulse zu setzen. Daher kommt auch der SVR (2015) zu der Einschätzung, dass die Instrumente des StabG beibehalten werden sollten, auch weil seit der Verlagerung der geldpolitischen Kompetenzen auf die EZB der Fiskalpolitik in besonderen Konjunkturlagen eine höhere Bedeutung zukommt.

Generell ist es notwendig, alle Maßnahmen, die Einfluss auf die Höhe der gesamtwirtschaftlichen Nachfragekomponenten haben können, aufeinander abzustimmen, weil sonst die Gefahr bestehen kann, dass fiskalpolitische Impulse durch andere wirtschaftspolitische Maßnahmen überlagert werden und ihre Wirkung verlieren. Wird beispielsweise eine expansive Fiskalpolitik von einer kontraktiven Geldpolitik – und im Gefolge steigenden Zinsen – begleitet, wird die Investitionsbereitschaft geschwächt. Die EZB richtet aber ihre Geldpolitik an der langfristigen Entwicklung in der gesamten Eurozone aus, unterstützt also (nationale) expansive Fiskalpolitik nur, wenn die Entwicklung in der gesamten Eurozone dies – ohne Gefährdung der Preisniveaustabilität – sinnvoll erscheinen lässt (vgl. Kap. 3). Da die Konjunkturentwicklung in Deutschland häufig von den Exporten getragen wird, sind auch die Integration in die Eurozone und die Wechselkursentwicklung konjunkturpolitisch bedeutsam. Gegenüber den Mitgliedstaaten der Eurozone, mit denen z. B. Deutschland einen großen Teil seines Außenhandels abwickelt, sind keine Wechselkurskorrekturen zur Herstellung einer ausgeglichenen Zahlungsbilanz mehr möglich, daher sind anhaltende Leistungsbilanzüberschüsse/-defizite einzelner Länder denkbar, die die Kapazitätsauslastung verändern. Gegenüber Drittstaaten bestehen flexible Wechselkurse, deren Entwicklung nicht vom nationalen sondern von europäischen Güter- und Kapitalbewegungen gegenüber diesen Staaten abhängt. Sofern nicht die intensive Handelsverflechtung innerhalb der Eurozone und die gemeinsame Geldpolitik auf eine Angleichung der Konjunkturverläufe in den Mitgliedstaaten hinwirkt, besteht die Gefahr, dass die europäische Geldpolitik und die nationalen Fiskalpolitiken unterschiedliche konjunkturelle Impulse auslösen, auch wenn diese durch Koordinationsmaßnahmen im Rahmen des Europäischen Semesters abgeschwächt werden sollen (vgl. Kap. 9). Ein weitergehender Vorschlag lautet, die Stabilisierung insgesamt stärker auf die europäische Ebene zu verlagern. Dies ist aber umstritten, zumal der EU-Haushalt vom Volumen her zu klein erscheint um spürbare stabilisierungspolitische Effekte zu ermöglichen.

4.2.3 Lohn- und Einkommenspolitik

Eine wichtige gesamtwirtschaftliche Nachfragekomponente sind die Einkommen der privaten Haushalte, die wesentlich durch die Lohnentwicklung bestimmt werden. Da den Löhnen im Wirtschaftsprozess sowohl als Kostenfaktor als auch als nachfragebestimmende Größe eine wichtige Rolle zukommt, beeinflusst die Lohnpolitik die Stabilität des Wirtschaftsprozesses. Über die Entwicklung der Löhne entscheiden aber die Tarifpartner, d. h. Gewerkschaften und Arbeitgeberverbände, weitgehend autonom (**Tarifautonomie**). Direkte Eingriffe staatlicher Instanzen in den Prozess der Lohnbildung sind – wenn man von dem im Jahr 2015 eingeführten Mindestlohn absieht – nicht zulässig.

Allerdings war in den letzten 20 Jahren die Bedeutung der Tarifbindung rückläufig: Waren im Jahr 1998 noch 76 % der Beschäftigten in Westdeutschland tarifgebunden beschäftigt, waren es im Jahr 2015 nur noch 59 % (in Ostdeutschland: Rückgang von 63 % auf 49 %). Trotzdem besteht die Befürchtung, dass die Stabilisierungsbemühungen der Geld- und Fiskalpolitik durch tarifpolitische Entscheidungen durchkreuzt werden könnten, zumal auch viele nicht tarifgebundene Betriebe freiwillig Tariflöhne zahlen. So ist es denkbar, dass inflationäre Tendenzen in einer unterbeschäftigten Wirtschaft auftreten können, wenn Arbeitnehmer oder Arbeitgeber stabilitätswidrig hohe Einkommenszuwächse vereinbaren (Angebotsdruckinflation); umgekehrt können stagnierende Löhne auch eine Stagnation des privaten Konsums mit sich bringen, zumal die Konsumbereitschaft auch erwartungsabhängig ist.

Da in der Bundesrepublik Deutschland die Tarifautonomie grundgesetzlich abgesichert ist, kann der Staat nur versuchen, im Rahmen einer **informatorischen Einkommenspolitik** eine freiwillige Verhaltensabstimmung auf der Basis von Appellen, Bekanntgabe von Orientierungsdaten und unverbindlichen (Lohn-)Leitlinien zu erreichen. Damit wird versucht, die Tarifparteien in die Verantwortung für die gesamtwirtschaftliche Stabilität einzubeziehen und sie zu lohn- bzw. preispolitischem „Wohlverhalten" zu veranlassen. Dazu dienen informationspolitische Maßnahmen (Wachstumsprognosen, Prognosen zur erwarteten Preisentwicklung und zur Arbeitsmarktsituation), die die Erwartungen der Tarifparteien stabilisieren und auf eine gemeinsame Informationsgrundlage stellen sollen. Daneben können **Koopera-**

tionsinstrumente wie die bereits erwähnte Konzertierte Aktion eingesetzt werden. Dabei handelt es sich um unverbindliche Gespräche mit dem Ziel, die Spitzenverbände der Arbeitgeber und der Arbeitnehmer in den stabilitätspolitischen Entscheidungsprozess einzubeziehen. Da die Gespräche nur zu einer freiwilligen Verhaltensabstimmung führen sollen, wird die Tarifautonomie formal nicht beseitigt. Auch hier müssen aber die Tarifvereinbarungen letztlich im Rahmen der Tarifpolitik getroffen werden. Das Ergebnis dieser Gespräche ist allerdings unsicher, – es hängt von der Bereitschaft der Tarifparteien zu einem stabilitätskonformen Konsens ab. Im Boykott der konzertierten Aktion durch die Gewerkschaften im Jahr 1976 kommt zum Ausdruck, dass diese Bereitschaft bei den Tarifpartnern nicht immer vorhanden ist.

Gegen die informatorischen Instrumente gibt es eine Reihe von Einwänden: Es besteht die Gefahr, dass die Tarifpartner zwar generell an hoher Beschäftigung und Preisniveaustabilität interessiert sind, aber darauf hoffen, dass andere – z. B. der Staat oder die Zentralbank – diese Ziele sichern, indem sie sich stabilitätskonform verhalten. Die Tarifpartner könnten dann vom Verhalten der anderen profitieren, ohne selbst auf Vorteile verzichten zu müssen. Dieses Problem wird dadurch verstärkt, dass die Verhandlungsführer der Tarifparteien gegenüber ihren Gruppenmitgliedern – d. h. gegenüber den Gewerkschaftsmitgliedern bzw. gegenüber den Mitgliedern der Arbeitgeberverbände – unter Erfolgsdruck stehen.

Die Verhaltensabstimmung durch Empfehlungen und Informationsaustausch erfordert allgemein akzeptierte Prognosen der kurzfristigen Wirtschaftsentwicklung, die aber häufig fehlerhaft sind. Treten immer wieder Prognosefehler auf, werden die Zielvorgaben an Glaubwürdigkeit verlieren, die Bereitschaft zur Verhaltensabstimmung auf der Basis solcher Prognosen geht immer mehr verloren. Darüber hinaus können Prognosen – wie bereits erwähnt – auch destabilisierend wirken. Ungünstige Wachstumsprognosen können z. B. zur self-fullfilling prophecy werden. Insgesamt ist demnach eine stabilitätskonforme Lohn- bzw. Einkommenspolitik im Rahmen einer diskretionär angelegten Stabilitätspolitik problematisch.

4.2.4 Fazit zur antizyklischen Globalsteuerung

Wenngleich das Ziel, durch antizyklische Politik zu einer Stabilisierung der Wirtschaftsentwicklung beizutragen, grundsätzlich und besonders in konkreten Krisen auch heute noch breite Zustimmung erfährt, gibt es dennoch gegen viele Instrumente der diskretionären Stabilitätspolitik – wie bereits dargestellt – eine Reihe von kritischen Einwänden. Diskretionäre Stabilisierungspolitik setzt voraus, dass die Maßnahmen zeitlich und in ihrer Dosierung richtig eingesetzt werden. Daran, dass dies gelingen kann, bestehen jedoch erhebliche Zweifel. In vielen Fällen kann der zeitliche Verlauf von Konjunkturphasen nicht eindeutig prognostiziert werden und die Wirkungen des Instrumenteneinsatzes in der jeweiligen Situation können nicht sicher abgeschätzt werden. Wird – angesichts dieser Diagnose- und Prognoseprobleme – der Mitteleinsatz falsch dosiert oder treten die Wirkungen aufgrund der verschiedenen time-lags erst zu spät ein, besteht die Gefahr, dass die Stabilitätspolitik Konjunkturzyklen verstärkt. Im Extremfall könnten Konjunkturzyklen sogar erst ausgelöst werden, weil private Wirtschaftssubjekte beginnen, ihre Planungen und Erwartungen am Wechsel zwischen kontraktiven und expansiven Maßnahmen des Staates zu orientieren. Solche Probleme treten nicht auf, wenn die Politik sich darauf beschränkt, die erwähnten „automatischen Stabilisatoren" wirken zu lassen. Es ist allerdings fraglich, wie stark automatische Stabilisierungseffekte überhaupt ausfallen können. Insgesamt weist die von der antizyklischen Fiskalpolitik angestrebte Feinsteuerung ähnliche Probleme auf wie der bereits dargestellte Einsatz geldpolitischer Instrumente zur Feinsteuerung der Geldmengenentwicklung.

Daneben gibt es aber auch grundsätzliche Bedenken in Hinblick auf die Ordnungskonformität der Maßnahmen. Der Einsatz globaler Instrumente soll zwar private Entscheidungsfreiheit nicht einschränken, trotzdem werden private Entscheidungen beeinflusst, weil alle Wirtschaftssubjekte – insbesondere die Investoren – die erwarteten oder tatsächlichen staatlichen Maßnahmen in ihre Planungen einbeziehen. Es resultiert ein Abstimmungsprozess, der die Marktkoordination zwar nicht außer Kraft setzt, aber trotzdem erheblich beeinflussen kann.

Ein Problem ergibt sich auch daraus, dass das Konzept der antizyklischen Globalsteuerung Konjunkturschwankungen und die begleitenden wirtschaftspolitischen Probleme ausschließlich nachfrageseitig angeht. Arbeitslosigkeit in Abschwungphasen wird demnach einseitig auf zu geringe gesamtwirtschaftliche Nachfrage, Inflation in Aufschwungphasen ausschließlich auf eine gesamtwirtschaftliche Übernachfrage zurückgeführt. In der Realität dürften sich hingegen stets verschiedene Formen von Arbeitslosigkeit und Inflation überlagern. Andere Ursachen von Inflation und Arbeitslosigkeit lassen sich aber mit dem Instrumentarium der diskretionären Stabilitätspolitik nicht beseitigen. Arbeitslosigkeit kann beispielsweise strukturelle Gründe haben, die über den Konjunkturzyklus hinweg bestehen. In diesen Fällen scheint es Erfolg versprechender, der Arbeitslosigkeit mit langfristig angelegten wachstumspolitischen Maßnahmen entgegenzutreten (vgl. Kap. 6). Ähnliche Probleme können sich ergeben, wenn auf eine kostenseitig verursachte Inflation mit nachfragedämpfenden Maßnahmen reagiert wird. Bleibt der Kostendruck bestehen, werden Absatzprobleme zusätzlich die Arbeitsmarktsituation belasten.

Generell vernachlässigt die antizyklische Globalsteuerung die langfristigen Folgen des Instrumenteneinsatzes. Beispielsweise wird nicht untersucht, wie sich steigende Staatsverschuldung oder ein langfristiger Anstieg der Staatsquote auswirken.

Viele diskretionäre Maßnahmen lösen außerdem andere Wirkungsmechanismen aus, wenn zusätzlich außenwirtschaftliche Effekte auftreten (vgl. Kap. 8). Das Konzept leidet daher in vielen Fällen unter der mangelnden außenwirtschaftlichen Absicherung.

Wie bereits erläutert liegt die Verantwortung für den Einsatz stabilitätspolitischer Maßnahmen in der Bundesrepublik bei verschiedenen Entscheidungsträgern. Für die Fiskalpolitik sind die nationalen Gebietskörperschaften, beeinflusst durch die Mechanismen zur makroökonomischen Überwachung auf der EU-Ebene zuständig, für die Geldpolitik die EZB und für die Lohnpolitik die (nationalen) Tarifpartner. Jeder dieser Entscheidungsträger verfolgt eigene Ziele mit unterschiedlicher Gewichtung. Zwischen diesen Zielen treten normalerweise Zielkonflikte auf. Während die Geldpolitik primär dem Ziel der Preisniveaustabilität in der gesamten Eurozone verpflichtet ist, strebt die Fiskalpolitik eher ein hohes Beschäftigungsniveau, zugleich aber die Konsolidierung der öffentlichen Haushalte an. Die Tarifpartner verfolgen primär Einkommens- bzw. Gewinnziele sowie – in Phasen der Unterauslastung – die Erhaltung von Arbeitsplätzen. Es ist daher zu erwarten, dass die diskretionäre Stabilitätspolitik durch Abstimmungsprobleme zwischen den verschiedenen Akteuren, die überdies in Europa auf unterschiedlichen Steuerungsebenen angesiedelt sind, erschwert wird. Zudem hängen die außenwirtschaftlichen Einflüsse vom Wechselkursregime und dem Ausmaß der internationalen Handels- und Kapitalverflechtungen ab (vgl. Kap. 8).

4.3 Elemente einer zyklenübergreifenden Stabilitätskonzeption

In den achtziger und neunziger Jahren wurde die Wirtschaftspolitik immer stärker mit Problemen konfrontiert, die über den Konjunkturzyklus hinweg bestehen bleiben und daher nicht rein konjunkturell begründet sein können. Zu diesen Problemen gehören die Verhärtung der Arbeitsmarktprobleme, die anhaltende und steigende Staatsverschuldung bei steigender Staatsquote und anhaltende Wachstums- und Innovationsprobleme, die insbesondere vor dem Hintergrund der veränderten weltweiten Arbeitsteilung erkennbar werden.

Das Augenmerk der Wirtschaftspolitik richtet sich daher seit einiger Zeit wieder stärker auf strukturelle bzw. angebotsseitige Störungen des Wirtschaftsprozesses. Im Blickpunkt steht die Frage, wie die Rahmenbedingungen für private Investitionen verbessert und die Erwartungen der privaten Wirtschaftssubjekte stabilisiert werden können, sodass die Investitions- und Innovationsbereitschaft langfristig gestärkt wird. Damit gewinnen langfristige wachstumspolitische Maßnahmen an Bedeutung. Stabilisierungspolitik in diesem Sinn will vermeiden, dass durch diskretionären Instrumenteneinsatz kurzfristige Störungen der Rahmenbedingungen verursacht werden. Ziel ist, die Investitionstätigkeit zu verstetigen und die Anpassungsfähigkeit der Unternehmen und der Beschäftigten im Konjunkturverlauf und im Strukturwandel zu stärken. Damit sollen Beschäftigung sowie die Einkommens- und Nachfrageentwicklung stabilisiert werden. Nach dieser Konzeption gewinnen verlässliche Rahmenbedingungen an Bedeutung. Antizyklische Globalsteuerung soll demnach allenfalls eine Stabilisierungspolitik ergänzen, die sich in den Bereichen der Finanz-, Geld- und Tarifpolitik an mittelfristigen Orientierungslinien ausrichtet und so für die Wirtschaftssubjekte vorhersehbar ist (vgl. Abb. 4.2). Institutionelle Voraussetzung für eine solche mittelfristig orientierte Politik sind klare Kompetenzabgrenzungen zwi-

Verstetigung des Instrumenteneinsatzes (regelgebundene Konzepte)		
Angebotsorientierte Politik		
Abbau Staats-verschuldung	Potenzialorientierte Geldpolitik	Produktivitäts-orientierte Lohnpolitik
deficit spending	Kurzfristige Liquiditäts-/Zins-niveausteuerung	Informatorische Einkommens-Politik
Antizyklische Impulse (diskretionäre Maßnahmen)		
Nachfrageorientierte Politik		

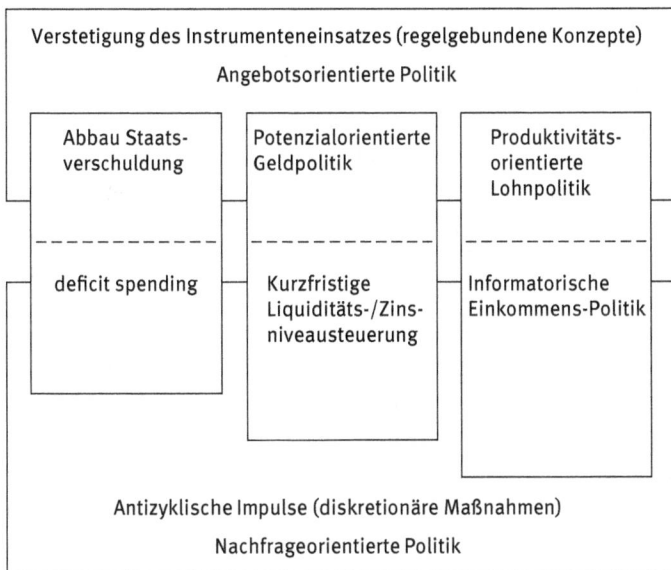

Abb. 4.2: Handlungsfelder der Stabilisierungspolitik (Quelle: eigene Darstellung).

schen den einzelnen Gebietskörperschaften, eine unabhängige Notenbank, Tarifautonomie und Wettbewerb auf den Gütermärkten sowie eine außenwirtschaftliche Absicherung, die z. B. durch flexible Wechselkurse erreicht werden kann.

Ziel einer solchen Stabilisierungspolitik ist ein angemessenes und beschäftigungssicherndes Wachstum, das aus den Investitionen der privaten Unternehmen resultiert und langfristig die Nachfrage sichert, die zur Auslastung der Kapazitäten erforderlich ist. Gleichzeitig ist durch private Investitionen und Innovationen gesichert, dass der notwendige Strukturwandel vollzogen wird. Der Einfluss des Staates auf den Wirtschaftsprozess dürfte im Rahmen einer solchen stabilitätspolitischen Konzeption langfristig tendenziell zurückgehen.

Eine stetig angelegte Stabilitätspolitik ist auch darauf angelegt, die geschilderte Problematik der verschiedenen Arten von Verzögerungs- und Dosierungsproblemen zu vermeiden. Insofern spielen die automatischen Stabilisatoren eine wichtige Rolle. Zugleich sind Abstimmungsprozesse zwischen den verschiedenen Trägern der Stabilitätspolitik leichter, wenn die einzelnen Maßnahmen langfristig festgelegten Leitlinien folgen und daher besser vorhersehbar sind. Dabei wird der Anspruch, den Wirtschaftsprozess zu gestalten, reduziert. Dies trägt der Tatsache Rechnung, dass die Wirtschaftstheorie nicht immer eindeutige Erklärungen für wirtschaftspolitische Zielverletzungen aufzeigen kann – insofern also auch Handlungsempfehlungen nicht immer eindeutig sind. Im Folgenden sollen die Grundlinien einer stetig angelegten Stabilisierungspolitik in den Bereichen Finanz-, Geld- und Lohnpolitik dargestellt werden.

Im Bereich der **Finanzpolitik** wird eine Finanzierung eines angemessenen Angebots an öffentlichen Gütern angestrebt, bei der die Staatsverschuldung in einem dauerhaft tragbaren Rahmen bleibt. Ein mittelfristig angelegter Abbau des strukturellen Defizits und die Reduzierung der Staatsquote stehen im Mittelpunkt einer solchen mittel- und langfristig angelegten Finanzpolitik. Zentrales Element dürften dabei Ausgabenkürzungen sein, um insbesondere die konsumtiven Ausgaben des Staates zu verringern (**qualitative Konsolidierung**). Dabei soll die notwendigerweise verbleibende steuerliche Belastung der Unternehmen und der Arbeitnehmer so ausgestaltet sein, dass Leistungs- und Investitionsanreize so wenig wie möglich reduziert werden und dass die für die Zukunft erwarteten Steuern und Abgaben verlässlich vorhersehbar sind (vgl. dazu auch Kap. 2). Gegen eine solche Konzeption spricht allerdings, dass die öffentlichen Einnahmen und Ausgaben dann weniger flexibel gestaltet werden können, also kaum auf konjunkturelle Stabilisierung ausgerichtet werden können. Da – wie erwähnt – außerdem ein großer Teil der staatlichen Ausgaben festgelegt ist, besteht die Gefahr, dass diese Konzeption zu Lasten der öffentlichen Investitionen geht.

Zu vermeiden ist nach dieser Konzeption allerdings auch eine prozyklische Fiskalpolitik.

Eine solche solide Finanzpolitik soll durch eine stabilitätsorientierte Geldpolitik ergänzt werden, die auf der potenzialorientierten Geldmengensteuerung (vgl. Kap. 3) beruht. Dabei orientiert sich der Zielwert für die Geldmengenentwicklung an der Entwicklung des Produktionspotenzials bzw. an der erwarteten Wachstumsrate der Produktion. Die Zentralbank berücksichtigt bei der Festlegung des Geldmengenziels Prognosen in Hinblick auf die Entwicklung des gesamtwirtschaftlichen Produktionspotenzials – also den Rahmen für die Entwicklung der tatsächlichen Produktion – und Prognosen zur Entwicklung der Umlaufgeschwindigkeit des Geldes. Darüber hinaus gehen Vorstellungen in Hinblick auf eine unvermeidbare Inflationsrate mit in die Zielgröße ein. Derzeit strebt die EZB eine Inflationsrate von unter, aber nahe 2 % an. Die potenzialorientierte Geldpolitik zielt darauf ab, die Erwartungen der privaten Wirtschaftssubjekte zu stabilisieren. Voraussetzung für den Erfolg einer solchen langfristig angelegten Geldpolitik ist allerdings, dass Vertrauen in den Erfolg bzw. in die Verlässlichkeit der Zentralbank besteht.

Als weitere Komponente einer längerfristig angelegten Stabilisierungspolitik wird eine **produktivitätsorientierte Lohnpolitik** angesehen. Tarifpolitische Vereinbarungen gelten in Deutschland grundsätzlich für Unternehmen aus Branchen und Regionen des betreffenden Tarifverbands, sodass sie auf eine größere Zahl von Unternehmen übertragen werden können. Außerdem hält sich eine Reihe von nicht-tarifgebundenen Unternehmen an die Tarifverträge, um Arbeitnehmer im Unternehmen zu halten, obwohl nur wenige Tarifverträge vom Arbeitsminister für allgemeinverbindlich erklärt werden. Flächentarifverträge verbessern die Verhandlungsposition der Arbeitnehmer, die bei individuellen Verhandlungen gegenüber den Arbeitgebern in einer schwächeren Position sind als die Gewerkschaften, die ganze Gruppen von Arbeitnehmern vertreten können. Sie reduzieren außerdem die Verhandlungskosten bei der Lohnfindung für beide Verhandlungsseiten. Dies trägt zur sozialen Stabilisierung bei. Trotzdem können Flächentarifverträge eine Reihe von Problemen mit sich bringen.

Wenn Flächentarifverträge dazu führen, dass zwischen verschiedenen Regionen und Branchen kaum eine Differenzierung der Lohnabschlüsse erfolgt, werden branchen- oder unternehmensspezifische Problemlagen im Rahmen solcher Lohnabschlüsse nicht hinreichend berücksichtigt. Damit geraten möglicherweise Branchen, die Absatzprobleme haben, auch von der Kostenseite her unter Anpassungsdruck. Möglicherweise wird Arbeitsplatzabbau dadurch verstärkt. Deshalb wird häufig eine **stärkere Differenzierung der Lohnabschlüsse** nach regionalen und branchen- oder unternehmensspezifischen Besonderheiten gefordert. Beispielsweise geben **Öffnungsklauseln** die Möglichkeit, nach Absprache zwischen Betrieben und Betriebsräten die Regelungen von Flächentarifverträgen – z. B. in Hinblick auf die Arbeitszeiten – für einzelne Betriebe außer Kraft zu setzen. Eine solche stärkere Differenzierung der Lohnabschlüsse kann – zeitlich befristet – den Anpassungsdruck mildern, Arbeitsplätze sichern und Umstrukturierungen ermöglichen, die das Unternehmen dauerhaft stärken.

Darüber hinaus wird eine langfristige Orientierung an lohnpolitischen Leitlinien gefordert. Beispielsweise könnten Lohnabschlüsse sich an der jeweiligen Produktivitätsentwicklung in den einzelnen Branchen orientieren (**produktivitätsorientierte Lohnpolitik**). Dabei wird angestrebt, dass der (Real)Lohnzuwachs die Zunahme der Arbeitsproduktivität nicht überschreitet, damit die Lohnstückkosten konstant bleiben. Bei hoher Arbeitslosigkeit könnte Spielraum zur Verbesserung der Beschäftigungssituation gewonnen werden, wenn die Lohnabschlüsse in den einzelnen Branchen hinter der jeweiligen Produktivitätsentwicklung zurückbleiben.

Probleme einer produktivitätsorientierten Lohnpolitik ergeben sich zum einen daraus, dass die Produktivitätsentwicklung stark konjunkturanfällig ist. Jede Entlassung erhöht rechnerisch die Arbeitsproduktivität in einem Unternehmen, sofern die Produktion nicht eingeschränkt wird. Entlassungen eröffnen dann rein rechnerisch Spielraum für – möglicherweise beschäftigungsgefährdende – Lohnerhöhungen. Dies ist insbesondere dann bedenklich, wenn man die Gewerkschaften in erster Linie als Vertretung der Beschäftigten (der insider) und weniger als Vertretung der Arbeitslosen (der outsider) ansieht, deren Interessen in Tarifverhandlungen nicht direkt vertreten sind. Allerdings nimmt gerade in Rezessionsphasen die Sorge der Gewerkschaftsmitglieder um ihre Arbeitsplätze zu, sodass die Verhandlungsführer die Arbeitsmarktsituation mit berücksichtigen müssen.

Zusätzlich ist zu berücksichtigen, dass die Lohnkosten nur ein Teil der Gesamtkosten sind, die die Beschäftigungsentwicklung beeinflussen. Gefordert wird daher eine **kostenniveauneutrale Lohnpolitik**. Löhne sollen sich demnach nicht nur an der Produktivitätsentwicklung orientieren, sondern an der Entwicklung aller Kostenkomponenten. Steigende Rohstoff-, Vorleistungs- und Kapitalkosten sowie steigende Sozialbeiträge der Arbeitgeber würden demnach den Spielraum für Lohnerhöhungen senken, sinkende Kostenkomponenten würden ihn erhöhen.

Auch die Veränderung der internationalen Wettbewerbsposition könnte bei einer solchen Ausrichtung der Lohnpolitik berücksichtigt werden. Steigen die Exportpreise schneller als die Importpreise – z. B. nach einer Abwertung der heimischen Währung – würde sich der Spielraum für Lohnsteigerungen erhöhen. Vor dem Hintergrund des zunehmenden internationalen Wettbewerbsdrucks könnte auch der Vergleich der Lohnentwicklung mit konkurrierenden Standorten in die Lohnfindung einbezogen werden: Sind Lohnstückkosten höher als an konkurrierenden Standorten, so sollten Lohnzuwächse hinter der Produktivitätsentwicklung zurückbleiben.

Nimmt man allerdings alle diese Vorschläge zusammen, würde die Lohnpolitik im Extremfall zum Ausgleich aller kostenbedingten Nachteile herangezogen, die normalerweise durch unternehmensinterne Anpassungen und Verbesserungen der Produktionsverfahren aufgefangen werden müssen. Schwankungen der Absatz- und Ertragsentwicklung gingen stets zu Lasten der Löhne, sodass die Gewinnentwicklung verstetigt würde. Die Frage ist, ob dies nicht auf der Arbeitnehmerseite Leistungsanreize reduzieren würde, was für den Innovations- und Wachstumsprozess nachteilig wäre. Die Frage ist auch, ob besondere deutsche Lohnzurückhaltung in der außenwirtschaftlichen Verflechtung „merkantilistisch" wäre, wenn im Ausland die Löhne steigen. Würden sich daraufhin nämlich alle Länder bei den Löhnen zurückhalten, bekämen wir eine „Schrumpfungsspirale".

4.4 Fazit

Das generelle Problem einer solchen stetig angelegten, angebotsorientierten Politik liegt darin, dass sie keine kurzfristigen Erfolge verspricht und daher in vielen Fällen wenig populär und schwer durchsetzbar ist. Angebotsorientierte Politik fordert Haushaltsstabilisierung, moderate Lohnpolitik und eine stabilitätsorientierte Geldpolitik. Diese Maßnahmen können kurzfristig unpopuläre Verteilungswirkungen haben, wenn etwa steigende Gewinne von moderaten Lohnabschlüssen begleitet werden, um die Investitionstätigkeit zu beleben. Zudem kann nie eindeutig vorausgesagt werden, ob diese Politik erfolgreich sein wird, zumal moderate Lohnpolitik mit problematischen Nebeneffekten in Handelspartnerländern verbunden sein kann. Daher besteht die Gefahr, dass angebotsorientierte Politik nicht lange genug und nicht konsequent genug verfolgt wird, um die Erwartungen der Investoren zu stabilisieren. Außerdem setzt eine erhöhte Investitionsbereitschaft durch verbesserte Angebotsbedingungen auch verbesserte Absatzerwartungen voraus. Nach der keynesianischen These kann – entgegen dem Sayschen Theorem – die gesamtwirtschaftliche Nachfrage zumindest kurzfristig hinter dem Angebot zurückbleiben, z. B. weil Kaufkraft stillgelegt und damit dem Wirtschaftskreislauf entzogen werden kann – beispielsweise im Rahmen von Spekulationen. Darüber hinaus widerspricht eine einseitige Angebotsorientierung eventuell anderen Zielen der Wirtschaftspolitik (z. B. sozialer Ausgleich, Umweltschutz).

Vor diesem Hintergrund ist nachvollziehbar, dass Politiker in Krisensituationen dazu neigen, die Ausgaben des Staates kreditfinanziert zu erhöhen. Dies rechtfertigt sich vor allem dann, wenn die Nachfrageausfälle so groß sind, dass sie weitere Nachfragerückgänge und als Folge krisenhafte Schrumpfungsprozesse erwarten lassen, die über die Multiplikatoren verstärkt werden. Insofern kann die im Jahr 2009 verabschiedete Schuldenbremse, die die Kreditmöglichkeiten der öffentlichen Haushalte stark einengt, möglicherweise problematisch sein. Vieles spricht daher dafür, dass in der Stabilisierungspolitik Angebots- und Nachfragepolitik sich ergänzen sollten. Dabei sollte allerdings darauf geachtet werden, dass die Nachfragesteuerung im Sinne der antizyklischen Globalsteuerung nicht die Angebotsbedingungen verschlechtert. Die Risiken der Nachfragesteuerung, wie z. B. steigende Staatsverschuldung, Beeinträchtigung der Investitionsbereitschaft, steigende Inflationserwartungen durch übermäßig expansive Geldpolitik oder eine Lohnpolitik, die die Entwicklung der Arbeitsproduktivität und die Wettbewerbsfähigkeit der Unternehmen nicht beachtet, sollten möglichst vermieden werden. Globale Nachfragesteuerung kann eine angebotsorientierte Politik ergänzen, wenn die Wachstumsbedingungen günstig sind und wenn keine Destabilisierung der Erwartungen der Investoren durch nachfrageseitige Maßnahmen des Staates zu befürchten ist. Das StabG stellt Möglichkeiten bereit, massiven konjunkturellen Problemen zügig zu begegnen. Die dort festgelegten Maßnahmen sind allerdings weniger geeignet einer Wachstumsschwäche mit struktureller Arbeitslosigkeit zu begegnen. Zudem ist es im Zuge des europäischen Integrationsprozesses erforderlich, stabilisierungspolitische Maßnahmen innerhalb der Eurozone zu koordinieren.

4.5 Aufgaben

1. Schildern Sie die Konzeption der antizyklischen Globalsteuerung.
2. Die Aufgabe der Stabilisierungspolitik ist dadurch erschwert, dass die politischen Zuständigkeiten auf unterschiedliche Akteure verteilt sind. Erläutern Sie, inwiefern Aktionen der Tarifpartner die Bemühungen von Staat und Zentralbank zur Realisierung von – Vollbeschäftigung und Preisniveaustabilität erschweren können.
3. In der Bundesrepublik war seit den siebziger Jahren bis zum Jahr 2005 zu beobachten, dass mit jeder Rezession das Niveau der Arbeitslosigkeit deutlich anstieg, ohne dass im folgenden Aufschwung die Zahl der Arbeitslosen wieder auf das vorherige Niveau gesenkt werden konnte. Diskutieren Sie, inwieweit eine antizyklische Fiskalpolitik geeignet sein kann, diese Entwicklung der Arbeitslosigkeit zu verhindern. Stellen Sie einen Ansatz dar, der eine langfristig bestehende Arbeitslosigkeit erklärt und diskutieren Sie ursachenadäquate Gegenmaßnahmen.
4. Diskutieren Sie, in welchen Fällen eine sektoral differenzierte Lohnpolitik einen Beitrag zur Bekämpfung von Arbeitslosigkeit darstellen könnte.

5. Beschreiben Sie wichtige Elemente einer zyklenübergreifenden Konjunkturpolitik. Inwiefern soll mit einer solchen Konzeption „Politikversagen" verhindert werden?

6. Während der Finanzkrise im Jahr 2009 konnte ein stärkerer Anstieg der Arbeitslosigkeit mit dem Instrument der konjunkturbedingten Kurzarbeit verhindert werden. Diskutieren Sie die Vor- und Nachteile dieser Maßnahme.

5 Umweltpolitik

In diesem Kapitel erfahren Sie,
- warum Umweltpolitik als staatliche Aufgabe (ökonomisch) gerechtfertigt werden kann,
- inwiefern einfache, regionale und komplexe, globale Umweltprobleme zu unterscheiden sind,
- wer geeignete Träger umweltpolitischer Aktivitäten sind,
- welche Instrumente der Umweltpolitik zur Verfügung stehen und
- wie – und vor allem nach welchen Kriterien – diese Instrumente zu beurteilen sind.

5.1 Ziele und ökonomische Rechtfertigung der Umweltpolitik

Die Menschheit steht heute vor diversen Umweltproblemen. Nachteilige Veränderungen betreffen sämtliche Umweltmedien, d. h. Luft, Wasser, Boden, Tier- und Pflanzenwelt (Biodiversität) und – damit in Zusammenhang – auch Probleme des Flächenverbrauchs. Die Umweltmedien galten – solange keine Engpässe spürbar waren – als freie Güter ohne Marktpreis, sodass keine sparsame Nutzung angestrebt wurde. Treten jedoch Engpässe auf, wird deutlich, dass die Umwelt gleichzeitig Konsumgut und Produktionsfaktor ist; sie liefert erneuerbare und nicht erneuerbare Ressourcen und dient als Aufnahmemedium für Schadstoffe und Belastungen, die bei Wirtschaftsaktivitäten auftreten. Es geht also darum, Signale und Anreize zu setzen, um die Umweltnutzung zu verbessern. **Umweltpolitik** zielt daher darauf ab, Maßnahmen zu ergreifen, die die Umweltqualität sichern und die natürlichen Lebensgrundlagen schützen, um Konsum- und Produktionsmöglichkeiten nicht nur in der Gegenwart sondern auch für künftige Generationen zu erhalten.

Das Ziel des Schutzes der natürlichen Lebensgrundlagen wurde 1994 ins Grundgesetz aufgenommen (Art. 20a GG) und steht auch im wirtschaftspolitischen Zielkatalog der EU (Art. 3 EUV). Es handelt sich um eine Aufgabe der Wirtschaftspolitik, weil im Zusammenhang mit Umweltproblemen Marktversagen auftreten kann, sodass eine Überbeanspruchung der Umwelt entsteht.

Bei Produktion und Konsum von Gütern treten oft negative **externe Effekte** auf, d. h. Effekte, welche die Umwelt und zugleich auch Akteure schädigen, die mit der betreffenden Wirtschaftsaktivität nichts zu tun haben (**unbeteiligte Dritte**). Das Problem sei zunächst an einem einfachen Beispiel zur Schadstoffemission erläutert.

Angenommen, zwei an einem Fluss gelegene Chemieunternehmen produzieren Wandfarbe und leiten dabei Abwässer in den Fluss, die bei zwei flussabwärts gelegenen Wasserwerken die Kosten der Trinkwasseraufbereitung erhöhen und bei einigen flussabwärts tätigen Fischern zu Einbußen führen. Diese „externen" Kosten tauchen in der Rechnung der Chemieunternehmen nicht auf. Insofern wird die Wandfarbe zu billig verkauft – woraufhin Haushalte zu viel Wandfarbe nachfragen und die Flussökologie zu stark geschädigt wird. Zugleich werden Trinkwasser und

https://doi.org/10.1515/9783110569568-005

Fische teurer – auch für Haushalte, die ihre Wände gar nicht streichen wollen, insofern bezogen auf den Markt für Wandfarbe als unbeteiligte Dritte gelten können. Insofern liegt hier ein **Marktversagen** vor.

Zwar könnte das geschilderte Externalitätenproblem im Prinzip ohne Staatseingriff durch Verhandlungen gelöst werden (Coase-Theorem). Wasserwerke und Fischer könnten z. B. anbieten, die beiden Chemiewerke dafür zu bezahlen, dass diese die Schadstoffeinleitungen reduzieren oder ganz unterlassen. Dies könnte sich für alle lohnen, wenn diese Zahlungen niedriger sind als die ansonsten bei Wasserwerken und Fischern anfallenden Schäden, aber zugleich höher als die Kosten bzw. Verluste, welche den Chemieunternehmen entstehen, wenn sie in Abwasserreinigungstechnologie investieren oder die Produktion der Wandfarbe drosseln.

Bei mehreren Verhandlungspartnern dürften aber bereits die Vorbereitungen solcher Verhandlungen schwierig und insgesamt die Verhandlungskosten hoch sein. Zudem sind die genauen Schädigungszusammenhänge und Schädiger oft unbekannt, sodass es nicht zu derartigen Verhandlungen kommt. Und selbst wenn: bei Unsicherheit und Verhandlungs- bzw. Transaktionskosten wären die Verhandlungsergebnisse unter anderem abhängig davon, ob die Chemiewerke das Recht auf Verschmutzung des Flusses oder Wasserwerke und Fischer das Recht auf einen sauberen Fluss haben und die Chemiewerke umgekehrt „Verschmutzungserlaubnisse" kaufen müssten. „Freie" Verhandlungen führen insofern wohl kaum zu einer aus ökologischer und ökonomischer Sicht „optimalen" Umweltbelastung und werden daher nachfolgend nicht näher betrachtet.

Angesichts der angedeuteten Probleme ist somit die Notwendigkeit einer umweltpolitischen Steuerung bzw. Beeinflussung von Wirtschaftsaktivitäten leicht ersichtlich. Dabei geht es – zusammenhängend – um folgende Themen:
- Analyse der (Schädigungs-)Zusammenhänge zwischen Wirtschaftsaktivitäten und natürlicher Umwelt
- umweltpolitische Zielsysteme und Konzeptionen
- Wirkungen und Kosten unterschiedlicher umweltpolitischer Instrumente

Schreitet die Erkenntnis über Umweltprobleme fort, sind Ziele und Instrumente konkreter Umweltpolitik zu überdenken. Nachfolgend seien Prinzipien und Instrumente der Umweltpolitik zunächst am geschilderten Beispiel eines „einfachen" Umweltproblems, später am Beispiel eines komplexen Umweltproblems dargestellt und analysiert.

5.2 Prinzipien und Instrumente der Umweltpolitik

Zur Lösung der geschilderten Problematik negativer externer Effekte wurden verschiedene umweltpolitische Instrumente entwickelt. Dazu gehören Umweltauflagen, z. B. in Form von Ge- oder Verboten, die Umweltbelastungen verhindern sollen, eine Besteuerung umweltbelastender Aktivitäten (Pigou-Steuern) oder Systeme handelbarer Emissionsrechte, die – ebenfalls – darauf abzielen Umweltkosten zu „internalisieren", d. h. in private Kosten umzuwandeln, die die Unternehmen in ihrer Produktionsplanung berücksichtigen. Unternehmen können auch haftungsrechtlich veranlasst werden, die Gefahr von Umweltverschmutzungen in ihre Produktionskosten einzukalkulieren. In vielen Fällen werden aber auch staatliche Subventionen eingesetzt, um umweltverträglichere Formen der Produktion bzw. technischen Fortschritt im Bereich Umweltschutz zu fördern.

Während Ge- und Verbote eher dem **Vorsorgeprinzip** entsprechen, also darauf abzielen, Schäden zu verhindern, entspricht die Internalisierung externer Kosten dem **Verursacherprinzip** – Schäden sollen von denen verhindert bzw. beseitigt werden, die sie verursachen. Alternativ käme das **Gemeinlastprinzip** zum Tragen, das dazu führt, dass Umweltbelastungen von allen getragen werden müssen und ihre Beseitigung aus Steuermitteln finanziert werden muss. Dieses Prinzip muss vor allem dann angewandt werden, wenn die Verursacher von Umweltschäden nicht (mehr) festgestellt und haftbar gemacht werden können.

Die verschiedenen Instrumente der Umweltpolitik sind vor dem Hintergrund unterschiedlicher umweltpolitischer Zielsetzungen bzw. Kriterien zu beurteilen (vgl. zusammenfassend Tab. 5.1). Nachfolgend werden dazu vier häufig diskutierte Kriterien dargestellt.

– **Zielkonformität bzw. ökologische Treffsicherheit:** Reduziert der Instrumenteneinsatz die Umweltbelastungen in sinnvoller Weise? Zur Beurteilung dieser Frage ist der Umfang der notwendigen Minderung zuvor festzulegen. Im Beispiel könnte etwa mit Blick auf die Flussökologie und auf die Interessen von Wasserwerk, Trinkwasserkunden und Fischern eine Halbierung der Chemieeinleitung gefordert werden. Oft fehlen allerdings die für konkrete Werte zur „ökologischen Unbedenklichkeit" nötigen Informationen.

– **Ökonomische Effizienz:** Im engeren Sinn sollte ein Instrument eine bestimmte vorgegebene Schadstoffreduktion (z. B. eine Halbierung) mit minimalen Kosten erreichen. Im Beispiel wären das Kosten der Abwasserreinigung bzw. – bei Produktionskürzung – entgangene Gewinne und entgangener Nutzen bei den Haushalten, die Wandfarbe nachfragen. Umfassend wäre zu fragen: welche Schadstoffreduktion minimiert in Summe ökologische Schäden und ökonomische Kosten? Dazu sind dem Schaden, der entsteht, wenn die Emission um eine Einheit steigt (**Grenzschaden der Emission** bzw. soziale Grenzkosten der Umweltverschmutzung), die Kosten gegenüberzustellen, die entstehen, wenn diese Emissionseinheit vermieden wird (z. B. durch Schadstofffilter oder bei Drosselung der Produktion), also die **Grenzvermeidungskosten**. Steigt der Grenzschaden mit zunehmendem Emissionsniveau und steigen umgekehrt die Grenzvermeidungskosten mit zunehmender Vermeidung, so ist das Emissionsniveau „kostenoptimal", wenn Grenzschaden und Grenzvermeidungskosten einander genau entsprechen. Mit anderen Worten: Führen Umweltschäden wie auch deren Vermeidung bzw. Beseitigung zu Kosten, sollten demnach Emissionen bzw. Umweltbelastungen nicht vollständig vermieden werden. Vielmehr läge eine optimale Umweltbelastung vor, wenn die Kosten der Vermeidung einer Emissionseinheit dem durch diese Einheit verursachten Grenzschaden entsprechen („umweltökonomisches Optimum"). Ziel festzulegender Umweltschutzmaßnahmen wäre demnach also nicht, die Emissionen ganz zu beseitigen, sondern die gesamten „umweltbezogenen Kosten" zu minimieren. Allerdings ist dieses Optimum langfristig – also mit Blick auf künftige Generationen – kaum zu bestimmen, weil künftige Nutzen und Kosten unbekannt sind und zum Teil von heutigen Emissionen abhängen.

–   **Dynamische Wirksamkeit**: Inwieweit ist das betrachtete Instrument in der Lage, umwelttechnischen Fortschritt (z. B. bei Abwasserreinigungs- oder Wasseraufbereitungstechnik) auszulösen und somit das beschriebene Problem langfristig zu entschärfen? Das – freilich schwer quantifizierbare – Ziel wäre dann ein möglichst günstiger umwelttechnischer Fortschritt. Dieser könnte auch bei ökonomisch ineffizienter bzw. ökologisch wenig treffsicherer Umweltpolitik entstehen; insofern sind hier Zielkonflikte vorstellbar.

–   **Durchsetzbarkeit der Maßnahmen**: Sind Wähler und Politiker bereit, diese Instrumente einzuführen und durchzusetzen? Häufig richten sich umweltpolitische Maßnahmen gegen die Interessen von gut organisierten Lobbygruppen. Angesichts von Lobbyeinflüssen scheinen Instrumente leichter durchsetzbar, welche eher den Staatshaushalt belasten (z. B. Ausgaben für Gewässerschutz) als die – oft gut organisierten – Verursacher von Umweltbelastungen (z. B. Umweltsteuern). Letztlich steht hier die Frage nach den Prinzipien der Umweltpolitik im Raum: Soll das Verursacherprinzip – also die Belastung der Produzenten und Konsumenten umweltbelastender Güter – Vorrang vor dem Gemeinlastprinzip haben, welches die öffentlichen Haushalte belastet?

Nach diesen Kriterien lassen sich ausgewählte **Instrumente** zur Reduktion von Umweltbelastungen, z. B. konkret Instrumente zur Emissionsreduktion vergleichen. Dabei wird im Folgenden unterstellt, dass Politiker und Wähler bereit sind, diese Instrumente einzuführen und durchzusetzen, obwohl dies einen entsprechenden politischen Entscheidungsprozess – gegebenenfalls gegen Interessengruppen – voraussetzt.

–   **Ordnungsrechtliche Regeln** (Grenzwerte, Ge- und Verbote): Im Beispiel könnten die Chemiewerke zum Einsatz umweltverträglicher Abwassertechnik (z. B. leistungsfähige Schadstofffilter) oder zur Einhaltung strenger Grenzwerte für die Schadstoffeinleitung gezwungen werden. Der Einsatz umweltbelastender Technik könnte sogar verboten werden, was insbesondere bei irreversiblen oder besonders gesundheitsgefährdenden Schäden sinnvoll und notwendig sein kann. Das Chemiewerk muss dann eine andere – unter Umständen teurere – Produktionstechnik einsetzen, sodass die Farbe auch für die Konsumenten teurer wird. Zugleich werden die Produzenten flussabwärts entlastet. Durch solche Regulierung würden z. B. die bei den Wasserwerken entstehenden Kosten in der Kostenrechnung der Verursacher zumindest grob „gespiegelt". Eine Internalisierung der externen Effekte könnte auch gelingen, wenn man zugleich festlegt, dass Verursacher haftungsrechtlich belangt werden können. Dann werden sich Unternehmen versichern, sodass die Versicherungsprämien die sozialen Kosten zumindest ansatzweise internalisieren, weil diese nach dem Schadensrisiko berechnet werden. Bei wirksamer Kontrolle haben Regulierungen eine hohe Treffsicherheit. Sie sind aber unter Umständen ökonomisch ineffizient. Wenn z. B. jedes Chemiewerk individuell die Schadstoffeinleitung halbieren muss, Werk A aber zu geringeren Kosten reduzieren kann als Werk B, wäre es effizient, wenn Werk A mehr, Werk B dagegen weniger als die Hälfte reduzieren würde. Allgemein: **Einzelregulierungen** (z. B. firmenindividuelle Einleitungsgrenzwerte oder die Vorgabe bestimmter Abwasserreinigungstechnologien) sind wirtschaftlich ineffizient, wenn firmenindividuelle Unterschiede bei den Vermeidungskosten bestehen. Dann unterbleiben nämlich billige Vermeidungen, während teure Maßnahmen zur Senkung der Umweltbelastungen durchgeführt werden müssen. Eine dynamische Wirksamkeit von Regulierungen ist unklar, kann beim Zwang zum Einsatz fortgeschrittener Technik aber vorliegen. In Bezug auf die Staatsfinanzen sind Regulierungen grundsätzlich neutral.

– **Umweltsteuern** (im Beispiel etwa eine von Farbenproduzenten zu zahlende Umweltsteuer bzw. Abwasserabgabe): Diese verteuern die Farbenproduktion und internalisieren insofern die bei Wasserwerken und deren Kunden spürbaren externen Kosten. Hier ist ökonomische Effizienz in folgendem Sinne zu erwarten: Jedes Unternehmen vergleicht die Steuer mit den Kosten der Schadstoffreduktion. Nur kostengünstige Reduktionen würden somit realisiert. Im Beispiel würde Werk A eher vermeiden und Werk B eher die Steuer zahlen. Allgemein: Unternehmen reduzieren die Emissionen, solange individuell die Grenzvermeidungskosten niedriger sind als der Steuersatz. In Summe würde dann solange reduziert, bis das angesprochene umweltökonomische Optimum erreicht ist. Nur Unternehmen mit hohen Vermeidungskosten zahlen dann Steuern. In Summe sind die Vermeidungskosten minimal. Eine derart ökonomisch effiziente Steuer ist allerdings nur dann zugleich auch ökologisch treffsicher, wenn die Politik den Steuersatz „richtig" festsetzt. Nur dann wird der „richtige" Umwelteffekt kostengünstig erreicht. Angesichts umweltbezogener Informationsdefizite (z. B. wieviel Schadstoffe „verträgt" der Fluss?) ist jedoch zweifelhaft, ob die Politik diesen richtigen Steuersatz findet. Eine Umweltsteuer kann innovationsfördernd (dynamisch) wirken, sofern sie für Unternehmen – technologieoffen – Anreize zur Entwicklung und zum Einsatz umweltfreundlicher Technik setzt. Denn nur wer emittiert, zahlt die Steuer. Im Zuge der ökologischen Steuerreform wurde in Deutschland z. B. eine Stromsteuer eingeführt und schrittweise angehoben. Solche Umweltsteuern führen zu Staatseinnahmen.

- **Systeme handelbarer Emissionsrechte** (wie in der EU für CO_2). Hier wird –
  ähnlich wie bei Grenzwerten – eine maximal erlaubte Emission definiert, allerdings als Gesamtwert (im Beispiel für beide Chemiewerke zusammen) und nicht
  individuell für jeden Emittenten. Dieser Gesamtwert bildet dann die Basis für
  die staatliche Herausgabe von Emissionsrechten. Jeder Emittent muss solche
  Rechte vorweisen, wenn er Schadstoffe in die Umwelt einleiten will. Der Staat
  kann die Rechte kostenlos nach einem vorab festgelegten Schlüssel (z. B. nach
  bisheriger Schadstoffemission) an interessierte Unternehmen verteilen oder –
  unter Erzielung von Staatseinnahmen – zu einem Festpreis oder im Wege der
  Versteigerung verkaufen (wie inzwischen im EU-System). In jedem Fall ergibt
  sich eine Anfangsverteilung von Rechten. Wollen alteingesessene oder neue
  Firmen (im Bespiel etwa ein drittes Chemiewerk) nun ihre umweltschädliche
  Aktivität ausdehnen, müssen sie Verschmutzungsrechte von anderen Firmen erwerben, welche ihre Aktivitäten drosseln oder Schadstoffreduktionstechnik
  einsetzen wollen. Auf diese Weise bekommt die Umweltnutzung einen Preis.
  Daraufhin wird ökonomische Effizienz im engen Sinn erreicht, denn primär Unternehmen mit niedrigen Reduktionskosten werden reduzieren und freiwerden-
  de Verschmutzungsrechte dann an andere Unternehmen mit höheren Vermeidungskosten verkaufen. Unternehmen mit niedrigen Vermeidungskosten bieten
  Rechte an, Unternehmen mit hohen Vermeidungskosten fragen Rechte nach.
  Bei flexiblem Preis wird der Markt für Emissionsrechte geräumt. Nur kostengünstige Emissionsreduktionen lohnen sich und werden realisiert. Bei Abwe-
  senheit von Transaktionskosten landen die Rechte – selbst bei „willkürlicher"
  Erstvergabe – bei Unternehmen mit hoher Zahlungsbereitschaft. Auch diese Lösung minimiert die Vermeidungskosten. Das Instrument ist zudem wirkungssicher in dem Sinne, dass der vorgegebene Gesamtzielwert erreicht wird. Ob die
  Politik allerdings den „ökologisch richtigen" Gesamtzielwert findet und durchsetzen kann, bleibt offen. Auch hier bestehen technologieoffene dynamische
  Anreize zur Entwicklung und zum Einsatz umweltfreundlicher Technik, da im
  Erfolgsfall der ansonsten nötige Kauf von Verschmutzungsrechten vermieden
  werden kann. Sinken durch technischen Fortschritt allerdings die Vermeidungskosten, so sinken (jedenfalls bei konstanter Gesamtzahl der Verschmutzungsrechte) auch die Preise der Verschmutzungsrechte und – daher – auch der Anreiz zu weiterem umweltschonendem technischem Fortschritt (technologische
  Wirkungsbremse).
- **staatliche Förderung** zur Entwicklung und zum Einsatz umweltfreundlicher
  Alternativtechnologien, im Beispiel etwa eine ökologisch unbedenkliche Pro-
  duktionstechnologie für Wandfarbe. Im – freilich unsicheren – Erfolgsfall können daraufhin weitere Schadstoffeinleitungen strenger reguliert werden. Die
  Förderung ist mit staatlichen Ausgaben verbunden und insofern zunächst oft
  teurer, kann aber dynamisch vorteilhaft sein. Ist die neue Technik nicht nur
  umweltschonend, sondern wird sie mit zunehmender Anwendung aufgrund

von Lerneffekten auch kostengünstig, kann nämlich – eher als bei allen zuvor genannten Instrumenten – auch eine grenzüberschreitende Wirkung erzielt werden (z. B. bei ausländischen Chemiefirmen), denn auch ausländische Akteure könnten die neue Technik übernehmen, wenn diese ein besseres Preis-Leistungs-Verhältnis aufweist. Derartige Subventionen sind politisch gut durchsetzbar, da primär die Steuerzahler, nicht aber gut organisierte Verursacher von Umweltschäden belastet werden.

Neben Maßnahmen zur Reduktion der Schadstoffemission kann auch die **Anpassung an bereits bestehende Umweltschäden** gefördert werden, im Beispiel etwa durch Unterstützung der Wasserwerke bei Entwicklung und Einsatz leistungsfähigerer Technologien zur Trinkwasseraufbereitung oder etwa durch Förderung der Züchtung schadstoffresistenter Fische. Auch dies ist im Regelfall mit öffentlichen Ausgaben verbunden, sofern die Unternehmen entsprechende Maßnahmen nicht selbst ergreifen. Ein Verzicht auf Schadstoffreduktion ist bei einem hohen Emissionsniveau „jenseits des Optimums" allerdings ineffizient: Hohe Schäden zu akzeptieren, aber die Geschädigten (z. B. Wasserwerke oder betroffene Fischer) staatlicherseits – finanziell – zu kompensieren, wäre gemäß Effizienzkriterium zu teuer: eine Kompensationspflicht bestünde ja gemäß progressiv steigender Umweltschäden.

Schließlich sind oft auch Maßnahmen aus anderen Handlungsfeldern der Wirtschaftspolitik umweltpolitisch relevant. Beispiel Finanzpolitik: Im Rahmen des Steuersystems könnte der Bund die Besteuerung für umweltbelastende Produkte (z. B. Kerosin) bzw. Produzenten erhöhen, die Besteuerung für umweltverträgliche Produktionen dagegen reduzieren. Die Begründung dafür ergibt sich daraus, dass die umweltbelastenden Produktionen in vielen Fällen zu öffentlichen Ausgaben führen, die die Gesamtheit der Steuerzahler belasten. Beispiel Geldpolitik: im Rahmen von Anleihekäufen finanziert die EZB derzeit indirekt oft Firmen mit großem ökologischem Fußabdruck, indem Sie den Banken Anleihen solcher Firmen abkauft, was wiederum diesen Firmen die Kapitalbeschaffung erleichtert.

Der dargestellte Instrumentenvergleich führt insgesamt zu keiner eindeutigen „Rangfolge" (vgl. Tab. 5.1); alle Instrumente sind grundsätzlich, im Detail aber unterschiedlich geeignet. Überdies sind **Nebenwirkungen** zu beachten. Belastende Maßnahmen (strenge Regulierung, Umweltsteuern, Rechtesysteme) sind politisch schwer umzusetzen bzw. induzieren – wenn umgesetzt – tendenziell einen „Export" von Wirtschaftsaktivität und Umweltbelastung in regulierungsärmere Länder. Staatliche Förderung ist diesbezüglich nebenwirkungsärmer. Bei kombiniertem Instrumenteneinsatz sind weitere Nebenwirkungen denkbar. Gilt z. B. schon ein Emissions-Grenzwert, wirken Umweltsteuern und/oder Rechtesysteme vergleichsweise schwächer.

Schließlich sind normalerweise in Bezug auf Emissionen weder (Grenz-)Schäden noch die (Grenz-)Vermeidungs- bzw. Verzichtskosten vollständig bekannt. Die bishe-

Tab. 5.1: Umweltpolitische Instrumente und ihre Bewertung.

Instrument-Kriterium	Umweltauflagen (Ge-/Verbote)	Umwelt-steuern (Pigou-Steuern)	Emissionsrechte/ Zertifikate	Haftungs-recht	Staatliche Ausgaben für Umwelt-schutz
Ökologische Effektivität (Wirksamkeit)	Ja. Bei funktionierendem Kontroll-mechanismus	Nicht exakt, weil „richtiger" Steuersatz unbekannt	Ja, wenn alle Emittenten eingebunden sind und Umfang der Zertifikate dem angestrebten Standard entspricht	Ja	Ja
Kosten-effizienz	Nein	Ja	Ja, in Bezug auf das vorgegebene Minderungsziel	Ja	Nein
Innovations-anreiz	Nur zur Erreichung der vorgegebenen Standards	Ja	Ja	Ja	Abhängig von der Ausge-staltung
Durchsetz-barkeit	Unklar	Unklar	Abhängig von der Ausgestaltung	Unklar	Hoch
Beispiel	Grenzwerte der technischen Anleitung Luft	Einstieg in die ökologische Steuerreform (1999)	Europäischer CO_2-Emissions-handel (seit 2005)	Umwelt-haftungs-recht (ab 1991)	Ausgaben z. B. im Bereich Kanalisation

Quelle: eigene Darstellung.

rige Analyse gilt insofern streng genommen nur für „einfache" Umweltprobleme, die bekannt, lokal begrenzt und „nicht-akkumulierend" sind. Die beschriebene Verschmutzung eines Flusses ist z. B. schon allein deshalb ein einfaches Umweltproblem, weil darauf gebaut werden kann, dass zu jeder Zeit sauberes Wasser von oben nachfließt. Wechselwirkungen verschiedener Emissionen, die die Belastungen verstärken können, und Verstärkungseffekte bei Überschreiten bestimmter natürlicher Schwellenwerte werden nicht berücksichtigt. Zugleich sind mögliche Innovationsanreize zu beachten, wobei aber der Innovationserfolg zwangsläufig unsicher ist.

5.3 Umweltpolitik bei globalen und komplexen Umweltproblemen

Während einige lokale Umweltprobleme durch verstärkten Umweltschutz entschärft werden konnten (z. B. „blauer Himmel" über der Ruhr), verschärfen sich weltweit zu beobachtende, globale Umweltprobleme mit hoher räumlicher und zeitlicher Ausdehnung und teilweise unbekannten und „übergreifenden" Schadenszusammenhängen (vgl. z. B. Emmott, 2014, Papst Franziskus, 2015). Hier sind oft globale Umweltgüter betroffen, bei denen nationale Umweltschutzmaßnahmen unzureichend sind. Normalerweise können globale Umweltgüter nur durch weltweit koordinierte Maßnahmen geschützt werden. Ein bekanntes Beispiel ist der Anstieg der Konzentration von „Treibhausgasen" (neben CO_2 z. B. auch Methan) in der Erdatmosphäre. Diese Gase behindern die Wärmeabstrahlung der von der Sonne aufgeheizten Erde in den Weltraum und tragen so zur Erderwärmung bei. Entscheidend ist hier primär der Schadstoffbestand (Immission), aber – mittelbar – auch die jährliche Schadstoffabgabe (Emission). Da sich die angesprochenen Gase nur langsam bzw. nur teilweise in klimatisch inaktive Substanzen umwandeln, ist eine Stabilisierung der mittleren Erdtemperatur auf „vorindustriellem" Niveau nicht mehr möglich. Trotz einer gewissen Stabilisierung der Emissionen steigt die Treibhausgas-Konzentration in der Atmosphäre inzwischen sogar schneller als früher. Neben den CO_2-Emissionen waren zuletzt auch erhöhte Ozeantemperaturen und Dürren in den Tropen relevant. Dadurch konnten Ozeane und tropische Wälder nicht so viel CO_2 aufnehmen wie zuvor. Eine für die amerikanische Environmental Protection Agency erstellte Studie aus dem Jahr 1983 trägt den diesbezüglich bezeichnenden Titel: „Can we delay a greenhouse warming"? Entsprechend dem Weltklimaabkommen von Paris (2016) haben sich viele Länder verpflichtet, die Emission von Treibhausgasen zu reduzieren, um die Erderwärmung gegenüber der vorindustriellen Zeit auf höchstens 2° zu begrenzen. Es ist aber fraglich, ob diese Länder diese Verpflichtung einhalten und ob die bisher angestrebten Reduzierungen überhaupt ausreichend für eine Klimastabilisierung wären.

Klimaschutz erfordert vor allem Reduktionen bei Klimagasemissionen (die bei CO_2 im Wesentlichen durch Verbrennung von Öl, Kohle und Gas entstehen). Mit Blick auf Effizienz werden hier oft primär „ökonomische Instrumente" (also Umweltsteuern oder Handel mit Emissionsrechten) gefordert. Dieses Plädoyer ist aber beim Klimaschutz zu überdenken. Hier kann z. B. aktive staatliche Technologieförderung auch dann sinnvoll sein, wenn es um (anfangs) teure Technologie, insofern um (anfangs) teure Emissionsvermeidung geht.

Bisher wurde vereinfachend unterstellt, dass (Grenz-)Vermeidungskosten und (Grenz-)Schäden eindeutig bekannt und im Zeitablauf stabil sind. Sind diese Kosten und Schäden aber nur teilweise bekannt bzw. schwankend und sind Emissionswirkungen zudem „grenzüberschreitend" und akkumulierend, so werden andere (Optimierungs-)Aspekte relevant. Dies sei nun mit drei Argumenten näher erläutert.

Erstens: **Die (Grenz-)vermeidungskosten können im Zeitablauf schwanken.** So implizieren Emissionsbegrenzungen bei guter Wirtschaftslage bzw. bei Wirtschaftswachstum einen größeren Verzicht auf ökonomische Aktivität als in Phasen, in denen das Produktionsniveau ohnehin geringer ist. Andererseits können Fortschritte bei umweltfreundlicheren Produktionsverfahren (integrierter Umweltschutz) und bei Verfahren zur nachträglichen Beseitigung von Umweltschäden (end-of-pipe-

Technologien) die Vermeidungskosten reduzieren. **Umweltökonomische Optima gelten also stets nur „bei gegebenem Stand von Wirtschaft und Technik".** Bei Datenänderungen wäre also auch die Umweltpolitik anzupassen, z. B. bei der erlaubten Gesamtemission bzw. bei den umweltpolitisch gewählten Steuersätzen. Träge politische Prozesse und Informationsmängel erschweren aber solche Änderungen. Bei globalen Umweltproblemen sind die Möglichkeiten der Emissionsvermeidung zudem schwieriger einzuschätzen. Statische ökonomische Effizienz ist hier insofern ein schwaches Konzept. Die Möglichkeit ökonomisch effizienter, also kostengünstiger Emissionsreduktion liefert zudem nur geringe Anreize zur Suche nach besseren Emissionsvermeidungstechniken. Eventuell werden bei globalen Problemen Instrumente mit schwacher ökonomischer Effizienz, aber hoher dynamischer Wirksamkeit interessant.

Zweitens: **bei Akkumulationseffekten können emissionsbedingte Umweltschäden von der „Vorverschmutzung" abhängen.** Beim Klima gilt: frühere Klimagasemissionen beeinflussen das heutige, heutige Emissionen auch das künftige Klima, denn Klimagase (besonders CO_2) bleiben lange in der Atmosphäre aktiv. Und es gibt Verstärkungseffekte: Bei steigenden Temperaturen tauen z. B. Permafrostböden auf. Dadurch werden CO_2 und Methan frei, was erneut zu Erwärmung, Auftauen der Böden und Gas-Freisetzung führt. Weitere Beispiele: Das Auftauen von Gletschern vermindert die Abstrahlung des Sonnenlichts zurück ins All; dies verstärkt die Aufheizung. Waldbrände befeuern die globale Erwärmung, die wieder zu häufigeren Bränden führt. Die genannten Effekte verschärfen das aktuelle Problem – in allerdings derzeit unbekanntem Ausmaß. Von früherer Emission verursachte, aber erst heute – erwärmungsbedingt – wirksam werdende Schäden ergeben sich daher selbst bei heutiger Nullemission. Je stärker dieser Effekt, desto stärker wäre die zur Erreichung eines umweltökonomischen Optimums erlaubte Gesamtemissionsmenge zu reduzieren bzw. desto höher müssten entsprechende Umweltsteuersätze gesetzt werden. Schlimmstenfalls übersteigen emissionsbedingte (Spät-) Schäden die Vermeidungskosten selbst bei aktueller Nullemission. Ein „nachhaltiges Optimum" ist dann z. B. durch ein System von Emissionsrechten nicht mehr realisierbar. Mit Blick auf das Ziel, die Erderwärmung auf 2° zu begrenzen, wurden – vor diesem Hintergrund nicht überraschend – Empfehlungen zur Emissionsreduktion mehrfach verschärft. Daraufhin müssten (globale) Rechte- und Steuersysteme jeweils entsprechend angepasst werden. Spätestens wenn zur Realisierung des 2°-Ziels eine **Nullemissionstechnologie** gebraucht wird, geht es allerdings neben kurzfristiger Emissionsreduktion auch um (forcierten) umwelttechnischen Fortschritt (s. u.). In vielen Bereichen, z. B. im dynamisch wachsenden Flug- und Schiffsverkehr und auch in der Landwirtschaft sind freilich Nullemissionstechnologien noch nicht in Reichweite.

Drittens: **bei globalen Umweltproblemen** ist es schwer, umweltökonomische Optima auf nationaler Ebene zu bestimmen. Dies sei erneut am Beispiel der Klimapolitik erläutert: Das Klimaproblem übersteigt die direkte Reichweite nationaler Politik. Die Atmosphäre ist ein frei zugängliches, globales öffentliches Gut. Klimagasemissionen wirken global, sind aber national nur „anteilig" beeinflussbar. Erhöhen nichteuropäische Emissionen die Belastung, ist z. B. das europäische System der Ausgabe und des Handels von CO_2-Emissionsrechten entsprechend wirkungslos. Schlimmer noch: senkt die EU-Politik in Europa die CO_2-Emissionen bzw. den Verbrauch fossiler, d. h. „CO_2-trächtiger" Ressourcen (Kohle, Öl, Gas), so könnten global Kohle-, Öl- und Gaspreise sinken, Ressourcennachfrage und Emissionen daraufhin sogar steigen („**rebound effect**"). Allgemein können nationale Regulierungen oder Steuern auf umweltbelastende Wirtschaftsaktivitäten dazu führen, dass Wirtschaftsaktivitäten und Umweltbelastungen in andere Länder mit geringeren Schutzstandards verlagert werden. Das globale Umweltproblem wird dann nicht gelöst. Rechte- und Steuersysteme sind vor diesem Hintergrund klimapolitisch also nur wirkungssicher, wenn sie global installiert werden. Globale Einigungen sind aber schwierig. Regierungen werden die Interessen nationaler Schadstoffemittenten und Anbieter fossiler Energieträger beachten – und mit dem Argument, einseitige Lasten seien nicht zumutbar, Anstrengungen auf später bzw. auf andere Länder schieben wollen. Länderbezogene und globale Interessen fallen hier auseinander. Daher werden weltweite Vereinbarungen zur Emissionsreduktion mit Blick auf das 2°-Ziel wohl eher zu kurz greifen. Zudem ist es für einzelne Staaten attraktiv, Vereinbarungen nachträglich nicht einzuhalten. Ein Problem ist also auch die politische Durchsetzbarkeit.

Fazit: Will man einen in Bezug auf Grenzvermeidungskosten und Grenzkosten der Umweltbelastung effizienten Umweltschutz realisieren, kann bei einfachen Umweltproblemen empfohlen werden, kostengünstige Reduktionen durchzuführen (z. B. Hausisolierung), teure Maßnahmen aber kritisch zu hinterfragen (z. B. Photovoltaik). Rechte- bzw. Steuersysteme induzieren in diesem Sinne primär billige Emissionsminderungen. Eine – u. U. auch erst nach Technologieförderung erreichte – Emissionsreduktion durch teure Vermeidungstechnik wäre aus dieser Sicht zu teuer. Im Zeitablauf und bei Vorliegen globaler und komplexer Umweltprobleme ist diese Wertung aber zweifelhaft, denn neue Vermeidungstechnik könnte durch (ggf. staatlich geförderte) Weiterentwicklung später – weltweit – kostengünstig werden (z. B. Photovoltaik). Eventuell können langfristig zudem nur neue Technologien dazu führen, dass – wie es klimapolitisch wichtig wäre – Emissionen vollständig vermieden werden.

Im Folgenden sei staatliche **Umwelttechnologieförderung** (finanziert z. B. aus Umweltsteuereinnahmen) am **Beispiel der Energietechnik** untersucht. Langfristig muss im Energiesektor – auch wegen der endlichen fossilen Vorräte – ein **Übergang** zu nicht-fossiler und CO_2-bezogen emissionsfreier („erneuerbarer") Energie erfolgen. Nun stellt sich die Frage nach dem (ökonomisch und ökologisch) **optimalen Übergangszeitpunkt**. Dieser ist durch Technologie- bzw. Umweltpolitik beeinflussbar. Angenommen, die Kosten seien bei fossiler Energietechnik zunächst gering, mit zunehmender Erschöpfung der Vorräte aber progressiv steigend, bei „erneuerbaren", d. h. nicht-fossilen Energietechnologien zunächst sehr hoch, aber bei Lern- und Erfahrungseffekten im Zeitablauf eher fallend.

Private Investitionsentscheidungen in der Energietechnik beruhen auf dem kurzfristigen Vergleich der Kosten der erneuerbaren Energietechnik mit den (mit zunehmender Erschöpfung steigenden) Kosten der fossilen Technik. Bei einem solchen Kostenvergleich kommt die „erneuerbare" Technik erst zum Einsatz, wenn die Kosten der alten Technologien über die Kosten der erneuerbaren Energietechnik gestiegen sind – also wahrscheinlich erst kurz vor der Erschöpfung der fossilen Vorräte. Ein später Umstieg auf erneuerbare Technologien ist auch deshalb zu erwarten, weil die traditionellen Produktionsanlagen (deren Investitionskalkül auf längeren Laufzeiten basierte) durch den Umstieg entwertet werden und neue Geschäftsprozesse erzwingen. Insofern besteht die Gefahr, dass Unternehmen den Übergang zu neuen Technologien zu spät vollziehen. Dies spricht für staatliche Technologieförderung in diesem Bereich.

Zudem können **Lerneffekte** die Kosten der nicht-fossilen Technologie senken. Staatliche Technologieförderung kann diese Lerneffekte beschleunigen, sofern dadurch die neue Technologie früher angewendet wird. Dann liegt der kostenoptimale Übergangszeitpunkt früher und fossile Energien werden deutlicher vor Erschöpfung der Vorräte unwirtschaftlich. Im günstigsten Fall sinkt – selbst bei Berücksichtigung von Forschungssubventionen und eventueller Ineffizienz der Förderung – die Summe aus Energiekosten und Umwelt- bzw. Klimaschäden. Und: Wird z. B. in Europa entwickelte Technologie durch aktive Förderung und Anwendung schneller billig, so kann Europa mit Gewinn schon früher vom Kohleimporteur zum Nutzer erneuerbarer Technologien mutieren und schon früher Kohleimportkosten sparen. Zwar sind alle angesprochenen Kosten und Einsparungen abzudiskontieren. Dennoch kann Technologiepolitik langfristig lohnen, erst recht bei Berücksichtigung der externen Kosten der fossilen Technologie. Werden die Erneuerbaren hinreichend viel billiger als Kohle, wechseln viele Länder aus eigenem Antrieb von fossilen zu nicht-fossilen Technologien. Diesbezüglich ist das Instrument der Technologieförderung allen anderen analysierten umweltpolitischen Instrumenten überlegen. **Grüne Technologiepolitik** ist zudem, anders als globale Vereinbarungen oder Rechtesysteme, national und daher auch relativ gut realisierbar.

Ein – freilich umstrittenes – Erfolgsbeispiel ist in diesem Zusammenhang das deutsche Gesetz für den Ausbau erneuerbarer Energien (**Erneuerbare-Energien-Gesetz bzw. EEG**) aus dem Jahr 2000. Durch hohe und für 20 Jahre garantierte Einspeisesätze fördert das EEG Einsatz und Entwicklung anfangs teurer erneuerbarer Stromerzeugungstechnologien (z. B. Photovoltaik und Windenergie). Mit zunehmender Produktion wurden diese Technologien deutlich billiger, sie werden nun weltweit produziert und zunehmend eingesetzt. Zwar stehen diese Technologien – anders als Kohle – nur zur Verfügung, wenn die Sonne scheint bzw. der Wind weht. Leistungsfähige Stromspeichertechnik wird aber entwickelt. Das EEG führte nicht zu höheren Staatsausgaben, denn bezahlt haben die Stromverbraucher, die durch ihre Energienachfrage letztlich Mitverursacher der CO_2-Emission sind und somit gemäß Verursacherprinzip zu Recht eine Last zu tragen haben. Umstritten ist allerdings, in welchem Umfang energieintensive Unternehmen des Produzierenden Gewerbes aus Gründen der internationalen Wettbewerbsfähigkeit von der Belastung durch höhere Strompreise ausgenommen werden sollen.

Internationale Effekte lassen sich unter Umständen auch durch national strenge Gesetze erzielen. So ist in der Seeschifffahrt der sehr umweltbelastende Diesel- oder Schwerölantrieb bislang viel billiger als die umweltfreundliche Brennstoffzelle. Immer mehr Länder verschärfen jedoch die Regulierungen. Dies lässt Reedereien über den Einsatz von Brennstoffzellen nachdenken – wenn auch vorerst nur zum Betrieb elektronischer Systeme an Bord (z. B. Klimaanlage und Licht). Dadurch entstehen aber Lerneffekte, welche die Kosten der Brennstoffzelle senken – was anschließend eine weitere Regulierungsverschärfung (bis hin zum Verbot umweltbelastender Schiffsantriebe) ermöglichen könnte.

Derartige Technologiewechsel sind allerdings mit Anpassungslasten der zuvor dominierenden Anbieter fossiler Ressourcen verbunden. Denkbar ist, dass die traditionell verwendeten Ressourcen forciert zu niedrigen Preisen angeboten werden, wenn aktive Technologieförderung angekündigt wird bzw. wenn eine Ersatztechnologie eingeführt wird. In diesem Fall können die CO_2–Emissionen zunächst sogar steigen (erneut ein rebound effect). Dieses **grüne Paradox** wird jedoch mit steigenden Abbaukosten bei fossilen Ressourcen und sinkenden Kosten bei den Erneuerbaren langfristig zunehmend unwahrscheinlich. Zu Preisen unterhalb der Förderkosten zu verkaufen ist nicht sinnvoll. Bei erfolgreicher Technologiepolitik wird es letztlich nicht nur klimapolitisch erwünscht, sondern zugleich auch ökonomisch rational sein, einen Teil der fossilen Ressourcen im Boden zu lassen. Allenfalls könnten Ressourceneigner durch politisches Lobbying versuchen, den Übergang zu erneuerbaren Technologien hinauszuzögern (indem sie z. B. eine Subventionierung der fossilen Energien oder eine Besteuerung der Erneuerbaren erreichen).

Diese Überlegungen zeigen, dass in Bezug auf das Problem der Erderwärmung (ergänzende) staatliche Anpassungspolitik erforderlich sein kann. Darüber hinaus geht es bei der Anpassung an den Klimawandel oft um öffentliche Güter, die – individueller Rationalität folgend – in der Marktwirtschaft nicht privat angeboten werden (z. B. Deiche, Küstenschutz). Studien zeigen, dass derartige Anpassungen für Staat und Gesellschaft deutlich billiger sind als die „ungebremste" Inkaufnahme von Klimaschäden. Noch besser ist allerdings eine frühzeitige Emissionsreduktion.

Fazit: Bei der Beurteilung von Umweltpolitik bzw. von umweltpolitischen Instrumenten sind einfache und komplexe (z. B. globale) Umweltprobleme zu unterscheiden. Bei einfachen Umweltproblemen sollte die Umweltpolitik sich bei der Auswahl ihrer Instrumente vom Kriterium der ökonomischen Effizienz leiten lassen, wonach geforderte Umweltschutzerfolge möglichst kostengünstig erfolgen sollten. Bei komplexen Umweltproblemen sollte demgegenüber aktive Umwelttechnologieförderung nicht allein deswegen abgelehnt werden, weil sie unter Umständen (zunächst) teuer ist. Klimapolitisch kann vielmehr „grüne" Technologiepolitik – zumindest ergänzend – sinnvoll sein. Ein Problem besteht allerdings darin, dass häufig erst im Nachhinein erkennbar wird, um welche Art von Umweltproblemen es sich handelt, vor allem wenn sich Umweltbelastungen gegenseitig verstärken.

5.4 Probleme der Umweltpolitik

Aus der Darstellung wurde eine Vielzahl von Problemen der Umweltpolitik ersichtlich. Besonders zwei Probleme sind hervorzuheben:

Grundsätzlich wird angestrebt, Umweltschutzmaßnahmen nach dem Verursacherprinzip zu finanzieren, d. h. die Verursacher der Schäden – also Produzenten und Konsumenten umweltbelastender Güter – mit den Umweltkosten zu belasten (Internalisierung sozialer Kosten). Zusätzlich kann damit erreicht werden, dass – entsprechend der Preiselastizität – die Nachfrage nach umweltbelastenden Gütern, und damit auch die Umweltbelastung gesenkt wird. Dieses Prinzip ist aber schwer umzusetzen, wenn die Verursacher nicht eindeutig zu bestimmen sind, also vor allem, wenn Umweltprobleme sich überlagern und wechselseitig verstärken sowie über sehr lange Zeiträume wirken. Insbesondere bei globalen Umweltproblemen wie dem Klimawandel ist das **Verursacherprinzip** daher **oft nicht anwendbar.**

Generell ist es **schwierig den optimalen Umfang von Umweltschutzmaßnahmen** in einem Umfeld **zu bestimmen**, das durch Veränderung von Umweltproblemen und immer wieder durch technischen Fortschritt geprägt ist – also dynamische Analysen erfordert. Die optimale Dosierung umweltpolitischer Maßnahmen (Festlegung von Grenzwerten für zulässige Emissionen oder Höhe von Umweltsteuern) ist nur ermittelbar, wenn die Kosten der Umweltschäden und des -schutzes bekannt sind. Das ist normalerweise nicht der Fall, sodass Abgaben und Steuern kaum optimal festsetzbar sind. Darüber hinaus sind nationale Steuern und Abgaben nicht global wirksam und können sogar zu Zielkonflikten führen – vor allem mit der internationalen Wettbewerbsfähigkeit der Unternehmen. Langfristig – d. h. auch für künftige Generationen – lassen sich Konsum- und Produktionsmöglichkeiten nur sichern, wenn es weltweit gelingt, umweltverträgliche Formen von Konsum und Produktion zu entwickeln. Dazu kann entsprechender technischer Fortschritt beitragen, für den die Umweltpolitik Anreize setzen kann, ohne allerdings eine „Erfolgsgarantie" liefern zu können.

5.5 Aufgaben

1. Inwiefern sind in Marktwirtschaften die Existenz externer Effekte und frei zugänglicher öffentlicher Umweltgüter (Begriffe bitte erläutern) eine Rechtfertigung für staatliche Umweltpolitik?
2. Erläutern Sie drei Kriterien, nach denen sich umweltpolitische Instrumente beurteilen lassen, und – auf dieser Basis – drei umweltpolitische Instrumente.

3. Erläutern Sie den Unterschied zwischen einfachen und komplexen Umweltproblemen.
4. Erläutern Sie anhand eines Beispiels, inwiefern umweltpolitische Instrumente
   bei einfachen und bei komplexen Umweltproblemen unterschiedlich gut geeignet sein können.
5. Erläutern Sie anhand eines Beispiels, wie Umweltpolitik durch Entscheidungen
   in anderen Politikfeldern beeinflusst werden kann.

6 Wachstums- und Strukturpolitik

In diesem Kapitel

- gehen Sie davon aus, dass Wachstum dazu dient die Versorgung mit Gütern zu verbessern, es in entwickelten Volkswirtschaften aber auch erleichtert, andere wirtschaftspolitische Ziele zu realisieren,
- verstehen Sie, dass sich Wachstumspolitik in einer Marktwirtschaft rechtfertigen lässt, wenn die Wachstumskräfte bei Marktversagen zu gering sind, um ein angemessenes Wachstum zu erzeugen, welches z. B. hoch genug ist, um die Beschäftigung zu sichern,
- diskutieren Sie die Zielkonflikte zwischen Wachstum und anderen wirtschaftspolitischen Zielen wie z. B. der Nachhaltigkeit,
- erfahren Sie, dass Wachstumspolitik angebotsseitig darauf zielt, langfristig die Produktionsmöglichkeiten zu verbessern bzw. die Kapazitäten zu vergrößern,
- erfahren Sie, wie Wachstumspolitik bei den Faktoren Arbeit, Kapital, technisches Wissen und Infrastrukturausstattung ansetzen kann und inwiefern auch die Neuausrichtung anderer Politikfelder wachstumsfördernd wirken kann,
- wird deutlich, wie Wachstum und Strukturwandel zusammengehören und dass der Strukturwandel unter anderem eine sektorale und eine regionale Dimension hat,
- verstehen Sie, dass die Ziele der Strukturpolitik vielfältig und z. T. widersprüchlich sind. Strukturpolitik kann darauf abzielen, den Strukturwandel und die Strukturentwicklung zu fördern oder zu verlangsamen bzw. sozial abzufedern,
- erfahren Sie, dass Instrumente der aktiven Strukturpolitik Maßnahmen zur Erhöhung der Anpassungsflexibilität und der Mobilität sein können, z. B. Infrastrukturförderung,
- lernen Sie Strukturpolitik differenziert zu beurteilen. Risiken sind besonders mit spezifischen (d. h. auf einzelne Unternehmen oder Branchen bezogenen) Eingriffen verbunden,
- Subventionen blockieren notwendige Marktentwicklungen am wenigsten, wenn sie zeitlich befristet und im Zeitablauf degressiv ausgestaltet sind.

6.1 Wachstumspolitik

Wirtschaftswachstum wird meist als prozentuale Zunahme der gesamtwirtschaftlichen Produktion bzw. des realen Inlandsprodukts gegenüber dem Vorjahr gemessen. Das so definierte Wachstum war in Deutschland in der Nachkriegszeit zunächst lange Zeit so hoch, dass es nicht als eigenständiges wirtschaftspolitisches Ziel oder Problem angesehen wurde.

6.1.1 Problemstellung und Begründung (Rechtfertigung) der Wachstumspolitik

Seit der Rezession Mitte der 1960er Jahre, als (wieder) nennenswerte Arbeitslosigkeit auftrat, bekam das Wachstum eine stärkere wirtschaftspolitische Bedeutung. Durch das StabG wurde ein „angemessenes und stetiges" Wachstum (vor allem zur Sicherung der Beschäftigung) zum wirtschaftspolitischen Ziel.

https://doi.org/10.1515/9783110569568-006

Wachstumspolitik bezieht sich primär auf die Angebotsseite bzw. auf die Produktionskapazitäten in einer Volkswirtschaft. Die Fähigkeit, langfristig „nebenwirkungsarm" ein höheres Güterangebot bereitzustellen, soll gesteigert bzw. das volkswirtschaftliche Produktionspotenzial vergrößert werden. Erfolgreiche Wachstumspolitik wirkt kapazitätserweiternd, verschiebt also die gesamtwirtschaftliche Angebotskurve nach außen.

Demgegenüber ist Konjunktur- bzw. Stabilisierungspolitik (vgl. Abschn. 4) darauf gerichtet, kurz- bis mittelfristig die Auslastung eines gegebenen Produktionspotenzials zu verbessern bzw. zu verstetigen. Diese Politik zielt eher auf Beeinflussung der Nachfrage. Eine Nachfragebelebung lässt sich bei Unterauslastung gut begründen, ist aber kurzfristig durch die gegebenen volkswirtschaftlichen Kapazitäten begrenzt, während Wachstumspolitik dazu beiträgt, diese Spielräume auszuweiten und ein höheres Niveau des Volkseinkommens bzw. der volkswirtschaftlichen Produktion zu ermöglichen. Diese Überlegung spricht für eine Kombination von Wachstumspolitik und Stabilisierungspolitik zur Beeinflussung der gesamtwirtschaftlichen Entwicklung.

Für Wachstum spricht, dass es die Güterversorgung und die Bedürfnisbefriedigung erhöht sowie Wohlstand und – eventuell sogar bei steigender Arbeitsproduktivität – Beschäftigung, ökonomische Freiheit und individuelle Handlungsspielräume sichert. Ferner erleichtert Wachstum die Realisierung anderer wirtschaftspolitischer Ziele – wie z. B. die Finanzierung der sozialen Sicherung und die Bewältigung des Strukturwandels sowie Umverteilung; zudem steigen im Wachstumsprozess auch die Steuereinnahmen, die erforderlich sind um öffentliche Güter wie z. B. Bildung und Infrastruktur bereitzustellen oder die Staatsverschuldung zu senken. Insofern kann Wachstum als „Schmiermittel" für die Lösung wichtiger wirtschaftspolitischer Aufgaben angesehen werden.

Will man beurteilen, ob Wachstum erforderlich ist, sind auch qualitative Aspekte relevant. **Kritiker** halten zum einen ein lediglich auf materielles Wachstum eingeengtes Wachstumsziel für verfehlt, weil es dabei zu wenig um die Entfaltung menschlicher Fähigkeiten gehe, weil viele Merkmale des Wohlstands – z. B. das Leben in einer „solidarischen" Gesellschaft – immaterieller Natur sind und insbesondere weil Wachstum mit dem Verbrauch natürlicher Ressourcen zu Lasten künftiger Generationen einhergeht. Angesichts der steigenden Weltbevölkerung bleibt für viele Menschen die Freiheit von materieller Not dennoch weiterhin ein zentrales und legitimes Ziel. Insofern wird als Kompromiss häufig qualitatives oder nachhaltiges Wachstum anstelle eines rein quantitativ definierten Wachstums angestrebt. Wachstum ist nachhaltig bzw. dauerhaft tragfähig, sofern es gleichzeitig ökonomische, ökologische und soziale Ziele berücksichtigt, also – anders formuliert – mit dem Schutz der natürlichen Lebensgrundlagen vereinbar ist, die Produktion intragenerativ, d. h. auf alle weltweit lebenden Menschen gerecht verteilt und zugleich die Lebenschancen künftiger Generationen schützt. Vielfach wird darauf hingewiesen, dass die derzeitige Produktions- und Konsumweise an Grenzen stößt: Der so genannte jährliche Überschreitungstag, also „der Tag, an dem die Welt beginnt, Ressourcen zu konsumieren, die im Laufe des Jahres nicht aufgefüllt werden können", liegt inzwischen im Sommer eines Jahres, 1970 lag er noch am 23. Dezember. Damit werden künftige Produktionsmöglichkeiten beschränkt.

Ein „nachhaltiges" Wachstum müsste

- **effizient** sein, d.h. die Produktion jeweils mit geringstmöglichem Ressourceneinsatz erreichen. Bei der Erneuerung des Kapitalstocks werden z.B. alte, umweltbelastende Maschinen teilweise durch neue umweltschonendere Anlagen ersetzt,
- **suffizient** sein, d.h. Produktion und Konsum müssten sich so ändern, dass sie mit der Erhaltung der natürlichen Lebensgrundlagen vereinbar wären und
- **konsistent** mit dem natürlichen Stoffkreislauf gestaltet werden. Dies könnte z.B. durch regenerative Energieerzeugung und umfassenderes Recycling erreicht werden, erfordert aber eine weitgehende Neuausrichtung von Konsum und Produktion.

Damit wird die Frage, wie Konsum und Produktion nachhaltig ausgerichtet werden können zu einer zentralen Frage der Wachstumsdiskussion. Es scheint z.B. unentbehrlich, dass wachsende Unternehmen und die Volkswirtschaft insgesamt Richtungen von Forschung, Entwicklung und Investitionen vorantreiben, die dem Umweltschutz und der Schonung der natürlichen Ressourcen dienen. Das im StabG festgelegte Ziel des „angemessenen" Wachstums ist vor diesem Hintergrund (auch) als **nachhaltiges Wachstum** zu deuten.

Wachstum ergibt sich aus den Produktions- und Investitionsentscheidungen von Unternehmen. Ordnungspolitisch gesehen sollte der Staat in diese Entscheidungen nur eingreifen, wenn am Markt keine zufriedenstellenden Ergebnisse zustande kommen. Vor der Diskussion wachstumspolitischer Optionen ist somit nach der **Rechtfertigung von Wachstumspolitik in der Marktwirtschaft** zu fragen.

Zum einen lässt sich beobachten, dass marktendogene Wachstumskräfte häufig zu gering sind, um Wachstum zu generieren, das zur Sicherung der Beschäftigung reicht. Bei steigender Arbeitsproduktivität sichert Wachstum erst dann die Beschäftigung, wenn es die Rate des Produktivitätsfortschritts übersteigt.

Zum anderen haben wichtige Wachstumsfaktoren die Eigenschaft öffentlicher Güter. In Bereichen wie Infrastruktur oder Forschung und Entwicklung hat der Markt zu wenig Anreize für Investitionen, wenn sich die Erträge entsprechender Investitionen kaum privatisieren lassen. Auch hohe Zinsen (welche eine geringere Bewertung künftiger Erträge beinhalten) behindern zukunftsweisende Investitionen.

Insofern lässt sich staatliche Wachstumspolitik rechtfertigen. Dabei sind aber mögliche wirtschaftspolitische **Zielkonflikte** zu berücksichtigen. Selbst nachhaltiges Wachstum kann von Veränderungsprozessen begleitet sein, die Anpassungsmaßnahmen erfordern:

- Wachstum kann die **Preisstabilität** gefährden, wenn (im Boom) die Nachfrage schneller wächst als das Angebot.
- Wachstum geht häufig mit technischem Fortschritt einher, der die Arbeitsproduktivität erhöht. Insofern kann Wachstum im Konflikt zum **Beschäftigungsziel** stehen. Vor diesem Hintergrund wird mittelfristig ein Wachstum mindestens in Höhe des durchschnittlichen Anstiegs der Arbeitsproduktivität angestrebt.
- Häufig geht Wachstum mit Strukturwandel einher, sodass es von einem schnellen Wechsel beruflicher Anforderungen begleitet wird. Dann passen angebotene und nachgefragte Qualifikationen nicht immer zusammen, sodass in einigen Regionen und Sektoren vorübergehend **strukturelle Arbeitslosigkeit** auftreten kann.
- Wachstum beeinflusst auch die **außenwirtschaftlichen Beziehungen**. Ein von Innovationen getragenes Wachstum kann z. B. die internationale Wettbewerbsfähigkeit und damit die Exportbilanz verbessern, damit aber zugleich das Ziel einer ausgeglichenen **Leistungsbilanz** erschweren.
- Wachstum kann ferner die **Ungleichheit der Verteilung** erhöhen. Die Erfolgreichen treiben das Wachstum durch neue Ideen, Produkte und Verfahren voran und verbessern dabei ihre Einkommensposition. Ungleichheit kann aber die soziale und politische Stabilität einer Gesellschaft beeinträchtigen, was nachfolgend wiederum wachstumshemmend wirken kann. Ein zu starker Ausgleich von Ungleichheit kann andererseits wachstumsdrosselnd wirken, weil Leistungsanreize verloren gehen.

6.1.2 Ansatzpunkte für Wachstumspolitik

Wachstumspolitik ist eine **Querschnittsaufgabe**. Viele Träger bzw. Akteure der Wirtschaftspolitik können sinnvolle Beiträge leisten und dabei unterschiedliche Instrumente zum Einsatz bringen. Mögliche Ansatzpunkte für Wachstumspolitik ergeben sich aus den angebotsseitigen **Determinanten des Wachstums**, also aus den Einsatzmengen und -qualitäten der Produktionsfaktoren Arbeit, Kapital, technisches Wissen und Boden bzw. natürliche Ressourcen. Ein **quantitativer Mehreinsatz der Faktoren** ermöglicht **extensives Wachstum**, eine **intensivere Nutzung der Faktoren** ermöglicht **intensives Wachstum**.

Das durch Faktormehreinsatz erzielbare extensive Wachstum stößt an Grenzen, wenn die zur Verfügung stehenden Faktoren knapp werden oder wenn die Grenzerträge des Faktoreinsatzes abnehmen. Durch Innovationen lässt sich aber die Ergiebigkeit der Faktoren Arbeit, Kapital und natürliche Ressourcen steigern. Somit sind Innovationen bzw. technischer Fortschritt für das Wachstum besonders wichtig. Dauerhaftes Wachstum erfordert ständig neues Wissen darüber, wie Arbeit, Kapital und natürliche Ressourcen besser bzw. intensiver nutzbar gemacht werden können. Insbesondere kann die – meist öffentlich bereitgestellte – Ressource „Infrastruktur" zum Wachstum beitragen. Infrastruktur umfasst die materielle Infrastruktur (z. B.

Tab. 6.1: Ansatzpunkte der Wachstumspolitik.

Produktionsfaktor als Ansatzpunkt	Maßnahmebereiche für Wachstumspolitik
Arbeit (Humankapital)	Beeinflussung des Arbeitsvolumens (quantitativ)
	Bildung/Qualifizierung, Mobilität (qualitativ)
Sachkapital	Investitionsförderung
Technologie (Innovationskapital)	Innovations- und Technologiepolitik
natürliche Ressourcen (Naturkapital)	Entwicklung neuer Technologien zur Schonung der Umwelt
Rahmenbedingungen (einschließlich Infrastruktur)	Wachstumsfreundliche Regulierung

Quelle: eigene Darstellung.

Verkehrs-/Kommunikationseinrichtungen), die personelle Infrastruktur (z. B. Aus- und Weiterbildungssystem, Forschungs- oder Gesundheitseinrichtungen) sowie die institutionelle Infrastruktur, also die Rechts-, Wirtschafts- und Sozialordnung. Die Attraktivität eines Produktionsstandortes steigt, wenn der Ordnungsrahmen stabil ist, staatliche Regulierungen wachstumsfreundlich gestaltet sind, sozialer Frieden herrscht und eine verlässliche Rechtsordnung existiert. Entscheidend ist, dass all diese Faktoren zusammenwirken. Von Bedeutung ist in diesem Zusammenhang auch die Anpassungsfähigkeit der Wirtschaft im sektoralen und regionalen Strukturwandel.

Wachstumspolitische Ansatzpunkte im Sinne einer **faktorbezogenen Wachstumspolitik** (vgl. Tab. 6.1) werden nachfolgend näher dargestellt.

Förderung des Produktionsfaktors Arbeit

Vor dem Hintergrund des demografischen Wandels ist die **quantitative Erhöhung des Arbeitseinsatzes** in Industrieländern oft nur in Grenzen möglich. Das Arbeitsvolumen lässt sich allerdings durch eine Verbesserung der Rahmenbedingungen für Teilzeitarbeit und für weibliche Erwerbsbeteiligung sowie über neue Lebensarbeitszeitregelungen (z. B. in Bezug Ausbildungsdauer und Renteneintrittsalter) noch steigern, zudem kann (z. B. im gemeinsamen europäischen Binnenmarkt) Zuwanderung das Arbeitskräftepotenzial vergrößern.

Wachstumsförderung erfordert gleichwohl auch Maßnahmen zur **qualitativen Verbesserung des Faktors Arbeit**. Dazu gehört die Förderung von Aus- und Weiterbildung. Der Staat muss z. B. – ggf. unter Mithilfe privater Bildungsträger oder Unternehmen – gute Ausbildungsstätten, Schulen, Hochschulen usw. bereitstellen. Daneben geht es auch um eine Steigerung der beruflichen Mobilität (z. B. durch Berufsberatung oder durch Umzugsbeihilfen bei beruflich bedingten Umzügen). Vorhandene Wachstumspotenziale können nur genutzt bzw. strukturelle Arbeitslosigkeit nur reduziert werden, wenn Arbeitskräfte in der Lage sind, sich an den Wandel der beruflichen Anforderungen anzupassen.

Die Qualität von Arbeitskräften bemisst sich freilich nicht nur an ihren Fähigkeiten, sondern auch an der inneren Einstellung zur Arbeit, an Motivation und „Pioniergeist". In Europa war lange Zeit die calvinistische Ethik (welche Reichtum als göttlichen Gnadenerweis interpretiert, den Konsum des erworbenen Reichtums aber zugleich verbietet) eine Triebfeder des Wachstums.

Förderung des Produktionsfaktors Kapital

Wachstumspolitisch geht es auch darum, den volkswirtschaftlichen Kapitalstock zu vergrößern oder qualitativ zu verbessern. Dazu sind Investitionen erforderlich. Investitionen lassen sich durch Verbesserung der allgemeinen Investitionsbedingungen fördern, z. B. in Bezug auf Gewinnerwartungen (Investitionsklima) sowie Finanzierungsmöglichkeiten (Risikokapital, Zinsen). Auch spezielle Maßnahmen wirken umso besser, je positiver das Investitionsklima ist. Prinzipiell geeignet erscheinen in diesem Zusammenhang Instrumente in den nachfolgend genannten Bereichen:

- **Bereitstellung von Kapital zur Finanzierung von Sachinvestitionen:** Ein funktionierendes Bankensystem, das vor allem auch investitionswilligen kleinen und mittleren Unternehmen und Existenzgründern den Zugang zu finanziellen Ressourcen eröffnet, ist wesentlich für die Anpassungsfähigkeit der Unternehmen im Wachstumsprozess.
- **Lenkung von Ersparnissen in investive Verwendungen**, z. B. indem ein Teil der Löhne einer investiven Verwendung zugeführt wird (Investivlohn). Allgemeine Sparförderung scheint dagegen eher ungeeignet, sofern die Ersparnisse stillgelegt (gehortet) werden oder ins Ausland abfließen.
- **Direkte Förderung oder steuerliche Begünstigung von Investitionen**, damit (Spar)kapital nicht ins Ausland oder in eine nicht-investive Verwendung fließt. Im Unterschied zu direkten Investitionszuschüssen wirken steuerliche Maßnahmen aber im Regelfall nur bei positiven Gewinnen.
- **Verbesserung des Investitionsklimas (Gewinnerwartungen).** Hier spielen neben ökonomischen auch psychologische Faktoren eine Rolle. Alle Maßnahmen zur Verbesserung der Standortbedingungen (z. B. in Bezug auf Genehmigungsverfahren, Infrastruktur oder Besteuerung) sind prinzipiell geeignet, das Investitionsklima zu verbessern.

Förderung des Wissens: Innovations- und Technologiepolitik

Neben der Quantität ist besonders auch die **Qualität des verfügbaren Sachkapitals** von Bedeutung, dabei vor allem die Qualität des im Kapital „verkörperten" Wissens. Es geht demzufolge wachstumspolitisch auch um die Förderung des technisch-organisatorischen Wissens.

Technologiepolitik und Investitionsförderung hängen zusammen: neue Ideen erfordern oft neue Anlagen. Man spricht von kapitalgebundenem technischem Fortschritt. **Innovationen** erneuern den **Kapitalbestand** und erweitern die gesamtwirtschaftliche Kapazität. Technologie- und Innovationsförderung wirkt besonders wachstumsfördernd, wenn der Einsatz der neuen Technologien (z. B. Internet) mit steigenden Grenzerträgen verbunden ist. Technologiepolitische Ansatzpunkte lassen sich in allen **Innovationsphasen** finden, d. h. bei der **Erfindung (Invention)**, der Markteinführung bzw. Umsetzung bzw. **Neuerung (Innovation)** und bei der **Verbreitung** von Neuerungen (**Diffusion**).

Voraussetzung für rege Erfindertätigkeit ist die Sicherung einer guten (Schul-) Ausbildung, aber auch eine breite **Förderung der Grundlagenforschung**. Die Förderung kann bei Forschungseinrichtungen (in Deutschland z. B. Hochschulen oder Max-Planck-Institute) oder bei Forschern ansetzen (z. B. durch Stipendien). Ferner kann die Forschungsorganisation verbessert werden. Zudem kann der **Patentschutz verbessert** werden. Erhält der Erfinder ein zeitlich befristetes Verwertungsmonopol, so steigt seine Erfindungsbereitschaft, im Gegenzug muss das Patent veröffentlicht werden, um aufwändige Parallelentwicklungen zu vermeiden. Patentgeschützte Güter stehen dann aber nicht im Wettbewerb und sind meist teuer, da die Investitionskosten erwirtschaftet werden sollen. Reformen des Patentrechts können z. B. sein:
- Verlängerung der Patentlaufzeit
- Reduktion der Patentgebühren
- Vereinfachung des Patentanmeldeverfahrens
- verringerte Anforderungen an den verlangten Neuheitsgrad

Die Technologiepolitik kann die ökonomische Nutzung der Erfindungen in Form neuer Verfahren und/oder Produkte (**Neuerungen/Innovationen**) fördern. Wiederum können Forscher oder Forschungseinrichtungen (in Deutschland z. B. die Fraunhofer-Institute) bezuschusst werden. Auch Maßnahmen zur Förderung der Ausbildung im Ingenieurbereich können die Bedingungen für **angewandte Forschung** verbessern. Neben technischem Wissen können organisatorische Verbesserungen den Innovationsprozess erleichtern. Auch diesbezüglich kann angewandte Forschung unterstützt werden.

Schließlich kann die Technologiepolitik bei der **Diffusion von Neuerungen** ansetzen. Durch geeignete Informations-, Dokumentations- und Beratungssysteme (z. B. Patentinformationsdienste) lässt sich die Verbreitung von technologischem Wissen erhöhen. Daher können Einrichtungen gefördert werden, die den **Technologietransfer** unterstützen oder beim Aufbau von Datenbanken und Netzen informeller Kontakte helfen. Die Bereitschaft, Neues zu imitieren, lässt sich ferner durch Förderung geeigneter Aus-, Weiterbildungs- und Umschulungsmaßnahmen steigern. Auch beim Patentschutz sind Verbesserungen denkbar. Eine Verkürzung von Patentlaufzeiten erleichtert die Nachahmung von Neuerungen. Sie verschlechtert allerdings die Bedingungen für Innovatoren. Die Verbreitung neuer Ideen kann aber auch durch verbesserte Regelungen zur **Lizenzvergabe** gesteigert werden.

Spezifische Innovations- und Investitionsförderung

In der Praxis gibt es viele Ansätze einer *spezifischen* Förderung von Investitionen bzw. Technologien, die für zukunfts- bzw. wachstumsträchtig gehalten werden, häufig in Form direkter Projektförderung. Unterstützt werden oft kapitalintensive, langfristige, risikoreiche und innovative Investitionen bzw. Technologien. Dies wird damit begründet, dass die Realisierung solcher Projekte unter Marktbedingungen oft wenig wahrscheinlich ist. Die Förderung betrifft z. B.

– Projekte, die als wachstumsträchtig gelten, deren Risiko private Unternehmen aber nicht allein tragen wollen oder können, weil Gewinne auf absehbare Zeit nicht zu erwarten sind. In diesem Fall kann Marktversagen in der Form vorliegen, dass der Marktmechanismus langfristig erzielbare Vorteile unterbewertet.
– Schlüsseltechnologien, die in einer Vielzahl von Branchen einsetzbar sind und daher von großer Tragweite für das Wachstum sein können (z. B. Internet). In diesem Fall tritt Marktversagen aufgrund von externen Effekten in Form von Verwertungschancen auf, die nicht immer demjenigen zufallen, der die Forschung finanziert.
– Investitionen, die im allgemeinen Interesse liegen bzw. eine ressourcenschonende und nachhaltige Entwicklung fördern. Als Beispiel kann die Erforschung und Förderung alternativer Energiequellen dienen, die eine sichere, preiswerte und umweltfreundliche Energieversorgung ermöglichen.

Der Ansatz der spezifischen Projektförderung kann allerdings problematisch sein. Die **Auswahl geeigneter Projekte** ist schwierig. Der Staat kann Zukunftschancen und Risiken spezieller Technologien und Investitionen im Regelfall nicht besser einschätzen als der Markt. Somit besteht die Gefahr der Fehllenkung von Ressourcen. Politische Lobbyarbeit einzelner Interessengruppen findet hier viele Ansatzpunkte. Hinzu kommt der technologische **Lemminge-Effekt**: Häufig werden die Förderaktivitäten in eine bestimmte Richtung „kanalisiert", andere aussichtsreiche Entwicklungswege werden nicht (mehr) weiterverfolgt. Das Zurückfahren von Alternativforschungen kann aber per Saldo innovationshemmend wirken. Wie überall, wo Investitionszuschüsse gezahlt werden, können zudem bei spezifischer, projektbezogener Förderung **Mitnahmeeffekte** nicht sicher vermieden werden. Häufig wären die Projekte auch ohne Förderung durchgeführt worden.

Aus ordnungspolitischer Sicht wird daher gefordert, dass staatliche Innovations- bzw. Technologieförderung wenig spezifisch sein sollte. Primär gelte es, Innovationshemmnisse zu beseitigen, z. B. indem die Ausstattung mit Humankapital verbessert wird. Will der Staat die Forschungs- und Entwicklungsanstrengungen fördern, sollte demnach eine Förderung bevorzugt werden, welche nicht an einzelnen Projekten, sondern z. B. generell an den Forschungs- und Entwicklungsaktivitäten ansetzt. In diesem Sinne geeignet wären z. B. steuerliche Erleichterungen bei F&E-Aufwendungen und/oder Zuschüsse zu den Personalkosten des in F&E-Abteilungen beschäftigten Personals, unabhängig davon, in welchen technologischen Bereichen die Forschung bzw. Entwicklung stattfindet.

In der Realität ist gleichwohl die selektive bzw. spezifische Form der Förderung einzelner Projekte, Branchen und Technologien weit verbreitet, wobei es neben „Positivbeispielen" (Internet) auch „Negativbeispiele" gibt (z. B. Förderung der Transrapid-Technologie). Diese Diskrepanz lässt sich mit Hilfe von Erkenntnissen der ökonomischen Theorie der Politik (vgl. Kap. 1) erklären.

Wiederwahlorientierte Politiker beachten demnach, dass sich die gezielte Förderung bestimmter Technologien oder konkreter Projekte politisch besser vermarkten lässt als allgemeine Forschungsförderung. Potenzielle **Empfänger** (z. B. Unternehmen bestimmter Branchen) wollen keine allgemeine Technologieförderung, die allen Branchen zu Gute kommt, sondern spezifische Forschungssubventionen. Zudem haben sie als kleine Interessengruppen bei der Organisation spezieller politischer Unterstützung vermutlich Vorteile. **Mitarbeiter der Forschungsbürokratie** sind an selektiver Forschungsförderung interessiert, weil dann ihr Expertenwissen besonders stark gefragt ist. Besonders die direkte Projektförderung kann das Prestige und eventuell das Einkommen der Bürokraten steigern, da die Bearbeitung der Anträge und die Kontrolle der Durchführung einzelner Projekte arbeitsaufwendig sind und diese Aufgaben – angesichts der Komplexität technologischer Entwicklungen – nur von Experten erfüllt werden können, die durch ihren Wissensvorsprung gleichzeitig Gestaltungsspielräume haben. Nutzenmaximierende Bürokraten erstreben somit die Beibehaltung bzw. Ausweitung des direkten Förderinstrumentariums.

Wachstumsfreundliche Ausgestaltung von Rahmenbedingungen (materielle und institutionelle Infrastruktur)

Insgesamt lassen sich in vielen Politikfeldern Ansatzpunkte für eine wachstumsfreundliche Ausgestaltung der Rahmenbedingungen finden. Dazu einige Beispiele:

- Gute **Wettbewerbspolitik** kann das Wachstum positiv beeinflussen. So fördert der Abbau von Marktbarrieren bzw. die Verhinderung von Wettbewerbsbeschränkungen nicht nur den (dynamischen) Wettbewerb, sondern – über den Anreiz zu mehr Innovationen und Investitionen – zugleich das Wachstum.
- **Infrastruktureinrichtungen** erhöhen die Produktivität privater Investitionen, sie verbessern die **Standortqualität** und sind insofern **Voraussetzung für private Investitionen, Produktion und Wachstum.** Ein guter Produktionsstandort braucht z. B. Verkehrswege, eine gesicherte Stromversorgung, moderne Kommunikationsmedien (materielle Infrastruktur), eine funktionierende Verwaltung, Bildungseinrichtungen (institutionelle Infrastruktur) und qualifizierte Arbeitskräfte (personelle Infrastruktur), aber auch ein attraktives Wohnumfeld sowie Freizeit- und Gesundheitseinrichtungen, d. h. weiche Standortfaktoren. Zwar könnten Investitionen in die Infrastruktur im Prinzip auch durch Private erfolgen. Allerdings haben Infrastruktureinrichtungen z. T. Eigenschaften öffentlicher Güter. Der Ausschluss von der Nutzung von Infrastrukturgütern ist häufig teuer, die Investitionen sind oft hoch und kurzfristig nicht rentabel.

Ohne staatliche Initiative käme es daher vermutlich zu einem zu geringen und nicht flächendeckenden Infrastrukturangebot.

– Die **steuerlichen Rahmenbedingungen** lassen sich so gestalten, dass nachhaltiges Wachstum unterstützt wird, z. B. durch Vereinfachung der Besteuerung bzw. durch breitere aber niedrige Besteuerung (und eventuell auch durch eine Verschiebung der Steuerlast vom mobilen Faktor Kapital zum immobilen Faktor Boden).

– Angesichts zunehmender internationaler Verflechtung und steigender Mobilität des Kapitals wird besonders für offene Volkswirtschaften die Standortqualität immer wichtiger. Dabei ist die Qualität des Standorts im Vergleich mit Auslandsstandorten zu sehen, denn im **Wettbewerb der Produktionsstandorte** konkurrieren Regionen sowie Rechts-, Steuer- und Sozialsysteme miteinander. Investoren vergleichen die Attraktivität verschiedener Standorte – unter anderem in Bezug auf öffentliche Leistungen und die Infrastrukturausstattung. Standorte, an denen die öffentlichen Leistungen gut sind im Vergleich zu dem, was dafür an Steuern und Abgaben fällig wird, sind attraktiv für das international mobile Kapital. Dieser Wettbewerb wirkt als Triebkraft beim Ansiedeln und Gründen neuer Unternehmen und beeinflusst auch den öffentlichen Bereich, der (bessere) Rahmenbedingungen zu entwickeln hat (**Wettbewerb der Regulierungssysteme**). Ohne dass hier eine ausführliche Diskussion erfolgen soll sind folgende Hinweise erforderlich:
  – Unternehmen vergleichen Standorte in Hinblick auf die standortspezifischen Kostenunterschiede, aber auch in Hinblick auf die Standortqualität, die z. B. durch Steuern finanziert wird. Insofern kommt es nicht nur auf die Höhe der steuerlichen Belastungen an sondern auch auf die bereitgestellten Vorteile der Standorte – quasi auf das Preis-Leistungsverhältnis zwischen Kosten und unternehmensspezifischen Vorteilen.
  – Durch den internationalen Standortwettbewerb verringern sich nationale Gestaltungsspielräume, wenn der Standort durch niedrige Steuern und Regulierungsstandards, gleichzeitig aber auch durch gute (öffentlich finanzierte bzw. kostengünstig bereitgestellte) Infrastruktur attraktiv gemacht werden soll. Dieser Zielkonflikt geht möglicherweise zu Lasten anderer wirtschaftspolitischer Ziele, z. B. der Haushaltskonsolidierung.
  – Im internationalen Standortwettbewerb besteht die Gefahr, dass erreichte Schutzstandards (z. B. das Niveau der sozialen Sicherung, Umweltschutzregelungen oder steuerliche Belastungen) abgebaut werden, weil einzelne Staaten versuchen, durch Senkung der Unternehmensbelastungen ihre Standortattraktivität zu erhöhen. Diese Prozesse sind häufig negativ für nicht oder weniger mobile Faktoren bzw. für die Bevölkerung.

– Generell können Wachstumsbarrieren auch durch **„intelligentere" Regulierungen** beseitigt werden. Dazu ein Beispiel: umweltpolitische Genehmigungsverfahren bei bestimmten Anlagen der chemischen Industrie benachteiligten früher deutsche gegenüber ausländischen Standorten. Genehmigungsverfahren dauerten in Deutschland länger; also konnte hier erst später Gewinn erzielt werden. Durch eine Verfahrensverbesserung konnte inzwischen aber dieser Nachteil reduziert werden, ohne Abstriche beim Umweltschutz zu machen: Die beteiligten Behörden müssen nun gleichzeitig (gemeinsam) anstatt bisher nacheinander über ihre Teilgenehmigungen entscheiden. Ein Negativbeispiel: der im Zuge der deutschen Einigung verfolgte Grundsatz „Rückgabe vor Entschädigung" führte dazu, dass Investoren sich nach der Wende in den neuen Ländern zurückhielten, da sie nicht wussten, ob später ein Alteigentümer auftauchen würde, der berechtigten Anspruch auf die soeben erst erworbene Gewerbeimmobilie erheben könnte.

Veränderungen der Rahmenbedingungen, von denen positive Wachstumswirkungen erwartet wurden, bezogen sich in Deutschland in den letzten Jahren z. B. auf das Arbeits- und Sozialrecht („Hartz-Reformen" mit dem Grundsatz „Fördern und Fordern"), auf Regelungen im Bereich der geringfügigen Beschäftigung und auf Regelung der Betriebsübergabe im Rahmen der Erbschaftsteuer. Die Wirkungen können aber nicht immer überprüft werden.

Eine Verbesserung der Rahmenbedingungen ist auch durch eine **Politik für mittelständische Unternehmen** möglich. Mittelständische Unternehmen sind oft innovativ und schaffen viele neue Arbeitsplätze. Im Bereich der Mittelstandsförderung geht es unter anderem darum, die Bereitstellung von Kapital für mittelständische Unternehmen zu verbessern.

Auch die **Stabilisierungspolitik** (vgl. Kap. 4) kann mittelbar (durch Stabilisierung der Erwartungen) Investitionen und letztlich das Wachstum fördern. Stabilisierung und Wachstum sind aber nicht immer vereinbar. Konjunkturkrisen, in denen die Gewinne aus bekannten Produktionsverfahren sinken, erleichtern unter Umständen die Durchsetzung von Innovationen, die ihrerseits mittelfristig das Wachstum fördern. Krisen werden daher zuweilen auch als wachstumsfördernde Reinigungskrisen bezeichnet.

Schließlich kann Wachstumspolitik außenpolitisch flankiert werden. **Außenwirtschaftliche Öffnung** vergrößert z. B. die generellen Vorteile der internationalen Arbeitsteilung (vgl. Kap. 8). Auch die gezielte Förderung ausländischer Direktinvestitionen im Inland kann wachstumsfördernd sein, lösen sie doch einen Zufluss von Realkapital und Know-how aus. Umstritten ist dagegen, inwieweit die gezielte Förderung von Exporten zu mehr Wachstum führt, denn exportbegleitend fließt oft Kapital ins Ausland, welches dann im Inland fehlt.

6.1.3 Probleme und Grenzen der Wachstumspolitik

Wie bereits erörtert ist Wachstum nicht Selbstzweck, sondern dient der Verbesserung der Lebenssituation der Menschen sowie dazu, wirtschaftliche Probleme besser zu lösen. Sollen z. B. Umweltbelastungen abgebaut werden, kann eine wachsende Wirtschaft die dafür notwendigen Mittel erwirtschaften. Zudem ist die Frage von Bedeutung, wem die wachsende Produktion bzw. die steigenden Einkommen zufließen – denn auch Umverteilung lässt sich in einer wachsenden Wirtschaft besser durchsetzen. Ähnliches gilt für den Abbau der Staatsverschuldung, der künftige Generationen entlasten kann.

Probleme und Grenzen der Wachstumspolitik bestehen allerdings in der Vielzahl der beteiligten Akteure. So sind z. B. für die steuerlichen Rahmenbedingungen im Prinzip alle Gebietskörperschaften zuständig und für die Wettbewerbs-, Forschungs- und Technologiepolitik neben dem Bund auch die EU. Zahlreiche Interessengruppen versuchen in vielen wachstumspolitisch relevanten Bereichen, spezielle statt allgemeine Verbesserungen zu realisieren und erschweren insofern durch ihre Aktivität die angestrebten Erfolge. Zugleich besteht überall dort, wo der Staat – z. B. im Bereich der öffentlichen Infrastruktur – finanziell relevante Vorleistungen zu erbringen hat, das Problem begrenzter öffentlicher Mittel. All dies erschwert die Erreichung eines „stetigen und angemessenen" Wachstums. Dies gilt insbesondere mit Blick auf das Ziel eines nachhaltigen Wachstums. Gegenwärtige Interessen setzen sich tendenziell gegen die Interessen der an den Entscheidungen nicht beteiligten künftigen Generation durch, sodass die angestrebte Nachhaltigkeit der Wachstumsentwicklung häufig nicht erreicht wird.

Ein weiteres Problem besteht darin, die Höhe eines „angemessenen" Wachstums zu quantifizieren. Da die Produktions- und Konsumstrukturen sich im Zuge des Strukturwandels ständig ändern und zudem immer wieder konjunkturell bedingte Wachstumsschwankungen zu beobachten sind, die häufig von Arbeitslosigkeit oder Inflation begleitet werden, scheint zumindest ein stetiges Wachstum wünschenswert.

6.2 Strukturpolitik

In einer dynamisch wachsenden Wirtschaft verschiebt sich üblicherweise die relative Bedeutung einzelner Wirtschaftsbereiche und Regionen. Dieser an Beschäftigungs- oder Wertschöpfungsanteilen ablesbare Vorgang wird als **Strukturwandel** bezeichnet.

6.2.1 Strukturwandel und Rechtfertigung der Strukturpolitik

Der Strukturwandel ist ein marktbestimmter Prozess, der sich aus angebotsseitigen und nachfrageseitigen Veränderungen ergibt. Er stellt erhöhte Anforderungen an die Mobilität und Flexibilität der Wirtschaftssubjekte. Es gibt unterschiedliche Di-

mensionen der Wirtschaftsstruktur bzw. des Strukturwandels, insbesondere die Verteilung von Produktion und Faktoreinsatz
- auf verschiedene Wirtschaftszweige (**sektorale Struktur; Branchenverteilung**),
- auf verschiedene Wirtschaftsräume (**regionale Struktur**).

Nachfolgend werden ausgewählte **Determinanten des sektoralen und des regionalen Strukturwandels** betrachtet.

Der **sektorale Strukturwandel** kann nachfrage- und angebotsbedingt sein. **Nachfrageseitig** wird die Struktur der Güternachfrage durch das **verfügbare Einkommen** und durch die Preise bzw. **Preisrelationen** beeinflusst. Einkommenssteigerungen begünstigen z. B. die Anbieter von superioren Gütern, Verschiebungen der Preisrelationen begünstigen Anbieter von Gütern, die relativ billiger geworden sind. Strukturrelevante Verschiebungen von Bedürfnisstrukturen treten z. B. bei Produktinnovationen oder bei **demografischen Veränderungen** auf. In alternden Gesellschaften werden z. B. weniger Spielzeugartikel nachgefragt, die Nachfrage nach Medizin und Gesundheitsdienstleistungen steigt möglicherweise. **Angebotsseitig** wird die sektorale Wirtschaftsstruktur durch **technischen Wandel** beeinflusst. Dieser kann neue Industrien (z. B. IT-Branche) begünstigen und traditionelle Branchen (z. B. Anbieter von Karteikarten) zurückdrängen. Oft ändert sich die Art der Arbeitsteilung (Einkauf im Internet anstatt beim ortsgebundenen Einzelhandel). Auch die **Änderung von Faktorpreisen** beeinflusst die Angebotsstruktur. Lohnerhöhungen belasten z. B. arbeitsintensiv produzierende und begünstigen kapitalintensiv produzierende Branchen; steigende Energie- und Rohstoffpreise begünstigen Investitionen zur Erhöhung der Ressourceneffizienz.

Binnenwirtschaftliche Strukturverschiebungen werden ferner von weltwirtschaftlichen Entwicklungen überlagert. So wirken **internationale Handelsabkommen** und **Änderungen der Wechselkurse oder der Export- und Importpreise** unterschiedlich auf außenhandelsorientierte und eher binnenwirtschaftlich ausgerichtete Branchen.

Oft wird versucht, gewisse Regelmäßigkeiten des Strukturwandels festzustellen. Die bekannteste Hypothese ist die **Drei-Sektoren-Hypothese**.

Gemäß der Drei-Sektoren-Hypothese ist die ökonomische Entwicklung im Zeitablauf durch Verschiebungen vom primären Sektor (Land- und Forstwirtschaft, Fischerei) über den sekundären Sektor (Industrie, Handwerk, Bauwirtschaft) zum tertiären (Dienstleistungs-)Sektor der Volkswirtschaft gekennzeichnet (**Tertiarisierung**). Agrargesellschaften wandeln sich demnach zunächst zu Industriegesellschaften und schließlich zu dienstleistungsgeprägten Gesellschaften. Es gibt nachfrage- und angebotsseitige **Ansätze zur Erklärung der Drei-Sektoren-Hypothese**:
- **Nachfrageseitig**: nach Deckung der primären Bedürfnisse wendet sich die Nachfrage höherwertigen Bedürfnissen zu, die zunächst durch industriell gefertigte Güter befriedigt werden, später aber zunehmend auf Dienstleistungen gerichtet sind (z. B. Freizeit, Urlaub). Die Einkommenselastizität dieser (superioren) Dienstleistungen ist > 1.
- **Angebotsseitig** ermöglicht technischer Fortschritt eine höhere Arbeitsproduktivität zunächst im primären, dann auch im sekundären Sektor, was dort jeweils den Beschäftigungsanteil

schmälert. Umgekehrt steigt der Beschäftigungsanteil im tertiären Sektor, in dem geringere Möglichkeiten zur Steigerung der Arbeitsproduktivität gesehen wurden. Ob das auch künftig gilt ist allerdings inzwischen umstritten. Beispielsweise ist im Bankensektor – unter anderem aufgrund neuer Informations- und Kommunikationstechnologien – Personal abgebaut worden.

Zwar ist in den Industrieländern ein Tertiarisierungsprozess erkennbar, die 3-Sektoren-Hypothese ist allerdings umstritten: Zum einen hängen sekundärer und tertiärer Sektor wechselseitig voneinander ab. Hohe Zuwachsraten weisen vor allem die so genannten produktionsorientierten Dienste (z. B. technische Beratung, Design, Unternehmensberatung, Leasing usw.) auf, deren Entwicklung von den produzierenden Branchen abhängt, zudem geht ein Teil der empirisch beobachteten Zuwächse der Dienstleistungen auf die Ausgliederung ehemaliger Serviceabteilungen von Industriebetrieben in eigenständige Unternehmen zurück. Zudem ist diese Theorie nicht prognosefähig, d. h. niemand kann vorhersagen, ob und wann der Tertiarisierungsprozess zum Stillstand kommen wird.

Der **räumliche Wandel** wird zum einen vom sektoralen Strukturwandel beeinflusst. Regionen mit vielen Unternehmen in stagnierenden Wirtschaftsbereichen (**sunset-industries**, wie z. B. Kohle, Stahl, Textil, Bekleidung) verzeichnen Entwicklungsnachteile im Vergleich zu Regionen mit mehr Unternehmen in zukunftsträchtigen Sektoren (**sunrise-industries**, z. B. Biotechnologie, IT-Sektor). Regionale Wirtschaftskraft, Beschäftigungsdichte sowie Löhne und Gehälter entwickeln sich dann unterschiedlich. Dies kann zu interregionaler Wanderung von Arbeit und Kapital führen.

Der regionale Wandel wird auch von der räumlichen Lage, der Verkehrsanbindung, dem Verdichtungsgrad, der regionalen Wirtschaftspolitik und der regionalen Infrastruktur – generell also von der Standortsituation – beeinflusst. Allgemein scheinen Verdichtungsgebiete und ihr unmittelbares Umland, also der verkehrlich gut angebundene „Speckgürtel" um die großen Verdichtungsräume, Vorteile gegenüber der Peripherie zu haben.

Strukturwandel ist – wie erwähnt – eine Begleiterscheinung der wirtschaftlichen Entwicklung. Häufig werden allerdings unbefriedigende Ergebnisse bzw. Wirkungen des Wandels als Anlass bzw. **Rechtfertigung für staatliche Eingriffe in den Strukturwandel** herangezogen. Oft genannte Argumente sind z. B.:
- Strukturwandel ist mit Anpassungskosten und sozialen Härten verbunden (z. B. Weiterbildung, Umschulung, Arbeitslosigkeit).
- Bei angebotsseitigen Hemmnissen für den Strukturwandel (z. B. bei mangelnder Mobilität der Produktionsfaktoren, bei natürlichen Monopolen, bei systematischer Störung von Marktein- bzw. -austritt oder bei Unteilbarkeiten in der Produktion) kann der Staat die Anpassungen an neue Strukturen erleichtern.
- Bei externen Effekten läuft der Strukturwandel in eine falsche Richtung. Hier kann der Staat eingreifen, um den Strukturwandel in andere Richtungen zu lenken (z. B. durch Förderung umweltschonender Branchen bzw. Technologien).
- Die Wirtschaftsentwicklung verläuft regional „unausgewogen" – es besteht die Gefahr, dass Entwicklungsunterschiede zwischen wachstumsstarken und wachstumsschwachen Regionen eher zu- als abnehmen, weil entwicklungsschwache

Regionen geringere Einnahmen haben, um ihre Standortsituation zu verbessern. Diese regionalen Unterschiede widersprechen z. B. dem im Grundgesetz ange-sprochenen Ziel der Gleichwertigkeit der Lebensverhältnisse.

Staatliche Eingriffe in den Strukturwandel lassen sich also prinzipiell rechtfertigen. Strukturpolitik ist freilich nicht ohne Risiko. *Spezifische* Eingriffe in die vom Markt gefundene Allokation der Produktionsfaktoren unterliegen – wie schon angespro-chen – dem Risiko des Steuerungsversagens und haben häufig unerwünschte Ne-benwirkungen. Sie lassen sich öfter als generelle Eingriffe durch Partialinteressen in bestimmte Richtungen verzerren. Bei strukturpolitischen Eingriffen sind daher Vor- und Nachteile besonders sorgsam abzuwägen. Erschwert wird diese Abwägung dadurch, dass Informationen über mögliche Nebenwirkungen meist nur ungenau vorliegen.

6.2.2 Ziele, Ansätze, Instrumente und Träger der Strukturpolitik

Die Strukturpolitik ist durch ein Nebeneinander verschiedener, teilweise wider-sprüchlicher Ziele und Ansätze geprägt. Dies begrenzt letztlich die Anwendbarkeit der Strukturpolitik.

Zum einen will die Strukturpolitik dazu beitragen, dass knappe Produktionsfak-toren reibungsarm in Regionen und Sektoren gelenkt werden, in denen sie hohe Produktionsbeiträge erwirtschaften. Damit ist die Strukturpolitik zugleich Wachs-tumspolitik (Ausschöpfung der regionalen Entwicklungspotenziale), vor allem dann, wenn sie zur Überwindung von Verdichtungsengpässen in wachstumsstarken Regionen beiträgt. Dieses **Wachstumsziel** kann durch eine **aktive**, d. h. den Struk-turwandel aktiv vorantreibende **Strukturpolitik** auf zwei Wegen verfolgt werden:
-   **Erleichterung der Strukturanpassung.** Die Strukturpolitik versucht hier, sek-torale bzw. regionale Anpassungsprozesse zu erleichtern und zu beschleunigen. Dazu gehören z. B. Maßnahmen zur Verbesserung der Innovationsbereitschaft, die Förderung von Technologien, welche Strukturwandel erleichtern (z. B. Inter-net), die Unterstützung des Forschungs- und Technologietransfers, die Arbeits-kräftequalifikation und generell Maßnahmen zur Erhöhung der Mobilität der Faktoren (z. B. durch gezielte Informationen über neue Berufschancen). Auch ein beschleunigter Kapazitätsabbau in alten Sektoren (z. B. Stilllegungsprämi-en) trägt zur Umstrukturierung betroffenen Regionen und Sektoren bei. Nicht alte Strukturen, sondern der Ausstieg aus alten und der Umstieg auf neue Struk-turen sollen gefördert werden (z. B. Umstrukturierungshilfen für die Regionen in den neuen Bundesländern). Insofern geht es bei der aktiven Strukturpolitik darum, notwendige Umstrukturierungen zu beschleunigen, um generell die Wettbewerbsfähigkeit von Unternehmen (wieder) herzustellen.
-   Im Rahmen der **Strukturentwicklung (auch gestaltende Strukturpolitik ge-nannt)** geht es dagegen um die gezielte Förderung „zukunftsträchtiger" Sektoren

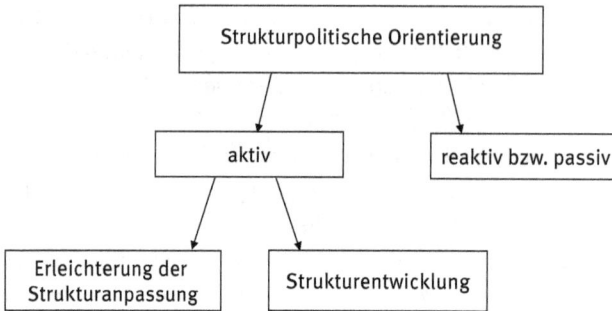

Abb. 6.1: Richtungen der Strukturpolitik (Quelle: eigene Darstellung).

bzw. Produktionen. Dies wird vor allem damit begründet, dass aufgrund von Marktversagen, z. B. bei externen Effekten, der gesellschaftlich notwendige Wandel sich nicht oder nicht schnell genug vollzieht. Beispielsweise werden unternehmerische Investitionen und Innovationen unterstützt, die für die Bewältigung künftiger Aufgaben im Bereich Klima- und Umweltschutz sinnvoll erscheinen, z. B. durch Förderung von Forschung und Investitionen im Bereich der Elektromobilität. Offen bleibt aber, woher der Staat weiß, welche Sektoren zukunftsträchtig sind (z. B.: eher Batterie- oder eher Brennstoffzellentechnologie?).

Zum anderen will Strukturpolitik die negativen Begleiterscheinungen des Strukturwandels mildern (**passive bzw. reaktive Strukturpolitik**). Bei Branchenkrisen zielt dieser Ansatz auf die Verzögerung bzw. zeitliche Streckung des Strukturwandels und auf den vorläufigen Erhalt bisheriger Arbeitsplätze. Dabei soll es nicht darum gehen, Branchen zu erhalten, die auf Dauer nicht wettbewerbsfähig sind (**Strukturerhaltung**). Vielmehr soll ein abrupter Verlust vieler Arbeitsplätze vermieden werden, um Zeit für die Umstrukturierung der Unternehmen in Richtung auf neue Produkte oder neue Absatzmärkte und für die Schaffung neuer Arbeitsplätze zu gewinnen. Damit soll ein regionaler **Abwärtssog** im Sinne von negativen Verstärkungseffekten der rückläufigen Einkommen verhindert werden, vor allem dann, wenn große und regional dominierende Unternehmen mit vielen Zulieferern in eine Krise geraten. Abbildung 6.1 zeigt die Richtungen der Strukturpolitik im Überblick.

Es ist allerdings problematisch, wenn aus der passiven Strukturpolitik ein strukturkonservierender Ansatz wird, weil die Gefahr besteht, dass notwendige Umstrukturierungen nicht nur verzögert, sondern im Sinne bestimmter Partialinteressen dauerhaft blockiert werden, sodass Dauersubventionen für Unternehmen, die nicht in der Lage sind ihre Wettbewerbsfähigkeit wiederherzustellen, gezahlt werden müssen. Wie die Diskussion um die Abschaffung bzw. Veränderung des Solidaritätszuschlags zur Einkommensteuer zeigt, der ursprünglich als Umstrukturierungshilfe für die neuen Bundesländer gedacht war, ist es meist schwierig, solche Subventionen gegen die Interessen der Begünstigten abzuschaffen oder neu auszurichten.

Dies belastet die Steuerzahler und somit mittelbar auch leistungsfähigere Branchen und Regionen. Staatliche Maßnahmen zur strukturellen Stabilisierung können zudem die Bereitschaft zur Wiederherstellung der Wettbewerbsfähigkeit in den Unternehmen hemmen (Subventionsmentalität) sodass späteres Wachstum erschwert werden kann. Die reaktive Strukturpolitik hat allerdings – trotz ihrer Nachteile – in der politischen Realität ein großes Gewicht. Dieser Befund lässt sich mit der Interessenlage der strukturpolitischen Akteure erklären.

These: Spezielle Interessengruppen, wiederwahlorientierte Politiker und nutzenmaximierende Bürokraten stabilisieren eine suboptimale reaktive Ausrichtung der Strukturpolitik.

Politiker bevorzugen reaktive Maßnahmen (z. B. zur Rettung gefährdeter Großunternehmen), sofern diese sich politisch besser vermarkten lassen als Maßnahmen zum Umstieg auf neue Strukturen, denn oft haben die **Vertreter großer Unternehmen** mit vielen Beschäftigten ein politisch hohes Gewicht. Sie können im Zweifel mehr Wählerstimmen mobilisieren als die Repräsentanten junger Sektoren. Das müssen Politiker, die auf ihre Wiederwahl achten, berücksichtigen. Im Ergebnis werden oft Großunternehmen und traditionelle, regional stark konzentrierte Industrien sowie Regionen mit großer Wählerzahl strukturpolitisch begünstigt.

Mitarbeiter der Bürokratie sind mit den bisherigen Instrumenten der reaktiven Strukturpolitik gut vertraut. Eigennutzorientierte Bürokraten streben folglich eher nach Beibehaltung als nach Umgestaltung eingeführter strukturpolitischer Förderinstrumente.

Regionale Strukturpolitik zielt oft auch darauf, die Lebensbedingungen in verschiedenen Teilregionen anzugleichen (**regionales Ausgleichsziel**). Dabei geht es meist darum, Regionen in peripheren Lagen oder von Branchenproblemen stark betroffenen Regionen (z. B. Regionen mit hohem Agraranteil) zu helfen. Solche Maßnahmen können das gesamtwirtschaftliche Wachstum erhöhen, wenn es gelingt, Wachstumsengpässe in hoch verdichteten Regionen zu umgehen und Entwicklungspotenziale in geringer verdichteten Regionen zu erschließen.

Wachstumsförderung in Branchen und Regionen, Belebung oder Verzögerung des Strukturwandels sowie regionaler Ausgleich sind also mögliche Ziele der Strukturpolitik, sind aber nicht immer harmonisch; dabei hängen die Zielbeziehungen sehr stark von den eingesetzten **Instrumenten** ab.

Strukturpolitische Eingriffe setzen meist bei Unternehmen an. Oft werden aber auch Institutionen bzw. Infrastrukturen (Forschungs-, Technologietransfer- und Bildungsinfrastruktur, Verkehrswege, Verwaltung, Gesundheitsinfrastruktur usw.) gefördert. Wichtige Instrumente mit strukturpolitischer Wirkung sind z. B.:

– **Subventionen.** Durch Subventionen können Unternehmen generell, d. h. unabhängig von Branchen oder Regionen, oder spezifisch, d. h. bezogen auf einzelne Regionen, Branchen oder Aktivitäten gefördert werden, z. B. im Agrarbereich, für Umweltschutz oder in Bezug auf kleine und mittlere Unternehmen bzw. Existenzgründer. Subventionen können als direkte Zuschüsse, als Steuervergünstigungen oder als zinsgünstige Darlehen gewährt werden oder andere Formen der Risikoübernahme (z. B. beim Erwerb von Grundstücken oder bei staatlichen Beteiligungen an Unternehmen) beinhalten. Steuervergünstigungen ermöglichen eine differenzierte Förderung einzelner Branchen, Regionen bzw. Aktivitäten (z. B. gezielte Ermäßigung der Mehrwertsteuer für Hotelübernachtungen, Freistellung energieintensiver Branchen von Umweltsteuern), sind aber schwerer nachvollziehbar, weil entgangene Steuereinnahmen nur geschätzt werden können. Erwünschte Wirkungen können zudem ungünstig überlagert werden durch Nebeneffekte (Pendlerpauschale als „Zersiedelungsprämie", Eigenheimzulage als Förderung von Grundbesitz, Steuererhöhungen zur Finanzierung der Subventionen) und Mitnahmeeffekte. Ferner kann eine polit-ökonomische Subventionsvergabe (z. B. beim Aufbau Ost) letztlich zur Dauerförderung unproduktiver Branchen und damit zu unerwünschter Strukturkonservierung führen (z. B. Bergbau). Vor diesem Hintergrund sind Anpassungssubventionen besser zu beurteilen als Erhaltungssubventionen. Schließlich erfordern die Vergabe von Subventionen und spezifische Regulierungen zusätzliche Bürokratie.

- **Zölle und andere Handelshemmnisse** (vgl. dazu Kap. 8). Durch gezielte Ausnahmeregelungen im Außenhandel können inländische Unternehmen in speziellen Sektoren gegenüber ausländischen Konkurrenten begünstigt werden. Dies kann ein Ersatz für (Steuer-)Subventionen sein.
- Öffentliche **Infrastrukturinvestitionen** verbessern die regionalen Standortvoraussetzungen und damit die Voraussetzungen für die regionale (Wachstums-)Entwicklung (vgl. auch Abschn. 6.1).
- **Andere spezielle Regulierungen.** Strukturpolitisch nutzbar sind auch Regulierungen, die sich auf die Menge bzw. Qualität von Gütern beziehen (z. B. Maßnahmen zur Produktstandardisierung, Qualitätskontrolle, Zertifizierungssysteme usw.) oder die Marktzutrittsbedingungen bzw. die Kapazitäten in einzelnen Branchen bzw. Berufen betreffen (z. B. Markt- bzw. Berufsordnungen oder wettbewerbspolitische Ausnahmeregelungen).

Grundsätzlich sollte die Wirtschaftsstruktur nur durch marktkonforme und wenig wettbewerbsverzerrende Instrumente, also möglichst unspezifische Maßnahmen beeinflusst werden. Mit Blick auf Subventionen heißt dass, dass sie – entsprechend den Grundsätzen der Subventionsvergabe – zeitlich befristet und degressiv ausgestaltet sein sollten. Wegen der höheren Transparenz und Überprüfbarkeit sind zudem Finanzhilfen den Steuervergünstigungen vorzuziehen. Strukturpolitische Eingriffe sind vor diesem Hintergrund stets kritisch zu prüfen.

Träger der Strukturpolitik sind primär die **Gebietskörperschaften**. Im Rahmen der Gemeinschaftsaufgabe „Verbesserung der regionalen Wirtschaftsstruktur" arbeiten Bund und Länder zusammen. Als strukturpolitische Einfluss- und Informationsträger agieren unter anderem **Kammern und Verbände**. Zunehmend übernimmt die **EU** (z. B. im Rahmen der europäischen Regional-, Agrar-, Energie- und Verkehrspolitik) strukturpolitische Kompetenzen, zum einen, um den regionalen Zusammenhalt in der EU zu stärken, aber auch, um Wettbewerbsverzerrungen im gemeinsamen Markt durch nationale Beihilfen zu verhindern. Die Arbeitsteilung zwischen europäischer und nationaler Strukturpolitik folgt dabei im Prinzip dem **Subsidiaritätsprinzip**, wonach die übergeordnete politische Ebene nur solche Aufgaben erledigen soll, deren Lösung auf der untergeordneten Ebene nicht gelingt. Unklar ist aber, inwieweit der regionale Ausgleich auf deutscher oder eher auf europäischer Ebene anzustreben ist. Für deutsche Verhältnisse rückständige Regionen stehen im europäischen Vergleich oft gut da, die deutsche regionale Strukturpolitik wird daher oft aus Brüssel gebremst, zumal nationale Subventionen der Beihilfenkontrolle der EU unterliegen. Der Erfolg der regionalen Strukturpolitik der EU ist freilich unklar. Das regionale Wohlstandsgefälle in Europa ist – vor allem wegen der Aufnahme neuer Mitgliedstaaten – nach wie vor hoch.

6.3 Aufgaben

1. Diskutieren Sie Vor- und Nachteile des Wirtschaftswachstums!
2. Wie lassen sich staatliche Eingriffe zur Förderung bzw. Gestaltung des Wachstums (Wachstumspolitik) rechtfertigen?
3. Was ist „angemessenes" Wachstum?
4. Nennen und erläutern Sie wichtige Ansatzpunkte der Wachstumspolitik!
5. Inwiefern kann eine Reform der Einkommensteuer, die im Ergebnis zu einer Nettoentlastung der Besteuerten führt, Bestandteil einer Wachstumspolitik sein?
6. Erläutern Sie den Zusammenhang zwischen Wachstum und Strukturwandel.
7. Wie lassen sich staatliche Eingriffe in den Strukturwandel rechtfertigen?
8. Diskutieren Sie, inwieweit die Erhebung von Abgaben auf den umweltbelastenden Energieverbrauch („Öko-Steuern") den sektoralen Strukturwandel in Deutschland und die Attraktivität des deutschen Standortes beeinflussen. Inwiefern hängt die Antwort davon ab, wie der Staat die Einnahmen aus der Öko-Steuer verwendet?
9. Begründen Sie, warum Subventionen zeitlich befristet und im Zeitablauf degressiv gestaltet sein sollten. Erläutern Sie dabei auch, inwiefern spezifische Subventionen, insbesondere wenn Sie über einen längeren Zeitraum gewährt werden, problematisch sind.
10. Erläutern Sie „polit-ökonomisch", warum im politischen Tagesgeschäft oft eine passive Strukturpolitik (Strukturerhaltung) dominiert.
11. Erläutern Sie einen Ansatz der Strukturpolitik, der nicht auf die Verlangsamung des Strukturwandels gerichtet ist.

7 Verteilungs- und Sozialpolitik

In diesem Kapitel erfahren Sie,
- dass das Ziel der gerechten Einkommens- und Vermögensverteilung nicht unabhängig vom persönlichen Standpunkt zu konkretisieren ist,
- dass der Konflikt zwischen dem Prinzip der Leistungs- und Bedarfsgerechtigkeit die verteilungspolitische Diskussion prägt,
- dass die funktionale und die personelle sowie die primäre und die sekundäre Einkommens-/Vermögensverteilung im Blickpunkt verteilungspolitischer Analysen stehen,
- dass Lohn- und Gewinnquoten die funktionale Einkommensverteilung beschreiben, aber nur begrenzt aussagefähig sind,
- dass u. a. das Nettoäquivalenzeinkommen und die Armutsrisikoquote Indikatoren für die personelle Einkommensverteilung sind, deren Entwicklung in Deutschland seit 1991 eine leichte Zunahme der Ungleichheit anzeigen,
- welche wesentlichen verteilungspolitischen Instrumente eingesetzt werden können,
- welche Charakteristika und Probleme das System der sozialen Sicherung charakterisieren.

7.1 Einleitung

Ausgangspunkt verteilungspolitischer Überlegungen ist die Beobachtung, dass Einkommen und Vermögen, aber auch Konsum und Zugang zu Bildung, soziale Teilhabe und die Chancen auf soziale Mobilität ungleich verteilt sind. Dies gilt im internationalen Vergleich verschiedener Länder, aber auch innerhalb reicher Länder wie der Bundesrepublik Deutschland. Im Zuge der Diskussion um Ziele der Wirtschaftspolitik wurde die soziale Dimension der Nachhaltigkeit angesprochen. Soziale Nachhaltigkeit umfasst das Ziel, die Produktions- und Konsummöglichkeiten weltweit, aber auch innerhalb der einzelnen Länder und zwischen den verschiedenen Generationen gerecht zu verteilen. Es geht um Bekämpfung von Hunger und Armut, um Chancengleichheit und einen gerechten Zugang zu den natürlichen Ressourcen vor dem Hintergrund der wachsenden Weltbevölkerung. Insbesondere sollen die Lebenschancen für die Zukunft geschützt werden. Nach Schätzungen der UN wird die Weltbevölkerung von derzeit etwa 7,5 Mrd. Menschen auf ca. 10 Mrd. Menschen im Jahr 2050 steigen. Daher scheint es dringend erforderlich, Produktions- und Konsumstrukturen weltweit so zu verändern, dass die natürlichen Lebensgrundlagen erhalten, effiziente und zugleich umweltverträgliche Produktionen gesichert (vgl. Kap. 5) und die Nutzung der Ressourcen und Produktion gerecht verteilt werden. Zu diskutieren sind in diesem Zusammenhang nicht nur Maßnahmen der Entwicklungshilfe sondern auch Fragen der internationalen Produktions- und Konsumstrukturen und der weltweiten Arbeitsteilung, die eine umfassende Analyse erfordern würden. Im Folgenden wird allerdings primär auf nationale Verteilungsfragen eingegangen.

Auch in Deutschland steht das Verteilungsziel schon lange im Blickpunkt. Bereits 1963 erhielt der SVR die Aufgabe, „die Bildung und die Verteilung von Ein-

https://doi.org/10.1515/9783110569568-007

kommen und Vermögen" in Deutschland zu beobachten (§ 2 des Gesetzes über die Bildung des SVR). Dabei geht es primär um die Einkommens- und Vermögensverteilung, aber auch um die existentielle Sicherung in Problemlagen, für die einzelne Wirtschaftssubjekte nicht selbst vorsorgen können (soziale Sicherung), weil sie nicht (mehr) am Erwerbsleben teilnehmen (können). **Verteilungs- und Sozialpolitik** umfassen also eine Vielzahl von Maßnahmen, die auf eine gleichmäßigere bzw. gerechte Einkommens- und Vermögensverteilung hinwirken und Chancen auf soziale Teilhabe für alle verbessern. Dabei kommt es darauf an, den Begriff der „gerechten" Verteilung genauer zu präzisieren und besondere Lebenssituationen zu berücksichtigen. Das Sozialbudget, das soziale Leistungen des Staates und privater Wirtschaftssubjekte umfasst, enthält eine Vielzahl von Aufgaben- und Ausgabenbereichen, wie z. B. Familie, Gesundheit, Beschäftigung, Alter und Hinterbliebene, Wohnen und Sparförderung. Nachfolgend werden primär Aspekte der Einkommensverteilung betrachtet.

7.2 Ziele und Prinzipien der Verteilungspolitik

Das normative Ziel einer gerechten Verteilung wird je nach Ausgangsposition unterschiedlich konkretisiert. Nach dem **Grundsatz der Eigenverantwortung** und nach dem Subsidiaritätsprinzip soll die Verantwortung des Einzelnen für seine Einkommenssituation erhalten bleiben. Demnach schiene es gerecht, wenn die Einkommensverteilung die individuellen Beiträge zu Wertschöpfung (die „Leistung") widerspiegeln würde. Eine solche Verteilung entsprechend dem **Leistungsprinzip** ist ungleich, weil in Abhängigkeit von persönlichen Fähigkeiten, Ausbildung und Einsatzbereitschaft die Beiträge der Individuen unterschiedlich sind. Insofern ist das Leistungsprinzip einerseits eine wichtige Triebfeder der marktwirtschaftlichen Ordnung, weil jeder einen Anreiz hat, im eigenen Interesse seine Marktleistung zu verbessern. Andererseits besteht aber die Gefahr, dass nicht alle ihr Existenzminimum, die soziale Teilhabe und die Möglichkeit, ihre Einkommensposition zu verbessern (**soziale Mobilität**), sichern können. Diese Gefahr besteht vor allem dann, wenn Einkommensunterschiede die Lebenserwartung, den Gesundheitszustand und die Teilnahme an Bildung mit beeinflussen.

Im Interesse der **Chancengerechtigkeit** nimmt der Staat also entsprechend dem grundgesetzlichen Sozialstaatsgebot Korrekturen bei der Einkommensverteilung vor. Nach dem **Prinzip der Bedarfsgerechtigkeit** sollte das Einkommen so verteilt sein, dass jeder seine persönlichen Bedürfnisse befriedigen kann. Dies könnte aber in Konflikt mit der Eigenverantwortung und dem notwendigen Leistungsanreiz stehen. Das Ziel der Umverteilung besteht demnach für die meisten Wirtschaftspolitiker nicht darin, eine völlige Nivellierung der Einkommensunterschiede zu erreichen bzw. die Lebenssituation vollständig von der Leistungsbereitschaft abzukoppeln. Es soll aber neben der Sicherung des Existenzminimums für alle auch die

Chancengerechtigkeit, die Voraussetzung für Eigenverantwortung und soziale Mobilität ist, gesichert werden. Trotzdem bleibt das Spannungsfeld zwischen der Leistungs- und der Bedarfsgerechtigkeit bestehen. Dies wird vor dem Hintergrund der Bedeutung der Verteilungssituation für die gesamtwirtschaftliche Entwicklung und angesichts begrenzter Finanzierbarkeit von sozialer Sicherung und Umverteilung immer wieder neu diskutiert.

Zudem hängen die Ungleichheit der Verteilung und das Wachstum in einer Volkswirtschaft zusammen. Einerseits verdeutlicht materielle Ungleichheit die Chance, durch persönliche Leistung die eigene Lebenssituation zu verbessern – wird insofern tendenziell als wachstumsförderlich angesehen. Bei einer sehr ungleichen Einkommensverteilung besteht andererseits aber die Gefahr, dass die wachsende Gruppe der Einkommensschwächeren weniger konsumieren und sparen kann, sodass die gesamtwirtschaftliche Nachfrage stagniert, also auch wenig Anreiz zu Investitionen besteht. Die daraus resultierende Investitionsschwäche wird – zumindest langfristig – durch geringe Bildungsinvestitionen der Bezieher geringer Einkommen verstärkt, sodass Risiken für Produktivität und internationale Wettbewerbsfähigkeit entstehen können. Zudem kann auch im Bereich der privaten Haushalte kreditfinanzierter Konsum zum Krisenherd werden. Darüber hinaus wird der Wettbewerb zwischen den Unternehmen verzerrt, wenn es einigen Produzenten gelingt, durch unterdurchschnittliche Löhne, die vom Staat aufgestockt werden müssen, einen Teil der Arbeitskosten an das System der sozialen Sicherung zu übertragen. Diese negative Auswirkung zu hoher Ungleichheit auf das gesamtwirtschaftliche Wachstum wurde vor allem in internationalen Vergleich von der OECD und vom IWF empirisch untersucht. Insofern können in Deutschland die seit Mitte der 90er Jahre zunehmende Lohnungleichheit und der zeitweise wachsende Niedriglohnsektor ein Risiko für die wirtschaftliche Entwicklung darstellen.

7.3 Ausgewählte Merkmale der Verteilungssituation

Eine rationale Wirtschaftspolitik geht von der Beschreibung einer Ausgangssituation aus, um Zielverletzungen und einen eventuellen Handlungsbedarf festzustellen. Dies ist im Fall verteilungspolitischer Fragestellungen schwierig, zum einen weil Daten zur Verteilungssituation unvollständig sind, zum anderen, weil eine Analyse der verfügbaren Daten kaum unabhängig vom persönlichen Standpunkt erfolgen kann. Insofern gibt es in den Medien und auch in der Fachliteratur unterschiedliche Einschätzungen der Verteilung von Einkommen und Vermögen. Betrachtet seien nachfolgend Entwicklungen der Verteilungssituation zunächst in Deutschland ab 1991, ergänzt um einige „länderübergreifende" Hinweise für längere Zeiträume.

Wichtige national verfügbare Daten zur Einkommensverteilung werden im Rahmen der Einkommens- und Verbrauchsstichprobe und des Mikrozensus des Statistischen Bundesamtes (STBA), im Rahmen des Sozialökonomischen Panels des DIW (SOEP) und auf europäischer Ebene in einer Stichprobenerhebung der EU (EU-SILC) erhoben. Es handelt sich jeweils um Stichprobendaten, die auf unterschiedlichen methodischen Vorgehensweisen beruhen und daher nicht immer zu übereinstimmenden Ergebnissen führen, aber ähnliche Entwicklungsrichtungen anzeigen. Darüber hinaus liefert die Einkommensteuerstatistik einige Informationen. Seit dem Jahr 2001 veröffentlicht die Bundesregierung so genannte Armuts- und Reichtumsberichte, in denen diese Daten ausgewertet werden; der 5. Bericht erschien im Jahr 2017. Allerdings bleiben diese Berichte umstritten – beispielsweise veröffentlicht der Paritätische Wohlfahrtsverband eigene Analysen.

Die Einkommensverteilung, die am Markt entsteht (**Primärverteilung**), ergibt sich im Wesentlichen aus dem Arbeitsangebot – also dem Arbeitsumfang und der Lohnhöhe – und aus Kapital- und Bodenerträgen (Mieten, Zinsen, Erträge aus Wertpapieren usw.). Die Lohnhöhe wird ihrerseits wesentlich von der Einkommenspolitik der Tarifpartner bestimmt. Die Verteilung der Einkommen auf die Produktionsfaktoren Arbeit und Kapital (einschließlich Boden) wird als **funktionale Verteilung** bezeichnet; sie gibt an, welchen Anteil die Arbeitnehmerentgelte am Volkseinkommen haben, bzw. welcher Anteil des Volkseinkommens auf die Unternehmens- bzw. Vermögenseinkommen entfällt. Da auch Arbeitnehmer Vermögenseinkünfte (z. B. Miet- und Zinseinnahmen) haben können, weicht diese Verteilung von der **personellen Einkommensverteilung** ab, die für verteilungspolitische Fragestellungen ausschlaggebender ist. Trotzdem soll im Folgenden die Entwicklung der funktionalen Einkommensverteilung in Deutschland ab 1991 kurz skizziert werden.

Die unbereinigte **Lohnquote** (LQ), d. h. der Anteil der Arbeitnehmerentgelte (L) am Volkseinkommen (VE) lag 1991 in Deutschland bei 69,9 %, schwankte aber im Zeitraum zwischen 1991 und 2017 deutlich. Der niedrigste Wert (63,6 %) wurde 2007 erreicht (vgl. Abb. 7.1), der höchste im Jahr 2000. Da diese Relation auch von der Erwerbstätigenstruktur – also vom Anteil der Arbeitnehmer (AN) und der Selbständigen an den Erwerbstätigen (ET) – abhängt, wird häufig auch die so genannte bereinigte Lohnquote (BLQ) ermittelt, die von einer konstanten Erwerbstätigenstruktur in einem Basisjahr ausgeht. Bereinigte und unbereinigte Lohnquote weichen voneinander ab, wenn sich die Erwerbstätigenstruktur ändert. Zwischen 1991 und 2017 schwankte der Selbständigenanteil zwar um knapp 2 %-Punkte, trotzdem verlaufen die bereinigte und die unbereinigte Lohnquote weitgehend parallel. Alternativ kann die **Arbeitseinkommensquote** (AEQ) zur Beschreibung der funktionalen Einkommensverteilung herangezogen werden. Hierbei wird die Relation zwischen dem Pro-Kopf-Arbeitnehmerentgelt (L/AN) und dem Volkseinkommen je Erwerbstätigen (VE/ET) gebildet. Multipliziert man die **Arbeitseinkommensquote** mit der Erwerbstätigenstruktur des Basisjahres, entspricht diese Größe der bereinigten Lohnquote. Die Arbeitseinkommensquote erreichte im Jahr 2000 mit 79,9 % den höchsten Wert, den niedrigsten mit 71,6 % im Jahr 2007. Die Entwicklung dieser Zeitreihen ist in Tab. 7.1 sowie in Abbildung 7.1 dargestellt.

Tab. 7.1: Indikatoren zur Entwicklung der funktionalen Einkommensverteilung in Deutschland 1991–2017.

	Volkseinkommen VE							
	Insgesamt	Arbeitnehmerentgelt (Inländer) L	Erwerbstätige (ET)	Arbeitnehmer (AN)	Anteil Arbeitnehmer an Erwerbstätigen (AN/ET)	Unbereinigte Lohnquote (LQ)	bereinigte Lohnquote (BLQ)	Arbeitseinkommensquote (AEQ)
	in Mrd. Euro		in 1000		In %		Basisjahr 1991	In %
1991	1226,52	856,75	38.790	35.227	90,8	69,9	69,9	76,9
1995	1429,16	1010,68	37.958	34.161	90,0	70,7	71,4	78,6
2000	1554,90	1117,39	39.917	35.922	90,0	71,9	72,5	79,9
2005	1716,84	1144,02	39.326	34.916	88,8	66,6	68,2	75,1
2010	1923,21	1283,81	41.020	36.533	89,1	66,8	68,1	75,0
2015	2264,91	1542,28	43.069	38.710	89,9	68,1	68,8	75,8
2016	2337,98	1600,31	43.638	39.305	90,1	68,4	69,0	76,0
2017	2434,71	1668,89	44.271	39.974	90,3	68,5	68,9	75,9

Quelle: VGR, Inlandsproduktberechnung, Lange Reihen ab 1970, online unter: https://www.destatis. de/DE/Publikationen/Thematisch/VolkswirtschaftlicheGesamtrechnungen/Inlandsprodukt/ InlandsproduktsberechnungLangeReihenPDF_2180150.pdf?__blob=publicationFile, Abfrage vom 24.6.2018 und eigene Berechnungen.

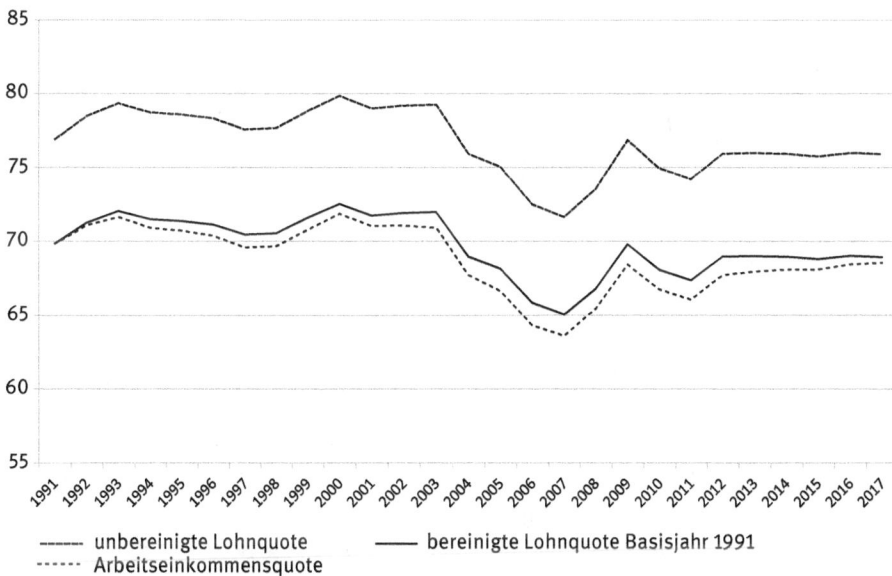

------ unbereinigte Lohnquote ——— bereinigte Lohnquote Basisjahr 1991
······ Arbeitseinkommensquote

Abb. 7.1: Entwicklung ausgewählter Verteilungsquoten in Deutschland (funktionale Einkommensverteilung), 1991–2017 (Quelle: s. o.).

Definitionen:

Unbereinigte Lohnquote (LQ): Anteil der Arbeitnehmereinkünfte (Löhne L) am Volkseinkommen (VE) in %: L/VE

Bereinigte Lohnquote (BLQ): $(L/VE)_t * \{(AN/ET)_0 / (AN/ET)_t\}$ oder

Arbeitseinkommensquote (AEQ): $(L/AN) / (VE/ET) = (L/AN)*(ET / VE)$

Es gilt: $AEQ * (AN/ET)_0 = BLQ$

Mit $(AN/ET)_0$ Anteil der Arbeitnehmer an den Erwerbstätigen im Basisjahr und $(AN/ET)_t$ Anteil der Arbeitnehmer an den Erwerbstätigen im Berichtsjahr.

Ursache für den längerfristigen (leichten) Rückgang der Lohnquote im hier betrachteten Zeitraum kann zum einen der sektorale Strukturwandel sein. Insgesamt wuchs die Bedeutung der Dienstleistungsbereiche, die in wesentlichen Teilbereichen geringere Lohnquoten aufweisen als die vieler Industriesektoren, zudem wurden gerade arbeitsintensive Produktionen in andere Länder verlagert, während in Deutschland – im Zuge des technischen Fortschritts – zunehmend Arbeit durch Kapital ersetzt wurde. Natürlich haben auch Lohnabschlüsse und damit die Verhandlungspositionen von Unternehmensverbänden und Gewerkschaften Einfluss auf die Lohnquote. Bei hoher Arbeitslosigkeit, sinkendem Organisationsgrad der Arbeitnehmer und abnehmender Tarifbindung der Unternehmen nahm in Deutschland im betrachteten Zeitraum eventuell die Verhandlungsstärke der Arbeitnehmervertreter in Lohnverhandlungen ab, sodass Lohnabschlüsse unterhalb der Produktivitätsentwicklung, zeitweise auch unter der Inflationsrate zu beobachten waren. Lohn- und Gewinnquoten bieten nur grobe Anhaltspunkte für die Verteilung der Einkommen, weil Haushalte Einkommen aus verschiedenen Quellen erzielen können. Zudem streuen die Einkommen innerhalb der Gruppe der Lohnempfänger und zwischen den Beziehern von Unternehmens-und Vermögenseinkommen erheblich.

Daher sagt die **personelle Einkommensverteilung** mehr über die Einkommenssituation der Individuen und Haushalte aus als die funktionale Verteilung. Diskutiert wird dabei meist das Haushaltsnettoeinkommen. Dazu wird das verfügbare Einkommen der Haushalte – also die Bruttoeinkommen aus Erwerbstätigkeit, Vermögen sowie Vermietung und Verpachtung sowie Transferleistungen abzüglich Einkommensteuern und Pflichtbeiträgen zu den Sozialversicherungen – ermittelt. In diese Einkommensgröße geht die Umverteilungstätigkeit des Staates in Form von Steuern und Transfers ein, sodass hier die **Sekundärverteilung** betrachtet wird. Aus dem Haushaltsnettoeinkommen wird dann das **Nettoäquivalenzeinkommen** als gewogener Durchschnitt in Anhängigkeit von der Zahl und dem Alter der Haushaltsmitglieder ermittelt. Nach der Definition der OECD geht der Haupteinkommensbezieher des Haushalts mit dem Gewichtungsfaktor 1,0 und alle übrigen Haushaltsmitglieder von 14 Jahren und älter mit dem Faktor 0,5 in die Berechnung ein; Kinder unter 14 Jahren werden mit dem Faktor 0,3 gewichtet. Diese Berechnung wird damit begründet, dass Personen, die in einem Haushalt leben, geringere Kosten für Wohnung und Einrichtungsgegenstände haben als Menschen, die in Einpersonenhaus-

Tab. 7.2: Verteilung der jährlichen Nettoäquivalenzeinkommen auf Dezile, Deutschland 2003–2013.

Dezile	Anteil am jährlichen Nettoäquivalenzeinkommen in %		
	2003	2008	2013
D_{10}	21,9 %	22,8 %	22,8 %
D_9	14,3 %	14,7 %	14,9 %
D_8	12,0 %	12,1 %	12,3 %
D_7	10,5 %	10,5 %	10,6 %
D_6	9,4 %	9,3 %	9,3 %
D_5	8,4 %	8,3 %	8,2 %
D_4	7,5 %	7,3 %	7,2 %
D_3	6,6 %	6,3 %	6,2 %
D_2	5,5 %	5,1 %	5,0 %
D_1	3,9 %	3,6 %	3,6 %
$\sum D_6 \ldots D_{10}$	68,1 %	69,5 %	69,8 %
$\sum D_1 \ldots D_5$	31,9 %	30,5 %	30,2 %

Quelle: Daten zum 5. Armuts- und Reichtumsbericht der Bundesregierung, online verfügbar unter http://www.armuts-und-reichtumsbericht.de/DE/Service/Open-Data/opendata.html, Abfrage vom 24. 6. 2017.

halten leben. Ob die Gewichtungsfaktoren diesen Sachverhalt richtig abbilden, muss aber offen bleiben. Nach dieser Berechnung „entspricht" ein verfügbares Einkommen von 4500 Euro monatlich für einen 4-Personen-Haushalt (Ehepaar mit 2 Kindern unter 14 Jahren) dem verfügbaren Einkommen eines Einpersonenhaushalts von 2142,86 Euro (4500/(1,0 + 0,5 + 2 × 0,3) = 2142,86). Es wird also angenommen, dass der angesprochene 4-Personen-Haushalt nur das 2,1-fache des Einkommens des Einpersonenhaushalts benötigt, um einen vergleichbaren Lebensstandard zu erreichen.

In Tab. 7.2 wird für Deutschland dargestellt, welchen Einkommensanteil einzelne Bevölkerungsgruppen haben, z. B. die 10 % der Bevölkerung mit dem niedrigsten Einkommen (3,6 % im Jahr 2013) bzw. die 10 % mit dem höchsten Einkommen (22,8 % im Jahr 2013). Bei einer völligen Gleichverteilung müssten alle Dezile 10 % der Nettoäquivalenzeinkommen aufweisen. Zwischen 2003 und 2013 hat der Anteil der Haushalte mit dem höchsten Einkommen um etwa einen Prozentpunkt zugenommen; abgenommen haben dagegen die Einkommensanteile der Dezile 1 bis 5. Dieses und ähnliche Ergebnisse unterstützen die These, dass in den letzten Jahren in Deutschland vor allem die unteren und mittleren Einkommensgruppen relative Einkommensverluste hinnehmen mussten, während die Gruppen mit gehobenem und hohem Einkommen (Dezile 6–10) 2013 höhere Einkommensanteile erreichten.

Ferner wird die **Armutsrisikoquote** berechnet. **Absolute Armut** liegt nach der Definition der Weltbank bei einem Einkommen von unter 1,90 US-$ pro Tag vor. Meist wird jedoch ein **relativer Armutsbegriff** verwendet, der beschreiben soll, welche Personen oder Haushalte ein so niedriges Einkommen aufweisen, dass sie

Tab. 7.3: Armutsrisikoquote und Einkommensreichtumsquote in Deutschland auf Basis des Sozio-oekonomischen Panels (SOEP).

	Armutsrisikoquote Anteil der Personen mit einem Nettoäquivalenzeinkommen unter 60 % des Einkommensmedians			Einkommensreichtumsquote Personen mit mehr als 200 % des Medians der Nettoäquivalenzeinkommen auf Basis SOEP		
	1995	2005	2014	1995	2005	2014
Insgesamt	11,6	14,1	15,8	6,1	7,7	8,2
Westdeutschland	11,3	12,4	14,7	7,1	8,9	9,3
Ostdeutschland	13,1	20,6	21,1	1,6	2,6	3,1
Nach Haushaltstyp						
Alleinlebend	18,8	21,7	24,9	2,8	6,3	5,1
Alleinerziehend	32,0	37,1	38,4	3,6	1,8	1,5
Paare mit 1 Kind	7,2	11,2	8,9	7,1	8,9	11,8
Paare mit 2 Kindern	7,9	6,4	8,4	9,4	5,8	5,8
Paare mit 3 oder mehr Kindern	16,6	19,6	24,4	4,7	3,0	3,0
Nach Erwerbsstatus						
Erwerbstätige	6,6	8,1	9,2	8,9	11,0	11,4
Arbeitslose	28,1	48,0	58,2	3,3	1,7	1,9
Rentner/Pensionäre	13,3	12,4	15,4	4,2	5,5	6,0

Quelle: 5. Armuts- und Reichtumsbericht, S. 551.

wegen ihres geringen Einkommens nicht am normalen gesellschaftlichen Leben in ihrem Land teilnehmen können. Nach üblicher Interpretation misst die Armutsrisikoquote den Bevölkerungsanteil, der ein Einkommen von weniger als 60 Prozent des Medianäquivalenzeinkommens erhält, stellt also auf eine relative Einkommensposition ab. Da der Median als Zentralwert die unteren 50 % der Einkommensbezieher von den oberen 50 % trennt, sagt er nichts über die Einkommensstreuung aus. Würde nur das Einkommen der Bezieher von höheren Einkommen steigen, das Einkommen der unteren 50 % aber konstant bleiben, würden sich der Median und der Schwellenwert für die Armutsgefährdung demnach nicht ändern. Der Tab. 7.3 kann entnommen werden, dass der Anteil der armutsgefährdeten Personen in Deutschland seit 1995 insgesamt, vor allem aber in Ostdeutschland verstärkt zugenommen und offenbar im Zuge der zuletzt verbesserten Arbeitsmarktsituation nicht abgenommen hat, obwohl generell Erwerbstätige deutlich weniger von Armut betroffen sind als Arbeitslose und Rentner. Betroffen sind vor allem Alleinerziehende und Alleinlebende sowie Paare mit 3 oder mehr Kindern.

Bereits diese wenigen Daten zeigen, wie schwierig es ist, die Verteilungspositionen zu erfassen und zu bewerten. Der 5. Armuts- und Reichtumsbericht deutet zumindest an, dass sich in Deutschland seit der Vereinigung die Position der unteren und mittleren Einkommensgruppen eher verschlechtert hat und dass die Armutgefährdungsquote seit 1995 angestiegen ist. Entsprechend ist die Quote der

Einkommensreichen gestiegen. Ob und in welchem Umfang diese Entwicklungen Umverteilungsmaßnahmen erfordern, ist aber eine Frage der – mehr oder weniger subjektiven – Bewertung. Die Beschreibung der Einkommenssituation ist zudem unvollständig ohne die Berücksichtigung der Vermögen, die ebenfalls Handlungs- und Teilhabespielräume eröffnen. Umfassende Daten zur Vermögenssituation liegen aber in Deutschland kaum vor; vermögende Haushalte sind zudem in den zuvor genannten Stichprobenerhebungen regelmäßig unterrepräsentiert. Es wird aber meist davon ausgegangen, dass die Vermögen stärker konzentriert sind als die Einkommen, sodass die Vermögensunterschiede die Einkommenspositionen eher verstärken.

Der Befund einer tendenziell eher zunehmenden Ungleichverteilung bei Einkommen und Vermögen bestätigt sich im internationalen Vergleich und auch über längere Zeiträume. Thomas Piketty untersucht in seinem Buch „Das Kapital im 21. Jahrhundert" (2014) auf breiter Datengrundlage die Verteilung von Einkommen und Vermögen innerhalb der Länder USA, Frankreich, England und Schweden ab ca. 1800 bis heute. Für Piketty gibt es insgesamt keinen natürlichen und von selbst ablaufenden Prozess, der verhindert, dass sich inegalitäre Tendenzen dauerhaft durchsetzen. Vielmehr habe in normalen Zeiten der marktwirtschaftliche Kapitalismus die Neigung, zu einer zunehmenden Ungleichverteilung der Einkommen und vor allem der Vermögen zu führen. Piketty sieht drei Ursachen für Akkumulation und Konzentration von Vermögen:

- der (auf alle Vermögenserträge bezogene) Realzins sei normalerweise höher als die Wachstumsrate der „Realwirtschaft".
- Kapitaleinkommen seien ungleicher verteilt als Arbeitseinkommen.
- wohlhabende Vermögensbesitzer erzielten höhere Renditen, da sie bei der Vermögensanlage auf den Sachverstand von Experten zurückgreifen können.

Empirisch zeigt Piketty für die vergangenen ca. 200 Jahre mit Ausnahme der Zeit zwischen 1914 und etwa 1970 für die betrachteten Länder folgende Trends:

1. Steigendes Verhältnis zwischen Vermögen und (Volks-)Einkommen.
2. Anstieg des Anteils des Kapital- bzw. Zinseinkommens am Volkseinkommen – und entsprechend Rückgang der Lohnquote.
3. Absolut und relativ zum Arbeitseinkommen steigende Bedeutung von Erbschaften und Schenkungen.
4. Steigende Ungleichheit der personellen Vermögensverteilung, gemessen als Zunahme des Vermögensanteils der Wohlhabendsten 10 %, 1 % bzw. 0,1 %.

Derartige Entwicklungen bedrohen laut Piketty das Ideal der Leistungsgesellschaft, in welcher der Tüchtige nach vorne kommen soll und nicht die Erben großer Vermögen; vielmehr drohten Verhältnisse, in denen sich mit normaler Arbeit nicht annähernd so viel verdienen lässt wie z. B. mit einer Erbschaft oder nach entsprechender Heirat. Leistungsträger wären daraufhin gegenüber „Rentiers" auf dem Rückzug. Diese Schlussfolgerungen sind allerdings umstritten.

7.4 Instrumente und Wirkungen der Verteilungs- und Sozialpolitik

Nach dem Sozialstaatsgebot wird in Deutschland neben der sozialen Sicherung auch ein sozialer Ausgleich angestrebt. Dies umfasst eine Korrektur der ungleichen Einkommens- und Vermögensverteilung, vor allem, weil diese Verteilung für Schwächere auch den Zugang zu Bildung, Gesundheit und sozialer Teilhabe beschränkt, also faktisch individuelle Freiheitsrechte und Chancengleichheit verringert und zugleich soziale Mobilität – also den Wechsel in höhere Einkommensgruppen – behindert. Das Ausmaß, in dem Einkommen und Vermögen umverteilt werden, und die Instrumente, die dafür eingesetzt werden sollen, sind allerdings umstritten.

Zur **Verteilungspolitik** gehören
- Einkommenspolitische Maßnahmen, die beeinflussen, wie sich die am Markt entstehenden Einkommen auf verschiedene Personengruppen (z. B. Arbeiter und Angestellte, Manager, Gewinnbezieher) verteilen. Wichtig ist z. B. das System der Tarifautonomie, das den Tarifpartnern das Recht gibt, Lohnverhandlungen zu führen. Im Zuge der abnehmenden Reichweite der Tarifbindung wurde im Jahr 2015 in Deutschland ein allgemeinverbindlicher gesetzlicher Mindestlohn eingeführt, wie es ihn in vielen anderen Ländern ebenfalls gibt.
- Maßnahmen im Bereich des Steuer-Transfer-Systems zur Korrektur der marktbestimmten **Einkommensverteilung,** wie z. B. eine progressive Einkommensteuer, Erbschafts- und – derzeit nicht erhoben – Vermögensteuer, ferner Transferzahlungen wie z. B. Kindergeld oder Bafög.

Die **Sozialpolitik** basiert demgegenüber stärker auf staatlichen Ausgaben. Insgesamt belief sich die Höhe der Sozialleistungen in Deutschland im Jahr 2017 auf 965,5 Mrd. Euro oder 29,6 % des Bruttoinlandsprodukts. Diese Summe wurde teilweise durch die Sozialbeiträge der Arbeitgeber und der Versicherten finanziert und zu etwa einem Drittel durch den Staat. Informationen hierzu sind im Sozialbericht 2017 enthalten, der vom Bundesministerium für Arbeit und Soziales herausgegeben wird.

Zur Sozialpolitik gehört in Deutschland
- das **System der sozialen Sicherung** als Vorsorge für Notlagen, die jeden treffen können, gegen die individuelle Vorsorge aber gar nicht oder nur mit Schwierigkeiten möglich ist. Dieses System umfasst die gesetzliche Kranken-, Unfall- und Pflegeversicherung sowie Arbeitslosen- und Rentenversicherung.
Nach dem SGB XII ergänzt der **Rechtsanspruch auf Sozialhilfe** – als nachgeordnetes System – die soziale Sicherung für diejenigen, die ihren Lebensunterhalt nicht selbst decken können – setzt also entsprechend dem Subsidiaritätsprinzip eine Prüfung der Bedürftigkeit voraus. Sozialhilfe soll das Existenzminimum für Bedürftige sichern und ein menschenwürdiges Leben ermöglichen.

Zusätzlich hat auch das **Angebot bestimmter öffentlicher Güter**, die als Teil der so genannten Daseinsvorsorge angesehen werden, Verteilungswirkungen (vgl. Abschn. 2.3.1). Staatlich bereitgestellte Güter, die ohne Gegenleistung oder zu nicht kostendeckenden Preisen abgegeben werden, wirken wie reale Einkommenserhöhungen. Da aber kaum nachvollziehbar ist, wer diese Leistungen erhält und mit welchen Preisen sie zu bewerten wären, können ihre Verteilungswirkungen bestenfalls geschätzt werden. Daher bleiben diese Wirkungen im Folgenden unbeachtet. Es ist aber offensichtlich, dass insbesondere dem Gesundheits-, dem Kinderbetreuungs- und dem Bildungssystem eine große verteilungspolitische Bedeutung zukommt, denn Gesundheit, die Möglichkeit der Erwerbstätigkeit für Eltern und Zugang zu Bildung unabhängig von der Höhe des Einkommens, sind wesentliche Voraussetzungen dafür, dass Individuen die Chance haben, erwerbstätig zu sein und ihre Lebenssituation zu verbessern.

7.4.1 Verteilungspolitische Instrumente in Deutschland

Löhne und Gewinne, aber auch Kapitaleinkünfte bilden sich unter Marktbedingungen. Eine als gerecht empfundene **Primärverteilung** entlastet dabei das Steuer- und Transfersystem, weil weniger Korrekturen der Einkommensverteilung notwendig sind. Insofern kommt der **Einkommenspolitik**, also den arbeitsmarktpolitischen Rahmenbedingungen, wie etwa den Regelungen für atypische Beschäftigung, Mindestlohn oder Kündigungsschutz und dem Tarifsystem eine große verteilungspolitische Bedeutung zu. Bedeutsam sind aber auch die Entwicklung der Kapitaleinkünfte, also die Zinsentwicklung und die Preisniveauentwicklung, die die Höhe der realen Einkommen mitbestimmen. Die Notwendigkeit, schlecht bezahlte oder nicht zur individuellen Qualifikation passende Arbeitsplätze anzunehmen, wird zudem durch die Regelungen der Arbeitslosenversicherung, also z. B. durch Regelungen zur Zumutbarkeit von Arbeitsplätzen oder zur Dauer der Unterstützungszahlungen gemildert.

Die Ungleichheit der am Markt entstandenen Einkommen wird in Deutschland vor allem durch die **direkten Steuern** (progressive Einkommensteuer, Körperschaftsteuer, Solidaritätszuschlag und Abgeltungssteuer) und durch **Transferzahlungen** des Staates an private Haushalte korrigiert. Transferzahlungen sind in Deutschland vor allem Leistungen im Rahmen der Grundsicherung (Arbeitslosengeld II und Sozialhilfe), familienpolitische Leistungen wie Elterngeld und Kindergeld, Ausbildungsförderung, Wohngeld und Eigenheimzulage. Vor allem die Leistungen, die nur nach einer Prüfung der Hilfsbedürftigkeit gezahlt werden (Grundsicherung, Arbeitslosengeld II, Wohngeld), werden an Bezieher niedriger Einkommen vergeben, wirken also nivellierend auf die Einkommensverteilung. Dies trifft allerdings nicht auf das Kindergeld zu, das unabhängig vom Einkommen gezahlt und für Bezieher höherer Einkommen mit dem Kinderfreibetrag bei der Einkommensteuer verrechnet wird. Die progressive Einkommensteuer begünstigt ebenfalls tendenziell

Tab. 7.4: Staatliche Umverteilung durch Transfers und progressive Steuern in Deutschland 2016.

Prozentualer Anteil der Einkommensbezieher	Einkünfte ab … €*	Anteil am Gesamtbetrag der Einkünfte* in %	Anteil an der Einkommensteuer in %	Anteil am verfügbaren Einkommen in %
Obere …% der Steuerpflichtigen				
1 %	215.300	12	22	9
10 %	81.313	37	55	32
20 %	57.634	53	72	48
30 %	44.890	66	82	60
40 %	36.233	76	90	71
50 %	29.282	84	95	79
Untere …% der Steuerpflichtigen				
50 %	29.309	16	6	21
40 %	22.425	10	2	14
30 %	15.647	5	1	8
20 %	9.509	2	0	4

* Gesamtbetrag der Einkünfte = Einnahmen abzgl. Werbungskosten bzw. Betriebsausgaben.
Basis: Einkommensteuer-Statistik), online unter: http://www.bundesfinanzministerium.de/
Content/DE/Downloads/Broschueren_Bestellservice/2017-03-08-datensammlung-zur-
steuerpolitik-2016-2017.pdf?__blob=publicationFile&v=3, Abfrage vom 14. 9. 2017.
Quelle: Datensammlung zur Steuerpolitik, Ausgabe 2016/17, S. 23.

Bezieher niedriger Einkommen, auch wenn die Berechnung des zu versteuernden Einkommens vor allem bei Gewinn- und Kapitaleinkünften dazu führt, dass nicht das Gesamteinkommen zur Besteuerung herangezogen wird. Bei einzelnen Transferzahlungen kann auch nicht ausgeschlossen werden, dass sie indirekt nicht nur den Begünstigten zufließen. Beispielsweise könnte das Wohngeld bewirken, dass am Markt höhere Mieten durchsetzbar sind. Trotz der schwierigen Analyse der Verteilungswirkungen zeigen empirische Untersuchungen für Deutschland, dass die Einkommensverteilung nach der staatlichen Umverteilung – also die verfügbaren Einkommen – weniger stark konzentriert sind als die Bruttoeinkommen (vgl. Tab. 7.4).

In Deutschland wird keine **Vermögensteuer** erhoben, weil das Bundesverfassungsgericht die unterschiedliche Besteuerung von Geldvermögen und Immobilien (nach dem Einheitswert, der meist deutlich unter dem Verkehrswert liegt) bemängelt hat. Seitdem werden die Argumente für und gegen eine Vermögensteuer immer wieder diskutiert. Grundstücke unterliegen allerdings einer Grundsteuer, die in den Gemeinden unterschiedlich hoch sein kann. Diese jährlich erhobene Steuer belastet zunächst die Eigentümer von Grundstücken, kann aber teilweise an Mieter überwälzt werden. Zudem wird Vermögensbesitz im Erbfall besteuert. Die Höhe der **Erbschaftsteuer** hängt von der Höhe des Erbes und vom Verwandtschaftsgrad zwischen Erblasser und Erben ab.

Sie trägt der Tatsache Rechnung, dass Erbschaften nicht auf Leistung beruhen, aber Lebenschancen eröffnen, die denen vorenthalten werden, die keine Erbschaften erwarten können. Um die Reform der Erbschaftsteuer wurde lange gerungen, weil auch Betriebsvermögen der Erbschaftsteuer unterliegen können. Im Zuge der Reform war zu vermeiden, dass die Besteuerung von Betriebsvermögen im Nachlassfall Arbeitsplätze oder sogar den Bestand eines Unternehmens gefährden kann. Trotz dieser Regelungen wird die Vermögensverteilung in Deutschland nicht durch Umverteilung des Vermögensbestands sondern im Wesentlichen durch Besteuerung der Vermögenserträge in Form von Steuern auf Zinserträge beeinflusst. Die **private Ersparnis- und Vermögensbildung** wird z. B. durch Arbeitnehmersparzulagen auf vermögenswirksame Leistungen, durch Wohnungsbauprämien sowie durch steuerliche Sonderabzüge für Versicherungsleistungen gefördert. Verteilungspolitisch gesehen spricht gegen Steuervergünstigungen, dass sie nur Einkommensbeziehern zugutekommen, deren Einkommen den Grundfreibetrag übersteigt; zudem werden Personen mit höherem Grenzsteuersatz stärker entlastet. Aber auch Sparprämien können nur diejenigen beanspruchen, die Teile ihres Einkommens sparen können.

Der Einsatz verteilungspolitischer Instrumente ist umstritten, die Diskussion wird auch von den Positionen unterschiedlicher Interessengruppen und ihrem Einfluss auf wirtschaftspolitische Entscheidungen geprägt. Piketty fordert in diesem Zusammenhang ein politisches Programm im Sinne einer „meritokratischen Besteuerung", d. h. für ihn: (wieder) deutlich höhere und progressive Einkommen-, Vermögen- und Erbschaftsteuern. Zur Vermeidung von internationalen Vermögensverlagerungen schlägt Piketty insbesondere auch die Einführung einer globalen Kapitalertragsteuer und für die Steuerbehörden die nötige Transparenz durch umfassenden Datenaustausch vor; insgesamt ein möglichst lückenloses System zur Erfassung und Besteuerung von Einkommen, Vermögen und Erbschaften – mit dem Ziel, hohe Kapitalwerte und -erträge zu identifizieren und sie der Besteuerung zu unterwerfen.

Piketty hat mit diesen Forderungen starke Kritik ausgelöst – unter anderem, weil sie der verbreiteten Vorstellung eines (auch steuerlich) schlanken Staates in einer funktionierenden Marktwirtschaft entgegenlaufen können. Insbesondere höhere Einkommen- oder Erbschaftsteuern könnten zudem verschiedene negative Anreizwirkungen haben.

7.4.2 Soziale Sicherung in Deutschland

Merkmale der gesetzlichen Sozialversicherungen

Zu den staatlichen Aufgaben mit Umverteilungswirkungen gehört die existentielle Sicherung bei Problemlagen, für die einzelne Wirtschaftssubjekte nicht selbst vorsorgen können. Diese Aufgabe ergibt sich nicht nur aus dem Grundrecht auf Menschenwürde (Art. 1 GG) sondern auch aus dem Sozialstaatsgebot des Art. 20 GG und aus der entsprechenden Regelung im deutschen Einigungsvertrag von 1991. Keine dieser Regelungen enthält allerdings eine Aussage darüber, wie diese Absicherung erreicht werden und welchen Umfang sie haben soll. Die soziale Absicherung in Notlagen kann generell auf verschiedene Weise erreicht werden.

Bei der Eigenvorsorge durch Sparen oder durch beitragsfinanzierte private Versicherungen muss jedes Wirtschaftssubjekt bzw. jeder Haushalt selbst ein ausreichend hohes Einkommen haben, um diese Vorsorge zu finanzieren. Nach dem Subsidiaritätsprinzip ist das zumutbar, solange das eigene Einkommen dazu ausreicht. Erst wenn die private Vorsorge nicht finanzierbar ist – also bei Risiken, die im Schadensfall zu hohe Aufwendungen erfordern würden – oder für Bezieher unterer und mittlerer Einkommen werden kollektive Sicherungssysteme benötigt. Dabei kann es sich um Sozialversicherungen handeln oder um steuerfinanzierte Transferzahlungen. In Deutschland gibt es fünf verschiedene Sozialversicherungssysteme, die als Pflichtversicherungen – für unselbständig Beschäftigte, deren Arbeitsplatz nach dem SGB sozialversicherungspflichtig ist, ausgestaltet sind. Dazu gehören die

- Arbeitslosenversicherung (ALV)
- gesetzliche Krankenversicherung (GKV)
- gesetzliche Pflegeversicherung
- gesetzliche Unfallversicherung
- gesetzliche Rentenversicherung (GRV)

Alle sozialversicherungspflichtig Beschäftigten sind in den gesetzlichen Sicherungssystemen Pflichtmitglied; sie zahlen einkommensabhängige Beiträge, die überwiegend paritätisch von Arbeitnehmer und Arbeitgeber zu zahlen sind. Insgesamt addierten sich die Arbeitgeber- und Arbeitnehmerbeiträge zur Sozialversicherung 2018 auf knapp 40 % des Bruttolohns. Die Mitgliedschaft in der Sozialversicherung begründet einen Anspruch auf Leistungen, der auch mit Umverteilungselementen einhergehen kann. Defizite der Sozialversicherungen werden weitgehend aus dem Bundeshaushalt finanziert. Die Ausgestaltung einzelner Versicherungszweige wird im Folgenden grob skizziert.

- In der **Gesetzlichen Krankenversicherung** (GKV) sind die Beiträge einkommensabhängig, die Leistungen im Krankheitsfall aber beitragsunabhängig. Daher finanzieren die Gesunden die Leistungen für erkrankte Versicherte, wobei Bezieher höherer Einkommen (bis zur Beitragsbemessungsgrenze) absolut höhere Beiträge zahlen. Geht man davon aus, dass überwiegend ältere Menschen erkranken, handelt es sich zugleich um eine Umverteilung zwischen Jüngeren und Älteren. Darüber hinaus können Versicherte ihren nicht-berufstätigen Partner und Kinder beitragsfrei mitversichern, sodass eine Umverteilung von Singles zu Familien stattfindet. Die GKV finanziert überwiegend Gesundheitsleistungen, also Sachleistungen (ambulante und stationäre ärztliche Behandlungen, Medikamente usw.) und nur in Ausnahmefällen Geldleistungen. Außerdem werden in vielen Bereichen (Zahnersatz, Medikamente) private Zuzahlungen der Versicherten verlangt.

– In der **gesetzlichen Rentenversicherung** (GRV) werden beitragsabhängige Leistungen gezahlt, die nach dem Umlageverfahren aus den Einnahmen der Erwerbstätigen finanziert werden (Generationenvertrag). Es werden also keine (individuellen) Kapitalrücklagen aufgebaut. Die Rentenhöhe hängt unter anderem von der Höhe und Dauer der Beitragszahlungen ab. Allerdings gibt es auch Umverteilungselemente wie die Anerkennung von Kindererziehungs- und Pflegezeiten. Die gesetzliche Rentenversicherung wird zunehmend um betriebliche und private Formen der Alterssicherung (meist nach dem Kapitaldeckungsverfahren, d. h. auf der Basis finanzieller Rücklagen) ergänzt. Sehr niedrige Altersrenten können nach den Regeln der Grundsicherung aufgestockt werden.

– Auch in der **Arbeitslosenversicherung** (ALV) sind die Beiträge und die Leistungen einkommensabhängig; außerdem sind die Leistungen in Abhängigkeit von der Beitragsdauer befristet. Nach dem Auslaufen der Bezugsdauer, die in den meisten Fällen auf 1 Jahr begrenzt ist, werden Leistungen im Rahmen der Grundsicherung für Arbeitssuchende (auch Arbeitslosengeld II oder umgangssprachlich Hartz IV genannt) nur dann gezahlt, wenn Bedürftigkeit vorliegt, d. h. dass anhaltend Arbeitslose erst ihr Vermögen einsetzen müssen, um ihren Lebensunterhalt zu bestreiten, ehe sie weitere Unterstützungszahlungen erhalten können.

– Die **gesetzliche Pflegeversicherung** wurde 1996 eingeführt, weil viele pflegebedürftige Menschen, die in Pflegeheimen lebten, auf Sozialhilfe (Hilfe in besonderen Lebenslagen) angewiesen waren. Da die Sozialhilfe von den Gemeinden zu finanzieren war, führte dies zu einer erheblichen Belastung der Gemeinden. Diese Belastung sollte durch die Pflegeversicherung reduziert werden. Zudem wird auch die ambulante Pflege finanziell unterstützt. Die Leistungen sind in diesem Fall vom Bedarf, d. h. von der medizinischen Einstufung in Pflegestufen abhängig, es handelt sich nicht um eine Vollkostendeckung, sodass Bezieher niedriger Einkommen bzw. Renten weiterhin staatliche Unterstützungszahlungen beantragen können und müssen.

– In der **gesetzlichen Unfallversicherung** sind alle Arbeitnehmer im Fall von Arbeits- und Wegeunfällen sowie beim Auftreten von Berufskrankheiten versichert. Zusätzlich werden Reha-Maßnahmen und ggfs. Erwerbsunfähigkeitsrenten gezahlt. Die Beiträge werden vollständig vom jeweiligen Arbeitgeber getragen.

Neben den gesetzlichen Sozialversicherungen gibt es Sondersysteme für bestimmte Berufsgruppen (Beamte, Landwirte, Bergleute) sowie private Versicherungen, vor allem für Selbständige und Bezieher von Einkommen über der Versicherungspflichtgrenze, auf die hier nicht näher eingegangen wird.

Wirkungen und Probleme der Sozialen Sicherungssysteme

Die Sozialversicherungssysteme ermöglichen einen sozialen Ausgleich für diejenigen, die vorübergehend oder dauerhaft kein Arbeitseinkommen erzielen können. Dieses Risiko wird vor allen für ältere Menschen, für Kranke und Arbeitslose verringert. Die sozialen Sicherungssysteme haben also interpersonelle Verteilungswirkungen; darüber hinaus wird über das Umlageverfahren bzw. den Generationenvertrag auch eine intertemporale Umverteilung erreicht. Die einzelwirtschaftlichen Wirkungen für private Haushalte – wirtschaftliche Existenzsicherung in Problemlagen, Verbesserung des Gesundheitszustands und der Lebenserwartung sowie soziale Integration – tragen zum sozialen Frieden bei und stellen insofern auch einen Standortfaktor für Unternehmen dar. Aus Sicht der Unternehmen wird die Leistungsfähigkeit des Arbeitskräftepotenzials verbessert bzw. gesichert und die Streikbereitschaft verringert.

Darüber hinaus verändert die Versicherungsfinanzierung die Höhe und Zusammensetzung der Nachfrage nach Gesundheitsleistungen. Da die privaten Wirtschaftssubjekte eigene Vorsorgemaßnahmen zumindest teilweise durch die Sozialversicherung ersetzen können, verändern sich auch die Höhe und die Struktur der privaten Vermögensanlagen. Dies hat gesamtwirtschaftliche Auswirkungen auf Ersparnis und Kapitalbildung, aber auch auf die Höhe der Konsumnachfrage. Vor allem die Arbeitslosenversicherung trägt dazu bei, dass die Konsumnachfrage kurzfristig verstetigt wird. Langfristig dürfte die soziale Sicherung die Konsumbereitschaft erhöhen und damit zu Wachstum und Beschäftigung beitragen.

Allerdings belastet die weitgehend paritätische Finanzierung durch Arbeitgeber- und Arbeitnehmeranteile, die an den Bruttolöhnen ansetzt, die arbeitsintensiven Unternehmen überproportional und verteuert (einseitig) den Produktionsfaktor Arbeit. Bei Produktionsprozessen mit Substitutionsmöglichkeiten zwischen Arbeit und Kapital entsteht daher ein Anreiz, den relativ teuren Produktionsfaktor Arbeit durch den relativ preiswerteren Faktor Kapital zu ersetzen; die Unternehmen werden veranlasst im Zeitablauf arbeitssparenden technischen Fortschritt zu realisieren – vor allem bei Tätigkeiten mit geringer Qualifikation, die leicht durch Maschinen ersetzbar sind. Langfristig tragen die Lohnnebenkosten demnach dazu bei, dass Maßnahmen zur Erhöhung der Arbeitsproduktivität realisiert werden, es besteht die Gefahr technologiebedingter Arbeitslosigkeit. Darüber hinaus wird der Wettbewerb zwischen arbeits- und kapitalintensiven Unternehmen verzerrt, denn kapitalintensive Unternehmen tragen weniger zur Finanzierung der sozialen Sicherung bei. Die hohen Lohnnebenkosten stellen außerdem einen Standortnachteil im internationalen Wettbewerb dar. Zudem haben Unternehmen und Beschäftigte einen Anreiz, in Beschäftigungsformen auszuweichen, die nicht sozialversicherungspflichtig sind, wie z. B. geringfügige Beschäftigung oder Schwarzarbeit. Diese wirtschaftsstrukturellen Wirkungen verändern auch die Preisstruktur und die Nachfragestruktur und damit die Faktorallokation zugunsten von kapitalintensiv produzierten Gütern.

Die positiven Verteilungswirkungen der Sozialversicherungen gehen mit einer Reihe von Problemen einher: die Einnahmeseite der Sozialversicherungen ist stark wachstumsabhängig; im Konjunktur- und Wachstumsprozess schwanken die Einnahmen mit den Bruttolöhnen. Bei der Arbeitslosenversicherung treten dann zwangsläufig Defizite auf, denn in Rezessionsphasen steigen die Ausgaben für Arbeitslose, sodass regelmäßig Haushaltsdefizite entstehen, wenn nicht zuvor Rücklagen gebildet wurden. Das ist wegen der automatischen Stabilisierungswirkung konjunkturpolitisch erwünscht (vgl. Kap. 4). Auch in der Krankenversicherung entstehen bei stagnierenden oder rückläufigen Einnahmen in Rezessionsphasen Defizite, weil sich der Ausgabenbedarf unabhängig von der Einnahmeseite entwickelt. Außerdem gehen von allen Sicherungssystemen Anreize zu Verhaltensänderungen aus, die dazu führen können, dass die Sicherungssysteme zu stark beansprucht werden. Diese Fehlsteuerungen können in erheblichem Umfang zur Kostensteigerung beitragen.

– Als Hauptursachen der steigenden Ausgaben der GKV werden der medizinisch-technische Fortschritt, der demografische Wandel aber auch Fehlanreize für Leistungserbringer und Versicherte diskutiert. Auf der Angebotsseite besteht die Gefahr eines Überangebotes, weil Ärzte – im eigenen Interesse – zu viele Leistungen verordnen (angebotsinduzierte Leistungen). Nachfrager können das aufgrund von Informationsdefiziten über die Notwendigkeit medizinischer Leistungen nicht verhindern. Zudem ist es für die Versicherten individuell rational, bei gegebenem (einkommensabhängigem) Beitrag möglichst viele Leistungen – im Extremfall die Sättigungsmenge – nachzufragen. Die hohe (individuelle) Nachfrage ist gesellschaftlich nachteilig, weil sie zu hohen Beiträgen führt, wenn alle Versicherten sich so verhalten. Dies wird individuell nicht wahrgenommen bzw. in Kauf genommen, weil jeder Einzelne glaubt, diese Entwicklung nicht beeinflussen zu können.

– Im Bereich der ALV wird vermutet, dass die Bereitschaft – vor allem gering bezahlte – Arbeit anzunehmen sinkt, wenn die finanzielle Absicherung bei Arbeitslosigkeit zu hoch ist. Um die Eigenverantwortung der Wirtschaftssubjekte zu stärken, forderten Vertreter dieser Position eine Verkürzung der Bezugsdauer, wie sie in den Hartz IV-Reformen eingeführt wurde, und eine Senkung der Höhe der Absicherung. Allerdings werden damit Risiken weniger gut abgesichert und die Umverteilungswirkung reduziert, sodass Konflikte zwischen den verschiedenen Interessengruppen entstehen, die letztlich politisch entschieden werden müssen.

Eine Überbeanspruchung der Sozialversicherung kann auch vorliegen, wenn so genannte versicherungsfremde Leistungen erbracht werden. Beispielsweise stellt die kostenlose Mitversicherung von Familienangehörigen in der GKV eine Umverteilung zugunsten von Familien dar, die streng genommen keine Aufgabe der GKV ist und auch nicht paritätisch finanziert werden muss. Ähnlich könnte man im Zusammenhang mit Umschulungs- und Weiterbildungsmaßnahmen argumentieren. Die Qualifikation der Beschäftigten für neue berufliche Anforderungen – also Investitionen in human capital – lösen erhebliche Nutzen für die Arbeitgeber und für die Teilnehmer an den Weiterbildungsmaßnahmen aus. Dies rechtfertigt eine paritätische Finanzierung, kann aber auch als eine gesellschaftlich (über Steuern) zu finanzierende Aufgabe verstanden werden.

Das Hauptproblem der Sozialen Sicherungssysteme besteht darin, langfristig eine ausreichende Finanzierung zu sichern. Im Zuge des demografischen Wandels nehmen in der Rentenversicherung, möglicherweise auch in der Pflege- und Krankenversicherung die Ausgaben zu, während gleichzeitig die Zahl der sozialversicherungspflichtig Beschäftigten zurückgehen wird. Dieser Rückgang wird verstärkt, wenn der Anteil der Sozialversicherungspflichtig Beschäftigten an den Erwerbstätigen zurückgeht, z. B. durch Werkverträge und andere Formen der atypischen Beschäftigung. Wegen der wettbewerbsverzerrenden Wirkung der Arbeitgeberbeiträge im Vergleich zu kapitalintensiven bzw. ausländischen Unternehmen scheint es schwierig, diese Kostenerhöhungen im Rahmen der bestehenden Finanzierungsstrukturen aufzufangen. Generell können die Ausgaben stattdessen aus Steuermitteln oder aus privaten Mitteln finanziert werden. Eine – sozialpolitisch allerdings problematische – Alternative wären Leistungskürzungen.

–   In der GKV war vor allem der Verdacht, dass Versicherte bei gegebenem Beitrag auch unnötige Versicherungsleistungen nachfragen Anlass dafür, Leistungskürzungen und die bereits genannten Selbstbeteiligungen einzuführen. Damit soll der Anreiz zu unnötiger Nachfrage reduziert und die Bereitschaft zur Prävention gestärkt werden. Gleichzeitig verringern sich aber die Absicherung im Krankheitsfall und die Umverteilung zugunsten der Kranken; ergänzende Korrekturen z. B. in Form von Obergrenzen für die Zuzahlungen zugunsten sozial Schwacher machen das System aufwändiger und intransparenter, ohne dass bisher die Ausgaben der GKV wirksam begrenzt wurden. Daher werden Reformansätze (z. B. Bürgerversicherung) diskutiert, die die Finanzierungsstrukturen grundlegend ändern würden. Wesentliche **Kriterien zur Bewertung** solcher Ansätze sind die nachhaltige Finanzierbarkeit bei geringeren gesamtwirtschaftlichen Wachstumsraten und im demografischen Wandel, die Eignung Fehlanreize abzubauen und negative Beschäftigungswirkungen zu verringern sowie die Sicherung des weiterhin notwendigen und gewünschten Ausmaßes an Umverteilung.

–   In der GRV stellt sich vor allem die Frage, ob eine Rentenversicherung nach dem Umlageverfahren auf der Basis des Generationenvertrags dauerhaft tragfähig sein kann. Bei steigender Lebenserwartung bzw. längerer Bezugsdauer der Renten und gleichzeitig rückläufiger Geburtenrate, also rückläufigem Bevölkerungsanteil der Menschen im erwerbsfähigen Alter, steigt die Altenlast erheblich, ohne dass die Jungenlast entsprechend stark abnimmt. Bisherige Reformen stellen auf eine Stärkung der privaten Altersvorsorge nach dem Kapitaldeckungsverfahren ab. Dies setzt allerdings voraus, dass die privaten Haushalte mehrheitlich individuelle Vorsorgemaßnahmen finanzieren können, obwohl sie nach dem Umlageverfahren aus ihren Beiträgen zur Rentenversicherung auch die Renten der heutigen Rentner finanzieren müssen. Darüber hinaus werden auch in der GRV Leistungskürzungen diskutiert, beispielsweise in Form eines höheren Renteneintrittsalters, um so der längeren Rentenbezugsdauer bei höherer Lebenserwartung Rechnung zu tragen. Für Menschen, die aufgrund von gesundheitlichen Einschränkungen nicht länger im Erwerbsleben stehen können, kommt dies einer Rentensenkung gleich. Zudem wird eine stärkere Differenzierung der Leistungen nach der Zahl der Kinder bzw. nach der Beitragshöhe/Beitragsdauer diskutiert.

7.5 Probleme

Mittel für soziale Sicherung und Umverteilung müssen – zumal vor dem Hintergrund der internationalen Konkurrenz – erarbeitet und für Umverteilungszwecke bereitgestellt werden. Insofern wird die Frage, in welchem Umfang Sozial- und Verteilungspolitik wünschenswert ist, immer wieder neu diskutiert. Diese Diskussion wird erschwert durch unklare bzw. umstrittene Zielvorstellungen in Hinblick auf die wünschenswerte Verteilung von Einkommen und Vermögen. Zwar werden solche Zielkonflikte im Prozess der politischen Diskussion erörtert und von den politischen Parteien entsprechend den Wählerinteressen gelöst – es besteht aber die Gefahr, dass schlecht organisierte Gruppen ihre Interessen schlechter durchsetzen können als gut organisierte Lobbyisten. Weithin unumstritten ist die Forderung nach grundsätzlicher Eigenverantwortung, sodass persönliche Leistung die Lebenssituation verbessern kann, aber auch der Wunsch nach einer menschenwürdigen Mindestsicherung für alle in einem Umfang, der Chancengerechtigkeit, insbesondere auch den Zugang zu Bildung als Voraussetzung für soziale Mobilität eröffnet. Welchen Umfang eine solche Mindestsicherung haben soll, ist aber umstritten. Insofern bleibt der prinzipielle Konflikt zwischen der Erhaltung des notwendigen Leistungsanreizes und einer „bedarfsgerechten" Mindestausstattung bestehen. Das Problem der unklaren Konkretisierung der Verteilungsziele wird durch die Datenprobleme erschwert – überdies scheint eine wertfreie Analyse der Daten schwierig.

Zudem stehen Mittel, mit denen soziale Sicherung und Umverteilung finanziert werden, nicht für andere Zwecke – etwa für Gesundheits- und Bildungseinrichtungen oder andere verteilungsrelevante öffentliche Güter der Daseinsvorsorge zur Verfügung. Ob Verteilungsziele eher über Transfers, deren Verteilungswirkungen schwer nachzuvollziehen sind, oder über das Angebot öffentlicher Güter erreichbar sind, ist ebenfalls schwer zu entscheiden.

Vor dem Hintergrund der Finanzierungsprobleme der sozialen Sicherungssysteme und der schwierigen Bewertung von Umverteilungsmaßnahmen stellt sich die Frage, wie politisch über diese Maßnahmen entschieden wird. Aktuelle Studien im internationalen Vergleich deuten darauf hin, dass die Ungleichheit der Markteinkommen und der Vermögen steigt, obwohl stimmenstarke Wählergruppen der unteren und mittleren Einkommensgruppen mehr Umverteilung fordern. Trotzdem wird tendenziell nicht in Richtung von mehr Gleichverteilung entschieden, vielmehr scheinen sich staatliche Entscheidungsträger auch an den Interessen der Bezieher sehr hoher Einkommen zu orientieren.

7.6 Aufgaben

1. Erläutern Sie die Begriffe Primär- und Sekundärverteilung sowie funktionale und personelle Einkommensverteilung.
2. Warum wird für die Analyse der personellen Einkommensverteilung das Netto-äquivalenzeinkommen (Begriff erläutern) herangezogen?
3. Welche Ziele verfolgen Verteilungs- und Sozialpolitik?
4. Nennen und erläutern Sie wichtige Instrumente zur Beeinflussung der Einkommensentstehung und der Einkommensverteilung.
5. Diskutieren Sie die Verteilungswirkungen der direkten Einkommensteuer, der Mehrwertsteuer und des Wohngelds.
6. Inwiefern sind verpflichtende gesetzliche Sozialversicherungen mit dem Subsidiaritätsprinzip vereinbar?
7. Erläutern Sie wesentliche Gestaltungsmerkmale der GKV, der GRV und der Arbeitslosenversicherung.

8 Außenwirtschaftspolitik

In diesem Kapitel erfahren Sie
- wesentliche Merkmale der Struktur und der Rahmenbedingungen des Außenhandels,
- die Vorteile von außenwirtschaftlicher Öffnung und Freihandel,
- warum trotz der Vorteile des Freihandels immer wieder Protektionismus auftritt,
- Ursachen und Determinanten von Wechselkursänderungen,
- wie offene Volkswirtschaften über Einkommens-, Preis- und Wechselkursmechanismen miteinander verflochten sind,
- Möglichkeiten und Grenzen von handels- und währungspolitischen Instrumenten der Außenhandelspolitik,
- die Möglichkeiten der Wechselkurspolitik sowie Vorteile und Probleme von Systemen mit festen Wechselkursen.

8.1 Grundlagen außenwirtschaftlicher Beziehungen

Volkswirtschaften sind normalerweise nicht „geschlossen". Wirtschaftssubjekte bieten ihre Güter und Faktoren auch im Ausland an und fragen Güter im Ausland nach, sodass die Relationen zwischen Angebot und Nachfrage im Inland und die Möglichkeit, wirtschaftspolitische Ziele im Inland zu realisieren, verändert werden. Insofern muss in den verschiedenen Handlungsfeldern der Wirtschaftspolitik die zunehmende Verflechtung zwischen Volkswirtschaften berücksichtigt werden. Die wachsende Bedeutung des Außenhandels ist unter anderem auf den Abbau von Handelshemmnissen und auf weltweit sinkende Transport- und Informationskosten zurückzuführen. Zudem ist das Kapital mobiler geworden.

8.1.1 Merkmale und Rahmenbedingungen außenwirtschaftlicher Beziehungen

Der grenzüberschreitende Güterhandel (**Außenhandel**) umfasst Einfuhr (Import) und Ausfuhr (Export) von Sachgütern und Dienstleistungen – letztere z. B. im Reiseverkehr, im Finanz-, Versicherungs- und Transportbereich und in Bezug auf Patente und Lizenzen. Im **Geld- und Kapitalverkehr** überquert – z. B. bei Direktinvestitionen – Sachkapital oder – etwa bei finanziellen Beteiligungen an ausländischen Firmen – Geldkapital die Grenzen. Häufig bereiten Direktinvestitionen eine (spätere) Produktion im Ausland vor. Investitionen in den Aufbau ausländischer Vertriebs- bzw. Filialnetze dienen dagegen primär der Erschließung ausländischer Märkte für heimische Güter.

Auch für die deutsche Volkswirtschaft ist die Außenwirtschaft von hoher Bedeutung. Deutschland erzielt hohe Überschüsse im Warenhandel. Der deutsche Export – regional eher auf das europäische Ausland konzentriert – wird von Industrie-

https://doi.org/10.1515/9783110569568-008

Tab. 8.1: Rahmenbedingungen für den außenwirtschaftspolitischen Instrumenteneinsatz.

	Europa	Nicht-EU-Länder
Handelsordnung	Europäischer Binnenmarkt	Regelungen des GATT und (ab dem Jahr 1995) der WTO
Währungspolitik	Europäische Währungsunion	Globale währungspolitische Regelungen (z. B. IWF)

Quelle: eigene Darstellung.

produkten der Bereiche Maschinenbau, Elektrotechnik, Auto und Chemie geprägt. Schwächer ist die deutsche Position bei Dienstleistungen. Im Tourismus übersteigen die deutschen Ausgaben die deutschen Einnahmen. Die deutsche Leistungsbilanz ist dennoch insgesamt regelmäßig durch Überschüsse gekennzeichnet. Die deutsche Direktinvestitionsbilanz ist hingegen meistens defizitär. Deutsche Unternehmen suchen also – möglicherweise als Folge der hohen Exporte vertriebsorientiert – in stärkerem Maße ausländische Standorte als ausländische Unternehmen den deutschen Standort.

Außenhandel und internationale Kapitalverflechtung eröffnen meist Chancen zur Steigerung des Wohlstands. **Außenwirtschaftspolitik** zielt darauf ab, die internationalen Güter- und Kapitalströme so zu beeinflussen, dass der Wohlstand erhöht wird und außenwirtschaftlich bedingte Störungen reduziert werden. Insofern scheint eine Rahmenordnung für möglichst ungehinderten Außenhandel erforderlich zu sein, um diese Chancen zu sichern. Eine solche Rahmenordnung umfasst eine **Welthandels- und eine Weltwährungsordnung.**

Innerhalb Europas sind z. B. im Rahmen des europäischen Einigungsprozesses handelsbeschränkende Maßnahmen weitgehend abgebaut worden (vgl. Kap. 9). Gegenüber Nicht-EU-Ländern wird über den Einsatz der meisten außenhandelspolitischen Instrumente auf EU-Ebene entschieden. Gleichzeitig haben die EU-Staaten sich im Rahmen der Welthandelsordnung grundsätzlich dem Ziel des Abbaus von Handelshemmnissen (Liberalisierung) verpflichtet (vgl. Tab. 8.1).

8.1.2 Begründung außenwirtschaftlicher Beziehungen

Durch Außenhandel lassen sich Güter eintauschen, die im Inland (etwa aufgrund ungünstiger natürlicher Bedingungen oder mangels geeigneter Rohstoffe) nicht hergestellt werden können. Somit können Nichtverfügbarkeiten (z. B. bei Öl oder „Südfrüchten") überwunden und die **Güterversorgung verbessert** werden.

Außenhandel lohnt sich aber auch bei Gütern, die in verschiedenen Ländern verfügbar sind, aber zu unterschiedlichen Preisen und Qualitäten. Nach dem Theorem der komparativen Kosten lohnt sich Arbeitsteilung zwischen Volkswirtschaften selbst dann, wenn ein Land komparative Nachteile in Hinblick auf alle Güter hat –

entscheidend dafür, dass der Außenhandel für alle vorteilhaft ist, ist zum einen die richtige Spezialisierungsrichtung und zum anderen, dass die Vorteile des Außenhandels fair auf die Handelspartner verteilt werden. Güter können dann gekauft werden, wo sie günstig angeboten werden. Preisdifferenzen können **nachfrageseitig** bei unterschiedlicher Elastizität der Nachfrage in verschiedenen Ländern entstehen. Je unelastischer z. B. die Nachfrage nach einem Gut ist, desto höher können Anbieter die entsprechenden Preise setzen. **Angebotsseitig** können Preisunterschiede auf Unterschieden bei den Produktionskosten beruhen. Diese Kostenunterschiede wiederum lassen sich auf Unterschiede in Bezug auf die Ausstattung mit Produktionsfaktoren und auf den jeweiligen Stand der Technik zurückführen.

So ist in Entwicklungsländern der Faktor Arbeit oft reichlich und zu geringen Löhnen vorhanden. Arbeitsintensiv hergestellte Produkte lassen sich hier kostengünstig produzieren. In Industrieländern, wo Arbeit knapp und teuer, Kapital aber reichlich vorhanden ist, lassen sich dagegen kapitalintensiv produzierte Güter kostengünstig herstellen. Hier ist oft auch produktionstechnisches Wissen reichlich vorhanden. Auch Unterschiede bei natürlichen Faktoren sind relevant. Südliche Länder sind z. B. oft wegen landschaftlicher Reize Ziel vieler Touristen, sie exportieren „Erholung" an Bewohner anderer Länder.

Vor diesem Hintergrund scheint es vorteilhaft, Güter in Ländern herzustellen, die mit den dafür benötigten Faktoren reichlich ausgestattet sind. Diese als **Faktorproportionentheorem** bekannt gewordene Überlegung kann internationale Kosten- und Preisunterschiede und damit den **Außenhandel** teilweise erklären. Spezialisieren sich Niedriglohnländer auf arbeitsintensive Güter und Hochlohnländer auf kapitalintensive Güter, so wird in den Niedriglohnländern die Arbeit knapper und teurer, in den Hochlohnländern wird sie dagegen relativ reichlicher und billiger. Die Spezialisierung trägt somit langfristig zu einem internationalen **Faktorpreisausgleich** bei, sofern die Faktoren weitgehend mobil sind, also zwischen den Volkswirtschaften wandern können. Dies ist allerdings eher beim Faktor Kapital als beim Faktor Arbeit der Fall.

Beim so genannten **intraindustriellen Handel** spielen dagegen qualitative Aspekte eine Rolle: Technische, funktionelle oder ästhetische Qualitätsunterschiede der angebotenen Güter führen zu Präferenzen. So können z. B. französische Nachfrager besonders an den Qualitätsmerkmalen deutscher Autos interessiert und bereit sein, dafür einen hohen Preis zu zahlen, während es zugleich deutsche Käufer gibt, die besonders die französische Qualität nachfragen. Auch der intraindustrielle Handel vergrößert die Angebotspalette, sodass die Güterversorgung für die Nachfrager verbessert wird.

Allerdings intensiviert der Außenhandel auch den Wettbewerb. Nationale Märkte werden geöffnet und inländische Preise und Kosten und letztlich auch Produzenten und Arbeitsplätze geraten unter Druck. Zugleich können durch größere Absatzmärkte heimische Kapazitäten besser ausgelastet bzw. Vorteile der Massenproduktion (Skaleneffekte) genutzt und damit die Kosten gesenkt werden. Außenhandel trägt so dazu bei, dass Güter mit geringem Ressourcenverbrauch produziert werden. Zugleich werden Risiken von Absatzrückgängen breiter gestreut, wenn für unterschiedliche Märkte produziert wird.

Der internationale Handel verbessert demnach insgesamt das Wirtschaftsergebnis. Produktions- und Konsummöglichkeiten nehmen in allen Ländern zu, der Lebensstandard kann in allen beteiligten Ländern gesteigert werden. Der durch Außenhandel verschärfte Wettbewerb fördert schließlich auch **Innovationen**. Dabei ist zu vermuten, dass neue Güter zunächst in Ländern hergestellt werden, die reichlich mit Know-how ausgestattet sind. Bei später standardisierter Produktion haben eventuell andere Länder Spezialisierungsvorteile. In dynamischer Perspektive kann es im Einzelfall günstige und ungünstige Spezialisierungsmuster geben. Die Spezialisierung auf Computerchips mag z. B. eher zu branchenübergreifenden Vorteilen führen als die Spezialisierung auf Kartoffelchips.

Außenwirtschaftliche Beziehungen betreffen auch den Produktionsfaktor **Kapital**. Ist Kapital international mobil, sorgt der Marktmechanismus prinzipiell dafür, dass es an den Ort strebt, wo es den größten Ertrag bzw. die höchste Rendite erbringt. Die Produktion wird z. B. dorthin verlagert, wo Arbeitskräfte billig sind, wo die Forschungs- oder Verkehrsinfrastruktur gut ist, wo die Märkte stark wachsen oder wohin wegen Handelsbarrieren kein Güterexport möglich ist. Diese Vorgänge tragen im Prinzip dazu bei, die weltweite Faktorallokation zu verbessern, die Effizienz der Produktion zu erhöhen und die Güterversorgung in Ländern, zwischen denen das Kapital mobil ist, zu verbessern. Hinzu kommt, dass jedes Land bestrebt sein wird, die Rahmenbedingungen für den Zustrom von Kapital zu verbessern. Somit erhöht sich für die Politik der Anreiz, nach effizienteren Regulierungssystemen zu suchen (Regulierungswettbewerb). Die Vorteile außenwirtschaftlicher Beziehungen sind in Abbildung 8.1 zusammengestellt.

Den Vorteilen der internationalen Arbeitsteilung stehen aber **Nachteile und Risiken** gegenüber. Die mit **Außenhandel** verbundene Spezialisierung verändert die inländische Wirtschaftsstruktur, führt zu Abhängigkeiten von ausländischen Entscheidungen: Importeure und Konsumenten hängen von ausländischen Lieferungen, Exporteure und Unternehmen von der Entwicklung der ausländischen Nachfrage ab. Importseitige Abhängigkeiten liegen besonders bei „strategischen" Gütern vor, die in vielen Wirtschaftsbereichen erforderlich, aber kurzfristig kaum ersetzbar sind, wie z. B. Rohstoffe und Energie. Exportseitige Abhängigkeiten bergen ebenfalls Risiken. Geht weltweit die Nachfrage nach Exportprodukten eines Landes zurück, geraten dort exportorientierte Wirtschaftsstrukturen unter Anpassungsdruck. Im internationalen Wettbewerb geraten inländische Unternehmen auch in Branchen und Bereichen, in denen die betrachtete Volkswirtschaft eigentlich Kostenvorteile hat, unter Druck.

Auch **grenzüberschreitende Kapitalbewegungen** sind nicht nur mit Vorteilen verbunden. Investitionen werden zwar an den Standorten getätigt, an denen sie die größten Erträge erwarten lassen. Wirtschaftliche Chancen werden dann aber zuguns-

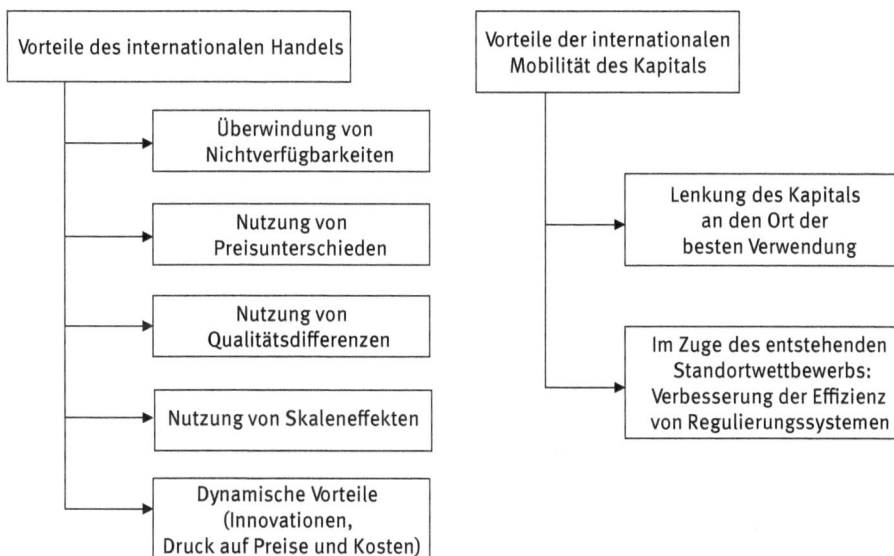

Abb. 8.1: Vorteile der außenwirtschaftlichen Öffnung (Quelle: eigene Darstellung).

ten des mobilen Faktors Kapital verschoben. Dies ist mit einer relativen Verschlechterung für den weniger mobilen Faktor Arbeit verbunden (vgl. Abschn. 8.4).

8.1.3 Wechselkurse und Wechselkurssysteme

Da in verschiedenen Ländern normalerweise unterschiedliche Währungen verwendet werden, müssen im Rahmen außenwirtschaftlicher Beziehungen Austauschrelationen zwischen den Währungen (**Wechselkurse**) gefunden werden. Solche Wechselkurse können sich am Devisenmarkt im Wechselspiel von Angebot und Nachfrage nach Devisen frei bilden oder – in einem System fester Wechselkurse – fixiert werden. Im Folgenden werden zunächst mögliche Ursachen von Wechselkursänderungen in einem System flexibler Wechselkurse dargestellt.

Bestimmung von Wechselkursen

Der Wechselkurs (w) lässt sich zum einen in der **Preisnotierung** schreiben. Dann wird der Preis der ausländischen Währung (z. B. $) in heimischer Währung (in €) ausgedrückt. Der Kehrwert (**Mengennotierung**) bezeichnet den Wert der heimischen Währung ausgedrückt in der Fremdwährung. Die Europäische Zentralbank stellt im Regelfall den Kurs in Mengennotierung fest (vgl. für entsprechende Zahlenbeispiele Tab. 8.2).

Devisenmärkte sind offene Märkte, auf denen sich schnell ein Kurs bildet, der Angebot und Nachfrage zum Ausgleich bringt. Angebot und Nachfrage nach Devi-

Tab. 8.2: Fiktive Zahlenbeispiele zur Preis- und Mengennotierung von Wechselkursen.

€-Wechselkurs	Wechselkurs a)	Wechselkurs b)
Preisnotierung (€/$)	1 US-$ = 0,91 €	1 US-$ = 0,8 €
Mengennotierung ($/€)	1 € = 1,1 US-$	1 € = 1,25 US-$

Quelle: eigene Darstellung.

sen haben meist „typische" Verläufe: Je höher der $-Kurs (in der Preisnotierung), desto teurer ist z. B. der Urlaub in Amerika, bei preiselastischer Nachfrage desto geringer die urlaubsbedingte $-Nachfrage. Die Devisennachfragekurve verläuft fallend. Je höher aber der $-Kurs, desto billiger ist für Amerikaner der Urlaub in Deutschland, desto höher ist das $-Angebot von Amerikanern, die in Deutschland Urlaub machen wollen. Die Devisenangebotskurve verläuft steigend. Ein $-Überangebot drückt auf den Kurs ($-Abwertung), bis dieser auf den gleichgewichtigen Wert gefallen ist. Umgekehrt zieht eine $-Überschussnachfrage den Kurs (in Preisnotierung) nach oben ($-Aufwertung).

Betrachtet sei – auf dem Markt für US-$ – der Fall eines zunehmenden Devisenangebots. Abbildung 8.2 verzeichnet auf der Ordinate den Preis für US-$ in € (Preisnotierung). Zunächst bestehe ein Gleichgewicht beim Wechselkurs w*. Eine Datenänderung (z. B. ein Devisenzufluss aufgrund von zunehmenden Exportüberschüssen) verschiebe nun das Devisenangebot von A nach A′ (vgl. Abb. 8.2 links).

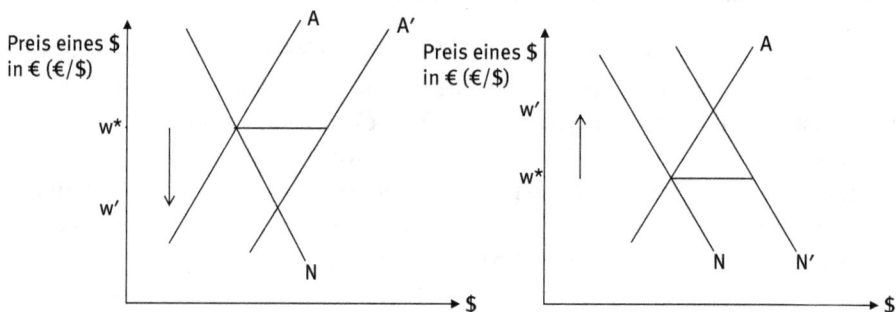

Abb. 8.2: Kursbildung auf dem Devisenmarkt (Quelle: eigene Darstellung).

Bei w* besteht daraufhin ein Überangebot an $, welches den Wechselkurs auf w′ drückt. Es kommt zu einer **Abwertung** des $. Der Preis für den US-$, ausgedrückt in € sinkt. Umgekehrt bedeutet das eine Aufwertung der heimischen Währung (€-Aufwertung).

Steigt dagegen die Devisennachfrage, z. B. von N nach N′ (vgl. Abb. 8.2 rechts), so entsteht ein Nachfrageüberschuss nach $, welcher den Wechselkurs auf w′ treibt.

Der resultierenden $-**Aufwertung** entspricht eine Abwertung der heimischen Währung (€-Abwertung).

Ursachen von Wechselkursänderungen

Änderungen der Devisennachfrage und des Devisenangebots – und damit Auf- und Abwertungen – gehen auf grenzüberschreitende ökonomische Transaktionen zurück, die mit Zahlungsvorgängen verbunden sind. Tab. 8.3 stellt wichtige Einflussgrößen auf die Wechselkursentwicklung zusammen. Die tatsächliche Änderung von Wechselkursen lässt sich allerdings nur selten monokausal erklären. Wechselkursprognosen sind daher stets mit erheblicher Unsicherheit behaftet.

Zum einen erfordern **Handelsgeschäfte** einen Währungsumtausch. Waren- und Dienstleistungsexporte führen zu einem Devisenangebot, z. B. wenn der ausländische Importeur in inländischer Währung zahlt, also Devisen anbietet, um Inlandswährung zu bekommen. Importe von Waren- und Dienstleistungen führen umgekehrt zu einer Devisennachfrage.

Außerdem begleiten Devisenangebot und Devisennachfrage den **internationalen Kapitalverkehr**. Kapitalimport führt zum Angebot von Devisen, Kapitalexport zu Devisennachfrage. Will z. B. eine deutsche Firma in den USA eine Produktionsstätte errichten (Export von Sachkapital), so muss sie Grundstück, Gebäude und technische Ausstattung mit entsprechenden $-Beträgen bezahlen und (sofern sie nicht bereits darüber verfügt) auf dem Devisenmarkt nachfragen. Auch der Kauf amerikanischer Wertpapiere (Export von Finanzkapital) erfordert zuvor den Erwerb von $, d. h. eine Devisennachfrage.

Auch die **Geldpolitik** von Zentralbanken kann Wechselkurse beeinflussen: Eine expansive Geldpolitik im Inland führt möglicherweise zu niedrigeren Zinsen und zu Inflation, macht also eine Währung für Geldkapitalhalter weniger attraktiv. Das – zum Teil zusätzlich geschaffene – Geld strebt teilweise in andere Währungen, die

Tab. 8.3: Ursachen von Wechselkursanpassungen.

Aufwertung (Abwertung der Fremdwährung)	Abwertung (Aufwertung der Fremdwährung)

– bei der Zunahme von
  – Güterexporten
  – Kapitalimporten
	– bei der Zunahme von
	  – Güterimporten
	  – Kapitalexporten

– aufgrund von kontraktiver Geldpolitik und/oder – niedrigerer Inflationsrate – höherem Zinsniveau – Aufwertungserwartungen – Nachfrage der Zentralbank nach eigener bzw. Angebot von fremder Währung	– aufgrund von expansiver Geldpolitik und/oder – höherer Inflationsrate – niedrigerem Zinsniveau – Abwertungserwartungen – Nachfrage der Zentralbank nach fremder bzw. Angebot von eigener Währung

Quelle: eigene Darstellung.

Inlandswährung wertet ab. Umgekehrt kann kontraktive Geldpolitik c. p. zu einer Aufwertung führen.

Unterschiedliche Inflationsraten können die Wechselkurse auch „handelsseitig" beeinflussen. Ein Inflationsgefälle zwischen zwei Ländern erhöht (senkt) die Wettbewerbsfähigkeit der Unternehmen aus dem Stabilitätsland (Inflationsland). Die Güter des Stabilitätslandes werden (relativ) billiger, sodass die Exporte in das Inflationsland zunehmen. Die Lieferungen aus dem Inflationsland in das Stabilitätsland nehmen dagegen ab. Auf dem Devisenmarkt wird somit die Währung des Stabilitätslandes gesucht und die des Inflationslandes angeboten. Aus Sicht des Stabilitätslandes verschiebt sich die Devisenangebotskurve nach außen, die eigene Währung wertet auf: Die Währung des Inflationslandes wertet dagegen ab (vgl. Abb. 8.2).

An dieser Stelle lässt sich auch ein „gleichgewichtiges" Niveau des Wechselkurses erklären. Gemäß **Kaufkraftparitätentheorie** ist ein Wechselkurs stabil, wenn er der Kaufkraftparität entspricht, d. h. wenn man für einen bestimmten Betrag umgerechnet in beiden Währungen dasselbe kaufen kann. Abweichungen des Wechselkurses von der Kaufkraftparität führen dagegen zu Auf- oder Abwertungen.

> Beispiel: Kostet z. B. ein Big Mac in Deutschland 1 € und in den USA 1 $, dann besteht Kaufkraftparität bei einem Wechselkurs zwischen $ und € von 1 : 1. Für 1 $ kann man dann genauso viel Big Macs kaufen wie für 1 €. Kann aber am Devisenmarkt 1 $ nur gegen 0,75 € getauscht werden, so ist der $ „unterbewertet". Dann lohnt theoretisch folgendes Arbitragegeschäft zur Ausnutzung von Preisunterschieden (Startkapital: 3 € (= 4 US-$)):
> – Umtausch der 3 € in 4 $, (an dieser Stelle wird der Devisenmarkt berührt)
> – Kauf von 4 Big Macs in den USA
> – Export nach Deutschland und Verkauf für 4 €.
>
> Der Gewinn dieses Arbitragegeschäfts beträgt – sieht man von Transportkosten ab – 1 €. Solche Geschäfte erhöhen die $-Nachfrage und treiben den $-Kurs. Sie hören erst auf, wenn der $-Kurs der Kaufkraftparität entspricht. Wäre umgekehrt der $ im Vergleich zur Kaufkraftparität „überbewertet", so nähme im Zuge von Arbitragegeschäften das $-Angebot zu und der $-Kurs näherte sich von oben her der Kaufkraftparität.

Die Kaufkraftparitätentheorie bezieht sich natürlich jeweils auf das gesamte Güterbündel von Volkswirtschaften. Kaufkraftparität herrscht, wenn der Wechselkurs dem Verhältnis von Inlandspreisen in Inlandswährung und Auslandspreisen in Auslandswährung entspricht. Eine – gemessen an der Kaufkraftparität – überbewertete Währung ist abwertungs-, eine unterbewertete Währung aufwertungsverdächtig. Die Kaufkraftparitätentheorie hat allerdings nur begrenzte Aussagekraft:
– Nicht alle Güter sind handelbar, Arbitragegeschäfte somit nicht immer möglich. Abweichungen des Wechselkurses von der Kaufkraftparität können daher bestehen bleiben.
– Arbitragegeschäfte verursachen Kosten. Im Beispiel müssen Big Macs nach Deutschland verbracht (und eventuell sogar verzollt) werden.
– Ferner fallen Kosten des Währungsumtausches an. Der Wechselkurs erreicht somit die Kaufkraftparität nicht vollständig.

– Vor allem aber führen andere (nicht auf Preisniveau bzw. Inflationsrate bezogene) Einflüsse auf den Wechselkurs zu Abweichungen von der Kaufkraftparität.

Wechselkurse reagieren auch auf **Zins- bzw. Renditedifferenzen am Kapitalmarkt**. Das Kapital fließt c. p. in Währungsgebiete, in denen höhere Zinserträge
bzw. Renditen erzielt werden können. Nach einer Zinserhöhung in Land A (z. B.
nach einer Leitzinserhöhung durch Zentralbank A) strömt Kapital aus Land B in
Land A. Aus Sicht von Land B erhöht sich die Devisennachfrage, aus Sicht von Land
A das Devisenangebot. Währung B wertet daraufhin ab, Währung A wertet auf.

Die Effekte von Zins- und Inflationsdifferenzen können sich überlagern. Vermögensbesitzer, die Ersparnisse verausgaben wollen, achten auf den **Realzins** (Nomi-
nalzins minus Inflationsrate). Vermögensbesitzer, die nichts ausgeben wollen, beachten dagegen primär die Differenz der **Nominalzinsen.**

Ein Engagement am Devisenmarkt ist zudem immer häufiger spekulativ (**Devi-
senspekulation**). „Aufwertungsverdächtige" Währungen werden gesucht, in der
Hoffnung, diese später mit Gewinn wieder verkaufen zu können. Hier spielen Erwartungen eine Rolle, neben ökonomisch fundierten auch psychologische und politische Erwartungen. Kapitalanleger werden z. B. zögern, hohe Zinsen in einem Land
zur Anlage zu nutzen, wenn sie befürchten, dass die Zinserträge von einer Abwertung der betreffenden Währung „aufgefressen" werden könnten. Devisenspekulan-
ten machen generell ihre Entscheidungen nicht nur vom aktuellen Niveau, sondern
auch von der erwarteten Entwicklung der Einkommens-, Zins- und Inflationsdifferenzen abhängig. Wichtig ist auch die Einschätzung der wirtschaftlichen und
politischen Stabilität eines Landes. Bei Anzeichen für Instabilität können z. B. Abwertungserwartungen entstehen. Dabei spielt auch das Phänomen der selbst erfül-
lenden Prophezeiung eine Rolle. Erwarten viele Spekulanten die Schwäche einer
Währung und verkaufen diese – in der Erwartung, die Währung nach einer Abwertung später wieder billiger zurück kaufen zu können, dann erzeugt der ausgelöste
Angebotsdruck unter Umständen genau die erwartete Schwäche bzw. Abwertung.

Auch Interventionen der Zentralbanken auf dem Devisenmarkt können die
Wechselkurse beeinflussen. Verkauft die Zentralbank Devisen, vergrößert sie das
Angebot und löst tendenziell eine Abwertung aus; kauft sie Devisen, wirkt das kurs-
steigernd. Solche Maßnahmen sind vor allem in **Wechselkurssystemen** erforderlich, bei denen Wechselkurse nur innerhalb bestimmter Bandbreiten um festgelegte
Wechselkurse (**Leitkurse bzw. Paritäten**) schwanken bzw. nur bei Vorliegen bestimmter Voraussetzungen geändert werden dürfen (**Systeme fixierter Wechselkurse**).

Wechselkurssysteme

Um die Wechselkurse in der Nähe der Leitkurse stabilisieren zu können, werden
dann meist die **Notenbanken** der am System beteiligten Länder verpflichtet, bei
größeren Abweichungen am Devisenmarkt zu intervenieren. Für jeden Wechselkurs

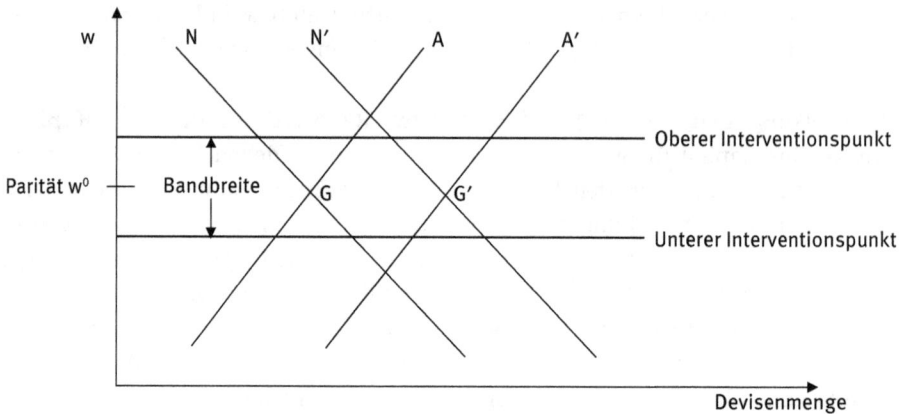

Abb. 8.3: System fester Wechselkurse (Quelle: eigene Darstellung).

ergibt sich aus Leitkurs und Bandbreite ein oberer und ein unterer Interventions-punkt. Dies sei im Folgenden im Zwei-Länder-Fall dargestellt: Abb. 8.3 zeigt Devi-senangebot A und Devisennachfrage N am Devisenmarkt. Der Preis der (ausländi-schen) Währung in Einheiten der heimischen Währung ist als Wechselkurs w eingetragen.

Folgende Interventionspflichten der beteiligten Notenbanken seien betrachtet:

– Steigt – von einem Gleichgewicht G beim Paritätskurs w° – die Devisennachfra-ge von N nach N′, so strebt der Kurs der Fremdwährung zum oberen Interventi-onspunkt. Dann muss zumindest eine der beiden Notenbanken die Fremdwäh-rung verstärkt anbieten. Dadurch steigt das Devisenangebot – z. B. von A auf A′. Der Wechselkurs w stabilisiert sich im Gleichgewicht G′ wieder nahe der Parität.

– Steigt das Devisenangebot von A nach A′, so nähert sich der Devisenkurs dem unteren Interventionspunkt. Dann muss zumindest eine der beiden Notenban-ken zugunsten der Fremdwährung intervenieren, d. h. diese verstärkt nachfra-gen (Stützungskäufe tätigen). Dadurch steigt die Devisennachfrage – z. B. auf N′ – und der Wechselkurs w stabilisiert sich im Gleichgewicht G′, d. h. innerhalb der Bandbreite.

Die beschriebenen Interventionen zur „Verteidigung" bestimmter Wechselkurse sind allerdings mit Problemen verbunden:

– Die Interventionen führen zu **Änderungen der Geldmenge** in den beteiligten Ländern. So steigt die Geldmenge bei Stützungskäufen zugunsten der Fremd-währung, sofern die Devisen mit heimischer Währung gekauft werden. Dies wirkt im Inland – je nach Ausgangssituation – potenziell wachstumsfördernd oder inflationssteigernd. Umgekehrt sinkt im Inland die Geldmenge, wenn die heimische Notenbank Devisen aus ihren Devisenreserven anbietet und gegen die eigene Währung eintauscht. Dies verringert die heimische Geldmenge und kann die heimische Konjunktur drosseln oder die Inflationsgefahr dämpfen.

- Zentralbanken verfügen nur über begrenzte Devisenreserven. Sind Interventionen zur Stabilisierung einer abwertungsverdächtigen Währung über längere Zeit erforderlich, so reichen eventuell die Reserven für „Stützungskäufe" nicht aus (**Liquiditätsproblem**).
- Die Kenntnis des Liquiditätsproblems erhöht möglicherweise vorhandene **Spekulationsanreize**. Die Spekulation setzt z. B. darauf, dass die Notenbank einer von Abwertungserwartungen betroffenen Währung diese Währung gemäß ihrer Verpflichtung zunächst verteidigt (was gute Verkaufskurse stabilisiert), dass letztlich aber wegen des Liquiditätsproblems am Ende die Währung doch abgewertet werden muss, sodass für Spekulanten gute Rückkaufkurse zustande kommen. Gelingt die Verteidigung des ursprünglichen Wechselkurses, so verlieren die Spekulanten nichts. Die Spekulation ist insofern ohne Risiko.

Wird die Spekulation gegen die Währung fortgesetzt, sind irgendwann die Devisenreserven sowie eventuell zusätzlich erworbene Devisen aufgebraucht, der fixierte Kurs kann nicht mehr verteidigt werden. Möglicherweise muss dann die schwache Währung kontrolliert abgewertet werden (Stufenflexibilität).

Durch Abwertung der eigenen Währung können z. B. Inflationsländer die negativen außenwirtschaftlichen Effekte der heimischen Inflation zwar scheinbar folgenlos ausgleichen. Streben dies aber mehrere Länder an, so droht ein – für alle Seiten mit Instabilität verbundener – „Abwertungswettlauf". Umgekehrt wird (bei dauerhaft niedrig bewerteter Währung) die heimische Wirtschaft „exportlastig." Dies kann sich als Nachteil erweisen, z. B. wenn die heimische Währung später wieder aufwertet oder wenn die Weltkonjunktur einbricht.

Systeme fester Wechselkurse werden errichtet, um Nachteile flexibler Wechselkurse für die Wirtschaft zu vermeiden. Für Unternehmen steigt z. B. die Kalkulationssicherheit. Kurssicherungsgeschäfte (oder entsprechende Gegengeschäfte in fremder Währung, wenn etwa ein Kfz-Hersteller, der Autos im $-Raum verkaufen möchte, gleichzeitig Zulieferteile aus dem $-Raum importiert) werden entbehrlich. Die Stabilität solcher Systeme ist aber nicht gesichert. Sie funktionieren nur, wenn die Länder bei Zielkonflikten bereit sind, der Wechselkursstabilisierung Vorrang vor binnenwirtschaftlichen Zielen einzuräumen. Systeme fester Wechselkurse scheiterten in der Vergangenheit daher oft in wirtschaftlich turbulenten Zeiten.

Bei festen Wechselkursen ist Stabilisierungspolitik erschwert. Dies gilt besonders für die Geldpolitik. Expansive Geldpolitik erzeugt eine konjunkturelle Belebung und höhere Importe – die Nachfrage nach der ausländischen Währung steigt, der Wert der eigenen Währung sinkt. Die Zentralbank muss dann den Wert der heimischen Währung durch Stützungskäufe stabilisieren. Da die eigene Währung angekauft werden muss, sinkt die inländische Geldmenge, die anfängliche Geldmengensteigerung wird kompensiert. Geldpolitik fällt daher als stabilisierungspolitisches Instrument weitgehend aus.

In der Geschichte gab es des öfteren Systeme fester Wechselkurse, z. B.:

1. Goldwährung (vor dem 1. Weltkrieg und von 1924 bis 1931). Der Wert der einzelnen Währungen wurde in Gold fixiert (Goldparität). Hieraus ergaben sich auch die Austauschverhältnisse (Wechselkurse) zweier Währungen.

2. Bretton-Woods-System (von 1944/1945 bis 1973): System fester Wechselkurse (zwischen über 100 Währungen) mit Bandbreiten von +/−1 %, später +/−2,25 % um festgelegte Paritäten zum US-$. Da zugleich eine feste Relation von 35 US-$ je Feinunze Gold galt, waren die Währungen auch über ihre Goldparität verknüpft. Bis Ende der 60er Jahre war Gold für die Zentralbanken der wichtigste Teil ihrer Reserven. Gold konnte zum Preis von 35 US-$ je Feinunze zur Finanzierung von Zahlungsbilanzdefiziten genutzt werden. Heute ist Gold für die Zentralbanken primär Wertaufbewahrungsmittel und kann auf dem freien Markt nach Belieben ge- oder verkauft werden. Der Goldpreis auf dem freien Markt beträgt inzwischen meist über 1000 US-$.

3. Europäisches Währungssystem EWS (von 1979 bis 1998): System fester Wechselkurse mit Schwankungsbreiten von +/−2,25 %; ab 1993: +/−15 %. Der Kern des EWS war die Europäische Währungseinheit ECU als „Korbwährung" der einzelnen Währungen der EWS-Mitglieder. Das Gewicht, mit dem die einzelnen Währungen in den ECU eingingen, orientierte sich am wirtschaftlichen Gewicht der einzelnen Länder und wurde vor dem Jahr 1993 periodisch überprüft. Die Paritäten zwischen Mitgliedswährungen waren über feste Leitkurse zur ECU festgelegt. Bei der Neubewertung einer Währung gegen die ECU änderten sich die bilateralen Paritäten dieser Währung; zugleich auch die (Korb-)Gewichte der Währungen. Drohte eine Währung gegenüber einer anderen die erlaubte Bandbreite zu verlassen, waren die jeweils beteiligten Notenbanken zur Intervention verpflichtet. Bei lang anhaltenden Störungen waren Leitkursanpassungen (Realignments) möglich. Das EWS wurde im Jahr 1999 von der Europäischen Wirtschafts- und Währungsunion (EWWU) abgelöst. Die ECU-Schlusskurse wurden als (unwiderrufliche) Umrechnungskurse zum € übernommen (z. B. 1 € = 1,95833 DM). Im Jahr 1999 trat zugleich das EWS II in Kraft, um die Wechselkurse zwischen dem € und den Währungen von EU-Ländern, die (noch) nicht Mitglied der Währungsunion sind, zu stabilisieren und diesen Ländern eine spätere Qualifikation zur Teilnahme an der EWWU zu erleichtern.

8.1.4 Wirkungen außenwirtschaftlicher Beziehungen

Einkommens- und Preismechanismus bei unterschiedlicher Kapazitätsauslastung
Offene Volkswirtschaften profitieren von konjunkturellen Impulsen aus dem Ausland. Diese Zusammenhänge werden zunächst unter der Annahme fester Wechselkurse erläutert: Steigt beispielsweise das Volkseinkommen und damit die Nachfrage in Land A, werden dort auch Produkte aus Land B stärker nachgefragt. Sind die Kapazitäten in Land B nicht ausgelastet, steigen dort Exporte und tendenziell auch das Einkommen (**Einkommensmechanismus**). So kann ein konjunktureller Impuls von A nach B übertragen werden. In diesem Fall weist Land A (wegen erhöhter Importe) ein Außenhandelsdefizit, Land B dagegen einen Außenhandelsüberschuss aus. Die Analyse verdeutlicht, warum an große Länder zuweilen die Bitte herangetragen wird, Anstrengungen zur Belebung des Wachstums zu unternehmen und da-

mit die Rolle der „Konjunkturlokomotive" zu übernehmen. Die Vorteile des Wachstums kommen nämlich letztlich auch den Handelspartnern zu Gute.

Bei voll ausgelasteten Kapazitäten kann aber eine Nachfrage- bzw. Exportsteigerung zu nachfrageseitiger Inflation führen. Die Konjunkturübertragung beinhaltet somit in diesem Fall auch einen **Preismechanismus**.

Entsteht in einem Land eine Inflation, so steigen c. p. im anderen Land (im Stabilitätsland) die Preise der importierten Güter. Ist die Importnachfrage preissensibel, so sinkt daraufhin im Stabilitätsland die Menge der importierten Güter. Zugleich werden die Güter des Stabilitätslandes gegenüber den Gütern des „Inflationslandes" relativ preiswerter. C. p. nehmen die Exporte des Stabilitätslandes zu, die Exporte des Inflationslandes ab. Bei (zunehmend) ausgelasteten Kapazitäten kann allerdings auch im Stabilitätsland eine nachfrageseitige Inflation entstehen, die quasi durch den Impuls der Auslandsnachfrage „importiert" wurde. Im Ergebnis können sich die Inflationsraten und die konjunkturelle Entwicklung angleichen.

Sind zudem in offenen Volkswirtschaften die Faktoren grenzüberschreitend mobil, so wandern die Faktoren – zumindest langfristig – tendenziell dorthin, wo sie knapp sind und damit besser entlohnt werden. Solche Wanderungen führen zu einer Angleichung der Knappheit und der Entlohnung von Faktoren und überlagern die zuvor beschriebenen güterwirtschaftlichen Einkommens- und Preiseffekte. Allerdings spielen für die dargestellten Zusammenhänge auch die Austauschrelationen der Währungen der beteiligten Länder – also die Wechselkurse – eine Rolle.

Wechselkursmechanismus

Auf- und Abwertungen beeinflussen die Wettbewerbsfähigkeit von Volkswirtschaften. Eine Aufwertung verteuert – relativ gesehen – inländische Güter im Ausland und bewirkt, dass ausländische Güter im Inland billiger zu haben sind.

Mengenmäßig werden daraufhin die Importe des Aufwertungslandes steigen, die Exporte und somit auch die Beschäftigung im Aufwertungsland dagegen sinken (negativer Konjunkturimpuls). Zugleich kann die Inflationsrate im Aufwertungsland zurückgehen – wegen des Rückgangs der Auslandsnachfrage und aufgrund des steigenden Wettbewerbsdrucks durch billige Importgüter. Bei hinreichend elastischer Importnachfrage schließt eine zuvor ausgeglichene Leistungsbilanz dann mit einem Passivsaldo.

Eine Abwertung verbilligt umgekehrt die Produkte des Abwertungslandes im Ausland, ausländische Produkte werden im Abwertungsland teurer. Das Abwertungsland gewinnt international an preislicher Wettbewerbsfähigkeit. Die Exporte nehmen (mengenmäßig) zu. Mit den Exporten kann auch die Beschäftigung im Abwertungsland steigen (positiver Konjunkturimpuls). Zugleich steigt dort die Inflationsrate, wenn die Kapazitäten bereits ausgelastet sind und weil Importgüter sich relativ verteuern. Eine zuvor ausgeglichene Leistungsbilanz schließt bei hinreichend elastischer Importnachfrage mit einem Aktivsaldo.

Letztlich (wenn auch eventuell verzögert) bewirken Auf- und Abwertungen tendenziell einen **Ausgleich der Leistungsbilanz**. Hat z. B. ein Land zunächst einen Importüberschuss und ein Leistungsbilanzdefizit, so wird verstärkt ausländische Währung nachgefragt, die Landeswährung wertet ab. Dadurch werden die Produkte dieses Landes international wettbewerbsfähiger. Typischerweise fallen Importüberschuss und Leistungsbilanzdefizit, bis die Leistungsbilanz wieder ausgeglichen ist. Umgekehrt wird eine aktivierte Leistungsbilanz im Zuge einer Aufwertung wieder ausgeglichen. Dann bewirkt nämlich ein Exportüberschuss Devisenzuflüsse und Aufwertungsdruck, der inländische Waren im Ausland tendenziell verteuert und so die Exporte bei ausreichender Preiselastizität senkt. Außenwirtschaftliche Ungleichgewichte werden also durch Wechselkursänderungen tendenziell beseitigt. Dieser häufig als **automatischer Zahlungsbilanzausgleich** bezeichnete Mechanismus sorgt somit dafür, dass unterschiedliche wirtschaftliche bzw. wirtschaftspolitische Entwicklungen zwischen Handelspartnerländern tendenziell über den Wechselkurs ausgeglichen werden und somit ein außenwirtschaftliches Gleichgewicht leichter erreicht werden kann. Damit wird deutlich, dass Systeme flexibler Wechselkurse den Systemen mit festen Wechselkursen in Hinblick auf den Leistungsbilanzausgleich überlegen sind. Leistungsbilanzungleichgewichte werden ohne Intervention der Zentralbanken durch Wechselkursmechanismen ausgeglichen.

Zusammengenommen können über flexible Wechselkurse Schwankungen zwischen offenen Volkswirtschaften übertragen, aber auch gemildert werden.

Stabilisierungspolitik bei flexiblen Wechselkursen

Auch in offenen Volkswirtschaften ist Stabilisierung durch Geld- und Fiskalpolitik möglich. Dabei sind aber Einkommens-, Preis- und Wechselkurseffekte zu beachten. Der Einkommenseffekt von **expansiver Geld- und Fiskalpolitik** ist in der offenen Volkswirtschaft schwächer als in der geschlossenen, weil sich ein Teil der heimischen Zusatznachfrage auf Importe bezieht. In den Handelspartnerländern erzeugt daher inländische expansive Geld- und Fiskalpolitik positive Konjunkturimpulse. Zugleich werden aber in der offenen Volkswirtschaft die mit expansiver Politik möglicherweise verbundenen Inflationsimpulse abgeschwächt. Bezieht sich nämlich ein Teil der inländischen Zusatznachfrage auf Importgüter, so dürfte es im Inland weniger schnell zu einer Vollauslastungsinflation kommen. Diese Effekte könnten allerdings durch Wechselkurseffekte überlagert werden. Eine induzierte Abwertung verstärkt z. B. (c. p.) expansive Effekte im Inland, weil sie die Exporttätigkeit erleichtert. Zugleich werden Importgüter tendenziell teurer. Im Einzelnen:

Expansive Fiskalpolitik erzeugt über steigende Einkommen eine Importzunahme und möglicherweise Inflation. Die Währung gerät unter Abwertungsdruck. Über einen möglichen Zinsanstieg, der z. B. entstehen könnte, wenn der Staat als Nachfrager auf dem Kapitalmarkt auftritt um zusätzliche Staatsausgaben zu finanzieren, entsteht aber auch ein Kapitalzustrom und ein Aufwertungsdruck. Per Saldo bleibt somit unklar, ob die expansiven Effekte der Fiskalpolitik währungsseitig verstärkt oder geschmälert werden.

Expansive Geldpolitik dagegen erzeugt über inländische Zins-, Wachstums-
und Importeffekte eindeutig einen Abwertungsdruck. Währungsseitig wird somit
die Wirkung der expansiven Geldpolitik verstärkt.

8.2 Leitbilder der Außenhandelspolitik

Die angesprochenen Vorteile des Außenhandels – bessere Güterversorgung und
niedrigere Preise – kommen normalerweise allen Handelspartnerländern zugute.
Freihandel – also der unbeschränkte internationale Handel mit Gütern und Produktionsfaktoren unter Marktbedingungen – kann möglicherweise auch politische
Konflikte durch wirtschaftliche Verflechtung entschärfen. Daher erscheint Freihandel im Regelfall wünschenswert und kann als Leitbild des Außenhandels angesehen
werden. Außenhandelspolitik ist daher sinnvoll, um Handelshemmnisse zu überwinden.

Außenwirtschaftliche Verflechtungen sind allerdings – obwohl im Prinzip und
per Saldo von Vorteil – nicht immer für alle Akteure sofort günstig. Daher werden
in allen Ländern immer wieder politische Maßnahmen zur Beschränkung des Außenhandels (**Protektionismus**) realisiert. Dabei sind Vorteile und Nachteile abzuwägen. Denn Protektionismus geht mit einem Verzicht auf die beschriebenen Vorteile des Freihandels einher, welche in Summe meist größer sind als die Vorteile des
Protektionismus. Bei Verzicht auf Protektionismus könnten die Gewinner des Freihandels (z.B. Konsumenten und Exporteure) daher die Verlierer des Freihandels
theoretisch entschädigen und hätten immer noch einen Vorteil. Im Regelfall besteht
somit ein allgemeines Interesse an Freihandel und auch an internationaler Kapitalmobilität.

Bereits die klassischen Ökonomen akzeptierten allerdings Ausnahmen vom Freihandel, wenn damit Wettbewerbsverzerrungen – z.B. aufgrund unterschiedlicher
nationaler Steuersysteme – ausgeglichen oder soziale Härten, die mit dem internationalen Handel einhergehen können, kompensiert werden können. Auch heute werden unterschiedliche Argumente vorgebracht, um Maßnahmen zu rechtfertigen, die
den Freihandel einschränken:
- Länder, die bei bestimmten Produkten keine Kostenvorteile aufweisen, sind in
  diesen Branchen auf Importmöglichkeiten angewiesen, geben also die Möglichkeit der „Selbstversorgung" auf. Handelsbeschränkungen zielen in diesem
  Zusammenhang zuweilen – z.B. bei Nahrungsmitteln – darauf ab, (außerökonomisch begründete) nationale Autonomie zu erhalten (**„Versorgungssicher-
  heit"**), um von Importen unabhängig zu sein. Manchmal wird auch im Zusammenhang mit Energie- oder Rüstungsgütern so argumentiert.
- Länder, die sich auf einzelne Produktionsbereiche spezialisieren, in denen sie
  Standortvorteile haben, sind auf Exportmöglichkeiten angewiesen. Die internationale Arbeitsteilung führt zur Spezialisierung der einzelnen Länder auf dieje-

nigen Produktionen, bei denen sie Kostenvorteile aufweisen. Damit geht in Teilbereichen die Autarkie der Handelspartner verloren und die **wechselseitige Abhängigkeit** steigt.

- Ein Übergang zu Freihandel kann mit Anpassungsproblemen verbunden sein. Freihandel setzt heimische Produzenten dem internationalen Wettbewerb aus. Unter Umständen werden Produzenten, die auf dem nationalen Markt wettbewerbsfähig wären, im internationalen Wettbewerb zu Grenzanbietern und scheiden vom Markt aus. **Arbeitsplatz- und Wachstumseinbußen** können die Folge sein.

- Häufig wird der Außenhandel beschränkt, wenn die Interessen der potentiellen Verlierer einer außenwirtschaftlichen Öffnung – in vielen Fällen Produzenten und Arbeitnehmer – im politischen Prozess gut organisiert sind, die der potentiellen Gewinner – häufig Konsumenten – schlecht organisierbar sind. Obwohl sie die beschriebenen Vorteile der internationalen Arbeitsteilung verringern, haben Handelsbeschränkungen dann „politischen Charme": die **Wahlchancen von Politikern** steigen, wenn die durch Protektionismus geschützten heimischen Hersteller eine wichtige Wählergruppe darstellen.

- Sind (in Entwicklungsländern) die Besteuerungssysteme schwach entwickelt, so lassen sich nennenswerte **Staatseinnahmen** zuweilen nur **durch Erhebung von Zöllen**, d. h. durch eine Behinderung des Außenhandels, erzielen. Exportverbote werden umgekehrt damit begründet, dass technologisches Know-How geschützt werden soll, um Imitationen durch ausländische Hersteller zu unterbinden.

- In Aufholländern können vorübergehende protektionistische Maßnahmen zur Förderung der dynamischen Entwicklung beitragen. Bekanntes Beispiel ist der **Erziehungszoll**, ein vorübergehend erhobener Importzoll, der wieder entfallen kann, wenn die Industrie des Aufhollandes hinreichend leistungsfähig (erwachsen) geworden ist.

- Zuweilen wird Protektionismus auch mit dem Argument gerechtfertigt, der Staat könne inländische Unternehmen gezielt – z. B. durch Importbeschränkungen – fördern und ihnen so „strategische" Start- bzw. Wettbewerbsvorteile verschaffen (**strategische Handelspolitik**). Die Identifikation von „strategischen" Bereichen bzw. von Bereichen mit ausgeprägten Skaleneffekten ist allerdings für den Staat schwierig. Empirische Analysen in der Flugzeug-, Halbleiter- und Automobilindustrie zeigen, dass die erhofften Positiveffekte oft gering sind, das Risiko einer Fehlförderung dagegen – besonders wenn sich die zu fördernde Technologie sehr schnell entwickelt – hoch ist.

- Schließlich kann eine Handelsbeschränkung auch außerökonomisch, etwa umweltpolitisch begründet werden (z. B. Beschränkung des Imports von Tropenholz).

Bei all dem dürfen grundsätzliche Nachteile des Protektionismus nicht übersehen werden:

Zum einen ist der Schutz inländischer Anbieter ungünstig für die ausländische Konkurrenz, sodass mit **Vergeltungsmaßnahmen des Auslands** zu rechnen ist. „Handelskriege" bremsen dann die wirtschaftliche Entwicklung aller beteiligten Länder. Zum anderen führt Protektionismus zu einem **Verzicht auf die beschriebenen Vorteile des Freihandels.**

Der Verzicht auf Freihandel belastet die Konsumenten und die Produzenten wettbewerbsfähiger Wirtschaftsbereiche, die Export- und Wachstumsmöglichkeiten einbüßen. Da spezielle Interessen (z. B. einzelner Industriezweige, einzelner Länder bzw. einzelner Faktoren) aber oft auf spezifische Schutzmaßnahmen gerichtet sind, steht die Politik vor dem **Dilemma**, zwischen der Verfolgung dieser Partialinteressen und dem gesamtwirtschaftlichen Interesse entscheiden zu müssen. Stellen „schutzbedürftige" Hersteller und ihre Arbeitnehmer eine wichtige Wählergruppe dar, kann es aus Sicht stimmenmaximierender Politiker sinnvoll sein, sich für deren Interessen zu entscheiden. Vor diesem Hintergrund ist die generelle Förderung des freien Handels nicht gesichert. Zur Durchsetzung des Freihandels wird die Einigung auf eine internationale Handelsordnung erforderlich (vgl. Abschn. 8.3).

Neben dem freien Handel mit Gütern ist meist auch ein ungehinderter Kapitalverkehr vorteilhaft. Das Kapital fließt dann an den Ort der weltweit höchsten (Netto-)Verzinsung. Damit wird allerdings dem Kapital die Möglichkeit eröffnet, sich nationalen Rahmensetzungen zu entziehen (vgl. Abschn. 8.4).

8.3 Instrumente der Außenwirtschaftspolitik

In der **Außenhandelspolitik** können Maßnahmen eingesetzt werden, die direkt das Handelsvolumen beeinflussen, oder Maßnahmen, die die Preise der grenzüberschreitend gehandelten Güter verändern. Darüber hinaus können monetäre, d. h. die Wechselkursrelationen beeinflussende Instrumente eingesetzt werden (**Währungspolitik**). Dabei ist zunächst grundsätzlich festzulegen, ob Wechselkurse sich frei bilden sollen oder „hoheitlich" fixiert werden (**Wahl des Wechselkurssystems**). Tab. 8.4 enthält eine Zusammenstellung wichtiger Instrumente der Außenhandelspolitik.

Tab. 8.4: Instrumente der Außenwirtschaftspolitik.

Handelspolitische Maßnahmen	Wechselkurspolitik
Zölle/Exportsubventionen	Wahl des Wechselkurssystems: freie oder
Import-/Exportverbote	gebundene Wechselkurse
Mengenmäßige Beschränkungen (Kontingente)	Paritätsänderungen – kontrollierte Auf- und
Nicht-tarifäre Handelshemmnisse	Abwertungen)
Welthandelsordnung und internationale	Weltwährungsordnung (IWF)
Handelsverträge	

Quelle: eigene Darstellung.

8.3.1 Handelspolitische Instrumente

Zu den handelspolitischen Maßnahmen der Außenwirtschaftspolitik zählen primär Zölle, Exportsubventionen und mengenmäßige sowie nicht-tarifäre Handelsbeschränkungen.

Importzölle sind staatlich erhobene Abgaben, die beim grenzüberschreitenden Warenverkehr erhoben werden. Sie wirken wie eine Erhöhung der Produktionskosten für die Importeure. Dies ist ein Wettbewerbsvorteil für inländische Produzenten, weil Importgüter verteuert werden und somit die Wettbewerbsfähigkeit der im Inland erzeugten Güter zunimmt. Importzölle können nach der Menge oder nach dem Wert der gehandelten Güter erhoben werden. Während beim Mengenzoll ein fester Betrag je Gütereinheit an den Staat abgeführt werden muss, wird ein Wertzoll nach dem Wert der Waren bemessen. Mengenzölle sind einfacher zu handhaben, haben aber bei steigenden Preisen eine relativ gesehen abnehmende Schutzwirkung. Importzölle heben die Vorteile des internationalen Handels (teilweise) auf. Dies belastet in erster Linie die Nachfrager, welche höhere Preise zahlen müssen.

Nach Einführung des Zolls werden weniger Güter zu einem höheren Preis angeboten, zugleich wird eine geringere Menge importiert als zuvor. Dies reduziert die Konkurrenz für heimische Anbieter, deren Wettbewerbsposition sich relativ verbessert.

Eine solche Wirkung kann vorübergehend gewollt sein, wenn – z. B. in einem Entwicklungsland – das inländische Angebot bestimmter Güter erst entwickelt werden muss. In der Entwicklungsphase sind die inländischen Produzenten normalerweise (noch) nicht wettbewerbsfähig gegenüber dem Ausland. Besteht in einer solchen Situation internationale Konkurrenz, wird möglicherweise die Entstehung nationaler Produzenten von vornherein unterbunden. Mit dieser als „Schutzzoll- oder Erziehungszollargument" bezeichneten Argumentation versuchte Friedrich List (1789–1846) Zölle in Deutschland zu rechtfertigen, die die deutsche Wirtschaft vor der überlegenen englischen Konkurrenz schützen sollten. Derart begründete Zölle sollten zeitlich befristet sein, also lediglich in einer Übergangsphase eingesetzt werden.

Exportsubventionen sind staatliche Zahlungen an Exporteure, welche die Exporte erleichtern sollen. Auch Exportsubventionen behindern eine weltweite Arbeitsteilung entsprechend den Kostenvorteilen. Exportsubventionen verbilligen die Exportgüter auf ihrem jeweiligen Absatzmarkt, bewirken also, dass mehr Güter exportiert werden.

Direkter als Zölle und Exportsubventionen beschränken **Im- und Exportverbote** den grenzüberschreitenden Handel. Sie werden heute allenfalls aus politischen Gründen eingesetzt, z. B. um den internationalen Waffenhandel einzuschränken oder aus gesundheitspolitischen Gründen. Gebräuchlich – wenn auch gemäß GATT-Vertrag verboten (s. u.) – sind dagegen **mengenmäßige Beschränkungen**. Dabei werden zwar bestimmte Handelsmengen (**Kontingente**) zugelassen, darüber hinausgehende Warenströme werden aber verboten.

Mengenmäßige Beschränkungen können auch aus dem freiwilligen Exportverzicht resultieren. Ein Beispiel ist die Begrenzung von Fahrzeuglieferungen aus Japan in die USA, die in Form einer **freiwilligen Selbstverpflichtung** erfolgte, weil Japan schärferen Reaktionen der USA zuvorkommen wollte.

Immer wichtiger werden die so genannten **nicht-tarifären Handelshemmnisse**. Darunter versteht man eine Vielzahl von Bestimmungen, wie z. B. technische Normungen, Sicherheitsbestimmungen (Lebensmittel-/Arzneimittelrecht), Zulassungsbestimmungen z. B. für Kfz, aber auch Verwaltungsvorschriften oder Anmeldemodalitäten für Im-/Exporte. Häufig wirken nationale technische Normen oder Vorschriften, die von denen des Auslands abweichen, als Handelshemmnis. Solche Normen werden oft mit Sicherheitserfordernissen, aber auch mit Umweltschutz- bzw. Gesundheitsargumenten begründet. Beispielsweise müssen im Ausland hergestellte Fahrzeuge, die in Deutschland gefahren werden sollen, die Bestimmungen des deutschen TÜV erfüllen. Dies wäre kein Problem, wenn die Sicherheitsbestimmungen international einheitlich wären. Häufig ist dies jedoch nicht der Fall. Die Folge sind Kostensteigerungen für ausländische Hersteller bzw. Importeure; ihre Wettbewerbsfähigkeit nimmt ab und das Importvolumen sinkt.

Eine ähnliche Wirkung haben aufwendige **Genehmigungsverfahren** bei der Erteilung einer Importerlaubnis durch das Zielland oder Importverfahren (z. B. Vorschriften in Bezug auf Warenbegleitpapiere oder Zollverfahren), die lange Wartezeiten und hohe Verwaltungsgebühren beinhalten können oder andere Formen der gezielten Sanktionierung ausländischer Unternehmen. Auch hierbei handelt es sich um Belastungen, die nur ausländische Hersteller treffen. Nicht-tarifäre Handelshemmnisse wirken im Prinzip ähnlich wie mengenmäßige Beschränkungen oder Zölle. Da derartige Maßnahmen im Regelfall mit sachlichen Notwendigkeiten begründet werden, lässt sich eine bewusste Beschränkung des Außenhandels meist kaum nachweisen.

Nationale Schutzmaßnahmen zu Lasten eines freien Außenhandels schränken den Freihandel zugunsten der heimischen Wirtschaft ein und verfälschen die Preisrelationen zwischen inländischen und ausländischen Produzenten. Sie sind mit dem Leitbild des Freihandels unvereinbar, besonders wenn sie dauerhaft gewährt werden.

Da einzelne Länder aber oft aus innenpolitischen Gründen zu Protektionismus neigen, ist freier Handel nicht gesichert. Darum ist eine Einigung auf eine Welthandelsordnung wünschenswert. Im Zuge einer solchen Einigung müssen allerdings alle Länder ihre nationalen Interessen teilweise zurückstellen. Daher ist nachvollziehbar, dass die bestehende **Welthandelsordnung** unvollständig ist.

Nach dem zweiten Weltkrieg setzten Bestrebungen ein, den Welthandel zu liberalisieren. Im Jahr 1947 wurde das General Agreement on Tariffs and Trade (Allgemeines Zoll- und Handelsabkommen, **GATT**) unterzeichnet, das im Jahr 1995 in die World Trade Organization (**WTO**) integriert wurde. Im Rahmen des GATT wurden folgende Prinzipien vereinbart und grundsätzlich von der WTO übernommen:

- **Prinzip der Liberalisierung:** Die Vertragspartner verzichten darauf, bestehende Zölle heraufzusetzen bzw. neue Zölle einzuführen. Mengenmäßige und andere nicht tarifäre Handelshemmnisse werden verboten. Darüber hinaus sind die Mitgliedstaaten zu regelmäßigen Verhandlungen aufgerufen, in denen Zollsenkungen und andere Liberalisierungen vereinbart werden sollen. Dies kann als „Verbesserungsautomatik" gedeutet werden.
- **Prinzip der Gegenseitigkeit:** In bilateralen Verhandlungen sollen gewährte Leistung und Gegenleistung einander in etwa entsprechen.
- **Prinzip der Nicht-Diskriminierung (Meistbegünstigungsklausel):** Vergünstigungen, die zwei Vertragspartner einander gewähren, gelten automatisch auch für die anderen Mitgliedstaaten der WTO. Damit bewirken z. B. bilaterale Zollsenkungen eine multilaterale Handelsliberalisierung. Zu diesem Prinzip gehört generell auch die Gleichstellung ausländischer Wettbewerber mit inländischen Unternehmen (**Inländerbehandlung**).

Zwar wurden zahlreiche Ausnahmen vereinbart. So wurde das Prinzip der Meistbegünstigung nicht auf regionale Integrationsräume angewendet, sodass z. B. der Commonwealth-Status erhalten blieb und es zulässig blieb, neue Zollunionen und Freihandelszonen zu bilden. Dies ermöglichte die europäische Integration. Dennoch konnten in den verschiedenen Verhandlungsrunden des GATT immer wieder weltweit geltende Zollsenkungen vereinbart werden. Insgesamt konnte das GATT allerdings Protektionismus nur teilweise reduzieren. Die Organisation war zu Beginn schwach und hatte zunächst keine Weisungs-/Sanktionsbefugnisse gegenüber den Mitgliedstaaten.

Mit Etablierung der **WTO** im Jahr 1995 wurde allerdings ein **Streitschlichtungs- und Sanktionsmechanismus** installiert. Kernpunkt ist die Bestimmung, dass bei nachgewiesener Vertragsverletzung das geschädigte WTO-Mitgliedsland zu Vergeltungsmaßnahmen gegenüber dem „Schädigerland" berechtigt ist, die ansonsten mit den WTO-Bestimmungen nicht vereinbar wären (z. B. Erhöhung eines Zolls). Die Vergeltungsmaßnahmen müssen allerdings verhältnismäßig sein.

Zugleich wurden die Liberalisierungsziele vom Güter- auf den Dienstleistungsbereich erweitert. Im Rahmen des Übereinkommens über den Handel mit Dienstleistungen (**GATS**) wird eine Liberalisierung angestrebt, die grundsätzlich für alle handelbaren Dienstleistungen gelten soll. Unter anderem werden die Meistbegünstigungsklausel und das Prinzip der Inländerbehandlung auf den Dienstleistungsbereich übertragen. Darüber hinaus wurde ein Abkommen über den Handel mit geistigem Eigentum (**TRIPS**) geschlossen. Dies zielt z. B. auf Regelungen, um dem internationalen Handel mit gefälschten Markenprodukten oder mit Raubkopien von CDs oder Software zu begegnen. Das TRIPS-Abkommen enthält Vorschriften über Urheberrechte und verwandte Schutzrechte, Marken und geographische Angaben, gewerbliche Muster und Modelle, Patente und über den Schutz von Know-how. Das WTO-Abkommen umfasst damit nun drei Einzelabkommen.

Die Vertragsparteien verpflichteten sich zwar grundsätzlich dazu, Freihandel zuzulassen, es wurde jedoch vielfach gegen diesen Grundsatz verstoßen. Ende 1994 – beim Übergang des GATT in die WTO – waren 128 Länder Mitglieder des GATT. Im Jahr 2017 hatte die WTO 164 Mitglieder, wichtig war z. B. der Beitritt Chinas im Jahr 2001. Die steigende Mitgliederzahl erschwert allerdings Liberalisierungsverhandlungen auf WTO-Ebene. Die aktuelle WTO-Verhandlungsrunde (Doha-Runde) wurde im Jahr 2001 gestartet und (Stand 2018) noch immer nicht beendet. Vor diesem Hintergrund werden zunehmend **Handelsabkommen** zwischen ausgewählten Ländern geschlossen. Dies führt global zu unterschiedlichen Handelsbedingungen: z. B. niedrige Zölle zwischen Ländern, die spezielle Freihandelsabkommen geschlossen haben, und höhere Zölle in bzw. zwischen anderen Ländern. Zudem sind die Agrarmärkte der höher entwickelten Staaten immer noch durch höhere Zölle vor Konkurrenz aus den sich entwickelnden Ländern geschützt.

8.3.2 Währungspolitische Instrumente

Wahl des Wechselkurssystems

Die **Währungspolitik** muss zum einen über die Umtauschbarkeit der eigenen Währung (Konvertibilität) und zum anderen über das Währungs- bzw. Wechselkurssystem entscheiden, in welches die eigene Währung eingebunden werden soll.

Eine Währung ist konvertibel, wenn sie unbeschränkt in andere Währungen bzw. Devisen getauscht werden kann. Wird die Konvertibilität vollständig oder teilweise aufgehoben, müssen stattdessen Devisen staatlich bewirtschaftet werden. Behörden kontrollieren dann Devisenzu- und -abflüsse, beispielsweise indem sie eine Ablieferungspflicht von Devisen einführen und Devisen für festgelegte Verwendungen zuteilen. Eine solche Bewirtschaftung behindert den freien Außenhandel und die internationalen Kapitalbewegungen bzw. die Effizienz der Kapitalallokation. Zudem erfordern die Kontrollen hohen Aufwand, da die Beschränkungen häufig umgangen werden. Es besteht die Gefahr, dass „schwarze" Märkte für nicht oder nur beschränkt konvertierbare Währungen entstehen.

Für Beschränkungen internationaler Kapitalbewegungen spricht – zumindest für Krisensituationen, d. h. wenn eine Währung das Vertrauen der Investoren verliert, dass Währungsspekulationen eingegrenzt und damit Direktinvestitionen und langfristige Kredite weniger behindert werden. Im Folgenden wird jedoch volle Konvertibilität der Währungen unterstellt.

Die Entscheidung über das **Währungs- bzw. Wechselkurssystem** betrifft im Kern die Frage, ob sich der Außenwert der eigenen Währung gemäß Angebot und Nachfrage auf dem Devisenmarkt frei bilden soll oder ob die eigene Währung an einem System fester bzw. fixierter Wechselkurse beteiligt werden soll. Grundsätzlich sind auch Mischsysteme denkbar. So kann eine Währung in Bezug auf einige Währungen in ein System fester Wechselkurse integriert, gegenüber anderen Währungen aber der flexiblen Kursbildung überlassen werden.

„Kontrollierte" Auf- und Abwertung von Währungen

Wie bereits dargestellt können Auf- und Abwertungen der Währung die internationale Wettbewerbsfähigkeit der Güter eines Landes verändern. Insofern können sie gezielt eingesetzt werden, um Ungleichgewichte im Außenhandel zu korrigieren:

Besteht in Land A ein Importüberschuss – sind also die im Ausland produzierten Güter wettbewerbsfähiger als die nationale Produktion – kann Arbeitslosigkeit die Folge sein. Ohne tieferliegende Ursachen der Arbeitslosigkeit zu beheben, kann das Land über eine Abwertung der eigenen Währung die Importprodukte verteuern und damit zurückdrängen. Abwertungen wirken zugleich ähnlich exportfördernd wie Exportsubventionen.

In Systemen mit fixierten Wechselkursen wäre eine Abwertung durch **Anpassung der Parität** (Veränderung der Leitkurse) möglich. Dazu ist allerdings eine Einigung zwischen allen Ländern erforderlich, die Mitglied im betreffenden Wechselkurssystem sind. Eine gezielte Abwertung ist auch denkbar, wenn die Politik Einfluss auf die Geldpolitik hat und eine Geldpolitik herbeiführt, die über sinkende Zinsen bzw. Inflation eine Abwertung der heimischen Währung induziert. Ein solches Agieren ist allerdings ausgeschlossen, wenn die betreffende Zentralbank unabhängig von der Politik und nur der Preisniveaustabilität verpflichtet ist.

Internationale währungspolitische Rahmenbedingungen

Soweit sich Volkswirtschaften in Bezug auf Handelsströme (Importe, Exporte) und auf den Kapitalverkehr öffnen gibt es weiteren Bedarf an internationaler Rahmensetzung. Der **Internationale Währungsfonds** (IWF) mit Sitz in Washington D.C., gegründet im Jahr 1944, ist die zentrale Institution dieser Ordnung. Fast alle Länder der Welt sind Mitglied. Hauptaufgabe des IWF ist die Vergabe von Krediten an Länder ohne ausreichende Währungsreserven, die in Zahlungsbilanzschwierigkeiten geraten sind. Weitere Tätigkeitsfelder sind unter anderem die Förderung der internationalen Zusammenarbeit in der Währungspolitik und des Welthandels. IWF-Hilfen werden zunehmend auch von wirtschaftlich entwickelten Ländern mit Zahlungsbilanzungleichgewichten und hoher Staatsverschuldung genutzt.

Der IWF gleicht einer Kreditgenossenschaft. Jedes Mitgliedsland zahlt entsprechend seiner Wirtschaftskraft – gemessen an der Höhe der Produktion, des Welthandelsanteils und seiner Währungsreserven – einen Beitrag. Diese Einlagen können als Kredite an Länder vergeben werden, die Devisen benötigen, um ihre Verpflichtungen aus dem internationalen Handel zu finanzieren. Die Einlagequote bestimmt auch den Anspruch auf Kredite und die Stimmrechte. Die Quoten werden regelmäßig überprüft und an veränderte Finanzierungsbedarfe und veränderte wirtschaftliche Gewichte der Mitglieder angepasst.

In Höhe von 25 % der oben genannten Quote kann ein Mitgliedsland IWF-Mittel jederzeit in Anspruch nehmen. Darüber hinaus kann jedes Mitglied für Devisenmarktinterventionen weitere Kredite in Höhe der Quote in Anspruch nehmen. Die Mitglieder greifen dabei im Prinzip nur auf Mittel zu, die sie zuvor eingezahlt haben.

Zur Bewältigung schwieriger Finanzprobleme schuf der IWF allerdings verschiedene weitere Kreditmöglichkeiten.

Diese zusätzlichen Möglichkeiten bzw. Fazilitäten sind im Regelfall im Umfang nur begrenzt verfügbar und meist an bestimmte Bedingungen geknüpft. Die Kreditnehmer verpflichten sich z. B. zu einer Wirtschaftspolitik, mit der sie ihre Zahlungsprobleme verringern. Die IWF-Hilfen werden daraufhin in Defizitländern oft als Einmischung in die nationale Politik empfunden, zumal die Auflagen oft die Forderung nach sinkenden Sozialabgaben beinhalten. Andererseits kann der (innenpolitisch neutrale) IWF unbequeme Reformen zuweilen leichter in Gang bringen als die auf Wählerstimmen angewiesenen nationalen Regierungen.

Die Rolle des IWF wird häufig kritisch diskutiert. Einerseits wird bemängelt, dass Krisenländer oft IWF-Kredite bekommen, ohne dass auf Einhaltung der angemahnten Reformen bestanden wird. Dies sei ein Signal an die Kreditnehmer, Reformen zur Verbesserung der Wettbewerbsfähigkeit der heimischen Wirtschaft zu unterlassen. Die Hilfen des Fonds werden vor diesem Hintergrund häufig als zu weitgehend kritisiert. Andererseits wird im Zusammenhang mit der Finanz- und Wirtschaftskrise gefordert, dass der IWF eine stärkere Rolle bei der Errichtung und Überwachung einer internationalen Finanzordnung spielen sollte. Inwieweit das umgesetzt wird, ist derzeit offen.

8.4 Probleme

In der Darstellung wurden bereits einige Probleme der Außenwirtschaftspolitik angesprochen. Diesbezüglich lassen sich in zwei Problembereiche unterscheiden: Probleme bei der Durchsetzung von Freihandel und Probleme im Zusammenhang mit der grenzüberschreitenden Öffnung des Kapitalverkehrs.

Obwohl Freihandel grundsätzlich für die beteiligten Handelspartnerländer vorteilhaft ist, sorgen potenzielle Verlierer des Außenhandels häufig dafür, dass protektionistische Maßnahmen wie Zölle und nicht-tarifäre Handelshemmnisse eingeführt und internationale Handelsabkommen unter dem Dach der WTO nicht fortentwickelt bzw. zunehmend durch bilaterale Handelsabkommen ersetzt werden. Die aktuelle Politik der USA liefert diesbezüglich zahlreiche Beispiele. Ursächlich dafür kann auch eine ausgeprägte Exportförderung zu Lasten der Handelspartner sein, wie sie z. B. Deutschland im Zusammenhang mit einem niedrig bewerteten Euro vorgeworfen wird, zumal zugleich der Zugang zu den heimischen Märkten erschwert ist, z. B. im Agrarbereich, und damit die Einbindung von Schwellen- und Entwicklungsländern in den Welthandel behindert wird. Weitergehender Liberalisierungsbedarf besteht nicht zuletzt auch im Bereich des Dienstleistungshandels.

Auch die Liberalisierung des internationalen des Kapitalverkehrs kann zu Problemen führen. Offene Volkswirtschaften müssen das mobile Kapital durch günstige Rahmenbedingungen bzw. durch gute Infrastrukturausstattung anlocken. Somit erhöhen sich die Anforderungen an die wirtschaftspolitische Gestaltung. Die Wirtschaftspolitik muss abwägen, wie weit die Attraktivität eines Standorts für Kapitalanleger verbessert werden soll, auch wenn das zu Lasten von Nachfragern (z. B. Steuersenkungen für Produzenten) oder zu Lasten von Umweltschutz oder Arbeitnehmern (z. B. Senkung der Kosten der sozialen Sicherung) geht. Mobiles Kapital kann zudem – z. B. nach Änderung internationaler Zinsdifferenzen – schnell wieder abgezogen werden. Dies kann destabilisierend wirken.

Insbesondere kann sich das mobile Kapital einer nationalen Besteuerung besser entziehen als z. B. abhängig Beschäftigte oder Grundstückseigner. Vor allen große Unternehmen („global player") können durch internationales Steuermanagement der Besteuerung ausweichen, indem z. B. Umsätze durch Gestaltung interner Verrechnungspreise vorrangig in Niedrigsteuerländer verlagert werden

Zugleich muss die nationale Politik auch in Bezug auf Subventionen oder bei sozialen und umweltbezogenen Maßnahmen die in anderen Ländern geltenden Bedingungen berücksichtigen, obwohl diese mit nationalen politischen Prioritäten konfligieren können. Schließlich werden auch die finanziellen Spielräume des Staates geringer, wenn der Standort einerseits durch niedrige Besteuerung, andererseits durch eine gute Infrastruktur für internationale Investoren attraktiv gemacht werden soll.

Wirtschaftliche Chancen und wirtschaftspolitische Rahmenbedingungen werden insofern durch Liberalisierung des Kapitalverkehrs zugunsten des mobilen Faktors Kapital und zu Lasten des weniger mobilen Faktors Arbeit verschoben.

Diese Probleme könnten umgangen werden, wenn die internationale Kapitalmobilität beschränkt wird. Dann kann allerdings das Kapital auch nicht mehr ungehindert auf Standortvorteile reagieren. Die Kontrolle des internationalen Kapitalverkehrs ist allerdings schwierig und kann von daher bestenfalls lückenhaft gelingen.

8.5 Aufgaben

1. Inwiefern führt freier Außenhandel zu vorteilhaften Ergebnissen?
2. Erläutern Sie die Begriffe „Faktorproportionentheorem" und „intraindustrieller Außenhandel". Wie lässt sich intraindustrieller Außenhandel erklären?
3. Welche Wirkungen gehen von unbeschränkter Kapitalmobilität aus?
4. Erläutern Sie wichtige Determinanten bzw. Ursachen der Wechselkursentwicklung.
5. Erläutern Sie Aussage und Grenzen der Kaufkraftparitätentheorie.
6. Wie wirkt die Abwertung einer Währung auf Handels- bzw. Leistungsbilanz und Preisniveau? Wenn Sie an Exporteure, Importeure, Verbraucher und Touristen denken: Welche Gruppe profitiert von einer Abwertung, welche Gruppe erleidet Nachteile?
7. Erläutern Sie anhand selbst gewählter Beispiele den Begriff der nicht tarifären Handelshemmnisse. Erläutern Sie, wann diese Maßnahmen wie mengenmäßige

Beschränkungen oder Zölle wirken können. Warum ist der Abbau solcher Hemmnisse schwer durchsetzbar?

8. Vor welchen Grundsatzentscheidungen steht die Währungspolitik?

9. Welche Vorteile und welche Nachteile haben Systeme fester Wechselkurse? Welche Varianten solcher Systeme gibt es?

10. Beschreiben Sie die Wirkung expansiver Geld- und Fiskalpolitik in einer offenen Volkswirtschaft bei festen Wechselkursen.

9 Europäische Union als Integrationsraum

In diesem Kapitel
- verstehen Sie die Vorteile einer regionalen Integration (Aufschließungseffekte) und deren Nachteile (Abschließungseffekte),
- erfahren Sie, dass der europäische Integrationsprozess durch schrittweise regionale Erweiterungen und inhaltliche Vertiefung der Zusammenarbeit geprägt war,
- vollziehen Sie nach, welche Maßnahmen erforderlich waren, um den Binnenmarkt zu realisieren, und warum die EU im Zuge mehrerer Fortschreibungen des EG-Vertrags zahlreiche weitere wirtschaftspolitische Zuständigkeiten bekommen hat,
- lernen Sie die Vor- und Nachteile der Europäischen Wirtschafts- und Währungsunion (EWWU) kennen und verstehen, warum an der EWWU nur Länder teilnehmen dürfen, deren wirtschaftliche Entwicklung ähnlich bzw. konvergent verläuft,
- erfassen Sie, in welchen Politikfeldern eine weitergehende Harmonisierung der Wirtschaftspolitik sinnvoll ist,
- verstehen Sie, dass die EWWU als weiterer Schritt auf dem Weg zu einer (gewollten) politischen Union zu sehen ist; eine rein ökonomische bzw. wirtschaftspolitische Bewertung ist vor diesem Hintergrund unvollständig,
- diskutieren Sie ausgewählte wirtschaftliche Probleme der europäischen Integration.

9.1 Einführung: Ziele und Integrationsformen

Die europäische Integration stellt als regionale Integration eine Alternative zur weltweiten Handelsliberalisierung dar, weil eine weltweite Liberalisierung angesichts unterschiedlicher Interessen schwer zu realisieren ist. Nach der Intensität der Zusammenarbeit lassen sich verschiedene Formen der Integration unterscheiden, die auch mit den Regelungen des GATT bzw. der WTO (vgl. Abschn. 8.2) vereinbar sind:
- In einer **Präferenzzone** werden Handels- bzw. Zollerleichterungen innerhalb der Integrationszone vereinbart.
- In einer **Freihandelszone** werden Zölle zwischen den Mitgliedstaaten abgeschafft (Zollfreiheit). Oft werden neben Zöllen auch andere interne Handelshemmnisse abgebaut. Es gibt aber keine gemeinsamen Außenzölle gegenüber Drittstaaten.
- Eine **Zollunion** ist eine Freihandelszone mit gemeinsamem Außenzoll. Die Zolleinnahmen fließen der Union oder ihren Mitgliedern zu. Oft werden auch externe mengenmäßige Beschränkungen des Außenhandels vereinheitlicht.
- In einem **gemeinsamen Markt bzw. Binnenmarkt** werden freier Handel von Waren und Dienstleistungen sowie freie Mobilität von Arbeit und Kapital (Freihandel plus Faktormobilität) vereinbart. Freizügigkeit (ohne Grenzkontrollen) kann auch für Nichterwerbstätige vereinbart werden, ferner vereinfachen die gegenseitige Anerkennung oder Vereinheitlichung von Produktionsbedingungen oder Normen und Standards den Handel im Binnenmarkt.

https://doi.org/10.1515/9783110569568-009

- In einer **Wirtschaftsunion** wird neben dem Gemeinsamen Markt eine Koordinierung bzw. Harmonisierung der laufenden Wirtschaftspolitik (z. B. Wettbewerbs-, Stabilitäts- und Wachstumspolitik), eventuell unterstützt durch gemeinsame Institutionen wie z. B. ein gemeinsames Kartellamt angestrebt.
- Zu einer **Währungsunion** gehören unwiderruflich feste Wechselkurse und vollständige und irreversible Konvertibilität der Währungen sowie volle Freiheit des Kapitalverkehrs. Die Währungsunion kann durch eine Einheitswährung und eine gemeinsame Zentralbank gefestigt werden.

Eine regionale Integration ist geeignet, Vorteile des Freihandels bzw. der internationalen Arbeitsteilung im Inneren des Integrationsraums stärker also vorher zu realisieren, der Handel innerhalb des Integrationsraums nimmt daraufhin zu (**Aufschließungseffekt bzw. handelsschaffender Effekt**). Der Abbau von internen Hemmnissen begünstigt sowohl den inter- und als auch den intraindustriellen Handel. Zugleich wird im Integrationsraum der Wettbewerb intensiver. Dies zieht zwar Anpassungslasten nach sich, weil Grenzanbieter aus dem Markt ausscheiden müssen. Die Preise dürften aber sinken und per Saldo positive Einkommens- und Beschäftigungseffekte resultieren – auch wenn einzelne Standorte Arbeitsplatzverluste hinnehmen müssen. Im Ergebnis verändert sich die Arbeitsteilung zwischen den Mitgliedstaaten entsprechend den jeweiligen Wettbewerbsstärken. Unter Umständen steigt dadurch die Wettbewerbsfähigkeit gegenüber Drittländern. Die intensivere wirtschaftliche Verflechtung innerhalb der Integrationszone ist meist auch davon begleitet, dass ein Teil der vorher mit Drittstaaten abgewickelten Geschäfte in die Integrationszone um- bzw. abgelenkt wird. Dieser handelsablenkende **Abschließungseffekt** tritt oft auch dann ein, wenn Drittstaaten eigentlich komparative Vorteile für bestimmte Produkte haben. Regionale Integration verzerrt somit die weltweite Faktorallokation zugunsten der Integrationszone. Güter, die ansonsten in Drittstaaten produziert worden wären, werden nach der regionalen Integration innerhalb der Zone produziert. Reagieren andere Länder (daraufhin) ihrerseits mit regionaler Integration und Abschottung, dann zerfällt die Welt in „Handelsblöcke" und entfernt sich vom Ideal des Freihandels.

Regionale Integrationen sind trotz der internen Vorteile nicht einfach zu realisieren. Hohe Verhandlungskosten und Widerstände potentieller Integrationsverlierer erschweren die Einigung, zumal eine weitergehende Integration es erforderlich machen kann, nationale wirtschaftspolitische Kompetenzen auf die übergeordnete Ebene zu übertragen. In weniger wettbewerbsfähigen Branchen wird häufig befürchtet, dass die Integration zum Verlust an Marktanteilen und Beschäftigung beiträgt. Ferner können unterschiedliche Wertvorstellungen zwischen den Mitgliedstaaten – etwa in der Umweltpolitik oder beim Arbeitsschutz – die Akzeptanz der Integration bei den Bürgern mindern. Bestehende Integrationen sind zudem gefährdet, wenn sich die Integrationsvorteile ungleich auf die Mitgliedsländer verteilen.

9.2 Entstehung und Grundkonzeption der EU

Die nach dem zweiten Weltkrieg eingeleitete europäische Integration strebte ursprünglich die Sicherung des Friedens, den Wiederaufbau in den zerstörten Ländern und politische Stabilität in Europa an. Dazu sollte primär eine wirtschaftliche Integration beitragen, von der man sich auch wirtschaftliches Wachstum in den Partnerländern aufgrund der angesprochenen Integrationsvorteile und eine politische Stabilisierung aufgrund der wirtschaftlichen Verflechtung versprach. Zwischen sechs europäischen Ländern wurde im Jahr 1952 die Europäische Gemeinschaft für Kohle und Stahl (EGKS) gegründet, in der ein gemeinsamer Markt für die Montanproduktionen geschaffen werden sollte. Die gleichen sechs Gründerstaaten – Belgien, die Bundesrepublik Deutschland, Frankreich, Italien, Luxemburg und die Niederlande – schlossen sich im Jahr 1958 in den Römischen Verträgen zur Europäischen Atomgemeinschaft (Euratom) und zur Europäischen Wirtschaftsgemeinschaft (EWG) zusammen, die zunächst – mit einer erweiterten Zahl von Mitgliedern – zur Europäischen Gemeinschaft (EG) und später politisch zur Europäischen Union (EU) fortentwickelt wurde.

Die Gründungsverträge bildeten die primärrechtliche Grundlage der europäischen Integration. Sie wurden mehrfach erweitert und mündeten schließlich in den im Jahr 2009 in Kraft getretenen Vertrag über die Europäische Union (EUV) und in den Vertrag über die Arbeitsweise der EU (AEUV).

Zentrale Ziele der EWG waren zunächst die Zollunion und der gemeinsame Binnenmarkt. Bereits in den römischen Verträgen wurde jedoch auch eine stärkere wirtschaftspolitische Zusammenarbeit angestrebt. Neben der gemeinsamen Agrarpolitik, gemeinsamen Wettbewerbsregeln und der Verpflichtung, den wirtschaftlichen und sozialen Zusammenhalt zu stärken, wurde eine Zusammenarbeit im Bereich der Verkehrsnetze vereinbart, da ein gemeinsamer Markt auch Transportmöglichkeiten voraussetzt. Der Abbau von Zöllen konnte bis 1968 weitgehend realisiert werden.

Die Revision der rechtlichen Grundlagen wurde von der schrittweisen **regionalen Erweiterung** (vgl. Tab. 9.1) und von einer inhaltlichen Vertiefung der Zusammenarbeit, d. h. von einer Ausweitung der Kompetenzen der europäischen Wirtschaftspolitik sowohl begleitet als auch vorangetrieben

Die Handlungsfelder der gemeinsamen Wirtschaftspolitik müssen explizit in den Verträgen vereinbart sein (**Grundsatz der begrenzten Einzelermächtigung**, Art. 5 EUV), können aber über gemeinsame Beschlüsse erweitert werden. Die Politikfelder, in denen die Union in ausschließlicher bzw. in mit den Mitgliedstaaten geteilter Zuständigkeit tätig werden soll, sind in Art. 3 und 4–6 AEUV genannt. In die ausschließliche Zuständigkeit der EU fallen die Zollunion, die Festlegung der für den Binnenmarkt erforderlichen Wettbewerbsregeln, die Währungspolitik für die Eurozone, die Erhaltung der biologischen Meeresschätze im Rahmen der gemeinsamen Fischereipolitik und die gemeinsame Handelspolitik. Wesentliche Bereiche mit geteilter Zuständigkeit sind z. B. der Binnenmarkt, der wirtschaftliche, sozi-

ale und territoriale Zusammenhalt, die Landwirtschaft, aber auch die Bereiche
Umwelt und Energie.

Nach dem **Subsidiaritätsprinzip (Art. 5 EUV)** darf die EU nur tätig werden,
wenn eine Aufgabe auf der jeweils unteren Ebene nicht zufriedenstellend erfüllt
werden kann. Nur wenn einzelne Probleme die Lösungskompetenz der nationalen
oder regionalen Ebenen übersteigen, ist demnach die jeweils höhere Ebene einzu-
schalten. National oder regional begrenzte Umweltschäden (etwa im Gefolge nationaler Verkehrsprojekte), erfordern z. B. primär nationale oder regionale Maßnahmen. Grenzüberschreitende Probleme (wie oft im Bereich der Luftreinhaltung oder
des Gewässerschutzes) sind dagegen besser auf europäischer Ebene zu lösen. Im
Zuge der **Beitrittsverhandlungen** mussten die Beitrittsländer sich jeweils verpflichten, den bis dahin aufgebauten Bestand an Verträgen und gemeinsam erlassenen
Richtlinien und Verordnungen (aquis communautaire) innerhalb bestimmter Fristen
zu übernehmen. Außerdem müssen Beitrittskandidaten folgende Merkmale ihrer
politischen und wirtschaftlichen Ordnung nachweisen (**Kopenhagener Kriterien**):
– institutionelle Stabilität einer demokratischen und rechtsstaatlichen Ordnung,
– Wahrung der Menschenrechte sowie Achtung und Schutz von Minderheiten,
– eine funktionsfähige Marktwirtschaft
– die Fähigkeit, die Ziele der Politischen Union und der Wirtschafts- und Währungsunion zu unterstützen.

Prinzipiell vertritt die EU den Grundsatz einer sozial orientierten Marktwirtschaft.
Gemäß Art. 3,3 AEUV errichtet die Union einen Binnenmarkt und wirkt „auf die
nachhaltige Entwicklung Europas auf der Grundlage eines ausgewogenen Wirtschaftswachstums und von Preisstabilität, eine in hohem Maße wettbewerbsfähige
soziale Marktwirtschaft, die auf Vollbeschäftigung und sozialen Fortschritt abzielt,
sowie ein hohes Maß an Umweltschutz und Verbesserung der Umweltqualität hin.
Sie fördert den wissenschaftlichen und technischen Fortschritt."

Der dargestellte Erweiterungsprozess zwang die Union zu **institutionellen Reformen**. Eine Union mit fast 30 Mitgliedstaaten funktioniert nicht mehr mit Regeln,
die ursprünglich für eine Union von sechs Staaten entworfen waren. Diesem Erfordernis wurde durch die mehrfache Überarbeitung der Verträge zumindest teilweise
Rechnung getragen. Durch Zurückdrängung des Einstimmigkeitsprinzips bzw.
durch inzwischen mögliche Entscheidungen mit (qualifizierter) Mehrheit wurden
Fortschritte im Integrationsprozess auch bei einer großen Zahl von Mitgliedstaaten
erleichtert. Weitere institutionelle Reformen beziehen sich z. B. auf die Zusammenarbeit zwischen den EU-Organen und mit den nationalen Regierungen. Institutionen
und Entscheidungsverfahren wurden gestrafft, und die Rolle des Europäischen Parlaments wurde gestärkt.

Zentrale **Organe der EU** sind das Europäische Parlament, der Europäische Rat,
der (Minister-)Rat, die Kommission, der europäische Gerichtshof, die Europäische
Zentralbank und der Europäische Rechnungshof (Art. 13 EUV). Ihre Funktionen und

Tab. 9.1: Mitgliedstaaten und Erweiterungsrunden der Europäischen Union (Stand 2018).

Land /Beitritt	Einwohner 2017	Bruttoinlandsprodukt pro Kopf 2017 in €	
	in Millionen	jeweilige Preise	EU (28) = 100
Europäische Union (28 Länder)	551,5	32.700	100
Gründerstaaten 1958			
Belgien	10,7	39.500	120,8
Deutschland	82,5	39.500	120,8
Frankreich	67	34.100	104,3
Italien	60,6	28.400	86,9
Luxemburg	0,6	92.800	283,8
Niederlande	17,1	42.800	130,9
1.–3. Erweiterung			
Dänemark	5,7	50.000	152,9
Irland	4,8	61.700	188,7
Vereinigtes Königreich (Austritt 2019)	65,8	35.200	107,6
Griechenland (1981)	10,8	16.600	50,8
Portugal (1986)	10,3	18.700	57,2
Spanien (1986)	46,5	25.000	76,5
Finnland	5,5	40.600	124,2
Österreich	8,8	42.800	130,9
Schweden (1995)	10	47.400	145,0
4.–6. Erweiterung (2004)			
Estland (2004)	1,3	17.500	53,5
Lettland (2004)	2	13.900	42,5
Litauen (2004)	2,8	14.800	45,3
Malta (2004)	0,5	23.900	73,1
Polen (2004)	38	12.100	37,0
Slowakei (2004)	5,4	15.600	47,7
Slowenien (2004)	2,1	21.000	64,2
Tschechische Republik (2004)	10,6	18.100	55,4
Ungarn (2004)	9,8	12.600	38,5
Zypern (2004)	0,9	22.400	68,5
Bulgarien (2007)	7,1	7.100	21,7
Rumänien (2007)	19,6	9.600	29,4
Kroatien (2013)	4,2	11.700	35,8

Quelle: eurostat, Abfrage vom 2. 6. 2018.

Kompetenzen sind nachfolgend kurz beschrieben. Die Rolle und Befugnisse der Europäischen Zentralbank werden im Kapitel 3 erläutert.

Die Organe der EU arbeiten nach dem Prinzip der Funktionenteilung am Gesetzgebungsprozess und am Haushaltsverfahren zusammen, d. h. dass jeweils die EU-Kommission, das EU-Parlament und der Ministerrat der EU an den Verfahren beteiligt sind. Die Verfahrensweisen sind – je nach Politikfeld – im Vertragswerk unterschiedlich ausgestaltet.

Generell kann der (Minister-)Rat als Vertretung der Mitgliedstaaten angesehen werden. Er beschließt als Entscheidungsgremium der EU über unionsweit unmittelbar geltende Verordnungen und über Richtlinien, die in den Mitgliedstaaten noch an nationales Recht anzupassen sind. Diese Rechtsakte müssen allerdings von der EU-Kommission vorgeschlagen werden (Initiativfunktion). Das Parlament ist am Gesetzgebungsprozess meist nach dem sogenannten „ordentlichen Gesetzgebungsverfahren" (Art. 294 AEUV) beteiligt und kann das Zustandekommen eines Rechtsaktes verhindern.

Grundsätzliche Themen der europäischen Integration (z. B. Grundfragen im Aufbau der Wirtschafts- und Währungsunion) werden nicht vom Ministerrat, sondern vom Europäischen Rat, d. h. im Wesentlichen von den Staats- bzw. Regierungschefs der Mitgliedstaaten behandelt – dieses Gremium legt zwar die Richtung der künftigen Entwicklung fest, kann aber keine Gesetze verabschieden.

Die EU-Kommission führt die Gemeinschaftspolitik durch (Exekutivaufgabe). Sie verwaltet den EU-Haushalt und die verschiedenen angegliederten Fonds. Sie sorgt als „Hüterin der Verträge" für die Einhaltung der Regeln und der Grundsätze des Gemeinsamen Marktes (Kontroll-Aufgabe). Im Bereich der Wettbewerbspolitik überwacht sie z. B. das Kartellverbot und ist für die Missbrauchsaufsicht, die Fusionskontrolle und die Beihilfenkontrolle zuständig. Die Kommission arbeitet arbeitsteilig, jeder der 28 Kommissare ist für einen bestimmten Arbeitsbereich zuständig (z. B. Wettbewerb, Erweiterung, regionale Strukturpolitik oder Haushalt). Beschlüsse werden dennoch von der Kommission mit der Mehrheit der Mitglieder gefasst.

Das europäische Parlament ist das einzige durch direkte Wahlen demokratisch legitimierte EU-Organ. Es ist wie beschrieben am Gesetzgebungsverfahren beteiligt und zugleich das Kontrollorgan für die Kommission.

Der europäische Gerichtshof (EuGH) soll sicherstellen, dass die EU-Organe und die Mitgliedstaaten das europäische Recht einhalten, indem es die Verträge und das abgeleitete Recht auslegt und anwendet. Es kann von den EU-Organen, von Mitgliedstaaten oder von juristischen und natürlichen Personen angerufen werden, die von Entscheidungen der Gemeinschaft direkt betroffen sind. Gemäß dem generellen Vorrang des europäischen Rechts haben EuGH-Entscheidungen Vorrang vor den Entscheidungen nationaler Gerichte (in Deutschland also auch vor den Entscheidungen des Bundesverfassungsgerichts). Der EuGH ist keinem anderen Organ verpflichtet. Seine Rechtsprechung war häufig entscheidend für die Fortentwicklung der Gemeinschaft.

Der europäische Rechnungshof prüft als Organ der externen Haushaltskontrolle das Haushaltsgebaren der EU-Institutionen. Er prüft die rechtmäßige und wirtschaftliche Haushaltsführung.

Die EU hat keine eigene Steuerhoheit, sie finanziert sich aus Umlagen der Mitgliedstaaten, die nach einheitlichen Kriterien erhoben werden. Der **EU-Haushalt** umfasst etwa 1 % des europäischen BNE (etwa 272 € pro Einwohner) und darf die Grenze von derzeit 1,2 % des BNE nicht überschreiten. Außerdem darf die EU keine Kredite aufnehmen. Einnahmen und Ausgaben werden in einer mittelfristigen Finanzplanung (finanzielle Vorausschau, derzeit für 2014–2020) festgelegt. Wesentliche Einnahmequellen sind:

- Traditionelle Eigenmittel (Zolleinnahmen) bei Einfuhren aus Drittländern, die – unabhängig davon, an welchem Ort sie als EU-Außenzoll erhoben wurden – direkt dem EU-Haushalt zufließen.
- Abgaben auf Agrarprodukte, deren Weltmarktpreise unter den Preisen innerhalb der Gemeinschaft liegen (eine Spezialform von Zöllen). Damit soll das durch

Tab. 9.2: Mittelfristige Finanzplanung der EU 2014–2020.

Mittel für Verpflichtungen	Total 2014–2020	
	in Mio Euro	in %
1. Intelligentes und integratives Wachstum	**513.563**	50,0
1a. Wettbewerbsfähigkeit für Wachstum und Beschäftigung	142.130	13,8
1b. Wirtschaftlicher, sozialer und territorialer Zusammenhalt	371.433	36,2
2. Nachhaltiges Wachstum: natürliche Ressourcen	**420.034**	40,9
davon: marktbezogene Ausgaben und Direktzahlungen	308.734	30,1
3. Sicherheit und Unionsbürgerschaft	**17.725**	1,7
4. Europa in der Welt	**66.262**	6,5
5. Verwaltung	**69.584**	6,8
davon: Verwaltungsausgaben der Organe	56.224	5,5
6. Ausgleichszahlungen	**29**	0,0
Mittel für Zahlungen insgesamt	**1.026.287**	100,0
In % des BNE	0,98 %	
Verfügbarer Spielraum	0,24 %	
Eigenmittelobergrenze in % des BNE	1,22 %	

Quelle: http://ec.europa.eu/budget/mff/figures/index_de.cfm, Abfrage vom 3. 6. 2018.

die EG-Agrarpolitik geschaffene hohe Agrarpreisniveau nach außen abgesichert werden. Zolleinnahmen und Agrarabgaben machen ca. 12 % aller Einnahmen aus.

– Mehrwertsteuer-Eigenmittel. Abführen müssen die Mitgliedstaaten grundsätzlich 0,3 % der Mehrwertsteuer-Bemessungsgrundlage (für einige Mitgliedstaaten gelten Vergünstigungen). Diese Eigenmittel steuern derzeit ca. 14 % zu den Gesamteinnahmen bei.

– BNE-Eigenmittel. Diese Einnahmequelle wurde vom Europäischen Rat im Jahr 1988 zusätzlich erschlossen, weil die anderen Quellen nicht ergiebig genug schienen und zugleich die unterschiedlichen Entwicklungsniveaus der Länder zu wenig berücksichtigten. Bemessungsgröße ist das BNE und damit die Wirtschaftskraft der Mitgliedstaaten. Der anzuwendende Hebesatz ergibt sich aus der jeweils zu deckenden (schwankenden) Haushaltslücke der EU. Die BNE-Eigenmittel haben inzwischen eine erhebliche Bedeutung für die Finanzierung des EU-Haushalts (derzeit fast drei Viertel der gesamten EU-Einnahmen).

– Sonstige Einnahmen fallen z. B. in Form von Steuern für die Dienstbezüge des Personals der EU an. Sie machen nur ca. 1 % aller EU-Einnahmen aus.

Die Ausgaben der EU werden von der regionalen Strukturpolitik und von der Landwirtschaft dominiert (vgl. Rubriken 1 und 2 in Tab. 9.2).

Schlüsselt man die Einnahmen und Ausgaben der EU nach Mitgliedsländern auf und vergleicht länderspezifische Beiträge und „Rückflüsse", so lassen sich Nettozahler- und Nettoempfängerländer unterscheiden. Das – gemessen an den absoluten Beträgen – bedeutendste Nettozahlerland ist seit Jahren die Bundesrepublik Deutschland, bezogen auf die Einwohnerzahl sind die Beiträge von Luxemburg oder den Niederlanden aber höher. Eine einfache Betrachtung der Nettozahlerposition greift allerdings zu kurz, da die wirtschaftlichen Vorteile des Binnenmarktes für die deutsche Volkswirtschaft wesentlich größer sein dürften als die aus der Nettozahlerposition Deutschlands resultierenden Nachteile.

9.3 Realisierung des gemeinsamen Marktes

Ein gemeinsamer Markt entsteht, wenn alle Maßnahmen abgebaut werden, die den grenzüberschreitenden Handel zwischen den Mitgliedstaaten behindern. Ziel der Marktintegration sind ein intensiverer grenzüberschreitender Wettbewerb, eine bessere Faktorallokation sowie eine bessere Versorgung mit Gütern.

Nachdem bis zum Jahr 1968 die Zölle auf Sachgüter weitgehend abgeschafft waren, verabschiedete die EU nach einer Phase der Stagnation im Jahr 1992 das **Binnenmarktprogramm**. Unter dem Binnenmarkt wird dabei ein „Raum ohne Binnengrenzen" verstanden, in dem die freie Mobilität von Waren, Personen, Dienstleistungen und Kapital und die Niederlassungsfreiheit für Unternehmen gewährleistet sind. Der europäische Binnenmarkt ist demnach in der Endstufe dadurch gekennzeichnet, dass keine Hindernisse für einen freien Waren-, Kapital-, Personen- und Dienstleistungsverkehr mehr bestehen (**vier Freiheiten**) und somit Grenzkontrollen im Prinzip überflüssig sind. Die Schaffung dieses Binnenmarktes sollte den innereuropäischen Handel und den innereuropäischen Wettbewerb ankurbeln und so die Wettbewerbsfähigkeit auf den Weltmärkten verbessern.

Im intensivierten Wettbewerb verlassen gewinnmaximierende Unternehmen Standorte bzw. Länder, die unternehmerische Aktivitäten durch hohe Kosten und schlechte Infrastruktur, Regulierungen wie z. B. Investitionshemmnisse oder kostensteigernde Maßnahmen (z. B. Umweltschutz, Lohnnebenkosten) belasten. Als Folge gehen dort Beschäftigung und Steueraufkommen zurück, sodass die Abwanderungsregionen unter Druck geraten. Die Anpassung von nationalen Regulierungen im Binnenmarkt kann dabei als „Wettbewerb der Regulierungssysteme" gesehen werden, in dem sich die ökonomisch attraktivsten Normen und Regeln durchsetzen (Harmonisierung durch Wettbewerb). Andererseits besteht die Gefahr, dass die einzelnen Mitgliedstaaten des Integrationsraums erreichte Schutzstandards (z. B. im Umweltschutz oder in der sozialen Sicherung) preisgeben. Bei Marktversagen (z. B. bei öffentlichen Gütern, externen Effekten oder mangelnder Transparenz und Öffnung von Märkten) sind daher im Binnenmarkt auch aktive Formen der Harmonisierung durch gemeinsame Politik zu prüfen. Hierbei geht es darum, die Regeln, Normen und Institutionen der Mitgliedstaaten in verschiedenen Bereichen (d. h. durch gemeinsame Politik) anzugleichen und dabei Zielkonflikte und außerökonomische Belange in angemessener Weise zu berücksichtigen.

Die Realisierung des Binnenmarktprogramms wurde dadurch erleichtert, dass in einem Weißbuch der Kommission (1985) konkrete **Harmonisierungsmaßnahmen** festgelegt worden waren. Die dort aufgeführten fast 300 Maßnahmenbereiche betrafen die Beseitigung der zwischen den Mitgliedstaaten bestehenden materiellen, technischen und steuerlichen Schranken. Die im Weißbuch geplanten Maßnahmen sind inzwischen weitgehend umgesetzt.

Im Bereich der Waren wurden nicht-tarifäre Handelshemmnisse vor allem im Bereich der technischen Normung und Harmonisierung beseitigt. Unterschiede bei Normen (z. B. Industrienormen), technischen Vorschriften und Standards (z. B. in den Bereichen Unfall-, Arbeits- und Gesundheitsschutz, Lebensmittel- und Arzneimittelkontrolle), sowie bei Verfahren zur Zulassung und Kontrolle von Produkten begründen Handelshemmnisse, die über technische Schnittstellen auch auf andere Produkte übertragen werden können (unterschiedliche Vorschriften zur Eichung von Tachometern könnten z. B. den Autohandel beeinträchtigen). Daher kann eine Grenzöffnung durch technische Vereinheitlichungen bzw. Harmonisierungen erleichtert werden. Diese sind allerdings kompliziert und zeitaufwändig. Daher wurde im „Binnenmarktprozess" meist ein flexiblerer Harmonisierungsansatz gewählt. Dabei legt die EU nur grundlegende Standards fest, die von den Mitgliedstaaten zwar umgesetzt werden müssen, es besteht aber ein gewisser Spielraum dabei, wie die Maßnahmen umgesetzt werden. So formulieren z. B. die Maschinen-Richtlinie und die Spielzeug-Richtlinie nur grundlegende Anforderungen an die Sicherheit von Maschinen und Spielzeugen. Technische Details werden von den europäischen Normungsinstituten CEN (Europäisches Komitee für Normung) und CENELEC (Europäisches Komitee für elektrotechnische Normung) geregelt, die nach Vorgaben der Kommission europäische Produktnormen erarbeiten. Für Produkte, die diesen Normen entsprechen, gibt es innerhalb Europas keine technischen Schranken mehr.

Die weitestreichende Strategie zum Abbau von Schranken besteht in der Anwendung des Prinzips der **gegenseitigen Anerkennung von Normen und Standards**. Demnach muss ein Produkt, welches in einem Mitgliedstaat hergestellt und auf dem dortigen Markt zugelassen wurde, auch EU-weit zugelassen werden. Dieser Grundsatz wurde vom Europäischen Gerichtshof in einem Einzelfallurteil (Chassis de Dijon-Urteil im Jahr 1979) formuliert und seitdem angewendet. Er erleichtert den innereuropäischen Handel, weil Grenzhindernisse ohne weitere Tätigkeit gemeinschaftlicher Institutionen entfallen. Es gibt allerdings Ausnahmen von diesem Prinzip. Wenn ein Mitgliedsland beweisen kann, dass ein zwingendes öffentliches Interesse höhere Standards verlangt, kann es den Import von Produkten verhindern. Ausnahmen können im Wesentlichen aus Gründen der öffentlichen Sittlichkeit, Ordnung und Sicherheit oder zum Schutze der Gesundheit bzw. des Lebens von Menschen, Tieren oder Pflanzen gemacht werden. Liegt keine derartige Ausnahmebegründung vor, darf der Handel auch nicht indirekt beschränkt werden. Der EuGH musste mehrfach Stellung beziehen, inwieweit bzw. wann solche Ausnahmegründe vorliegen und wie einer indirekten Beschränkung des Handels vorzubeugen ist. Im

Fall des deutschen Reinheitsgebotes für Bier sah der EuGH keine Gründe des Gesundheits- bzw. Verbraucherschutzes, welche Importbeschränkungen für Bier, welches nach belgischem Recht, aber nicht dem deutschen Reinheitsgebot entsprechend gebraut wurde, rechtfertigen könnten. Der Import von belgischem Bier nach Deutschland ist somit unbeschränkt zuzulassen. Auch eine indirekte Beschränkung des Handels (etwa durch eine Verordnung, die verlangt, Importbiere als „Einfachbier" zu kennzeichnen) ist unzulässig. Aus dieser Regelung resultiert aber die Gefahr der Inländerdiskriminierung: Solange das Reinheitsgebot in Deutschland bestehen bleibt, müssen sich deutsche Hersteller daran halten. Im konkreten Beispiel haben deutsche Brauer das Qualitätsmerkmal „gebraut nach dem deutschen Reinheitsgebot" beworben und die Verbraucher konnten entscheiden, welches Bier sie nachfragen wollten.

Liberalisierungen gab es auch zur Beseitigung technischer Schranken im Dienstleistungsverkehr, vor allem in den zuvor national stark regulierten Sektoren Banken, Versicherungen, Verkehr und Telekommunikation. Auch hier setzte sich das Prinzip der gegenseitigen Anerkennung von (Qualitäts-)Standards durch. Verfügt ein europäisches Unternehmen über Niederlassungen in weiteren Mitgliedstaaten, so erfolgt die Zulassung und die (EU-weite) Kontrolle der Geschäftstätigkeit durch die Regulierungsbehörde jenes Staates, in dem der Firmensitz liegt (Einmalzulassung, Heimatkontrolle). Auch Telekommunikationsnetze und -dienste sind inzwischen geöffnet. Alte Netz- und Sprachübermittlungsmonopole sind aufgehoben. Darüber hinaus soll die europäische Dienstleistungsrichtlinie den grenzüberschreitenden Handel mit Dienstleistungen dadurch fördern, dass die Wahrnehmung der Niederlassungsfreiheit europaweit vereinfacht wird, indem Formalitäten und Verwaltungsverfahren erleichtert werden. Insbesondere müssen die Mitgliedstaaten einheitliche Ansprechpartner schaffen, bei denen die Dienstleister alle erforderlichen Formalitäten elektronisch erledigen können.

Im Rahmen der **Liberalisierung des öffentlichen Auftragswesens** müssen Gebietskörperschaften und öffentliche Unternehmen Aufträge für die Lieferung von Waren und Dienstleistungen sowie Bauaufträge ab einem bestimmten Volumen inzwischen europaweit ausschreiben mit dem Ziel, dass solche Aufträge nicht mehr nur an nationale „Hoflieferanten" vergeben werden. Damit die erhofften Wettbewerbs- und Kostensenkungseffekte eintreten, sind diese Vergaberegeln aber effektiv zu kontrollieren.

Seit dem Jahr 1993 ist auch der Kapitalverkehr in der Gemeinschaft, d. h. Kreditgeschäfte, kurzfristige Geldmarkt- und langfristige Kapitalmarkttransaktionen sowie Emission und Handel von Wertpapieren völlig liberalisiert. Das Kapital kann im Binnenmarkt ungehindert an den Ort der höchsten Verzinsung fließen.

Ferner wurde die endgültige Abschaffung der Personenkontrollen an der Grenze beschlossen. Es gilt **Freizügigkeit**, d. h. Arbeitnehmer und Selbständige aus EU-Staaten haben das Recht, in jedem EU-Mitgliedsland ohne jede Beschränkung unter gleichen Bedingungen wie einheimische Arbeitskräfte tätig zu sein, zu leben und in den Genuss der sozialen Vergünstigungen des Aufenthaltsortes zu kommen. Ein Ortswechsel im Binnenmarkt darf andererseits nicht zum Verlust von Ansprüchen führen, die gegenüber Sozialversicherungsträgern in einem Mitgliedstaat erworben wurden. Die deutsche Rente kann also in Italien bezogen werden. Beschäftigungs- und Versicherungszeiten werden anerkannt, ohne Rücksicht darauf, wo sie erworben wurden. Um einen Sozialtourismus zu vermeiden, müssen Rentner, Nicht-Erwerbstätige und Studenten allerdings beim Ortswechsel die finanzielle Existenzsicherung und eine bestehende Krankenversicherung nachweisen.

Die Europäische Union kann bisher keine eigenen Steuern erheben. Die Steuergesetzgebung in den Mitgliedstaaten wird weiterhin von den nationalen Regierungen gestaltet. Insofern setzt eine europaweite Harmonisierung der Steuersysteme voraus, dass die Mitgliedstaaten dazu bereit sind. Dies war bisher aber nicht der Fall. Im Sinne eines ungestörten Güterhandels im Binnenmarkt wäre besonders eine Angleichung bei den **indirekten Steuern**, also vor allem bei der Mehrwertsteuer und bei der Mineralölsteuer, hilfreich. Eine solche Harmonisierung würde aber zwangsläufig die Höhe und Verteilung der Steuereinnahmen in einzelnen Mitgliedstaaten beeinflussen. Da bislang für Entscheidungen über die Harmonisierung von indirekten Steuern Einstimmigkeit im Rat erforderlich ist (Art. 113 AEUV), können einzelne Staaten die Harmonisierung blockieren. Bei verschiedenen Steuerarten gibt es immerhin eine Einigung auf Mindeststeuersätze, die z. B. derzeit bei der Mehrwertsteuer für den Normalsatz 15 % und für den ermäßigten Steuersatz 5 % betragen.

Die Mehrwert- bzw. Umsatzsteuer kann wettbewerbsneutral sein, wenn nach dem **Bestimmungslandprinzip** besteuert wird. Beim Grenzübertritt einer Ware wird dann dem Exporteur die Steuer des Ursprungslands erstattet und zugleich die Steuer des Bestimmungslandes (als Einfuhrumsatzsteuer) auferlegt. Am Verkaufsort gelten damit einheitliche Steuersätze für heimische und importierte Güter, sodass Exporteure aus Ländern mit hohen Steuersätzen nicht benachteiligt sind. Das Steueraufkommen fließt dem Bestimmungsland zu, was sinnvoll erscheint. Die Anwendung des Bestimmungslandprinzips erfordert dann allerdings eine steuerliche Grenzabfertigung, was dem Binnenmarktgedanken widerspricht.

Stattdessen könnten im Binnenmarkt einheitliche Steuersätze realisiert oder aber das **Ursprungslandprinzip** angewendet werden. In diesem Fall gelten die Steuersätze des Ursprungslandes, unabhängig davon, in welchem Land des Binnenmarktes das Gut verkauft wird. Dann kann die steuerliche Grenzabfertigung entfallen. Die Steuereinnahmen fallen aber dann im Ursprungsland an. Das wäre zwar für Länder mit Exportüberschüssen gut, widerspräche aber dem Gebot der geringen Beeinflussung der Steuereinnahmen und wäre wettbewerbsverzerrend, denn Güter aus einem Hochsteuerland wären dann auf dem Markt eines Niedrigsteuerlandes im Nachteil. Dieser Nachteil kann nur abgebaut werden, wenn im Hochsteuerland die Steuersätze gesenkt werden. Nach Einführung des Ursprungslandprinzips könnte daher ein Steuersenkungswettbewerb einsetzen. Daher – und weil Beschlüsse zur Steuerharmonisierung Einstimmigkeit im Rat erfordern – ist das Ursprungslandprinzip in der EU nicht durchgesetzt.

Auch Unterschiede bei den **direkten Steuern** (hauptsächlich bei Lohn- und Einkommensteuer) können den Wettbewerb im Binnenmarkt beeinflussen, sodass auch hier Harmonisierungsbedarf besteht. Neben Steuersätzen wären hier auch Bemessungsgrundlagen und Ausnahmen von der Besteuerung zu vereinheitlichen. Dies ist zurzeit nicht durchsetzbar, sodass auf eine ex-ante-Harmonisierung verzichtet wird. Wünschenswert wäre besonders eine Harmonisierung der Besteuerung von Unternehmens- und Zinseinnahmen, weil Unterschiede der Besteuerung (z. B. in Bezug auf Steuersätze, Veranlagungsverfahren) erhebliche Kapitalwanderungen auslösen können. Von dieser Situation profitieren Niedrigsteuerländer, die kaum bereit sind, ihre Vorteile bei der Zinsbesteuerung ohne weiteres aufzugeben (zum Beispiel Irland).

Inwieweit die von den bisherigen Handelserleichterungen im europäischen Binnenmarkt erhofften Vorteile tatsächlich eingetreten sind, lässt sich kaum feststellen. Erwartet wurden eine Zunahme des innereuropäischen Handels mit per Saldo positiven Wachstums- und Beschäftigungseffekten und eine Stabilisierung des Preisniveaus und auch der öffentlichen Haushalte. Die heutige Situation lässt sich allerdings nicht mit einer hypothetischen Situation „ohne Binnenmarkt" vergleichen. Zudem haben inzwischen die Effekte der Einführung der Wirtschafts- und Währungsunion sowie der weiteren Erweiterung der Union die Binnenmarkteffekte überlagert. Allgemein vermutet wird aber, dass – selbst unter Beachtung negativer Binnenmarkteffekte (z. B. im Umweltbereich oder in Bezug auf den Handel mit Nicht-EU-Ländern) – die Vorteile des Binnenmarktprogramms bzw. der europäischen Integration überwogen haben.

Neben direkten ökonomischen Gewinnen ergeben sich aus dem Binnenmarkt auch institutionelle Vorteile. Eine Folge ist die gemeinsame EU-Handelspolitik. Müssten EU-Länder einzeln mit Drittstaaten über Handelsfrage verhandeln, wären sie angesichts ihrer wirtschaftlichen Größe im Vergleich zu den großen Wirtschaftsblöcken USA und China in einer schwächeren Position. Umgekehrt konnte die EU etwa beim Handelsabkommen CETA mit Kanada hohen Verbraucherschutz und Umweltstandards sowie gute Marktbedingungen für Unternehmen aushandeln.

Da allerdings im Prozess der Marktintegration durch den zunehmenden Wettbewerb Anpassungslasten zu bewältigen sind und außerdem die Gefahr besteht, dass die positiven Wachstums- und Beschäftigungseffekte sich in den Regionen konzentrieren, die auch zuvor schon entwicklungsstark waren, wird der Binnenmarktprozess in verschiedener Weise strukturpolitisch abgefedert. Die **regionale Strukturpolitik** der EU soll „den wirtschaftlichen und sozialen Zusammenhalt" in Europa stärken. Regionale Entwicklungsunterschiede, die die Stabilität der EU beeinträchtigen könnten, sollen im Zeitablauf verringert werden. Dazu wird Geld aus verschiedenen Fonds bereitgestellt. Eine aktive **europäische Industriepolitik** soll ferner die notwendigen Voraussetzungen für die Wettbewerbsfähigkeit der Industrie in der Gemeinschaft schaffen und damit auch die internationale Wettbewerbsfähigkeit stärken. Darüber hinaus sollen mit der **europäischen Agrarpolitik** Anpassungsprozesse abgefedert werden, die teilweise Umweltschäden durch intensiv betriebene Landwirtschaft abbauen sollen. Die eingesetzten Maßnahmen stehen nach wie vor unter dem Vorwurf, dass die EU ihre Agrarmärkte abschottet. Daher gibt es Verhandlungen mit der WTO mit dem Ziel, die Außenzölle auf landwirtschaftliche Produkte zu senken oder abzubauen. Zugleich werden interne Stützungsmaßnahmen an die Landwirtschaft umgebaut. Inzwischen werden z. B. viele direkte Einkommensbeihilfen gezahlt, bei denen die Anreize zur Mengenausweitung geringer ausfallen.

Der intensive Außenhandel im gemeinsamen Markt macht es erforderlich, nationale Maßnahmen – beispielsweise zur Finanzierung der sozialen Sicherung oder rechtliche Auflagen im Umweltschutz – abzustimmen, weil diese die Produktionskosten und damit die Wettbewerbsfähigkeit der Unternehmen verändern. Ein zunehmender **Standortwettbewerb zwischen den Mitgliedstaaten** kann nationale Regulierungen in Frage stellen. Dadurch nehmen nationale Gestaltungsmöglichkeiten – etwa im Bereich der Steuer-, Sozial- oder Energie- und Umweltpolitik – ab. Es besteht dann die Gefahr, dass erreichte Schutzstandards – etwa im Bereich des Umweltschutzes oder im Bereich der sozialen Sicherung – abgebaut werden. In diesem Fall können harmonisierte Maßnahmen dazu beitragen, Standards zu erhalten oder gemeinsam auszubauen, wobei allerdings zu berücksichtigen ist, dass sehr anspruchsvolle Standards für schwächere Mitgliedstaaten schwieriger einzuhalten sind und den eigentlich erwünschten Aufholprozess erschweren. Ferner ist es – nicht nur angesichts des grenzüberschreitenden Wettbewerbs – häufig sachlich erforderlich, europaweite Vereinbarungen zu treffen.

Beispielsweise ist die wirtschaftliche Integration auch umweltpolitisch zu „begleiten". Die europäische Umweltpolitik berücksichtigt den grenzüberschreitenden Charakter vieler Umweltprobleme und zielt auch auf eine bessere internationale Abstimmung bei der Bewältigung globaler Umweltprobleme (vgl. Kap. 5). Umweltpolitische Aktivitäten der Gemeinschaft sollen nach Art. 191 AEUV dem Vorsorgeprinzip und dem Verursacherprinzip folgen, d. h. Belastungen möglichst frühzeitig bekämpfen, ggf. aber auch die Verursacher von Umweltschäden finanziell an der Beseitigung beteiligen. Z. B. trägt der angestrebte Aufbau transeuropäischer Verkehrsnetze zum weiteren Anstieg von Schadstoff- und CO_2-Emissionen im Güter- und Personenverkehr bei, wenn es nicht gelingt, umweltschonendere Verkehrskonzepte durchzusetzen. Solche Konzepte verteuern aber möglicherweise die Produktion und verschlechtern auf diese Weise die internationale Wettbewerbsfähigkeit von in Europa produzierenden Unternehmen. Trotzdem sind fortschrittliche und zugleich umweltschonende Technologien und Produktionsverfahren gesellschaftlich erwünscht.

9.4 Europäische Wirtschafts- und Währungsunion (EWWU)

Die Existenz verschiedener nationaler Währungen ist im Prinzip ein Handelshemmnis, das die Markttransparenz verringert und Transaktionskosten verursacht – etwa in Form von Umtauschkosten oder durch die Kosten zur Absicherung des Wechselkursrisikos. Insofern kann die Einführung einer gemeinsamen Währung unter bestimmten Bedingungen über den gemeinsamen Markt hinausgehende positive Wachstums- und Beschäftigungseffekte auslösen. Zudem ist eine Währungsunion ist nicht nur ökonomisch zu beurteilen. Sie kann – über den angesprochenen Zwang zur wirtschaftspolitischen Kooperation – ein Baustein für eine angestrebte weitergehende politische Integration sein. Diese Überlegungen treffen auch für die Europäische Wirtschafts- und Währungsunion zu, die im Jahr 1999 vollzogen wurde. Auch hier bestand das Ziel darin, die Integration weiter zu forcieren. Darüber hinaus sollten im vergrößerten gemeinsamen Währungsraum Wechselkursspekulationen verringert und die Bedeutung der gemeinsamen europäischen Währung auf den internationalen Kapital- und Devisenmärkten gestärkt werden. Allerdings kann es zu erheblichen Ungleichgewichten der Leistungsbilanzen kommen, wenn Länder mit unterschiedlicher Wettbewerbsfähigkeit eine Währungsunion bilden, die dann nicht mehr durch Auf- und Abwertungen ausgeglichen werden können. Um dies zu vermeiden sollten gemäß der Theorie des optimalen Währungsraums die teilnehmenden Staaten durch eine näher darzustellende Konvergenz bzw. durch Anpassungsflexibilität bei eventuellen asymmetrisch wirkenden Schocks gekennzeichnet sein.

Der Nachteil von Spekulationsanreizen in Systemen fester Wechselkurse lässt sich dadurch überwinden, dass die Wechselkurse glaubhaft „unwiderruflich" fixiert werden. Dadurch wird ein System fester Wechselkurse zur **Währungsunion,** in der weder nationale Währungspolitik noch nationale Geldpolitik möglich sind. Die Geldpolitik ist einer gemeinsamen Zentralbank zu übertragen. Angesichts vieler Wechselwirkungen von Geld-, Fiskal- und Wechselkurspolitik auf die Höhe der inländischen Inflation und Beschäftigung funktioniert eine Währungsunion allerdings am besten, wenn neben der Geldpolitik auch die Fiskal- und Wechselkurspolitik harmonisiert werden. Insgesamt sollten sich nur Länder an einer Währungsunion beteiligen, zwischen denen Kräfte gering sind, die auf eine Änderung von Wechselkursen wirken (wie z. B. unterschiedliche Konjunkturverläufe, anhaltende Export- oder Importüberschüsse, Differenzen bei Zinsen, Inflationsraten und Staatsschulden). Eine Währungsunion ist umso stabiler, je ähnlicher sich Löhne, Preise, Zinsen und Konjunktur entwickeln, denn es ist nicht mehr möglich, Außenhandelsungleichgewichte zwischen den Mitgliedstaaten der Währungsunion durch Auf- oder Abwertungen der Währung zu beheben. Daher sind Mechanismen erforderlich, die – bei **asymmetrischen Schocks** (z. B. bei einem Ölpreisanstieg, der in Frankreich weniger stark wirkt als in Deutschland, weil in Frankreich die Atomenergie eine größere Rolle spielt) – Wechselkursanpassungen ersetzen können, ohne dass es zu Arbeitslosigkeit kommt. Hierzu gehören etwa flexible Löhne und Preise, die langfristig wirtschaftliche Unterschiede beschäftigungsneutral ausgleichen können. Steigen z. B. Preise und Löhne in einem Abschwungland langsamer als in einem Aufschwungland, werden die Produkte des Abschwunglandes relativ preiswerter, was den Export beleben kann. Ähnliche Wirkungen können politische Maßnahmen zur Verbesserung der Wettbewerbsfähigkeit haben. Beispielsweise könnte eine Senkung der deutschen Mehrwertsteuer die heimische Kaufkraft stärken. Dies könnte zu mehr Import von Gütern und zum Abschmelzen des hohen deutschen Leistungsbilanzüberschusses beitragen. Auch Faktorwanderungen können Arbeitslosigkeit vermeiden helfen, indem z. B. die Arbeit zum wachstumsstärkeren Standort oder das Kapital zum Standort mit den niedrigeren Löhnen wandert.

Länder, für welche die genannten Bedingungen zutreffen, bilden einen **optimalen Währungsraum**. Unter Umständen schafft sich der optimale Währungsraum selbst. Verstärken sich

nämlich in einer Währungsunion die Handelsverflechtungen, so kann dies zu stärkerer Synchro-
nisation der Konjunkturzyklen, somit auch zu einer – für die Stabilität der Währungsunion wichtigen – Konvergenz der Wirtschaftsentwicklung beitragen. Vorstellbar ist auch, dass die größere
Transparenz in einer Währungsunion den Standortwettbewerb intensiviert und die Flexibilität
der Faktoren Arbeit und Kapital steigt. Die **Erfahrungen in der Europäischen Währungsunion**
zeigen aber, dass die erhoffte Konvergenz nicht unbedingt eintritt. Dafür kann es unterschiedliche Gründe geben: spezialisiert sich z. B. ein Land auf zukunftsträchtige Produkte (z. B. Computerchips), ein anderes dagegen auf weniger zukunftsträchtige Produkte (z. B. Kartoffelchips), so
kann es bei intensivem Handel durchaus zu Divergenz kommen. Für „schwache" Länder kann
sich eine gemeinsame Währung gegenüber Drittstaaten als „zu stark" erweisen, worauf diese
Länder unter Umständen wirtschaftlich weiter zurückfallen.

Die Errichtung der europäischen Wirtschafts- und Währungsunion mit gemeinsamer
Währung erfolgte nach einem dreistufigen Stufenplan:
- 1. Stufe: Liberalisierung des Kapitalverkehrs, wirtschaftspolitische Abstimmung
  in den EWS-Mitgliedsstaaten, Autonomie der nationalen Zentralbanken.
- 2. Stufe: Verstärkung der wirtschaftlichen Konvergenz der EU-Länder und Schaffung eines europäischen Zentralbankensystems.
- 3. Stufe: Übergang zu unwiderruflich festen Wechselkursen, Ende der nationalen Souveränität in der Währungspolitik, Ablösung der nationalen Währungen
  durch eine Einheits- bzw. Gemeinschaftswährung.

In der **ersten Stufe** bis Ende 1993 ging es um verstärkte Kooperation in den Berei-
chen der Finanz- und Geldpolitik und um die Vollendung des europäischen Binnenmarktes als Voraussetzung für die Währungsunion. Das Ziel, Wechselkursschwankungen zu verringern, wurde zunächst verfehlt. Es kam vielmehr zu einer Krise im
Europäischen Währungssystem (EWS), welches als System fester Wechselkurse mit
Bandbreiten für „erlaubte" Wechselkursschwankungen konstruiert war, um die
Wechselkurse zu stabilisieren. Allerdings hatten sich bis zum Jahr 1992 in diesem
System starke Spannungen aufgebaut. Durch hohe Inflation waren einige Währungen gegenüber der DM zunehmend geschwächt, was bei den Spekulanten zu entsprechenden Abwertungserwartungen führte. Trotz massiver Interventionen der
Zentralbanken konnten die Wechselkurse nicht in den vorgesehenen Bandbreiten
gehalten werden. Das britische Pfund und die Lira wurden freigegeben und schie-
den aus dem EWS aus (Italien trat Ende 1996 dem EWS wieder bei). Dieser Vorgang
erschütterte das Vertrauen in das EWS. Weitere Währungen gerieten unter Druck.
Die betroffenen Zentralbanken wollten aus binnenwirtschaftlichen Gründen nicht
mit höheren Zinsen reagieren, waren aber zu Interventionen am Devisenmarkt – bei
schwindenden Devisenreserven – zum Teil nicht mehr in der Lage. In dieser Situation wurden Mitte 1993 fast alle Bandbreiten im EWS von +/–2,25 % auf +/–15 %
erweitert und die Wechselkurse faktisch fast freigegeben.

Die **zweite Stufe** brachte (trotzdem) die geforderten institutionellen Entwicklungen. 1994 wurde das Europäische Währungsinstitut (EWI) gegründet, welches
1998 in der Europäischen Zentralbank (EZB) aufging. Das EWI hatte keine eigenen

geldpolitischen Kompetenzen. Es bereitete die dritte Stufe der Währungsunion vor und entwickelte die erforderlichen Instrumente für eine einheitliche europäische Geld- und Währungspolitik. Seit dem Jahr 1999 ist die EZB allein für die Geldpolitik in der Eurozone zuständig. Die nationalen Zentralbanken aller EU-Mitgliedstaaten und EZB bilden zusammen das Europäische System der Zentralbanken (ESZB). Diese Institution ist auch für die Betreuung der Beitrittskandidaten zur Eurozone zuständig. Das Eurosystem wird von der EZB und den Zentralbanken der Mitgliedstaaten der Eurozone (Stand 2018: 19 Länder) gebildet – hier werden die geldpolitischen Entscheidungen für die Eurozone getroffen.

Ferner wurde die wirtschaftspolitische Zusammenarbeit intensiviert. Die Wirtschaftspolitik ist nunmehr eine „Angelegenheit von gemeinsamem Interesse". Ziel war und ist es, eine Konvergenz der Wirtschaftsentwicklung in den Mitgliedsländern zu erreichen. Dies kommt insbesondere in den so genannten **Konvergenzkriterien**, die als Qualifikationskriterien für die Teilnahme an der EWWU fungierten, zum Ausdruck. Gegen Ende der zweiten Stufe, im Mai 1998, hatte der Europäische Rat (auf Basis der Berichte von EWI und EU-Kommission) zu prüfen, inwieweit die EU-Mitgliedsländer im Jahr 1997 folgende Vorgaben einhielten:

- „Öffentliches Defizit" (Nettoneuverschuldung) von höchstens 3 % des BIP
- „Öffentlicher Gesamtschuldenstand" von höchstens 60 % des BIP
- Eine Inflationsrate, die im Mittel höchstens 1,5 %-Punkte über der durchschnittlichen Inflationsrate der drei preisstabilsten Mitgliedsstaaten lag.
- Ein durchschnittlicher, langfristiger Nominalzinssatz von höchstens 2 %-Punkten über dem entsprechenden Niveau in den drei preisstabilsten Mitgliedstaaten.
- Eine (bis zum Frühjahr 1998 gerechnet) mindestens zweijährige Teilnahme am EWS innerhalb der Bandbreite ohne Abwertung.

Zwischen Staaten, die diese Kriterien erfüllen, wurden Kräfte als gering erachtet, die auf eine Änderung von Wechselkursen drängen. Umgekehrt wurde bei Ländern, die diese Kriterien nicht erfüllten, befürchtet, dass sich durch die gemeinsame Währung makroökonomische Ungleichgewichte, vor allem Außenhandelsdefizite, ergeben könnten, die es erschweren würden, Wettbewerbsfähigkeit und einen hohen Beschäftigungsstand zu sichern. Solche Länder wollte man in der EWWU nicht als Mitglied aufnehmen. Die Kriterien machen ökonomisch Sinn:

- Hohe **öffentliche Defizite bzw. Schulden** zwingen irgendwann zu finanzpolitischer Konsolidierung. In einer Währungsunion besteht dann die Versuchung, die Gemeinschaft um finanziellen Beistand zu bitten. Dieser ist aber gemäß EU-Vertrag nicht zulässig. Die Defizit-Kriterien sind somit im Prinzip richtig konstruiert. Die konkreten Grenzwerte (3 % bzw. 60 % des BIP) lassen sich allerdings wissenschaftlich nicht begründen. Sie konnten im Jahr 1991 als relativ ehrgeizige, aber nicht unrealistische Zielwerte gelten.
- Das **Inflationsabstandskriterium** berücksichtigt, dass Inflationsdifferenzen die Exportsalden und die Wechselkurse beeinflussen. Länder mit hohen Infla-

tionsraten verlieren im Integrationsraum an Wettbewerbsfähigkeit und können diese Schwäche nicht mehr durch Abwertungen mildern. Daher erscheinen nur Länder mit geringer Inflationsdifferenz als geeignete Mitglieder für eine Währungsunion. Auch das Inflationsabstandskriterium ist somit richtig konstruiert. Der Abstandswert von 1,5 %-Punkten ist wissenschaftlich aber wiederum nicht begründbar.

– Das **Zinsabstandskriterium** beruht auf der Überlegung, dass in eine Währungsunion mit völlig freiem Kapitalverkehr nur Länder mit geringen Zinsdifferenzen aufgenommen werden sollten. Der Abstandswert von 2 %-Punkten entzieht sich abermals einer wissenschaftlichen Beurteilung.

– Das **Währungskriterium** lässt sich im Prinzip als Sicherheitskriterium interpretieren. Die reibungslose Teilnahme am EWS gibt einen Anhaltspunkt dafür, dass zumindest zwei Jahre lang die auf Wechselkursanpassung gerichteten Kräfte gering waren, die Konvergenz also groß war; zudem wurden die letzten Wechselkurse im EWS verwendet, um die Austauschrelationen der alten Währungen zum Euro festzulegen.

Die Kommission stellte im März 1998 (im „Bericht über den Konvergenzstand" an den Europäischen Rat) die in Tab. 9.3 gezeigte Erfüllung der Kriterien fest.

Der Europäische Rat, der anhand dieser Kriterien über die Teilnahme der Länder an der EWWU entscheiden musste, stand angesichts dieses Ergebnisses vor der Wahl, bei strenger bzw. formaler Interpretation der Kriterien nur Frankreich und Luxemburg in die EWWU aufzunehmen, oder aber die Kriterien weich zu interpretieren, was er aus integrationspolitischen Gründen auch tat. Er konstatierte nur bei Griechenland Nichterfüllung. Griechenland wurde allerdings im Jahr 2001 nachträglich aufgenommen, obwohl später Zweifel an den von Griechenland vorgelegten Zahlen aufkamen.

Bei den Defizitkriterien legte der Rat statistische Unschärfen zu Gunsten der Qualifikanten aus. Er vernachlässigte z. T. (defizitäre) Neben- und Schattenhaushalte und akzeptierte in einigen Fällen einmalig wirkende Haushaltsentlastungen durch Verkäufe öffentlicher Vermögenswerte. Er nutzte ferner die im Vertrag gegebenen Interpretationsspielräume: Der Vertrag erlaubte eine Überschreitung der Defizitquote, wenn diese entweder „erheblich und laufend zurückgegangen ist und einen Wert in der Nähe des Referenzwerts erreicht hat" oder „der Referenzwert nur ausnahmsweise und vorübergehend überschritten wird und [die Quote] in der Nähe des Referenzwertes bleibt". Die Schuldenquote konnte überschritten werden, wenn sie „hinreichend rückläufig ist und sich rasch genug dem Referenzwert nähert".

Beim Währungskriterium blieb offen, ob die „reibungslose Teilnahme" durchgehend auf die Schwankungsbreite von +/–2,25 % oder ab 1993 auf die Schwankungsbreite von +/–15 % zu beziehen war. Großzügig interpretierte der Rat auch die zeitliche Vorgabe des Kriteriums. Italien ist z. B. dem EWS erst im November 1996 (wieder) beigetreten. Eine zweijährige EWS-Teilnahme lag im Mai 1998 also nicht vor.

Tab. 9.3: Erfüllung der Konvergenzkriterien 1997.

Kriterium	Öffentliches Defizit[a]	Schulden- stand[b]	Inflation[c]	Langfr. Zinsen[d]	EWS- Teilnahme
	1997				**3/96–3/98**
Referenzwert	*–3,0*	*60,0*	*2,7*	*7,8*	*Ja*
Belgien	–2,1	122,2	1,4	5,7	Ja
Dänemark	+0,7	65,1	1,9	6,2	Ja
Deutschland	–2,7	61,3	1,4	5,6	Ja
Finnland	–0,9	55,8	1,3	5,9	z. T.[e]
Frankreich	–3,0	58,0	1,2	5,5	Ja
Griechenland	**–4,0**	**108,7**	**5,2**	**9,8**	**z. T.[f]**
Irland	+0,9	66,3	1,2	6,2	Ja
Italien	–2,7	121,6	1,8	6,7	z. T.[g]
Luxemburg	+1,7	6,7	1,4	5,6	Ja
Niederlande	–1,4	72,1	1,8	5,5	Ja
Österreich	–2,5	66,1	1,1	5,6	Ja
Portugal	–2,5	62,0	1,8	6,2	Ja
Schweden	–0,8	76,6	1,9	6,5	Nein
Spanien	–2,6	68,8	1,8	6,3	Ja
Vereinigtes Königreich	–1,9	53,4	1,8	7,0	Nein

a) Finanzierungsdefizit (–) bzw. -überschuss (+) in % des nominalen BIP.

b) Schuldenstand in % des nominalen BIP. Die Kommission betrachtete auch die Jahre 1996 und 1995, um abzuschätzen, inwieweit die Quote rückläufig war und sich dem Referenzwert annäherte (vgl. Erläuterung im Text).

c) Gemessen als arithmetisches Mittel der letzten 12 Monatsindizes (Februar 1997 bis Januar 1998) im Verhältnis zum arithmetischen Mittel der 12 Indizes der Vorperiode (Februar 1996 bis Januar 1997). Referenzwert: ungewogenes arithmetisches Mittel der Inflationsraten der drei preisstabilsten Länder plus 1,5 %-Punkte.

d) Renditen langfristiger Schuldverschreibungen, Durchschnitt Februar 1997 bis Januar 1998. Referenzwert: ungewogenes arithmetisches Mittel der über 12 Monate berechneten Durchschnittszinssätze der drei preisstabilsten Länder plus 2 %-Punkte.

e) Seit Oktober 1996.

f) Seit März 1998.

g) Seit November 1996.

Quelle: EU-Kommission.

Der Rat würdigte mit seiner im Prinzip **großzügigen Auslegung der Kriterien** die seit dem Jahr 1991 erreichte Konvergenz bei Inflationsraten und Zinsen, welche auf einen schon geleisteten Souveränitätsverzicht (d. h. Unterordnung unter gemeinsame Stabilitäts- und Budgetziele) hindeutet. Zugleich spielte bei der Entscheidung neben politischen Überlegungen wohl auch eine Rolle, dass eine Union mit nur wenigen Ländern nur geringe Integrationswirkung entfaltet hätte.

Damit die finanzwirtschaftlichen Kriterien auch in den Folgejahren eingehalten werden, wurde im Jahr 1997 ein **Stabilitäts- und Wachstumspakt** beschlossen. Mittelfristig sind demnach (nahezu) ausgeglichene öffentliche Haushalte anzustreben.

Tab. 9.4: Mitgliedstaaten der Eurozone und Beitritte zur Eurozone (Stand 2018).

Jahr	Beitrittsland
1999	Belgien, Deutschland, Finnland, Frankreich, Irland, Italien, Luxemburg, Niederlande, Österreich, Portugal, Spanien
2001	Griechenland
2007	Slowenien
2008	Malta, Zypern
2009	Slowakei
2011	Estland
2014	Lettland
2015	Litauen

Aufgrund von bestehenden Währungsverbünden wird der Euro auch in Monaco, San Marino, Vatikanstaat und Andorra verwendet.

Nach einem bestimmten Verfahren können Sanktionen für übermäßige Verschuldung verhängt werden. Das Prüfungs- und Anpassungsverfahren wird dabei nicht durch Ratsbeschluss, sondern automatisch in Gang gesetzt, was dessen Wirksamkeit erhöht. Um die Risiken der Verschuldung einzelner Mitglieder für die Gemeinschaft zu begrenzen, sieht der EU-Vertrag zudem eindeutig vor, dass die Gemeinschaft nicht für Verbindlichkeiten der Mitgliedsländer oder ihrer Körperschaften haftet.

Die Entscheidung über die Teilnehmerstaaten und die Gründung der Europäischen Zentralbank bereiteten im Jahr 1998 den Einstieg in die **dritte Stufe** vor. Diese begann mit der stufenweisen Einführung des Euro (€) ab dem Jahr 1999. Für elf Mitgliedstaaten (Eurozone), die gemäß Ratsentscheidung die Kriterien erfüllten, trat die EWWU damit dem Jahr 1999 in Kraft. Schweden, Großbritannien und Dänemark wollten (noch) nicht teilnehmen, Griechenland hat sich – wie erwähnt – erst nachträglich qualifiziert. Der Europäischen Zentralbank obliegt seither die einheitliche Geldpolitik in der Eurozone.

Der Euro (€) wurde am 1.1.1999 in den elf Mitgliedstaaten der Eurozone zunächst als Buchgeld eingeführt. Zum Jahresende 1998 wurden die Umtauschrelationen der elf nationalen Währungen zum € entsprechend den zu diesem Zeitpunkt aktuellen Wechselkursrelationen, d.h. entsprechend der Schlusskurse der nationalen Währungen gegenüber der im EWS berechneten Korbwährung ECU (vgl. Übers. 8.6) endgültig festgelegt. In einer Übergangsphase von 1999 bis 2001 galten die alten nationalen Währungen und der € parallel als gesetzliches Zahlungsmittel. Ab dem 1. Januar 2002 wurden auch €-Noten und €-Münzen im alltäglichen Zahlungsverkehr eingeführt. Seit März 2002 ist der € in der Eurozone alleiniges gesetzliches Zahlungsmittel. In den Folgejahren wurden nach und nach weitere Mitgliedstaaten in die Eurozone aufgenommen (vgl. Tab. 9.4).

Zentral für die innere und äußere Stabilität des € bzw. für das Gelingen der EWWU ist die Autonomie der Europäischen Zentralbank (EZB). Statut und EU-Vertrag sichern die funktionelle, personelle, institutionelle und finanzielle **Autonomie der EZB** (vgl. Kap. 3).

Trotz der institutionellen Absicherung ihrer Unabhängigkeit musste die EZB zunächst das Vertrauen der Wirtschaftssubjekte in ihre Fähigkeit den Geldwert zu stabilisieren aufbauen. Dazu trägt bei, dass die EZB seit ihrem Bestehen geringe Inflationsraten absichern konnte, obwohl sie – vor dem Hintergrund der Finanz- und Verschuldungskrise in einer Reihe von Mitgliedstaaten – zuletzt über mehrere Jahre eine ausgeprägte Niedrigzinspolitik realisierte.

Beurteilung der Europäischen Wirtschafts- und Währungsunion (EWWU)

Der EWWU werden im innereuropäischen Handel zum einen die Vorteile eines Systems fester Wechselkurse, zum andern die speziellen Vorteile einer Einheitswährung zugeschrieben. Der Wegfall der Währungsschwankungen in der Eurozone erhöht die Kalkulationssicherheit für Unternehmen und mindert deren Kurssicherungskosten. Die einheitliche Währung erhöht die Transparenz im gemeinsamen Markt, erspart Transaktionskosten des An- und Verkaufs bzw. Umtausches von Währungen und vereinfacht die Abwicklung des grenzüberschreitenden Zahlungsverkehrs. Tendenziell kommt es auch zu einer Beruhigung von Geld-, Kapital- und Devisenmärkten, da Währungsspekulationen zumindest innerhalb der Eurozone wegfallen. Der € ist bisher durch hohe innere Stabilität gekennzeichnet, d. h. die Inflationsraten in der Eurozone sind niedrig – möglicherweise begünstigt durch den im einheitlichen Währungsraum intensivierten Preiswettbewerb.

Die Befürworter der EWWU interpretieren dies allerdings auch als Beleg dafür, dass die Europäische Zentralbank – aufgrund der nun einheitlich geführten Geldpolitik und mit der angesprochenen Autonomie der EZB – besser für Preisstabilität sorgen kann als die nationalen Zentralbanken. Durch die Einheitswährung entfallen auch die meisten der zuvor EU-intern geltenden Interventionspflichten. Der € kann zudem – eher als zuvor einzelne Währungen – zu einer internationalen Reservewährung werden. Dies bringt – sofern im Außenhandel verstärkt in € gerechnet wird – für europäische Unternehmen Vorteile. Positiv wird auch – außer natürlich von betroffenen Unternehmen – die durch die einheitliche Währung höhere Preistransparenz und Wettbewerbsintensität in Europa bewertet.

Fazit: Wirtschafts- und vor allem stabilitätspolitisch ist die EWWU nicht ohne Risiko. Die EWWU ist als weiterer Schritt auf dem Weg zu einer politischen Union interpretierbar. Eine rein ökonomische bzw. wirtschaftspolitische Bewertung wäre vor diesem Hintergrund unvollständig. Je mehr Bereiche der Wirtschaftspolitik auf die Gemeinschaftsebene übertragen werden bzw. je besser es gelingt, wettbewerbsverzerrende nationale Regelungen abzubauen bzw. anzugleichen, umso leichter wird es (so jedenfalls eine Hoffnung), die erforderliche Konvergenz der Wirtschaftsentwicklung und ungehinderten Wettbewerb innerhalb der EU zu erreichen, um so die dynamischen Vorteile der Integration weitergehend zu erschließen. Die bisherigen Erfahrungen in der EWWU zeigen aber, dass die erhoffte Konvergenz nicht unbedingt schnell eintritt.

9.5 Probleme der europäischen Integration

Ein wesentliches Risiko der Währungsunion ergibt sich aus der Frage, ob es gelingt, mit der Eurozone einen gemeinsamen Währungsraum mit ausreichender realwirtschaftlicher Konvergenz und ohne interne Spannungen zu errichten. Ein Indiz dafür, dass es hier Probleme gibt, sind die Außenhandelsungleichgewichte zwischen den Mitgliedstaaten, die sich in der Währungsunion nicht mehr durch Auf- oder Abwertungen der nationalen Währungen beseitigen lassen, sondern nur durch strukturelle Maßnahmen, die die Wettbewerbsfähigkeit „schwacher" Mitgliedstaaten verbessern. Zudem hat sich gezeigt, dass die Mitgliedstaaten die Finanzkrise unterschiedlich gut verarbeitet haben mit der Folge, dass einige Staaten ihre Staatsverschuldung erheblich ausweiten mussten, sodass inzwischen die angesprochenen Regeln des Stabilitäts- und Wachstumspaktes sowie die Regeln des im Jahr 2012 vereinbarten Fiskalpaktes in vielen Mitgliedsländern verletzt werden. Der Fiskalpakt greift die EU-Konvergenzregeln auf und verschärft sie teilweise. Laut Fiskalpakt können Eurozonen-Länder, deren strukturelles Defizit (jährliche Neuverschuldung abzüglich konjunkturellem Defizit) 0,5 % des jeweiligen BIP oder deren Gesamtschuldenquote 60 % des BIP überschreitet, sanktioniert werden.

Zwar wurde nachträglich ein makroökonomisches Überwachungsverfahren in Form des so genannten Europäischen Semesters eingeführt, die mangelnde Konvergenz in der Wirtschaftsentwicklung und die hohe Staatsverschuldung einiger Mitgliedstaaten stellen jedoch weiterhin eine Gefahr für die gemeinsame Währung dar.

Als Italien im Sommer 1999 ein höheres Defizit als eigentlich erlaubt zugestanden wurde, verlor der € gegenüber dem US-$ schlagartig an Wert. In ähnlicher Weise haben im Jahr 2010 Befürchtungen, Griechenland würde bei der Bewältigung der Verschuldungskrise auf Hilfen der Gemeinschaft zählen können, den € geschwächt. Die mit einer einheitlichen Währung ohne gemeinsame Finanzpolitik verbundenen Risiken werden besonders in Krisenzeiten deutlich. Im Gefolge der Krise der Jahre 2008/2009 kam es – unter anderem ausgelöst durch unterschiedliche Risikobewertungen einzelner EWWU-Staaten durch die (amerikanischen) Rating-Agenturen – zu einer starken Divergenz bei den Zinsen. Insbesondere Mitgliedstaaten mit hohen Defiziten und Schulden mussten höhere Zinsen zahlen. Dies kann als Votum der Finanzmärkte gedeutet werden, dass diese Länder eigentlich nicht in die Währungsunion gehören, sondern eine eigene (dann abzuwertende) Währung bräuchten. Die Einheitswährung kann mithin in Europa reale Anpassungen auslösen, die letztlich zu Außenhandelsungleichgewichten und zur Freisetzung bzw. Wanderung von Arbeit führen können. Anpassungslasten sind dabei wohl vor allem von schwachen Ländern zu tragen.

Der bei einer Einheitswährung erforderliche Verzicht der Mitgliedsstaaten auf eigene Geldpolitik und die Unabhängigkeit der EZB sind in der EWWU zwar institutionell abgesichert; die No-Bailout-Klausel (Art. 125 AEUV) legt zudem fest, dass kein Mitgliedstaat der Eurozone für die Staatsverschuldung anderer Teilnehmerländer aufkommen muss; trotzdem wurden freiwillige Hilfen zur Stabilisierung der Währungsunion in Form des so genannten europäischen Rettungsschirms ergriffen. Ob die EWWU auch in turbulenten Zeiten stabil bleibt, ist gleichwohl nicht völlig gesichert. Im Zusammenhang mit der Finanz- und Wirtschaftskrise wurde jedenfalls ein Auseinanderfallen der EWWU mehrfach für möglich gehalten.

Hinzu kommt, dass im Bereich der Stabilisierungspolitik Abstimmungsprobleme zwischen der Finanz-, Geld- und Einkommenspolitik auftreten können, weil die wirtschaftspolitischen Kompetenzen hier teilweise bei den Mitgliedstaaten, teilweise aber bei der EU angesiedelt sind. Zugleich werden wirtschaftspolitische Ziele und Zielkonflikte zwischen Preisniveaustabilisierung und hohem Beschäftigungsstand in den Mitgliedstaaten unterschiedlich gewichtet. Geldpolitik wird in der Eurozone auf der EU-Ebene gestaltet, und zielt primär auf die Stabilisierung des Preisniveaus. Finanzpolitik fällt in die Kompetenz der Mitgliedstaaten – allerdings im Rahmen der Regelungen des Stabilitäts- und Wachstumspakts sowie des Fiskalpaktes. Nach Art. 2,3 AEUV koordinieren die Mitgliedstaaten zwar ihre Wirtschafts- und Beschäftigungspolitik und die EU kann Leitlinien für die Beschäftigungspolitik (Art. 5,2 AEUV) festlegen. Fakt ist aber, dass in vielen EU-Staaten im letzten Jahrzehnt erhebliche Arbeitsmarktprobleme bestanden. Zudem gab es in der Eurozone erhebliche Leistungsbilanzungleichgewichte, die bei flexiblen nationalen Währungen durch Auf- oder Abwertung reduziert worden wären, in der Währungsunion aber „stabil" blieben. Insbesondere bei der Bewältigung der Finanzkrise trotz unterschiedlicher Ausgangssituation der Mitgliedstaaten wurde deutlich, dass die Eurozone kein optimaler Währungsraum ist, der exogene Schocks homogen verarbeitet.

Betrachtet man die Europäische Union als Integrationsraum, ergeben sich Probleme allerdings nicht nur in Bezug auf die Wirtschafts- und Währungsunion. Vor dem Hintergrund zunehmender innereuropäischer und vor allem internationaler Migration, die in den Zuwanderungsländern nicht nur als Chance, sondern oft auch als Bedrohung angesehen werden, sind die angesprochenen Freiheiten des europäischen Binnenmarktes (insbesondere die Freiheit im Personenverkehr) zunehmend schwer vermittelbar. Dies zeigt sich exemplarisch an der Volksabstimmung im Vereinigten Königreich zur Frage des Verbleibs in der EU, deren Ergebnis letztlich dazu führte, dass das Vereinigte Königreich den Austritt aus der EU („Brexit") beschlossen hat. Herausforderungen für die europäische Politik sind vor diesem Hintergrund zum einen die konkrete Gestaltung des Brexit („weicher" oder „harter" Brexit), zum anderen der Umgang mit politisch motivierten EU-internen Spannungen (z. B. in den Feldern Erhaltung der Rechtstaatlichkeit, Asylpolitik). Auch diese Fragen verdeutlichen, dass das europäische Integrationsprojekt nicht allein wirtschaftspolitisch zu bewerten ist.

9.6 Aufgaben

1. Diskutieren Sie, ob bzw. inwieweit Erweiterung und Vertiefung der Europäischen Union gleichzeitig realisierbar ist. Besteht ein Zielkonflikt?
2. Erläutern Sie die integrationsfördernde Wirkung eines Übergangs vom Prinzip der Einstimmigkeit gemeinsamer Entscheidungen zum Prinzip der Mehrheitsentscheidungen.
3. Welche Funktion und Bedeutung hat die europäische Kommission?
4. Mit der Vollendung des Europäischen Binnenmarkts wird die Hoffnung auf Aufschließungseffekte im Innern verbunden. Was verstehen Sie darunter? Begründen Sie diese Hoffnung!
5. Stellen Sie die Integrationsstrategien Detail-Harmonisierung, generelle Harmonisierung und gegenseitige Anerkennung vergleichend gegenüber.
6. Stellen Sie das Bestimmungslandprinzip und das Ursprungslandprinzip bei der grenzüberschreitenden Erhebung der Mehrwertsteuer vergleichend dar.
7. Inwiefern kann es nach Einführung des € zu einer Zunahme des Wettbewerbs zwischen den Mitgliedern der Währungsunion kommen?
8. Begründen Sie, warum die Konvergenzkriterien zur europäischen Währungsunion ökonomische sinnvoll sind.
9. Fördert der € die Harmonisierung der Wirtschaftspolitik in Europa?
10. Inwiefern ist die Unabhängigkeit der EZB wichtig?

10 Lösungshinweise zu den Aufgaben

10.1 Lösungshinweise zum Kapitel 1

1. Aufgabe

Die Theorie der Wirtschaftspolitik will zum einen – ohne Wertung – erklären, wie wirtschaftspolitische Entscheidungen zustande kommen und mit welchen Motiven und Zielen die beteiligten Akteure handeln. Die ökonomische Theorie der Politik fragt z. B., inwiefern die Interessen der wirtschaftspolitischen Akteure die Wirtschaftspolitik beeinflussen. Zum anderen sollen auf Basis theoretisch abgeleiteter Ursache-Wirkungs-Zusammenhänge (alternative) Handlungsmöglichkeiten zur Erreichung gewünschter Ziele aufgezeigt werden. Insofern legt die Theorie der Wirtschaftspolitik auch Ziele offen und hinterfragt Zielsysteme, z. B. in Hinblick darauf, ob diese Ziele harmonisch sind. Allerdings ist die Entscheidung für oder gegen bestimmte Ziele normativ und muss politisch getroffen werden. Wissenschaftliche Politikberatung soll die wirtschaftspolitischen Entscheidungsträger beratend unterstützen. So soll z. B. der Sachverständigenrat zur Begutachtung der gesamtwirtschaftlichen Entwicklung (SVR) – seinem gesetzlichen Auftrag zufolge – „Fehlentwicklungen und Möglichkeiten zu deren Vermeidung oder deren Beseitigung aufzeigen". Versucht die wissenschaftliche Politikberatung auch abzuschätzen, welche an sich wünschenswerten Maßnahmen „machbar" sind, d. h. sich „im politischen Prozess" durchsetzen lassen, und welche am Widerstand von Interessengruppen scheitern könnten, so hat sie sich auf eine – auf Erfahrungswissen basierenden – Kunstlehre von der Wirtschaftspolitik zu stützen.

2. Aufgabe

Ausgangspunkt ist der Glaube an die generelle Überlegenheit marktlicher Koordination. Stellt der Staat einen geeigneten (d. h. die Freiheit der Wirtschaftssubjekte, flexibel auf Marktsignale reagieren zu können, nicht beeinträchtigenden) rechtlich-institutionellen Rahmen bereit, so ist – dieser Auffassung zufolge – das Marktsystem ein Koordinationsmechanismus, der im Regelfall zu besseren wirtschaftspolitisch Ergebnissen führt als prozesspolitische Eingriffe. Dann bedürfen in der Marktwirtschaft wirtschaftspolitische Maßnahmen, die über grundlegende Rahmensetzungen hinausgehen, einer Rechtfertigung. Sie sind nur in Erwägung zu ziehen, wenn die Ergebnisse der Marktsteuerung in bestimmten Bereichen offensichtlich unbefriedigend sind, wenn also ein Marktversagen vorliegt. Allerdings ist Marktversagen kaum zweifelsfrei zu diagnostizieren. Koordinationsmängel beruhen nicht zwangsläufig auf Schwächen des Marktes an sich, manchmal ist auch der gewählte Regulierungsrahmen ungünstig. In einem zweiten Schritt ist zu prüfen, inwieweit politische Eingriffe neben der Beseitigung von Marktversagen andere Probleme hervorrufen (Politikversagen). Erwogene wirtschaftspolitische Maßnahmen sind insofern stets einzeln zu prüfen; eventuelles Markt- und Politikversagen abzuwägen.

https://doi.org/10.1515/9783110569568-010

3. Aufgabe

a) Eingriffe können bei Wettbewerbsbeschränkungen bzw. -verzerrungen geboten sein. Als die Firma Microsoft ihre marktbeherrschende Stellung bei Standardsoftware missbräuchlich zur Ausschaltung von Wettbewerbern im Bereich Internet-Browser nutzen wollte, indem sie ihre Software nur noch gekoppelt mit dem hauseigenen Internet-Browser anbot, obwohl eine Trennung der Produkte technisch möglich war, war die Wettbewerbspolitik in den USA gefordert, diese Wettbewerbsbeschränkung zu unterbinden.

b) Die Existenz externer Effekte bzw. öffentlicher Güter kann Eingriffe erforderlich machen. So führt die kostenlose Nutzung der Umwelt zur Ablagerung von Abfällen zu unerwünschten externen Effekten, d. h. zu einer Verschlechterung der Umweltqualität für Personen, die mit dem wirtschaftlichen Vorgang, der zur Abfallablagerung führte, nichts zu tun haben. Die Politik ist gefordert, eine entsprechende Nutzung der Umwelt entweder durch Regulierung zu begrenzen oder zu besteuern, damit die externen Effekte „internalisiert", d. h. den Verursachern angelastet werden.

c) Bei Gütern, die über den Markt nur unzureichend bereitgestellt werden, können ebenfalls staatliche Eingriffe gerechtfertigt sein. Wird das auf Basis von Marktvorgängen erreichte Niveau der sozialen Absicherung für zu niedrig gehalten, so kann der Staat – etwa durch Einführung gesetzlicher Pflichtversicherungen – das Niveau der sozialen Sicherung anheben.

4. Aufgabe

Rationale Wirtschaftspolitik strebt planmäßig die Verwirklichung eines umfassenden, durchdachten, in sich ausgewogenen und widerspruchsfreien wirtschaftspolitischen Zielsystems an. Sie will optimale Ziel-Mittelkombinationen bestimmen und durchsetzen, strebt also in Bezug auf wirtschaftspolitische Ziele den höchsten Erfolgsgrad an, der unter gegebenen Umständen möglich ist. Sie ist durch die nachfolgend genannten Phasen der Entscheidungsfindung gekennzeichnet.

Phase	Probleme (beispielhafte Auflistung)
Entwicklung eines Zielsystems	Operationalisierung von Zielen ist oft schwierig, für die Behandlung von Zielkonflikten und Zielgewichtung gibt es keine klaren Regeln, Entscheidungen für Ziele sind normativ.
Diagnose & Prognose der wirtschaftlichen Entwicklung	Nicht immer existieren eindeutige Ursachen-Wirkungsbeziehungen, Beschaffung geeigneter Informationen für zutreffende Lage- und Ursachenanalysen ist zeitintensiv; Abschätzung des wirtschaftspolitischen Handlungsbedarfs erfordert bei Zielkonflikten eine Prioritätensetzung
Formulierung wirtschaftspolitischer Handlungsprogramme	Überprüfungen der erwogenen Instrumente auf Ziel- und Marktkonformität, sowie auf Nebenwirkungen (Wirkungsanalyse) sind zeitintensiv, im Ergebnis oft unklar und auf quantifizierbare Resultate begrenzt. Die richtige Dosierung der Instrumente ist oft unklar. Aufgrund des Einflusses von Interessengruppen sind Programme oft nicht sachgerecht.

(fortgesetzt)

Phase	Probleme (beispielhafte Auflistung)
Durchführung wirtschaftspolitischer Handlungsprogramme	Verwaltungskapazitäten reichen für eine geordnete Umsetzung von Maßnahmen oft nicht aus. Verzögerungseffekte (time lags) führen zu zeitlich ungünstigem Instrumenteneinsatz. Ankündigungs- und Mitnahmeeffekte mindern die Wirksamkeit von Maßnahmen.
Kontrolle wirtschaftspolitischer Programme (ggfs.: Korrekturen)	Effektive Kontrolle scheitert an unklarer Zielformulierung (dann ist eine Abweichungsanalyse kaum möglich) oder daran, dass entsprechende Kontrollkompetenzen fehlen oder die Kontrollinstanzen nicht über hinreichende Informationen verfügen.

5. Aufgabe

Die ökonomische Theorie der Politik analysiert Ziele und Aktionen der an wirtschaftspolitischen Entscheidungen beteiligten Akteure. Es wird versucht, Vorgänge auf die Interessen und Entscheidungen von Individuen zurückzuführen (methodologischer Individualismus). Dabei wird unterstellt, dass Menschen sich nicht nur im wirtschaftlichen, sondern auch im politischen Raum rational verhalten, d. h. am eigenen Nutzen orientiert. Die Theorie sagt voraus, dass Bürokraten und Politiker auf eine Ausdehnung des öffentlichen Sektors drängen, erstere, um ihre eigene Position zu verbessern, letztere, um mit selektiven Begünstigungsmaßnahmen Stimmen zu „kaufen". Der Logik des kollektiven Handelns zufolge lohnt sich für gleichartig Interessierte der Zusammenschluss zu einer Interessengruppe. Daraufhin werden – wenn auch langsam – immer mehr Interessengruppen entstehen, um am Markt oder im politischen Raum Vorteile für die Gruppenmitglieder durchzusetzen und diese Vorteile dann zu verteidigen. Dies erschwert politische Entscheidungen, verlangsamt u. U. die gesellschaftliche Reaktion auf den Strukturwandel und drosselt (somit) das Wachstum. Sofern Interessengruppen (wie Oligopole) Preise fixieren, reduzieren sie die Beweglichkeit der Preise und mindern dadurch die Funktionsfähigkeit der marktlichen Steuerung. Diese Entwicklungen werden entschärft, wenn (z. B. durch technischen Fortschritt) die Machtposition von speziellen Interessengruppen untergraben wird.

6. Aufgabe

Eine rationale, d. h. planmäßig auf die Verwirklichung eines umfassenden, durchdachten, in sich ausgewogenen und widerspruchsfreien Zielsystems gerichtete Wirtschaftspolitik lässt sich nur von Akteuren durchführen, die sich – unter Hintanstellung ihrer eigenen individuellen Interessen – dem Allgemeinwohl verpflichtet fühlen. Reale Akteure der Wirtschaftspolitik entsprechen nicht diesem idealistischen Bild. Sobald sie aber auf den eigenen Vorteil bedacht handeln, weicht die tatsächliche Wirtschaftspolitik von einer „rationalen" bzw. idealen Wirtschaftspolitik ab.

7. Aufgabe

Mehrere Schlussfolgerungen sind denkbar:

a) Die Wirtschaftspolitik sollte – über die Sicherung der Funktionsfähigkeit der Marktwirtschaft hinaus – nicht zu vieles im Detail regeln wollen. Der Versuchung „permanent (prozesspolitisch) zu agieren", ist zu widerstehen. Der Schwerpunkt der Wirtschaftspolitik sollte mehr in den Bereich der Verbesserung der Rahmenbedingungen verlagert werden. Dies reduziert Verzerrungen im Umsetzungsprozess und entspricht auch eher der Forderung nach „Konstanz der Wirtschaftspolitik" („liberales" Fazit).

b) Sind – angesichts von Funktionsmängeln der Marktwirtschaft – dennoch prozesspolitische Eingriffe erforderlich, so sollte das Risiko von Fehlentscheidungen durch eine „Politik der kleinen Schritte" gemindert werden. Dieser Überlegung folgend kann man bei kleinen Schritten auch nur kleine, d. h. weniger gravierende Fehler machen und die Entscheidung gegebenenfalls leichter revidieren („defensives" Fazit).

c) Bei allen Maßnahmen sind die von ihnen ausgehenden wirtschaftlichen Anreize zu bedenken. Laufen diese der Zielsetzung der Politik zuwider, sind die geplanten Maßnahmen zu überprüfen.

d) Einfache und allgemeine Regelungen sind – selbst wenn sie im Einzelfall ungerecht bzw. verzerrend wirken – meist besser als komplexe und spezielle. Je einfacher und allgemeiner nämlich eine Regelung ist, desto weniger spezielle Anreize entstehen, diese Regelung in spezifischer, dem Interesse der Allgemeinheit zuwiderlaufenden Weise zu nutzen.

e) Maßnahmen, durch die der Einfluss von Interessengruppen zurückgeführt wird, erhöhen mittelfristig die wirtschaftspolitische Handlungsfähigkeit und sind somit empfehlenswert. Dies gilt zum einen für ökonomisch/juristische Integrationsprozesse. So bewirkt z. B. die europäische Integration in vielen Politikfeldern, dass nationale Interessengruppen ihre nationalen Ansprechpartner und damit ihre nationalen Einflussmöglichkeiten verlieren. Ähnlich wirken die Öffnung eines Landes gegenüber dem internationalen Standortwettbewerb und die Förderung technischer Fortschritte, durch welche der Einfluss von Partialinteressen zurückgedrängt werden kann (z. B. Internet).

10.2 Lösungshinweise zum Kapitel 2

1. Aufgabe

Fiskalisches Ziel (Einnahmeerzielung) und nicht fiskalische Ziele (Lenkungsziele, Distribution, Stabilisierung) – Zielkonflikte sind denkbar. Beispiel: Lenkungsziele sollen das Verhalten ändern, z. B. sollen Verbraucher bei der Einführung einer Steuer auf Einwegverpackungen dazu veranlasst werden, solche Verpackungen weniger zu kaufen. In dem Maße, in dem das Lenkungsziel erreicht wird, treten keine Steuereinnahmen auf, d. h. das fiskalische Ziel wird nicht erreicht.

2. Aufgabe

Anteil der Staatsausgaben, der gesamten Abgaben (Steuern einschließlich Beiträgen zur Sozialversicherung) bzw. der Steuern am Bruttoinlandsprodukt. Die Relationen spiegeln den Anteil der Wertschöpfung wider, den der Staat verausgabt bzw. als Einnahme beansprucht. Gegen zu hohe Anteile des Staates sprechen die Wirkungen hoher Abgaben auf die Leistungsmotivation und die Einengung des privaten Sektors. Hohe Abgaben behindern zudem die Wettbewerbsfähigkeit der Unternehmen gegenüber dem Ausland.

3. Aufgabe

Die Besteuerung sollte gerecht (transparent, allgemein, gleichmäßig und verhältnismäßig), widerspruchsfrei und wirtschaftlich zu erheben sein. Sie sollte ausreichend sein, um die Staatsausgaben zu finanzieren, bei wachsendem Ausgabenbedarf steigerungsfähig, aber auch wachstumspolitisch vertretbar und wettbewerbsneutral sein. Zudem sollten die Dimensionen der Nachhaltigkeit (ökonomisch, sozial und ökologisch) beachtet werden.

4. Aufgabe

Bei einem proportionalen Tarif bleibt der **Anteil der Steuern** an der Bemessungsgrundlage mit steigender Bemessungsgrundlage konstant. Bei einem progressiven Tarif steigt mit steigender Bemessungsgrundlage die Steuerlast überproportional. Dies lässt sich mit Opfertheorien bzw. mit dem Hinweis auf die Leistungsfähigkeit der Besteuerten begründen.

5. Aufgabe

Mit steigender Staatsverschuldung wächst die Belastung der öffentlichen Haushalte durch den Schuldendienst (Zinszahlungen und Tilgung), die Möglichkeit, öffentliche Investitionen zu tätigen, wird eingeschränkt. Darüber hinaus verstärkt sich die Gefahr des Crowding-Out. Trotzdem kann die Kreditfinanzierung öffentlicher Investitionen sinnvoll sein, wenn dadurch der Zahlungszeitraum an die Nutzungsdauer der öffentlichen Investitionen angepasst werden kann. Dies würde z. B. erreicht, wenn die Kreditrückzahlung über die Jahre der Nutzung gestreckt und durch moderate Steueranhebung finanziert würde.

6. Aufgabe

Eine nachhaltige Finanzpolitik sollte ökonomisch effizient sein, d. h. die Funktionsweise der Marktsteuerung möglichst wenig beeinträchtigen. Insofern sollte sie wenig wachstumshemmend und wettbewerbsneutral sein, zudem darf sie kein Hindernis im internationalen Wettbewerb sein; zugleich müssen aber notwendige öffentliche Güter finanzierbar sein. Unter sozialen Aspekten sollte die Finanzpolitik sozial ausgewogen sein, d. h. intragenerativ eine gerechte Lastenverteilung vornehmen und ein gleichmäßiges Angebot öffentlicher Güter bereitstellen. Zugleich soll intergenerative Gerechtigkeit angestrebt werden, d. h. beispielsweise, dass die Staatsverschuldung künftige Generationen nicht zu sehr belasten soll, gleichzeitig aber ausreichende Zukunftsinvestitionen (z. B. Schaffung von Infrastruktur, Forschung/Entwicklung) getätigt werden sollen, die auch künftigen Generationen zur Verfügung stehen. Ökologisch gesehen soll Finanzpolitik umweltfreundliches Verhalten stärken und Anreize setzen, umweltbelastende Maßnahmen zu vermeiden. Dazu dient z. B. die Besteuerung des Energieverbrauchs (Ökosteuerreform).

7. Aufgabe

Bei einer progressiven Einkommensteuer besteht die Gefahr, dass mit nominal steigendem Einkommen die Steuerbelastung auch dann steigt, wenn das Realeinkommen konstant ist. Wegen der progressiv steigenden Steuersätze wird das nominal steigende Einkommen in den Progressionszonen mit steigenden Grenz- und Durchschnittsteuersätzen belastet, sodass die Steuerbelastung nicht nur absolut sondern auch relativ steigt. Das Realeinkommen nach Steuer ist dann niedriger als vor der nominalen Einkommenserhöhung.

10.3 Lösungshinweise zum Kapitel 3

1. Aufgabe

Die Geldordnung beinhaltet institutionelle Regelungen darüber, wer nach welchem Verfahren und mit welchem Ziel neues Geld in Umlauf bringen kann. In einer Geldwirtschaft sollte die in Umlauf befindliche Geldmenge z. B. ausreichend sein, um den Transaktionsbedarf der Wirtschaftssubjekte zu erfüllen. Gleichzeitig sollte die Geldwertstabilität gesichert sein, weil sonst die Geldfunktionen (Recheneinheit, Zahlungsmittelfunktion, Wertaufbewahrungsfunktion) gefährdet sind. Bei inflationärer Geldentwertung wird z. B. Geld als Wertaufbewahrungsmittel weniger attraktiv (Flucht in Sachwerte). Preisänderungen können dann Änderungen von Knappheitsrelationen bei Gütern weniger zuverlässig anzeigen. Insofern sollte die Geldordnung sicherstellen, dass die Geldversorgung so erfolgt, dass im Effekt keine Störungen auf die Realwirtschaft (z. B. Instabilität, Polarisierung, Verschuldungsprobleme und andere Nebenwirkungen) ausgehen. Bei der Bewertung der Geldordnung spielt auch eine Rolle, durch wen neues Geld herausgegeben wird. Eine Möglichkeit ist, eine unabhängige Zentralbank damit zu beauftragen, eine stabile Geldversorgung sicherzustellen.

2. Aufgabe

Die Geldordnung ist zweistufig, weil die Zentralbank als Bank der (Geschäfts-)banken Zentralbankgeld (Basisgeld, Reserven) schöpft, und zum anderen Geschäftsbanken Geschäftsbankengeld schöpfen, welches zwischen Geschäftsbanken und Nichtbanken (Unternehmen, Haushalte, Staat) umläuft. Es handelt sich um ein Mischgeldsystem mit Münzen, Banknoten und Buchgeld (auf Bankkonten).

3. Aufgabe

Primäres Ziel der EZB ist die Preisniveaustabilität in den Mitgliedstaaten der Währungsunion zu sichern. Für die EZB liegt Preisstabilität vor, wenn die Inflation bei den Verbraucherpreisen in der Eurozone „unter, aber nahe 2 %" liegt. Der Spielraum für moderate Inflation ist notwendig, um Schwächen der Inflationsmessung und das Risiko einer importierten Inflation auszugleichen. Nur wenn die Preisniveaustabilität nicht gefährdet wird, soll die EZB die allgemeine Wirtschaftspolitik der Mitgliedstaaten der Eurozone unterstützen. Spielraum dafür kann vor allem in Abschwungphasen bestehen, weil dann die Gefahr einer nachfrageseitig verursachten Inflation gering ist.

4. Aufgabe

In der Eurozone gilt: Die EZB schafft Zentralbankgeld, indem sie Banken entsprechende Reserven auf dem Konto gutschreibt, welches die Banken bei der EZB halten. Dies kann zum einen im Rahmen eines Kaufvorgangs erfolgen, wenn die EZB von den Banken Wertpapiere (z. B. Anleihen) ankauft, die somit den Gegenposten zu der erwähnten Gutschrift bilden. Zum anderen kann die EZB den Banken das Zentralbankgeld für eine gewisse Frist leihen.

Grundsätzlich wäre auch die direkte Herausgabe von Zentralbankgeld an Nichtbanken denkbar.

5. Aufgabe

Die Bankengeldschöpfung erfolgt ähnlich wie in Aufgabe 4 beschrieben. Banken können z. B. ihren Kunden „per Kredit" Sichtguthaben einräumen, mit denen Nicht-Banken wie mit Bargeld bezahlen können. Damit schöpfen die Banken Geld. Alternativ können die Banken mit der Einräumung von Sichtguthaben bezahlen, wenn sie Vermögenswerte (z. B. Immobilien oder Grundstücke) kaufen.

6. Aufgabe

Die Zentralbank kann zum einen den Mindestreservesatz variieren. Je niedriger dieser Satz, desto weniger begrenzen Reserveerfordernisse die Spielräume der Banken bei der Kreditgewährung. Zum anderen kann die Zentralbank im Rahmen von Offenmarktgeschäften das Volumen der Kreditgeldschöpfung der Banken beeinflussen oder durch Anpassung der Konditionen dieser Offenmarktgeschäfte den Banken das Erwerben von Reserven attraktiver oder weniger attraktiv machen und damit die Geldschöpfungsspielräume der Banken beeinflussen.

Ob die Geschäftsbanken und die privaten Wirtschaftssubjekte die eingeräumten Spielräume allerdings ausnutzen, kann die Zentralbank nicht beeinflussen. Daher kann die Zentralbank die Entwicklung der gesamtwirtschaftlichen Geldmenge niemals ganz genau kontrollieren.

7. Aufgabe

Gemäß monetärer Inflationserklärung hängt die Entwicklung des Geldwerts von der Entwicklung der in Umlauf befindlichen Geldmenge ab. Steigt die Geldmenge im Umlauf schneller als das reale Inlandsprodukt, droht Inflation. Diese Überlegung geht auf die Quantitätsgleichung des Geldes zurück.

Das Konzept der potenzialorientierten Geldpolitik leitet daraus ab, dass keine Inflationsgefahr besteht, wenn die Geldmenge nur gemäß dem zu erwartenden Wachstum der realen Produktion angehoben wird – ablesbar an der Veränderung des Produktionspotenzials. Demnach soll die Zentralbank nach diesem Konzept die Geldmenge tendenziell „parallel" zur Veränderung der Produktionsmöglichkeiten verändern.

8. Aufgabe

Die Zentralbank kann sich bei einer zinssteuernden Geldpolitik an der **Taylor-Regel** orientieren. Diese Regel besagt, dass der geldpolitisch angestrebte Zins steigen sollte, wenn die Inflation über dem langfristigen Zielwert und die tatsächliche Produktion über dem ermittelten Potenzialwert liegt und sinken sollte, wenn die gegenteiligen Bedingungen vorliegen. Dies führt „automatisch" im Boom (bei Inflation und Überauslastung) zu kontraktiver, in der deflationären Krise zu expansiver Geldpolitik.

Die Zentralbank kann die kurzfristigen Interbank-Zinsen (insb. Tageszins) beeinflussen, indem sie den Geschäftsbanken eine Alternative zur Refinanzierung auf dem Interbankenmarkt eröffnet. Im Rahmen der **ständigen Fazilitäten** bietet die EZB den Geschäftsbanken ständig die Möglichkeit, ihre Liquidität kurzfristig (über Nacht, d. h. für maximal 24 Stunden) beliebig zu erhöhen (indem sie die Spitzenrefinanzierungsfazilität in Anspruch nehmen) oder zu senken (durch Nutzung der Einlagefazilität). Interbankenzinsen bewegen sich dann im Zinskanal zwischen Einlage- und Spitzenrefinanzierungszinssatz. Somit kann die Zentralbank eine Zinssteuerung gemäß Taylor-Regel durch Variation von Einlage- und Spitzenrefinanzierungszinssatz vornehmen.

9. Aufgabe

Offenmarktgeschäfte sind Transaktionen, bei denen die EZB ausgewählten Geschäftsbanken – zu bestimmten (Zins-)Bedingungen – Zentralbankgeld zur Verfügung stellt oder bei denen Zentralbankgeld zurückfließt. Dadurch ändert sich die Zentralbankgeldmenge. Ziel ist es, die Kreditgewährung der Banken zu beeinflussen. Häufig sind diese Geschäfte befristet, z. B. bei Hauptrefinanzierungsgeschäften, welche EZB wöchentlich anbietet. Hierbei bietet die EZB den Banken, die bereit sind, den vorher festgesetzten Refinanzierungszinssatz (= Leitzins) zu zahlen, eine gewisse „Zuteilungsmenge" für eine Woche an. Die Vergabe erfolgt in einem Verfahren, in dem interessierte Banken die Menge der gewünschten Reserven und ggfs. den Zinssatz nennen müssen und bei der Zuteilung ggfs. anteilig zum Zuge kommen. Eine weitere Variante von Offenmarktgeschäften zwischen EZB und Banken sind definitive Käufe oder Verkäufe von Wertpapieren durch die EZB. Dadurch ändert sich die Reserve- bzw. Zentralbankgeldmenge dauerhaft.

10. Aufgabe

Die EZB kann bestimmen, dass die Geschäftsbanken anteilig zu definierten Kundeneinlagen (z. B. Sicht- und/oder Termineinlagen) **Mindestreserven** auf ihren Konten bei der jeweiligen nationalen Zentralbank halten müssen. Die zu haltenden Mindestreserven sind umso höher, je höher der vorgegebene Mindestreservesatz.

Die mindestreservebedingte Zwangsnachfrage der Banken nach Zentralbankgeld soll sicherstellen, dass offenmarktpolitische Maßnahmen der EZB auch tatsächlich greifen, insofern Banken dadurch an die EZB „angebunden" sind (Anbindungsfunktion). Die Mindestreservepflicht kann zudem die kurzfristigen Zinsen am Geldmarkt stabilisieren. Denn die Höhe der Mindestreservepflicht wird nur im Monatsdurchschnitt aus den Positionen der Bankbilanzen ermittelt. Bei kurzfristigen Liquiditätsengpässen können z. B. betroffene Geschäftsbanken – statt sich Zentralbankgeld am Geldmarkt leihen zu müssen – Gelder aus der Mindestreserve einsetzen, und dies in den folgenden Tagen durch ein entsprechend höheres Reserveguthaben ausgleichen. Die Mindestreserven können also als vorübergehender Liquiditätspuffer dienen. Die Möglichkeit der Zins-Arbitrage bewirkt daraufhin normalerweise, dass der Tagesgeldsatz am Interbanken-Geldmarkt sich tendenziell in der Nähe des Refi-Satzes stabilisiert, zu dem die Mindestreserven verzinst werden. Ist z. B. der Tagesgeldsatz hoch, werden kurzfristig Mindestreserven aufgelöst und zum höheren Tagesgeldsatz am Geldmarkt angelegt, was den Tagesgeldsatz senkt.

11. Aufgabe

Die EZB will gesamtwirtschaftliche Größen wie Preisniveau (und Beschäftigung) beeinflussen. Ihre geldpolitischen Instrumente beeinflussen aber direkt nur den Bankensektor. In Bezug auf die letztlich resultierenden Effekte kommt es insofern auf das Verhalten von Banken (bei der Kreditvergabe) an, aber auch auf das Verhalten von Nichtbanken (bei der Kreditnachfrage). Es ist z. B. unsicher, inwieweit Banken Leitzinsänderungen der EZB in ihren Kreditkonditionen „weitergeben" und inwieweit Unternehmen und Haushalte auf eventuell geänderte Kreditkonditionen der Banken mit Änderungen ihrer Wirtschaftsaktivität reagieren. Der Begriff Transmissionsprozess bezeichnet dabei die Gesamtheit aller Übertragungseffekte bzw. das gesamte „Geflecht" von Wirkungen geldpolitischer Impulse auf dem Weg von der Zentralbank über den Bankensektor bis hin zu den Nichtbanken.

10.4 Lösungshinweise zum Kapitel 4

1. Aufgabe

Antizyklische Globalsteuerung zielt darauf ab, die Höhe der gesamtwirtschaftlichen Nachfrage konjunkturgerecht zu beeinflussen. In der Rezession, wenn die gesamtwirtschaftliche Nachfrage kleiner ist als das gesamtwirtschaftliche Angebot, sollen Maßnahmen zur Belebung der einzelnen Nachfragekomponenten ergriffen werden. Im Boom soll die gesamtwirtschaftliche Nachfrage gedämpft werden. Da das Konzept im Rahmen der marktwirtschaftlichen Ordnung realisiert werden soll, greifen die Maßnahmen nicht in einzelwirtschaftliche Entscheidungsprozesse ein, sondern setzen bei den Nachfrageaggregaten an, indem entweder die Höhe der Staatsausgaben konjunkturgerecht gestaltet wird (kreditfinanzierte Erhöhung der Staatsausgaben in der Rezession) oder indem Rahmenbedingungen verändert werden, die private Entscheidungsträger zu konjunkturgerechtem Verhalten veranlassen können (z. B. Erhöhung des verfügbaren Einkommens der privaten Haushalte durch Abschläge von der Einkommensteuer in der Rezession).

2. Aufgabe

Tarifparteien streben primär eine Verbesserung ihrer Verteilungsposition an; dabei besteht die Gefahr, dass sie die Ziele Beschäftigungssicherung und Preisniveaustabilisierung außer Acht lassen. Versucht die Zentralbank durch kontraktive Geldpolitik die Nachfrage zu dämpfen, können überhöhte Lohnabschlüsse die Wirkung dieser Maßnahme abschwächen, sofern diese Lohnabschlüsse die private Nachfrage tendenziell beleben.

3. Aufgabe

Antizyklische Fiskalpolitik will durch eine Beeinflussung des Niveaus der gesamtwirtschaftlichen Nachfrage den Konjunkturverlauf verstetigen. Selbst wenn diese Maßnahmen zum richtigen Zeitpunkt mit der richtigen Dosierung durchgeführt werden, kann damit nur Beschäftigungsproblemen begegnet werden, die auf eine zu geringe gesamtwirtschaftliche Nachfrage zurückgehen. Alle Formen von Arbeitslosigkeit, die den Konjunkturverlauf überdauern, gehen aber auf anhaltende (strukturelle) Ursachen zurück. Bei struktureller Arbeitslosigkeit ist die antizyklische Belebung der gesamtwirtschaftlichen Nachfrage nicht ursachenadäquat. Bekämpfung struktureller Ursachen der Arbeitslosigkeit ist z. B. durch Förderung der Mobilität der Arbeitskräfte bei sektorspezifischen Problemen oder durch eine Dämpfung des Anstiegs der Lohnkosten bei Hochlohnarbeitslosigkeit möglich.

4. Aufgabe

Sektoral differenzierte Lohnpolitik kann sich an der Ertragssituation der jeweiligen Branche ausrichten. Sie kann dazu beitragen, dass der Kostendruck in ertragsschwachen Branchen nicht von Seiten der Löhne zusätzlich verstärkt wird und daher die Notwendigkeit von Entlassungen tendenziell mildern. Trifft dies auf viele Branchen zu, kann der Anstieg der Arbeitslosigkeit durch sektoral differenzierte Lohnabschlüsse tendenziell abgeschwächt werden.

5. Aufgabe

Die Verstetigung der Staatausgaben auf ein dauerhaft tragbares Maß (ohne strukturelle Verschuldung und wechselnde Nachfrageimpulse von Seiten des Staates), die Orientierung des Geldmengenwachstums an der Entwicklung der realen Produktion und die Ausrichtung der Lohnpolitik an der Produktivitätsentwicklung tragen zur Bildung realistischer Erwartungen bei. Sie verhindern unstetige Nachfrageimpulse, die wegen der time lags und aufgrund von Dosierungsproblemen den Wirtschaftsprozess destabilisieren können.

6. Aufgabe

In der konjunkturellen Rezession stehen die Unternehmen vor dem Problem, dass sie bei rückläufiger Kapazitätsauslastung (qualifizierte) Arbeitnehmer entlassen müssen, weil sie die Lohnkosten nicht tragen können. Mit dem Instrument der konjunkturellen Kurzarbeit erhalten die Unternehmen – bei erheblichem und vorübergehendem Arbeitsausfall – die Chance, Beschäftigte auch in der Krise weiter zu beschäftigen. Für die ausgefallene Arbeitszeit werden die Lohnkosten von der Bundesagentur für Arbeit im (Wesentlichen) entsprechend den Regelungen zum Arbeitslosengeld übernommen. Damit werden die Unternehmen von einem Teil der Lohnkosten entlastet und können auf Entlassungen verzichten. Bei zunehmender Kapazitätsauslastung stehen dann die (qualifizierten und mit dem Unternehmen vertrauten) Beschäftigten sofort wieder mit ihrer vollen Arbeitszeit zur Verfügung. Die Unternehmen sparen Einstellungs- und Schulungskosten, die Arbeitnehmer werden nicht arbeitslos und sparen Bewerbungskosten. Der private Konsum wird stabilisiert. Allerdings entstehen dem Staat Kosten.

10.5 Lösungshinweise zum Kapitel 5

1. Aufgabe

Externe Effekte (unkompensierte Effekte auf „unbeteiligte Dritte") gehen nicht in die Preisbildung auf Märkten ein und führen daher zu Fehlallokation. Güter mit negativen externen Umwelteffekten werden, sofern soziale bzw. umweltbezogene Kosten beim Verursacher nicht berücksichtigt werden, zu billig angeboten bzw. zu häufig nachgefragt. Damit wird die Umweltbelastung zu hoch. Dies rechtfertigt staatliche Eingriffe. Insbesondere bei Umweltgütern mit freiem Zugang (open access), d. h. Güter mit Nutzungsmöglichkeit „zum Nulltarif" (z. B. Atmosphäre) ist eine für alle nachteilige Übernutzung zu befürchten, also ebenfalls eine Fehlsteuerung, die staatliches Handeln rechtfertigt.

2. Aufgabe

Ökologische Treffsicherheit: Kann bei entsprechendem Instrumenteneinsatz die Umweltbelastung zuverlässig auf ein bestimmtes, z. B. als ökologisch unbedenklich eingestuftes Maß begrenzt werden?

Kosteneffizienz: Führt der Instrumenteneinsatz dazu, dass kostengünstige Maßnahmen zur Reduktion der Umweltbelastung erfolgen, teure aber unterbleiben bzw. Reduktionsmaßnahmen in der Reihenfolge aufsteigender Vermeidungskosten realisiert werden?

Dynamische Wirksamkeit: Ist mit dem Instrumenteneinsatz ein Anreiz zur Entwicklung besserer bzw. kostengünstigerer Vermeidungsmöglichkeiten verbunden bzw. wie stark ist dieser Anreiz?

Verursacherindividuelle Grenzwerte vermögen eine bestimmte Emissionsreduktion treffsicher zu erreichen, allerdings nicht kosteneffizient, wenn z. B. Verursacher mit unterschiedlichen Vermeidungskosten gleich starke Emissionsreduktionen vornehmen müssen. Ein Anreiz zu umwelttechnischem Fortschritt ist nur wirksam, bis die Grenzwerte erreicht sind, Anreize zur Übererfüllung der Reduktionsziele bestehen nicht.

Systeme handelbarer Emissionsrechte sind ebenfalls ökologisch treffsicher, zugleich aber kosteneffizient, da Verursacher mit niedrigen Vermeidungskosten ihre Emission reduzieren dürften, während Verursacher mit hohen Vermeidungskosten entsprechende Emissionsrechte auf dem Emissionsrechtemarkt nachfragen, um weiter emittieren zu können. Zudem bestehen gewisse dynamische Anreize, die Vermeidungskosten zu senken, um danach keine Rechte mehr zukaufen zu müssen.

Ökosteuern sind ebenfalls kosteneffizient, denn Verursacher mit hohen Vermeidungskosten zahlen eher die Steuer, während Verursacher mit niedrigen Vermeidungskosten eher vermeiden. Analog gibt es dynamische Anreize, die Vermeidungskosten zu senken, um danach keine Steuern mehr zahlen zu müssen. Ökologisch treffsicher ist dieses Instrument allerdings nur, wenn der „richtige" Steuersatz vorgegeben wird.

3. Aufgabe

Bei einfachen Umweltproblemen sind die Schädigungszusammenhänge bekannt sowie räumlich und zeitlich begrenzt. Bei komplexen Umweltproblemen ist mindestens eins dieser Merkmale nicht gegeben. Die Schadstoffeinleitung eines Chemiewerkes mit negativen Folgen für die Flussökologie und die Trinkwassergewinnung beschränkt sich z. B. räumlich auf den unterhalb des Chemiewerkes folgenden

Flusslauf, ist zeitlich – solange von oben immer frisches Wasser nachfließt – auf die Zeit der Einleitung beschränkt und ist (zumindest für einige Schadstoffarten) in den biologischen und chemischen Folgeeffekten prinzipiell bekannt. Das Klimaproblem (Emission von CO_2 und anderen „Treibhausgasen" in die Atmosphäre) ist demgegenüber global und zudem zeitlich nicht auf den Emissionszeitpunkt beschränkt (CO_2-Moleküle sind viele Jahre lang „treibhauswirksam"). Ferner ist die genaue Schädigungsdynamik unklar, da zahlreiche negative und positive Rückkopplungseffekte in der Bio- und Atmosphäre zu beachten sind, die noch nicht vollständig verstanden sind. Und: es gibt sehr viele Emittenten, deren Interessen zu beachten sind.

4. Aufgabe

Beispiel: Bei einfachen Abwasserproblemen könnte sowohl ein System von Abwassereinleitungsrechten als auch eine entsprechend passend gewählte Abwasserabgabe kosteneffizient zur „richtigen" Gesamtreduktion führen. In Bezug auf das Treibhausproblem ist aber eine emissionsbezogene Treffsicherheit weniger relevant. Wegen zeitlicher Kumulationseffekte kommt es hier vielmehr auf den Bestand an Treibhausgasen an. In Zukunft könnte eine globale Nullemission erforderlich werden. Dann ist auch die Kosteneffizienz weniger wichtig, und vielmehr die dynamische Wirksamkeit zentral. Hier aber unterscheiden sich Steuer- und Rechtelösung. Umwelttechnischer Fortschritt führt im Rechtesystem c. p. dazu, dass die erlaubte Gesamtemission billiger erreicht wird. Der Rechtepreis fällt dann am Markt und damit der Anreiz zu weiterer Emissionsreduktion. Die Steuer fällt dagegen in gleicher Höhe an, unabhängig davon, wie viel Emissionsreduktion schon realisiert wurde. Der dynamische Anreizeffekt wird nicht gebremst.

5. Aufgabe

Wird in der Finanzpolitik eine Konsolidierung beschlossen, wird staatliche Umwelttechnologieförderung schwieriger. Entsprechendes gilt für geldpolitische Entscheidungen, die zur Folge haben, dass neues Geld nicht unter Umwelt- sondern unter Renditegesichtspunkten in Umlauf kommt. In beiden Fällen werden allerdings die Möglichkeiten, Ökosteuern, umweltbezogene Grenzwerte oder Systeme handelbarer Grenzwerte einzuführen, nicht beeinträchtigt.

10.6 Lösungshinweise zum Kapitel 6

1. Aufgabe

Wachstum erhöht die Güterversorgung und die Bedürfnisbefriedigung, sichert Wohlstand und ökonomische Freiheit, erweitert individuelle Handlungsspielräume und erleichtert die Realisierung anderer wirtschaftspolitischer Ziele. Dies gilt z. B. in Bezug auf Beschäftigung, soziale Sicherung und auf staatliche Steuereinnahmen.

Steigende Steuereinnahmen wiederum erleichtern die staatliche Bereitstellung von öffentlichen Gütern und Infrastruktur und mindern zugleich das Problem der Staatsverschuldung. Ein von Innovationen getragenes Wachstum kann die internationale Wettbewerbsfähigkeit und damit die Exportbilanz verbessern und Kapitalimporte (z. B. Direktinvestitionen) anregen, was wiederum die Grundlagen für weiteres Wachstum legt. Der Konflikt zwischen Wachstum und Umweltschutz lässt sich unter Umständen durch qualitatives (d. h. umweltneutrales oder sogar umweltschonendes) Wachstum auflösen. Andererseits ist Wachstum ist nicht immer mit anderen Zielen des StabG vereinbar: Wachstum kann die Preisstabilität gefährden, wenn die Nachfrage schneller wächst als das Angebot (nachfrageseitige Inflationserklärung). Ist Wachstum von einem schnellen Wechsel beruflicher Anforderungen begleitet, dann kann – zumindest in einigen Regionen und Sektoren – vorübergehend Arbeitslosigkeit auftreten. Wachstum kann zu steigenden Importen und zu einer Passivierung der Leistungsbilanz führen. Wachstum kann ferner die Ungleichheit der Verteilung erhöhen.

2. Aufgabe

Staatliche Eingriffe zur Förderung bzw. Gestaltung des Wachstums lassen sich rechtfertigen, wenn das Wachstum im Sinne einer der in der Übersicht genannte Beobachtungen unbefriedigend ist und eine der jeweils in der linken Spalte der Übersicht gegebenen Begründungen dafür spricht, dass das Wachstum – ohne politischen Eingriff – auch in absehbarer Zukunft unbefriedigend bleiben dürfte.

Beobachtung: unbefriedigendes Wachstum	Mögliche Begründung für die Beobachtung
Marktendogene Wachstumskräfte sind zu gering, um ein Wachstum zu generieren, das zur Sicherung der Beschäftigung reicht. Da die Beschäftigten aufgrund von Produktivitätssteigerungen Jahr für Jahr mehr Güter herstellen können, sichert das Wachstum z. B. die Beschäftigung erst dann, wenn es die Rate des Produktivitätsfortschritts übersteigt.	Wichtige Wachstumsfaktoren haben die Eigenschaft öffentlicher Güter. In den Bereichen Infrastruktur, Forschung und Entwicklung hat der Markt zu wenig Anreize für zukunftsgerichtete Investitionen, da sich die Erträge entsprechender Investitionen kaum privatisieren lassen. Auch hohe Zinsen (welche zu einer geringeren Bewertung künftiger Erträge führen) behindern zukunftsweisende Investitionen.
Das bestehende Wachstum ist mittelfristig niedriger als in vergleichbaren Volkswirtschaften.	Aufgrund von früherem Politikversagen hat sich – mehr als in anderen Ländern – ein Bestand von wachstumsfeindlichen Regulierungen gebildet.
Das Wachstum verläuft unstetig. Stabiles Wachstum fördert aber die Kalkulierbarkeit von Investitionen und damit die Neigung zu investieren.	Ein möglicher Grund sind schwankende Erwartungen der Investoren und exogene „Schocks" wie z. B. starke Schwankungen der Rohstoffpreise.

3. Aufgabe
Das Wirtschaftswachstum kann als quantitativ angemessen bezeichnet werden, wenn es so hoch ist, dass andere wirtschaftspolitische Ziele – z. B. in den Bereichen Beschäftigung, soziale Sicherung und Konsolidierung des Staatshaushalts erreicht – werden können. Beschäftigungssichernd ist Wachstum z. B. erst dann, wenn es mindestens so hoch ist wie die Fortschrittsrate der Arbeitsproduktivität. Von quantitativ angemessenem Wachstum kann auch gesprochen werden, wenn es mittelfristig nicht niedriger als in vergleichbaren Volkswirtschaften ausfällt. Als qualitativ angemessen kann Wachstum bezeichnet werden, wenn es so beschaffen ist, dass bestimmte Zielkonflikte nicht auftreten. In diesem Sinne ist ein umwelt- und ressourcenschonendes Wachstum angemessen. Schließlich kann mit dem Begriff „angemessen" auch eine gewisse Stetigkeit des Wachstums gemeint sein.

4. Aufgabe
Ansatzpunkte der Wachstumspolitik ergeben sich aus den Determinanten des Wachstums. Voraussetzung für Wachstum ist Zunahme der Produktionsmöglichkeiten bzw. ein vermehrter oder intensiverer Einsatz der Produktionsfaktoren Arbeit, Kapital, technisches Wissen und Boden bzw. natürliche Ressourcen. Faktorbezogene Wachstumspolitik setzt also an der Förderung des Faktoreinsatzes an. Im Einzelnen geht es um die Förderung des Faktors Arbeit (z. B. durch Verbesserung der Ausbildungsbedingungen), von Investitionen (z. B. durch steuerliche Vorteile oder spezifische Projektförderung) und von Technologien (z. B. durch Forschungsförderung oder spezifische Projektförderung). Daneben lassen sich die infrastrukturellen Voraussetzungen für eine wachsende Produktion verbessern und schließlich sind auf vielen Gebieten Verbesserungen der Rahmenbedingungen (im Sinne einer wachstumsfreundlicheren Ausgestaltung des Regulierungssystems) denkbar.

5. Aufgabe
Eine steuerliche Entlastung bei der Einkommensteuer ist als Verbesserung der Angebotsbedingungen zu werten. Am Standort lassen sich höhere Gewinne erzielen. Die Investitionen werden steigen, wobei auch ausländisches Kapital zuströmen dürfte. Dies wiederum erhöht die volkswirtschaftlichen Kapazitäten. Damit ist die Voraussetzung für mehr Wachstum gegeben. Steuerliche Entlastungen bei der Einkommensteuer erhöhen im Übrigen auch die verfügbaren Einkommen und damit die gesamtwirtschaftliche Nachfrage, sodass das zusätzliche Angebot abgesetzt werden kann.

6. Aufgabe
Wachstum und Strukturwandel gehören zusammen. Gesamtwirtschaftliches Wachstum entsteht im Regelfall dadurch, dass einzelne Regionen und Branchen eine besonders dynamische Entwicklung vollziehen. Dadurch entsteht zugleich Strukturwandel. Insofern lässt sich auch umgekehrt formulieren: erfolgreicher Wandel

fördert Wachstum. Bleiben dagegen solche Impulse aus einzelnen Wirtschaftsbereichen aus, so unterbleiben nicht nur größere Strukturverschiebungen, es kommt
auch kaum zu Wachstum.

7. Aufgabe

Es gibt unterschiedliche Argumente zur Rechtfertigung staatlicher Strukturpolitik.
Verläuft z. B. die Wirtschaftsentwicklung regional „unausgewogen" (gibt es neben
„Boomregionen" auch „Problemregionen"), so ist die im Grundgesetz angesprochene
Einheitlichkeit der Lebensverhältnisse gefährdet. Es könnte zu unerwünschten inter-
regionalen Kapitalwanderungen oder zur „Entvölkerung" von Teilregionen kommen.
Eingriffe werden oft auch damit gerechtfertigt, dass der Strukturwandel zwar ge-
wünscht werde, die mit ihm verbundenen sozialen Härten (Arbeitslosigkeit, Wohn-
sitzwechsel u. ä.) aber „abzufedern" seien bzw. Abwärtsspiralen entstehen, die aus
dem Marktprozess heraus nicht gestoppt werden können. Ferner kann Marktversagen (z. B. bei natürlichen Monopolen, bei systematischer Störung von Markteintritt
bzw. -austritt oder bei Unteilbarkeiten in der Produktion) zu einem Hemmnis für den
Strukturwandel werden; hier kann und sollte der Staat die Anpassungen an neue
Strukturen erleichtern. Bei externen Effekten läuft schließlich der Strukturwandel
eventuell „in die falsche Richtung". Hier kann der Staat eingreifen, um den Strukturwandel in andere Richtungen zu lenken (z. B. durch Förderung umweltschonender
Branchen bzw. Technologien).

8. Aufgabe

Öko-Steuern belasten energieintensive Konsummuster und energieintensive Branchen, sowie Regionen, in denen solche Branchen ein hohes Gewicht haben. Es
kommt zum Ersatz energieintensiver Konsumstile, Güter und Produktionsverfahren
durch weniger Energieintensive. Auch Forschung und technischer Fortschritt werden in eine energiesparende Richtung gelenkt. Die Attraktivität des deutschen
Standortes sinkt zunächst auf der Kostenseite. Gewinne und Renditen sinken kurzfristig (auch im Vergleich zu den Gewinnen/Renditen, die an anderen Standorten
erzielt werden). Durch technischen Fortschritt im Bereich der Energieeinsparung
steigt aber möglicherweise die Standortattraktivität. Der Staat kann die Einnahmen
aus der Ökosteuer unterschiedlich verwenden, z. B. zur Senkung anderer Steuern,
zur Senkung der Sozialabgaben, zur Reduktion von Staatsdefiziten bzw. Staatsschulden oder zur Finanzierung zusätzlicher staatlicher Umweltprojekte. Wird die
erste oder zweite Verwendung realisiert, so steigt die internationale Wettbewerbsfähigkeit deutscher Firmen, der negative Kosteneffekt der Ökosteuer wird tendenziell
ausgeglichen. Bei Verwendung zur Konsolidierung der öffentlichen Haushalte gibt
es mögliche indirekte standortverbessernde Effekte. Durch Haushaltskonsolidierung werden mögliche mit Staatsverschuldung verbundene Zinssteigerungen vermieden. Die Verwendung für zusätzliche Umweltprojekte verbessert den „weichen"

Standortfaktor Umweltqualität. Inwieweit dies auch für Investoren eine Steigerung der Standortattraktivität bedeutet, ist unklar.

9. Aufgabe

Werden Subventionen nicht befristet oder wenigstens degressiv ausgestaltet, so gewöhnen sich die Begünstigten an die Unterstützung. Der Anreiz zur Verbesserung der Wettbewerbsfähigkeit sinkt. Die Leistungsfähigkeit der Begünstigten geht zurück, auf Dauer sind sie ohne Subventionen nicht mehr konkurrenzfähig. Die Subventionen belasten die öffentlichen Haushalte. Sie müssen durch Steuern finanziert werden, welche zumeist von erfolgreicheren Wirtschaftssubjekten erhoben werden. Gerade spezifische (d. h. auf einen kleinen Empfängerkreis gerichtete) Subventionen haben den Effekt, dass weniger Erfolgreiche begünstigt, Erfolgreiche hingegen belastet werden. Bei spezifischen Subventionen drohen auch im politischen Raum gewisse Verschiebungen. Gut organisierte Interessengruppen werden bei dem Streben nach solchen Subventionen erfolgreicher sein als schlecht organisierte Interessengruppen. Überholte Strukturen werden so konserviert.

10. Aufgabe

Spezielle Interessengruppen, wiederwahlorientierte Politiker und eigennutzorientierte Bürokraten stabilisieren die – eigentlich suboptimale – reaktive Ausrichtung der Strukturpolitik. Politiker können reaktive Maßnahmen (z. B. Rettung gefährdeter Großunternehmen) offenbar politisch besser „vermarkten" als breit gestreute Maßnahmen zum Umstieg auf neue Strukturen. Der Erhalt alter Branchenstrukturen lässt sich (z. B. bei der Energie- und Nahrungsmittelversorgung) auch durch Sicherheitsüberlegungen rechtfertigen. Zugleich haben die Vertreter altindustrieller Sektoren oft ein politisch hohes Gewicht. Sie können im Zweifel mehr Wählerstimmen mobilisieren als die Repräsentanten junger Sektoren. Das müssen Politiker, die auf ihre Wiederwahl achten, berücksichtigen. Im Ergebnis werden alte Industrien strukturpolitisch begünstigt. Die Mitarbeiter der Bürokratie sind schließlich mit den bisherigen Instrumenten der reaktiven Strukturpolitik besonders gut vertraut. Eigennutzorientierte Bürokraten streben folglich eher nach Beibehaltung als nach Umgestaltung eines eingeführten strukturpolitischen Förderinstrumentariums.

11. Aufgabe

Eine aktive, d. h. den Strukturwandel aktiv vorantreibende Strukturpolitik ist auf gezielte Strukturentwicklung (z. B. Förderung bestimmter Branchen oder Technologien, die für zukunftsträchtig gehalten werden) oder auf Erleichterung der Strukturanpassung gerichtet. Hier versucht die Strukturpolitik, sektorale bzw. regionale Anpassungen über eine Verbesserung der Anpassungsvoraussetzungen zu erleichtern. Dazu gehören Maßnahmen zur Verbesserung der Innovationsbereitschaft, Förderung von Technologien, welche Strukturwandel erleichtern (z. B. Internet), Förderung des Forschungs- und Technologietransfers, Arbeitskräftequalifikation und Förderung der Mobilität der Faktoren (z. B. durch gezielte Informationen über neue Berufschancen). Auch Maßnahmen zur Erleichterung des Kapazitätsabbaus in alten Sektoren (z. B. durch Stilllegungsprämien) erleichtern die Strukturanpassung. Betroffenen Regionen und Sektoren soll insgesamt „Hilfe zum Wandel" gewährt werden. Der Ausstieg aus alten Strukturen und der Umstieg auf neue Strukturen werden gefördert (z. B. Umstrukturierungshilfen für ehemalige Bergbauregionen).

10.7 Lösungshinweise zum Kapitel 7

1. Aufgabe

Primärverteilung basiert auf der am Arbeits- und Kapitalmarkt (einschlich Boden) entstandenen Einkommensverteilung, die nicht durch staatliche Maßnahmen verändert wird. Die Sekundärverteilung beschreibt die Verteilung der Einkommen nach staatlicher Umverteilung. Näherungsweise umschreibt das Bruttoinlandsprodukt die Summe und Verteilung aller im Inland entstandenen Einkommen, also die Primärverteilung; das verfügbare Einkommen die Sekundärverteilung. Funktionale Einkommensverteilung beschreibt, welche Einkommen den Produktionsfaktoren Arbeit und Kapital (einschließlich Boden) zufließen; die personelle Verteilung die Verteilung auf Individuen und Haushalte, die Einkommen aus mehreren Produktionsfaktoren erhalten können, z. B. Arbeitseinkommen, Zinsen und Mieteinnahmen.

2. Aufgabe

Das Nettoäquivalenzeinkommen gewichtet das verfügbare Haushaltseinkommen nach der Haushaltsgröße. Nach der OECD-Definition wird der Haushaltsvorstand mit dem Faktor 1, weitere Erwachsene und Kinder über 14 Jahren werden mit dem Faktor 0,5 gewichtet, jüngere Kinder mit dem Faktor 0,3. Damit soll berücksichtigt werden, dass der Bedarf einer Person vom Alter abhängt. Zudem wird davon ausgegangen, dass Mehrpersonenhaushalte Einspareffekte gegenüber Einpersonenhaushalten haben, z. B. weil dauerhafte Gebrauchsgüter (z. B. Waschmaschine) nicht mehrfach gebraucht werden.

3. Aufgabe

Die Sozialpolitik strebt an, das Existenzminimum für diejenigen zu sichern, die es aus eigener Kraft nicht erwirtschaften können; darüber hinaus sollen existenzielle Risiken (Krankheit, Arbeitslosigkeit, Alter, Pflege, Unfall) abgesichert werden, für die der Einzelne nicht vorsorgen kann. Verteilungspolitik strebt eine gerechtere bzw. gleichmäßigere Einkommensverteilung an, wobei die Frage, was als gerecht empfunden wird, auf subjektiven Einschätzungen beruht. Ziel ist, dass eine Verteilung erreicht wird, die es Allen ermöglicht, ihre Lebenssituation aus eigener Kraft zu verbessern. Diese Form der Chancengleichheit setzt z. B. Zugang zu Gesundheitsgütern und Bildung voraus.

4. Aufgabe

Instrumente zur Beeinflussung der Einkommensentstehung sind tarifvertragliche Rahmenbedingungen und Regelungen, sowie der allgemeine gesetzliche Mindestlohn. Die Einkommensverteilung wird durch direkte und indirekte Steuern sowie Transferzahlungen verändert. Zudem beeinflussen die Systeme der sozialen Sicherung und die Bereitstellung öffentlicher Güter (z. B. Gesundheits- und Bildungseinrichtungen) – quasi als einkommensäquivalente Leistungen – die Einkommensverteilung indirekt.

5. Aufgabe

Die direkte Einkommensteuer belastet Bezieher mittlerer und höherer Einkommen prozentual stärker als Bezieher niedrigerer Einkommen. Zu versteuernde Einkommen bleiben bis zum Grundfreibetrag steuerfrei, dann steigt der Grenzsteuersatz in den beiden Progressionszonen erst schneller, dann langsamer an, bis der Spitzensteuersatz von 42 % (45 % mit Reichensteuer) erreicht ist. Die Mehrwertsteuer hat zwar einen konstanten Steuersatz, belastet aber tendenziell diejenigen stärker, die einen großen Anteil ihres (geringen) Einkommens für Konsumgüter ausgeben müssen. Diese Wirkung soll durch den reduzierten Mehrwertsteuersatz für Güter des täglichen Bedarfs gemildert werden. Allerdings wird die Auswahl der Güter, die dem reduzierten Mehrwertsteuersatz unterliegen, immer wieder kritisiert, weil nicht nur Güter des täglichen Bedarfs, die auch bei geringem Einkommen konsumiert werden, entlastet werden. Das Wohngeld wird nur nach Prüfung der Bedürftigkeit gezahlt, es kommt also den Beziehern geringer Einkommen zu Gute. Allerdings verändert das Wohngeld auch die Nachfrage am Wohnungsmarkt, sodass es indirekt auch die Einkommenssituation der Vermieter verändert.

6. Aufgabe

Nach dem Subsidiaritätsprinzip ist jeder, der in der Lage ist, eigenes Einkommen zu erzielen, für sich selbst verantwortlich. Da aber die Sozialversicherung Risiken kollektiv absichert, die Bezieher niedriger Einkommen nicht eigenverantwortlich absichern können, stellt die Pflichtmitgliedschaft in gesetzlichen Sozialversicherungen eine sinnvolle Ergänzung dar.

7. Aufgabe

Die GKV wird durch einkommensabhängige Leistungen finanziert, die als fester Prozentsatz des Sozialversicherungspflichtigen Arbeitseinkommens berechnet werden. Bezieher höherer Einkommen (bis zur Betragsbemessungsgrenze) zahlen also einen absolut höheren Beitrag als Bezieher niedriger Einkommen. Die Leistungen sind unabhängig von den gezahlten Beiträgen bedarfsabhängig. Daher findet eine Umverteilung von Gesunden zu Kranken und von Beziehern höherer Einkommen zugunsten von Beziehern niedrigerer Einkommen statt. Geht man davon aus, dass jüngere Versicherte seltener krank sind als Ältere, zahlen die Jüngeren für die Älteren. Zudem sind nicht berufstätige Familienmitglieder beitragsfrei mitversichert- das stellt eine Umverteilung von Singles zu Familien dar. Generell wird die Rentenversicherung (GRV) nach dem Umlageverfahren finanziert, d. h. die Renten werden aus den Beiträgen der Erwerbstätigen finanziert (Generationenvertrag). Die Beiträge zur Rentenversicherung sind proportional zum Arbeitseinkommen, die Altersrenten sind aber – vereinfacht gesagt – von den gezahlten Beiträgen und der Dauer der Einzahlungen abhängig. Umverteilungselemente sind z. B. die Anerkennung gewisser beitragsfreier Zeiten (Ausbildungszeiten, die die Beitragsjahre reduzieren würden, oder die Mütterrente). Die Arbeitslosenversicherung beruht auf einkommensabhängigen Beiträgen; im Fall der Arbeitslosigkeit wird zeitlich befristet Arbeitslosengeld als Anteil des vorherigen Nettoeinkommens gezahlt. Die Leistungen spiegeln also tendenziell die unterschiedliche Beitragshöhe wider.

10.8 Lösungshinweise zum Kapitel 8

1. Aufgabe

Außenhandel ermöglicht zum einen, Güter zu kaufen, die im Inland nicht (oder nicht in der gewünschten Qualität) produziert werden bzw. nicht produziert werden können. Zweitens lassen sich Preisunterschiede nutzen. Güter können dort gekauft werden, wo sie besonders billig sind. Preisdifferenzen können auf Unterschieden der Nachfrage in einzelnen Ländern beruhen, aber auch auf Kostenunterschieden, welche sich ihrerseits auf unterschiedliche Ausstattung einzelner Länder mit Produktionsfaktoren zurückführen lassen. Verlegt sich jedes Land auf Herstellung und Export derjenigen Güter, die es besonders günstig herstellen kann, so können alle Länder von internationaler Arbeitsteilung profitieren. Der Außenhandel eröffnet den Nachfragern zusätzliche Auswahlmöglichkeiten. Dies intensiviert den Wettbewerb auf den für Außenhandel offenen Märkten. Der Wettbewerb wiederum „drückt" auf die Kosten und Preise der angebotenen Güter. Ferner können im Zuge von Außenhandel Größen- bzw. Skaleneffekte in der Produktion realisiert werden. Das Güterangebot wird somit nicht nur breiter, sondern auch preisgünstiger, die Inflation wird insgesamt in Grenzen gehalten. Der verschärfte Wettbewerb wirkt sich auch positiv auf die Geschwindigkeit aus, mit der neue Güter und Verfahren zum Einsatz kommen (Innovationsgeschwindigkeit). Schließlich kann Außenhandel zur Milderung von politischen Konflikten beitragen und damit – mittelbar – die Kosten außenpolitischer Sicherungssysteme drosseln helfen.

2. Aufgabe

Dem Faktorproportionentheorem zufolge verlegt sich ein Land (nach außenwirtschaftlicher Öffnung) auf Produktion und Export solcher Güter, bei deren Herstellung besonders jene Faktoren zum Einsatz kommen, mit denen das Land besonders reichlich ausgestattet ist. Denn diese Faktoren sind hier besonders billig. Reichlich mit Arbeit ausgestattete Niedriglohnländer treten mithin primär als Anbieter arbeitsintensiv hergestellter Güter auf, „kapitalistische" Industrieländer dagegen eher als Anbieter von kapitalintensiv hergestellten Gütern. Häufig werden Güter einer Kategorie (z. B. Autos) zwischen zwei Ländern *in beide Richtungen* gehandelt. Dann liegt intraindustrieller Außenhandel vor. Dieser Handel ist mit dem Faktorproportionentheorem, wonach sich die Länder jeweils auf unterschiedliche (und nicht auf die gleichen) Produkte spezialisieren sollten, nicht zu erklären. Intraindustrieller Außenhandel lässt sich aber erklären, wenn die gehandelten Güter (im Detail) von unterschiedlicher Qualität sind. Dann ist vorstellbar, dass es in beiden Ländern Nachfrager gibt, die jeweils an der speziellen Qualität des im anderen Land hergestellten Produktes interessiert sind.

3. Aufgabe

Ist das Kapital grenzüberschreitend mobil, so kann es dorthin „wandern", wo die Standortbedingungen besser sind. Je nach Erfordernis können das z. B. Standorte sein, wo Arbeitskräfte billig sind, wo die Märkte wachsen, wo die Infrastruktur gut ist, wo die Steuern und/oder die Standards der Regulierung niedrig sind. Daraufhin geraten die nationalen Entlohnungs-, Besteuerungs- und Regulierungssysteme unter Druck. Es kommt zu einem Standortwettbewerb, der tendenziell die Effizienz der Regulierung erhöht, aber zugleich die Stabilität der Staatsfinanzen und hohe Regulierungsstandards bedroht. Grundsätzlich positiv ist allerdings die Möglichkeit zu werten, dass das Kapital an den Ort der (weltweit) besten Verwendung wandern kann. Dies verbessert im Zweifel die internationale Faktorallokation.

4. Aufgabe

Wichtige Determinanten bzw. Ursachen der Wechselkursentwicklung sind in der nachfolgenden Tabelle zusammengefasst und erläutert.

Determinanten	Ursachen	Wirkungen auf den Wechselkurs
Warenhandel (Import, Export)	Exporte steigen (z. B. gen wegen eines ausländischen Konjunkturvorsprungs)	Heimische Währung wird gesucht, Aufwertung
Dienstleistungshandel	Auslandstourismus nimmt zu	Fremde Währung wird gesucht, Abwertung

(fortgesetzt)

Determinanten	Ursachen	Wirkungen auf den Wechselkurs
Kaufkraftparität	Währung ist in Relation zur Kaufkraftparität „überbewertet"	Es werden verstärkt Auslandsprodukte gekauft, dies stützt die Auslandswährung, Abwertung
Inflationsdifferenz	Inflationsvorsprung des Inlands	Es werden verstärkt Auslandsprodukte gekauft, dies stützt die Auslandswährung, Abwertung
Zinsdifferenz, induzierter Kapitalverkehr	Zinsvorsprung des Inlands	Ausländische Kapitalanleger suchen die heimische Währung, Aufwertung
Devisenspekulation	Inlandswährung ist „abwertungsverdächtig"	Spekulanten erwarten künftige Abwertung und verkaufen daher die Inlandswährung sofort, Abwertung

5. Aufgabe

Aussage: Die Kaufkraftparitätentheorie besagt, dass der Wechselkurs zwischen zwei Währungen nur dann stabil ist, wenn er der Kaufkraftparität entspricht, wenn man also mit einem bestimmten Geldbetrag (nach entsprechendem Währungsumtausch) in beiden Währungsgebieten den gleichen Warenkorb kaufen kann. Weicht dagegen der Wechselkurs von dieser Kaufkraftparität ab, so ist er nicht stabil. Dann lohnen nämlich Arbitragegeschäfte (Kauf der Güter im billigen Währungsgebiet und Verkauf im teureren Währungsgebiet). Diese Geschäfte führen zu zusätzlicher Nachfrage nach der „unterbewerteten" Währung (und damit zu ihrer Aufwertung). Sie treiben dadurch den Wechselkurs (wieder) in die Nähe der Kaufkraftparität. Folgerung: Langfristig strebt der Wechselkurs immer in die Nähe der Kaufkraftparität. Grenzen: Wenn nicht alle Güter handelbar sind, dann können nicht alle Preisunterschiede durch Arbitragegeschäfte ausgenutzt werden. Außerdem gibt es auch andere Determinanten der Wechselkursentwicklung (z. B. Zinsen, Spekulation), sodass der Wechselkurs dauerhaft von der Kaufkraftparität abweichen kann.

6. Aufgabe

Die Abwertung erhöht die preisliche Wettbewerbsfähigkeit der inländischen Unternehmer. Es ist zu vermuten, dass die Exporte steigen und die Importe zurückgehen. Reagieren die Export- und Importmengen hinreichend elastisch auf die abwertungsbedingte Änderung der Preisrelationen, so aktivieren sich Handels- und Leistungsbilanz im Abwertungsland. Das Preisniveau im Abwertungsland dürfte nach der Abwertung steigen. Zum einen verteuert die Abwertung die Importe. Sofern auf die Importgüter kurzfristig nicht verzichtet werden kann (z. B. Öl), schlägt diese Verteuerung auf die heimische Inflation durch. Zum anderen erhöht der im Abwertungsland ausgelöste Exportboom die Kapazitätsauslastung im Abwertungsland.

Dies kann sich ebenfalls preis- bzw. inflationssteigernd auswirken. Von der Abwertung profitieren somit zwar die Exporteure und inländischen Anbieter von Tourismusdienstleistungen (da ihre Absatzchancen sich verbessern). Die Nachfrager leiden aber unter der abwertungsbedingten Verteuerung ausländischer Produkte. Neben den Importeuren und den privaten Verbrauchern betrifft dies auch (inländische) Touristen, die einen Auslandsurlaub planen.

7. Aufgabe

Nicht-tarifäre Handelshemmnisse liegen z. B. vor, wenn inländische Sicherheitsbestimmungen in Hinblick auf technische Eigenschaften von Gütern von denen der Herstellerländer abweichen. Ausländische Hersteller müssen in diesem Fall Exportgüter mit besonderen Merkmalen herstellen, sodass sie die Vorteile der großbetrieblichen Fertigung nicht (in vollem Umfang) nutzen können. Exportgüter werden (künstlich) verteuert – ohne dass immer nachvollziehbare Begründungen für die speziellen Sicherheitsvorschriften vorliegen. Im Ergebnis behindern solche Maßnahmen den Import von Gütern ähnlich wie Zölle. Ein anderes Beispiel sind besondere Vorschriften in Hinblick auf den Exportvorgang, wie z. B. aufwendige Genehmigungs- oder Verwaltungsvorschriften für das Einfuhrverfahren. Solche Regelungen können wirken wie mengenmäßige Beschränkungen. Der Abbau solcher Maßnahmen ist schwer durchsetzbar, weil die nicht-tarifären Handelshemmnisse häufig durch spezielle Begründungen (Sicherheitsargumente, Normierungsvorschriften, Verbraucherschutzargumente) gerechtfertigt werden, die im Einzelnen widerlegt werden müssen. Darüber hinaus ist die Vielzahl der nicht-tarifären Handelshemmnisse schwer zu überblicken.

8. Aufgabe

Die Währungspolitik hat zum einen darüber zu entscheiden, inwieweit die Währung konvertibel, d. h. in andere Währungen umtauschbar gemacht werden soll. Zum anderen ist grundsätzlich zu entscheiden, inwieweit sich der Außenwert der Währung bzw. der Wechselkurs gegenüber anderen Währungen frei am Devisenmarkt bilden soll bzw. inwieweit die Währung (mit einigen oder allen anderen Währungen) in Systeme fixierter Wechselkurse bzw. in eine Währungsunion eingebunden werden soll. Neben diesen Grundsatzentscheidungen hat die Währungspolitik über die nähere Ausgestaltung der genannten Systeme bzw. gegebenenfalls über die laufende Beeinflussung von Wechselkursen zu entscheiden.

9. Aufgabe

Flexible Wechselkurse führen zu einem automatischen Zahlungsbilanzausgleich, sind aber für exportstarke Unternehmen und Volkswirtschaften mit Risiken behaftet. Zudem können über flexible Wechselkurse in unterschiedlicher Weise Schwankungen in eine offene Volkswirtschaft übertragen werden. Der Vorteil fester Wechselkursen besteht vor diesem Hintergrund darin, dass die Volkswirtschaft vor importierten Schwankungen teilweise geschützt wird. Für Unternehmen bestehen die Vorteile fester Wechselkurse in einer steigenden Kalkulationssicherheit. Kurssicherungsgeschäfte werden entbehrlich. Die Rentabilität von Exportgeschäften wird durch Wechselkursschwankungen nicht mehr in Frage gestellt. Volkswirtschaftlich gesehen besteht allerdings daraufhin das Risiko, dass (in der Erwartung stabiler Wechselkurse) bestimmte z. B. „exportlastige" Strukturen aufgebaut werden. Kommt es – in Systemen mit stufenflexiblen Wechselkursen – dann doch zur Änderung von Wechselkursen, dann sind diese Strukturen plötzlich „falsch"; bei einer Aufwertung werden z. B. viele Exportgeschäfte unrentabel. Nachteilig sind auch bestimmte Nebeneffekte von Zentralbank-Interventionen zur Stützung von Wechselkursen. Zum einen ändert sich durch die Interventionen die Geldmenge. Dies kann mit binnenwirtschaftlichen Geldmengenzielen kollidieren. Zum anderen kann für eine zur Intervention verpflichtete Zentralbank ein Liquiditätsproblem entstehen, wenn nämlich die zur Intervention benötigten Devisenreserven aufgebraucht sind. Daraufhin entstehen schließlich Anreize zur Währungsspekulation. Diese Anreize beziehen sich darauf, dass die beteiligten Zentralbanken eine gefährdete Wechselkursrelation zunächst verteidigen, dann aber die Verteidigung aufgeben und eine neue Wechselkursparität vereinbaren. Varianten: Neben Systemen mit unwiderruflich fixierten Wechselkursen (Währungsunion) gibt es auch Systeme mit festen Wechselkursen, die aber bei Vorliegen bestimmter Voraussetzungen geändert werden können (Stufenflexibilität), ferner Systeme, bei denen die Wechselkurse innerhalb bestimmter Bandbreiten um absolut feste Leitkurse schwanken dürfen (Bandbreitenfixierung) und schließlich Systeme, welche die Elemente der Stufenflexibilität und der Bandbreitenfixierung in sich vereinen.

10. Aufgabe
Grundsätzlich werden die Effekte expansiver Geld- und Fiskalpolitik durch den Einkommensmechanismus gedämpft, der bewirkt, dass die Effekte zum Teil im Ausland auftreten. Bei flexiblen Wechselkursen können die Effekte zudem durch Auf- oder Abwertung verändert werden. Die Wirkung expansive Geldpolitik wird z. B. durch Abwertung verstärkt (wechselkursbedingtes crowding-in). Bei expansiver Fiskalpolitik sind die Wechselkurseffekte unklar. Bei fixen Wechselkursen ist Geldpolitik praktisch nicht möglich, da die Zentralbank jede als Folge der Geldpolitik auftretende Wechselkursänderung wieder „neutralisieren" muss. Expansive Fiskalpolitik ist dagegen auch bei fixen Wechselkursen möglich (nur eben durch den Einkommensmechanismus gedämpft).

10.9 Lösungshinweise zum Kapitel 9

1. Aufgabe
Zielkonflikte zwischen Erweiterung und Vertiefung sind nicht von der Hand zu weisen. Eine Vertiefung, die sich in einem Zuwachs der Zahl der gemeinsam geltenden

Vorschriften niederschlägt, erschwert c. p. die Erweiterung, denn Beitrittskandidaten müssen den bis dahin aufgebauten Bestand an Verträgen, Richtlinien und Verordnungen (aquis communautaire) innerhalb bestimmter Fristen übernehmen. Durch die Erweiterung erhöht sich umgekehrt die Vielfalt und strukturelle Unterschiedlichkeit der Mitgliedsländer, was künftig die Einigung auf gemeinsame Regelungen und Bestimmungen (d. h. die Vertiefung) tendenziell erschwert. Der angedeutete Zielkonflikt ist allerdings nicht zwingend. Durch erfolgreiche Erweiterung kann auch ein integrationsbedingter ökonomischer Aufschwung in den Mitgliedstaaten ausgelöst werden, welcher die Bewältigung von unionsinternen Strukturunterschieden unter Umständen erleichtert. Die Frage lässt sich mithin nicht eindeutig beantworten – prinzipiell ausgeschlossen ist eine gleichzeitige Erweiterung und Vertiefung der EU jedenfalls nicht.

2. Aufgabe

In Sachbereichen, in denen die Einstimmigkeit der Entscheidungen durch Mehrheitsentscheidungen ersetzt wird, spielen unterschiedliche Ausgangsbedingungen in einzelnen Ländern eine geringere Rolle. Gemeinsame Entscheidungen können dann nämlich nicht mehr durch ein Veto einzelner Staaten blockiert werden. Dies erleichtert gemeinsame Entscheidungen. Für die EU ist dieses Thema besonders im Zusammenhang mit dem Erweiterungsprozess von Bedeutung. Gelingt in wichtigen Bereichen der Übergang zu Mehrheitsentscheidungen nicht vor der Erweiterung, so kann nach der Erweiterung ein solcher Übergang auch am Veto neuer Mitgliedstaaten scheitern. Dann ist das bei Einstimmigkeit langsamere Tempo des Integrationsfortschritts quasi langfristig „zementiert".

3. Aufgabe

Die EU-Kommission führt die Gemeinschaftspolitik auf der Grundlage der Beschlüsse des Rates oder in direkter Anwendung der Verträge durch (Exekutivaufgabe). Sie verwaltet den EU-Haushalt und die verschiedenen angegliederten Fonds und (Unterstützungs-)Programme. Sie sorgt als „Hüterin der Verträge" für die Einhaltung der Regeln und der Grundsätze des Gemeinsamen Marktes (Kontrollaufgabe). Im Bereich der Wettbewerbspolitik überwacht sie z. B. das Kartellverbot und ist für die Missbrauchsaufsicht, die Fusionskontrolle und die Beihilfenkontrolle zuständig. Sie macht ferner Vorschläge für eine Fortentwicklung der Gemeinschaft („Motor der EU") und entwickelt Beschlussvorlagen für den Rat (Initiativaufgabe). Im Rahmen dieser Initiativfunktion hat die Kommission weitgehenden Einfluss auf die Richtung der künftigen Entwicklung der EU.

4. Aufgabe

Durch regionale Integration werden im Prinzip die Vorteile des Freihandels bzw. der internationalen Arbeitsteilung realisiert. Die beteiligten Länder verlegen sich auf

Produktion und Export von Gütern, bei denen sie (komparative) Vorteile haben und beziehen andere Güter günstig aus anderen Ländern der Integrationszone. Der Abbau unionsinterner Handelshemmnisse begünstigt auch den intraindustriellen Handel (Aufschließungs- bzw. handelsschaffender Effekt). Zugleich wird im Integrationsraum der Wettbewerb – zum Vorteil der Kunden – intensiver, Kosten und Preise sinken. Hinzu kommt freilich ein handelsablenkender Abschließungseffekt: Ein Teil der vorher mit Drittstaaten abgewickelten Geschäfte wird nämlich in die Integrationszone um- bzw. abgelenkt. Dieser Effekt tritt auch dann ein, wenn Drittstaaten eigentlich komparative Vorteile für bestimmte Produkte haben, diese Vorteile aber durch Handelshemmnisse an der Unionsgrenze neutralisiert werden. Regionale Integration verzerrt somit die weltweite Faktorallokation zugunsten der Integrationszone. Bedenklicher ist: die Intensivierung der wirtschaftlichen Verflechtung innerhalb der Integrationszone ist von einer gewissen Entkopplung vom Rest der Welt begleitet.

5. Aufgabe

Unterschiede bei Normen, bei Verfahren zur Zulassung und bei der Kontrolle von Produkten begründen Handelshemmnisse. Daher wird eine regionale ökonomische Integration durch technische Vereinheitlichungen erleichtert. Nicht alles muss aber im Detail vereinheitlicht werden. Das ist sehr arbeitsaufwändig und dauert lange. Bei der generellen Harmonisierung werden nur grundlegende Standards (z. B. in den Bereichen Gesundheit, Sicherheit und Umwelt) festgelegt. Technische Details können z. B. in Normen durch gemeinsame Normungsinstitutionen geregelt werden. Es kann vorgesehen werden, dass für Produkte, die diesen Normen entsprechen, innerhalb der Integrationszone keine technischen Schranken mehr gelten, und dass für Waren, die den Normen nicht entsprechen, aber dennoch innerhalb der Integrationszone grenzüberschreitend gehandelt werden sollen, auf andere Weise nachzuweisen ist, dass die Anforderungen der Normen erfüllt werden. Dieses Prinzip ist vom Verfahrensablauf deutlich einfacher, erfordert aber nach wie vor Detailarbeit von Normungsinstitutionen. Die weitest reichende Integrationsstrategie besteht in der Anwendung des Prinzips der gegenseitigen Anerkennung. Hier muss ein Produkt, welches in einem Mitgliedstaat hergestellt und auf dem dortigen Markt zugelassen wurde, in der gesamten Integrationszone für den freien Handel zugelassen werden. Gemeinschaftliche Institutionen haben dann keine spezielle Harmonisierungsarbeit mehr zu leisten.

6. Aufgabe

Bei der Mehrwert- bzw. Umsatzsteuer wird beim Grenzübertritt einer Ware dem Exporteur die Steuer des Ursprungslands erstattet und zugleich die Steuer des Bestimmungslandes (als Einfuhrumsatzsteuer) auferlegt. Im Bestimmungsland gelten damit einheitliche Steuersätze für heimische und importierte Güter. Exporteure aus

Ländern mit hohen Steuersätzen sind nicht benachteiligt. Hohe Steuersätze können somit ohne Nachteile für die jeweiligen Exporteure beibehalten werden. Das Steueraufkommen fließt dem Bestimmungsland zu. Die Anwendung des Bestimmungslandprinzips erfordert aber eine steuerliche Grenzabfertigung. Die Realisierung des Binnenmarktes erfordert demgegenüber die Vereinheitlichung der Steuersätze oder aber den Übergang zum Ursprungslandprinzip. Danach gelten die Steuersätze des Ursprungslandes, unabhängig davon, in welches Land des Binnenmarktes das Gut verbracht werden soll. Dann kann die steuerliche Grenzabfertigung entfallen. Dann fällt aber auch die Steuer im Ursprungsland an. Güter aus einem Hochsteuerland sind dann auf dem Markt eines Niedrigsteuerlandes im Nachteil. Dieser Nachteil ist nur durch Senkung der Steuersätze abzubauen. Nach Einführung des Ursprungslandprinzips ist daher ein Steuersenkungswettbewerb zu erwarten. Die Steuereinnahmen in vormaligen Hochsteuerländern sinken dann.

7. Aufgabe

Durch die einheitliche Währung erhöht sich die Preistransparenz im Euro-Raum. Preisunterschiede sind leichter feststellbar als vorher. Sie sind auch besser auszunutzen, wenn die Gebühren des Währungsumtausches entfallen. Somit steigt für Unternehmen im Euro-Raum die Konkurrenz durch Unternehmen aus anderen Ländern des Euro-Raums.

8. Aufgabe

Folgende Begründungen lassen sich geben: Hohe öffentliche Defizite bzw. Schulden zwingen irgendwann zu finanzpolitischer Konsolidierung. In einer Währungsunion besteht dann die Versuchung, die Gemeinschaft um finanziellen Beistand zu bitten. Defizit- und Schuldenkriterium sind somit im Prinzip richtig konstruiert. Die konkreten Grenzwerte (3 % bzw. 60 % des BIP) lassen sich allerdings wissenschaftlich nicht begründen. Das Inflationsabstandskriterium berücksichtigt, dass Inflationsdifferenzen die Entwicklung der Wechselkurse beeinflussen. Da Länder mit hoher Inflation, die an Wettbewerbsfähigkeit verlieren, diese Schwäche aber nicht durch Abwertungen mildern können, eventuell die Union finanziell in Anspruch nehmen wollen, erscheinen nur Länder mit geringer Inflationsdifferenz als geeignete Mitglieder für eine Währungsunion. Auch das Inflationsabstandskriterium ist somit richtig konstruiert. Der Abstandswert von 1,5 %-Punkten ist wissenschaftlich aber wiederum nicht begründbar. Das Zinsabstandskriterium stellt in Rechnung, dass Zinsdifferenzen die Wechselkursentwicklung beeinflussen. In eine Währungsunion (wo Währungsanpassungen nicht mehr möglich sind) sollten daher nur Länder mit geringen Zinsdifferenzen aufgenommen werden. Der Abstandswert von 2 %-Punkten entzieht sich abermals einer wissenschaftlichen Beurteilung. Das Währungskriterium lässt sich im Prinzip als Sicherheitskriterium interpretieren. Bei Zweifeln an der Aussagekraft der anderen vier Kriterien liefert die reibungslose Teilnahme am EWS einen Anhaltspunkt dafür, dass zumindest eine Zeit lang die auf Wechselkursanpassung gerichteten Kräfte gering waren, die Konvergenz also groß war.

9. Aufgabe

Indirekt ja. Divergierende Wirtschaftspolitik kann zu divergierender Wirtschaftsentwicklung führen. In einen einheitlichen Währungsraum gehören – wie bereits diskutiert – aber nur Länder mit konvergenter Wirtschaftsentwicklung. Daher besteht ein latenter Druck in Richtung Harmonisierung der Wirtschaftspolitik in Europa. In der EWWU ist dies zum Teil bereits institutionell abgesichert. Die Mitgliedstaaten müssen der Kommission darlegen, durch welche Maßnahmen eine Konvergenz bei Zins- und Preisentwicklung sowie bei den öffentlichen Finanzen erreicht werden sollen. Gegebenenfalls spricht der Rat den Mitgliedsländern Empfehlungen in Bezug auf die Erreichung einer Konvergenz aus. Außerdem wurde, damit die finanzwirtschaftlichen Konvergenzkriterien auch weiterhin eingehalten werden, ein Stabilitäts- und Wachstumspakt beschlossen. Mittelfristig soll demnach die Neuverschuldung die 3%-Marke nicht überschreiten. Übermäßige Verschuldung kann sanktioniert werden.

10. Aufgabe

Wünsche von Regierungen, die gemeinsame Geldpolitik zur Finanzierung von Defiziten im Staatshaushalt bzw. zur Stimulierung der Beschäftigung einzusetzen, gefährden die Stabilität des Euro. Statut und EG-Vertrag sichern daher die Autonomie der EZB im Prinzip in folgenden Dimensionen: die EZB ist nicht verpflichtet, eine den Geldwert gefährdende Politik einzelner Mitgliedstaaten oder der EU zu unterstützen (funktionelle Autonomie). Der EZB-Rat – bestehend aus dem Direktorium (d. h. Präsident, Vizepräsident und vier weitere Mitglieder) und den Präsidenten der nationalen Zentralbanken – ist personell unabhängig (personelle Autonomie). Die Mitglieder des Direktoriums werden zwar von den Regierungschefs der Mitgliedstaaten (nach Anhörung des Europäischen Parlaments und des EZB-Rates) einvernehmlich ausgewählt und ernannt, was ihre Unabhängigkeit einschränkt. Ihre Amtszeit beträgt jedoch acht Jahre und eine Wiederwahl ist unmöglich. Das erhöht die Unabhängigkeit nach Amtseinführung. Die EZB ist ferner im Rahmen ihrer Politik frei von Weisungen Dritter. Sie ist z. B. nicht verpflichtet, extern vorgegebene Wechselkursziele durch entsprechende Interventionen auf den Devisenmärkten zu verfolgen. Sie darf überdies keine Kredite an Staaten vergeben (institutionelle Autonomie). Die EZB verfügt schließlich über einen eigenen Haushalt, der von unabhängiger Seite und nicht vom Parlament überprüft wird (finanzielle Autonomie). Die Verteilung des Zentralbankgewinns ist kein Verhandlungsgegenstand, sondern erfolgt automatisch gemäß den Länderanteilen am Kapital der EZB.

Literaturverzeichnis

Ahrns, H. J., Feser, H. D., Wirtschaftspolitik, 7. Auflage, München 2000

Altmann, J., Wirtschaftspolitik, Konstanz, München 2017

Baßeler, U., Heinrich, J., Utecht, B., Grundlagen und Probleme der Volkswirtschaftslehre,
19. Auflage, Stuttgart 2010

Berg, H., Cassel, D., Theorie der Wirtschaftspolitik, in: Vahlens Kompendium zur
Wirtschaftstheorie und Wirtschaftspolitik, Bd. 2, 9. Aufl., München 2007, S. 243–368

Berthold, N., Gründler, K., Ungleichheit, soziale Mobilität und Umverteilung, Stuttgart 2018

Bibow, J. Bibow, J., Flassbeck, H., Das Euro-Desaster – Wie deutsche Wirtschaftspolitik die
Eurozone in den Abgrund treibt, Frankfurt am Main, 2018

Brasche, U., Europäische Integration. Wirtschaft Erweiterung Regionale Effekte, 4. erweit. Aufl.,
München, 2017

Bundesministerium der Finanzen (Hrsg.), Datensammlung zur Steuerpolitik, Ausgabe 2016/17,
Februar 2017

Cassel, D., Thieme, H. J., Stabilitätspolitik, in: Vahlens Kompendium zur Wirtschaftstheorie und
Wirtschaftspolitik, Bd. 2, 9. Aufl., 2007, S. 435–512

Eucken, W., Grundsätze der Wirtschaftspolitik, 6. durchges. Aufl., Tübingen 1990

Emmott, S., Zehn Milliarden, 1. Aufl., Berlin, 2014

Endres, A., Umweltökonomie. 4. Aufl., Kohlhammer, Stuttgart, 2013

Fredebeul-Krein,M., Koch, W. A. S., Kulessa, M., Sputek, A., Grundlagen der Wirtschaftspolitik,
4.überarb. Aufl., Konstanz/München 2014

Giersch, H., Allgemeine Wirtschaftspolitik, 1. Auflage 1961, 7. Nachdruck 1991

Görgens, E., Ruckriegel, K. H., Seitz, F., Europäische Geldpolitik, 6. Aufl., Konstanz und München
2014

Huber, J., Monetäre Modernisierung, 6. Aufl., Marburg, 2018

Huber, J., Robertson, J., Geldschöpfung in öffentlicher Hand, Kiel, 2008

Institut der deutschen Wirtschaft (Hrsg.), Deutschland in Zahlen 2017, Köln

Institut der deutschen Wirtschaft (Hrsg.), Globalisierung – nur eine mentale Falle,
in: iwd Heft 1/1997, S.2 f.

Kampmann, R., Walter, J., Makroökonomie, Wachstum, Beschäftigung, Außenwirtschaft, München
2010

Kampmann, R., Walter, J., Mikroökonomie. Markt, Wirtschaftsordnung, Wettbewerb. München
2010

Krugman, P. R., Obstfeld, M., Internationale Wirtschaft, 9. Aufl. München, 2011

Müller, C., Nachhaltige Ökonomie, Berlin, 2015

Musgrave, R. A., Musgrave, P. B., Kullmer, L., Die öffentlichen Finanzen in Theorie und Praxis,
4. Aufl., Tübingen 1994

Neumark, F., Grundsätze gerechter und ökonomisch rationaler Steuerpolitik, 2. Aufl., Tübingen
1970

Olson, M., Aufstieg und Niedergang von Nationen, Tübingen 1991 (engl. Original The Rise and
Decline of Nations, New Haven and London, 1982)

Olson, M., Die Logik des kollektiven Handelns, Tübingen 1968

Paech, N., Befreiung vom Überfluss. Auf dem Weg in die Postwachstumsökonomie, München 2012

Papst Franziskus, Laudato Si, Über die Sorge für das gemeinsame Haus. Die Umweltenzyklika
des Papstes, Deutsche Ausgabe, Freiburg i. Br. 2015

Paqué, K. H., Der Historizismus des Jakobiners. Anmerkungen zu dem Buch „Capital in the Twenty-
First Century" von Thomas Piketty, in: Perspektiven der Wirtschaftspolitik, Jahrgang 15,
2014, Heft 3, S. 271–287

Piketty, Th., Das Kapital im 21. Jahrhundert, 2014 (Original: „Le capital au XXIe siècle", 2013)

https://doi.org/10.1515/9783110569568-011

Sachverständigenrat zur Begutachtung der gesamtwirtschaftlichen Entwicklung (Hrsg.), Keine
    Notwendigkeit einer Reform des Gesetzes zur Förderung der Stabilität und des Wachstums
    der Wirtschaft, Arbeitspapier 02/2015, Dezember 2015 (online verfügbar unter: https://
    www.econstor.eu/bitstream/10419/126144/1/84574156X.pdf, Abfrage vom 23. 3. 2018
Michaelis, H., Elstner, S., Schmidt, C., Überprüfung des Stabilitäts- und Wachstumsgesetzes,
    in: Wirtschaftsdienst, 12/2015, S. 830–835
Siebke, J., Thieme, H. J., Einkommen, Beschäftigung, Preisniveau, in: Vahlens Kompendium
    der Wirtschaftstheorie und Wirtschaftspolitik, Bd. 1, 9. Aufl., München 2007, S. 95–187
Sinn, H.-W., Das grüne Paradoxon, Berlin 2008
United States Environmental Protection Agency (Hrsg.), Can We Delay A Greenhouse Warming?
    Washington D. C. 1983
Von Hauff, M., Schulz, R., Wagner, R., Deutschlands Nachhaltigkeitsstrategie, Stuttgart 2018
Von Hauff, M., Jörg, A., Nachhaltiges Wachstum, 2. Aufl., München 2017
von Weizsäcker C. Chr., Europas Mitte: Mit einer Leistungsbilanzbremse könnte Deutschland für
    neuen Zusammenhalt unter den Partnern sorgen, in: Perspektiven der Wirtschaftspolitik,
    Jahrgang 17, 2016, Heft 4, S. 383–392
von Weizsäcker, E. U., Wijkman, A., u. a., Wir sind dran. Was wir ändern müssen, wenn wir bleiben
    wollen. Eine neue Aufklärung für eine volle Welt, 3. Aufl., Gütersloh 2017
Weidenfeld, W., Wessels, W. (Hrsg.): Europa von A bis Z – Taschenbuch der europäischen
    Integration, 14. Auflage, Bonn 2016
Werner, R., Neue Wirtschaftspolitik, München 2007

Stichwortverzeichnis

https://doi.org/10.1515/9783110569568-012